ROGER BACON

SA VIE

SES OUVRAGES, SES DOCTRINES

D'APRÈS DES TEXTES INÉDITS

PAR

ÉMILE CHARLES

DOCTEUR ÈS-LETTRES

professeur de logique au Lycée de Bordeaux.

> Renovantes studium semper receperunt contradictionem et impedimenta, et tamen veritas invalescebat, et invalescet, usque ad dies Antichristi.
> (*Opus majus*, page 13.)

PARIS

LIBRAIRIE DE L. HACHETTE ET Cie

RUE PIERRE-SARRAZIN, N° 14

(Près de l'École de Médecine.)

1861

ROGER BACON

SA VIE, SES OUVRAGES, SES DOCTRINES

BORDEAUX. — IMPRIMERIE G. GOUNOUILHOU
RUE GUIRAUDE, 11.

ROGER BACON

SA VIE

SES OUVRAGES, SES DOCTRINES

D'APRÈS DES TEXTES INÉDITS

PAR

ÉMILE CHARLES

DOCTEUR ÈS-LETTRES

professeur de logique au Lycée de Bordeaux.

> Renovantes studium semper receperunt contradictionem et impedimenta, et tamen veritas invalescebat, et invalescet, usque ad dies Antichristi.
> (*Opus majus*, page 13.)

PARIS

LIBRAIRIE DE L. HACHETTE ET Cie

RUE PIERRE-SARRAZIN, N° 14

(Près de l'École de Médecine.)

1861

A

MONSIEUR J.-VICTOR LE CLERC

MEMBRE DE L'INSTITUT IMPÉRIAL DE FRANCE, DOYEN DE LA FACULTÉ DES LETTRES DE PARIS,

Président de la Commission de l'Histoire littéraire de la France,

Hommage respectueux

Émile CHARLES.

Il y a déjà longtemps que M. V. Cousin, après avoir fait connaître dans le *Journal des Savants* un manuscrit de Roger Bacon, terminait ces belles pages, où brillent, comme d'ordinaire, la sagacité du philosophe et l'éloquence du grand écrivain, par un appel chaleureux aux amis de la philosophie scolastique, et leur recommandait « le travail qui reste à faire » pour voir bien clair dans le vaste et obscur monument où » l'un des plus libres et des plus grands esprits du moyen âge » déposa en 1267, à trois reprises différentes, les résultats de » ses recherches et de ses méditations, loin de l'œil jaloux » de supérieurs inquiets et irrités, et, pour ainsi dire, dans » l'intervalle de deux persécutions (¹). »

Ce travail, que M. V. Cousin demandait « au patriotisme de quelque savant d'Oxford ou de Cambridge, » nous l'avons essayé. Ce que l'éloquent critique réclamait pour un seul des ouvrages de Roger Bacon, nous l'avons entrepris pour son œuvre tout entière. Nous en avons cherché patiemment les débris dans les bibliothèques de France et d'Angleterre, et grâce au patronage de M. Fortoul, alors ministre de l'instruction publique, nous avons trouvé presque partout (²) un

---

(¹) *Journal des Savants*. 1848, p. 354.
(²) Voyez plus bas, p. 66.

concours bienveillant qui a facilité notre tâche. D'un autre côté, si les historiens de la philosophie ne pouvaient nous donner que peu de renseignements sur Roger Bacon lui-même, ils nous ont appris du moins les doctrines de ses contemporains et de ses prédécesseurs, sans lesquelles la sienne ne saurait être comprise. Nous devons beaucoup aux travaux de M. V. Cousin, aux savantes notices de l'*Histoire littéraire de la France,* ce beau monument de l'érudition française ; et à quelques œuvres récentes, qui ont jeté une vive lumière sur la philosophie scolastique, comme l'*Averroès* de M. Renan, le *Mémoire* de M. Hauréau, la *Philosophie de saint Thomas d'Aquin* de M. Ch. Jourdain, les *Mélanges de philosophie juive et arabe* de M. S. Munck, et tant d'autres livres que nous ne pouvons tous citer. Grâce à ces auxiliaires et aux textes nombreux recueillis dans les manuscrits, nous espérons avoir préparé les moyens de combler une lacune dans l'histoire de la philosophie du XIIIe siècle.

Cet essai se divise en cinq parties.

Dans la première se trouve une esquisse de la vie de Bacon, dont tous les mystères sont loin d'être éclaircis encore, et la liste de ses principaux ouvrages. Les contradictions et les erreurs des biographes rendaient ce travail indispensable, autant que la dispersion de tant de fragments mutilés le rendait difficile et ingrat.

On a réuni dans la seconde les idées les plus générales de Bacon sur la méthode et sur les sciences, et tous les traits qui peuvent le mieux faire ressortir l'indépendance de son caractère et la liberté de son esprit.

Après avoir montré en lui le réformateur, il restait à faire connaître le philosophe : c'est l'objet de la troisième partie, et nous avons pu rassembler, sur les questions les plus importantes de la métaphysique, de la psychologie et de la morale, un assez grand nombre d'opinions, qui permettent de rendre à Bacon sa place parmi les docteurs de l'école.

Il était impossible de passer sous silence les travaux et les découvertes scientifiques de Roger Bacon. Si ses ouvrages eussent été imprimés, nous eussions laissé à d'autres plus compétents cette œuvre difficile; mais, placé entre ces deux alternatives ou de tracer une ébauche imparfaite, ou de négliger des renseignements qui courent risque de rester longtemps inconnus, nous avons cru devoir prendre plutôt conseil des devoirs du biographe que des inquiétudes de l'amour-propre.

La cinquième partie se compose tout entière d'extraits et d'analyses. Pour justifier l'exposition de doctrines enfouies dans de vieux manuscrits, il aurait fallu prodiguer les notes au bas de chaque page; nous avons préféré les réunir à la fin de l'ouvrage, où elles forment comme un résumé des œuvres les plus importantes de Roger Bacon.

Cet essai n'a pas de conclusion; il est purement historique, et nous nous sommes astreint à ne joindre aux idées et aux opinions de Roger Bacon que les explications nécessaires pour les faire comprendre. Nous ne croyons pourtant pas, avec un savant écrivain, que « la finesse de l'esprit consiste peut-être à s'abstenir de conclure » ([1]). Cette étude n'a pas pour but un jugement sur Roger Bacon, mais une exposition assez fidèle pour permettre à ceux dont ce nom éveille la curiosité, de le juger en connaissance de cause; elle ne se

---

([1]) M. Renan, *Averroès*, p. v.

propose pas non plus d'exalter ou de rabaisser le moyen âge, mais de faire entendre sur cette époque la voix d'un témoin éclairé qui l'a vue de près et n'a pas eu à s'en louer.

On peut différer d'avis sur la justesse des accusations dont il poursuit son siècle, les condamner comme l'expression d'une vanité déçue et d'un orgueil indocile, ou bien les attribuer à une sagacité qui devance l'avenir et à un courage qui brave la persécution. Nous ne croyons pas devoir pousser l'impartialité jusqu'à rester neutre dans cette lutte dont il fut le martyr; et nous n'hésitons pas à penser que s'il éprouve pour le XIIIe siècle tout autre sentiment que l'enthousiasme, il ne convient pas de lui en faire un reproche : s'il s'est trompé en l'accusant, l'esprit moderne, dont il est comme le précurseur, se trompe depuis longtemps avec lui.

TABLE DES MATIÈRES.

Avant-Propos.. VII

PREMIÈRE PARTIE.
De la vie et des œuvres de Roger Bacon.

CHAPITRE I. — Biographie de Roger Bacon.................. 1

§ I. — Incertitudes sur la vie de Bacon; ses principaux biographes; sa naissance, sa famille. Robert Bacon. Remontrances adressées à Henri III, à Oxford, en 1233. L'école d'Oxford. Richard Fitsacre. Edmond Rich. Robert Grosse-Tête. Adam de Marisco.. 1

§ II. — Roger Bacon à Paris. Double séjour de Bacon dans cette ville. État de la scolastique à cette époque. Projets de réforme de Roger Bacon; ses idées et son caractère. Des maîtres de Bacon à Paris. Maître Pierre; son portrait d'après Bacon... 9

§ III. — Bacon devient Franciscain; pour quelles raisons et à quelle époque. Sa critique de l'enseignement de la Faculté de théologie; son séjour à Oxford. Commencement de la persécution. Guido Fulcodi; sa lettre. Bacon compose l'*Opus majus*; il l'envoie à Clément IV. L'*Opus minus*, l'*Opus tertium*. Jean, disciple de Bacon.. 19

§ IV. — Le *Compendium philosophiæ*. Seconde persécution. Efforts de l'Église pour réprimer la liberté de penser en 1278. Jérôme d'Ascoli. Condamnation de Bacon. Nicolas IV. Captivité de Bacon. Sa délivrance par Raymond Gaufredi. Chapitre de Paris. Mort de Bacon. Destinée de ses œuvres. Bacon magicien. Souvenirs de Bacon à Oxford..................................... 35

§ V. — Causes des persécutions subies par Bacon. Astrologie. Horoscope des religions. Témoignage de P. d'Ailly. Autres causes probables. Hardiesse et indépendance d'esprit de Roger Bacon............................ 45

CHAPITRE II. — Des ouvrages de Roger Bacon.............. 54

§ I. — Difficultés relatives aux ouvrages de Roger Bacon; tentatives diverses pour les surmonter. Des ouvrages imprimés. *Speculum alchimiæ. De mirabili potestate*, etc. *De retardandis*, etc. *Sanioris medicinæ*, etc. *Perspectiva. Specula mathematica. Opus majus*. Double défaut de l'édition de Jebb. Le traité de multiplication inséré à tort dans l'*Opus majus*. Absence de la grammaire et de la morale.. 54

§ II. — Ouvrages manuscrits. Manuscrits français. Bibliothèque Impériale, Mazarine. Manuscrits d'Amiens, de Douai.......................... 63

§ III. — Manuscrits anglais. Musée britannique. Bibliothèque Cottonienne. Bibliothèque Royale. Collection Hans Sloane. Bibliothèque Harléienne, etc.; Bodléienne. Musée Ashmole. Colléges d'Oxford...................... 67

§ IV. — Ensemble des œuvres de Bacon. Le *Computus* 1263, l'*Opus ma-*

jus, l'*Opus minus*. Discussion des assertions de Jebb. Plan de l'*Opus minus*. L'*Opus tertium*. Importance et plan de cet ouvrage; ses diverses parties. *Compendium philosophiæ*, *Compendium theologiæ*. Chronologie des principales œuvres de Bacon.. 77

§ V. — Erreurs des bibliographes. Bale et Pits. Quelques méprises de Jebb. 92

DEUXIÈME PARTIE.
De la méthode de Roger Bacon.

CHAPITRE I. — L'autorité et l'expérience.................. 97

§ I. — État de la scolastique au XIIIe siècle. Bacon juge sévèrement son temps; il revendique la liberté de penser; il attaque l'autorité en matière de sciences. Sa foi au progrès; sa haine pour les opinions vulgaires............ 97

§ II. — Son opinion sur Aristote; il regarde son influence comme funeste, et ferait brûler ses ouvrages s'il le pouvait. Ses attaques contre les doctrines du temps; son jugement sur Alexandre de Halès, sur Albert le Grand et saint Thomas, sur les Franciscains, les Dominicains et tous les savants en général......... 102

§ III. — Bacon cherche une méthode. Son opinion sur l'autorité et le raisonnement; il leur préfère l'expérience. Ses idées sur l'expérience; ses règles, ses variétés, ses prérogatives... 111

CHAPITRE II. — Essai d'une renaissance au XIIIe siècle........ 117

§ I. — Bacon a presque toutes les idées qui triomphèrent à la Renaissance; il fait appel à l'antiquité. Dans ce but, il recommande comme essentielle l'étude de l'hébreu, du grec et de l'arabe. Ce qu'il entend par grammaire et de l'importance qu'il y attache. Son dégoût pour la forme scolastique; ses efforts pour y échapper; sa prédilection pour la rhétorique. Idée de son style, du plan de ses œuvres. Il essaie de donner les règles de la composition. Il poursuit le mauvais goût dans la prédication, dans le chant ecclésiastique................................ 117

§ II. — Protestations de Bacon contre l'injuste exclusion de certaines sciences. Importance qu'il attache aux mathématiques. Raisons de cette opinion. Objet et divisions de cette science; caractère positif que lui donne Bacon. Influence des mathématiques sur les autres sciences. Application des mathématiques à la physique.. 130

§ III. — Opinion de Bacon sur la logique, sur la physique; division de cette science. Caractère pratique des idées de Bacon. La métaphysique; il la réduit à n'être presque qu'une méthode. La morale............................... 139

§ IV. — Des rapports de la philosophie avec la théologie. Trois opinions à ce sujet au XIIIe siècle. Bacon subordonne toutes les sciences à la théologie; dans quel sens? Comment explique-t-il l'hostilité de la science et de la foi. Origine sacrée de la philosophie. Essai d'une revue historique. Identité de la philosophie et de la théologie. Comment il profite de la doctrine de l'intellect agent. Apologie formelle de la philosophie, de la morale profane et des philosophes. La science indiquée comme moyen de conversion des infidèles. Le christianisme avant le Christ. Illusions historiques de Bacon, mêlées à un enthousiasme sincère et à un sentiment vrai de la dignité de la philosophie........................... 148

§ V. — Bacon adversaire du droit civil; raison de cette hostilité; ses attaques contre les légistes... 153

§ VI. — Autres traits de la physionomie de Bacon; son activité, son ardeur à faire des prosélytes; son orgueil et son dédain pour la science contemporaine; sa foi en une science plus vraie. Il professe l'identité du mal et de l'ignorance;

il répudie tout moyen violent; il veut réformer l'éducation; ses pressentiments sur sa destinée.. 156

§ VII. — Résumé des idées générales de Bacon sur les sciences. Conclusion de la deuxième partie.. 162

TROISIÈME PARTIE.
Doctrines philosophiques de Roger Bacon.

CHAPITRE I. — La matière et la forme.................. 165

§ I. — Que Bacon n'est pas resté étranger aux débats philosophiques. État de la philosophie à son époque. Commencement du XIII° siècle. Nouvelle impulsion imprimée à la science par Aristote et les Arabes. Question de la matière et de la forme. Origine de cette théorie; sa valeur; questions qu'elle enveloppe. Débats scolastiques. Hardiesse de la pensée au XIII° siècle................ 165

§ II. — Théorie de la matière et de la forme suivant Bacon. La matière et la forme ne sont pas des substances. Toute substance est composée de forme et de matière; il n'y a pas de formes séparées, pas de substance sans matière. Bacon est-il matérialiste? Rapports de sa théorie avec celle d'Avicebron et de Duns-Scot. Réfutation de la doctrine de l'unité de la matière; Bacon la réduit à l'absurde. Caractère négatif de sa doctrine. Il nie que les formes constituent le genre. Diverses acceptions des mots matière et forme........................ 173

§ III. — Conséquences de ces principes. Quel est le principe matériel? Ce n'est pas la matière pure, mais une substance composée. Quel est le principe formel? Ce n'est pas Dieu. Les corps simples et les mixtes sont le principe formel des substances corporelles. Du troisième principe ou de la privation. Conclusion. 187

CHAPITRE II. — L'universel et l'individuation.............. 195

§ I. — Quelle est la manière d'être de l'universel? Existe-t-il avant le particulier? Doctrine d'Avicenne. L'universel, suivant Bacon, n'est qu'un simple rapport. Comment l'universel existe-t-il dans le particulier? Nominalisme de Bacon; réserves qu'il y met..................................... 195

§ II. — Réfutation des divers systèmes sur l'universel. Bacon se sépare des nominalistes purs... 200

§ III. — Du principe d'individuation. Solution de Bacon. Fin de non-recevoir. Originalité et justesse de cette solution. Bacon prédécesseur de G. d'Ockam. 204

CHAPITRE III. — Psychologie de Roger Bacon.............. 210

§ I. — Doctrine d'Aristote sur la nature de l'âme; en quoi Bacon s'en écarte. L'âme, suivant lui, n'est pas une simple forme....................... 210

§ II. — Des facultés de l'âme; de leurs rapports avec la substance. Pluralité des formes. Réfutation de la doctrine Thomiste. Question de la production des âmes.. 213

§ III. — De l'âme végétative et sensitive. De l'intellect possible. De l'intellect agent. En quoi Bacon suit Averroès, en quoi il s'en écarte. L'intellect agent est Dieu lui-même. Parti que Bacon prétend tirer de cette théorie.......... 219

§ IV. — Bacon réfute la doctrine averroïste de l'unité des âmes. Des parties de l'intellect. Identité de la volonté et de l'intelligence.................. 226

§ V. — Doctrine des espèces. Son origine. Les idées suivant saint Thomas. Bacon critique les idées représentatives. Caractère original de sa théorie. Si on ne connaît que les formes? Connaissance de l'universel. Qu'est-ce que l'idée? Discussion de Bacon sur l'*espèce* scolastique. L'idée produite par l'activité de l'âme et l'action des forces extérieures. Les idées ne viennent pas de Dieu. Résumé.. 229

§ VI. — De quelques philosophes qui paraissent avoir profité des idées de Bacon : Guillaume de Lamarre, le porte-drapeau des antithomistes; Duns Scot, Pierre Oriol, Durand de Saint-Pourçain et Guillaume d'Ockam............. 240

CHAPITRE IV. — Morale de Roger Bacon................... 245

§ I. — Caractère de Bacon comme moraliste; sa prédilection pour la morale et surtout pour la morale ancienne. La morale est la théologie profane. Objet de la morale. Principes de la morale. Analyse de la première partie de la morale.. 245

§ II. — Deuxième partie. Politique de Bacon; ses idées sur le gouvernement, l'instruction, la guerre, l'hérédité................................ 253

§ III. — Troisième partie. Morale individuelle. Théorie aristotélicienne des vertus. Les trois dernières parties de la morale..................... 256

QUATRIÈME PARTIE.

Travaux scientifiques et découvertes.

CHAPITRE I. — Grammaire et Mathématique............... 261

§ I. — Roger Bacon grammairien et mathématicien. Quelques idées de Bacon sur la grammaire. Caractère philosophique attribué à cette science. Bacon est l'un des fondateurs de la critique sacrée............................ 261

§ II. — Connaissances de Bacon en mathématiques, en astronomie. Exemple de quelques vues ingénieuses....................................... 264

§ III. — Chronologie. Réforme du calendrier. Désordre du calendrier. Calendrier ecclésiastique. Mois lunaire. Instance de Roger pour décider Clément IV à cette réforme. Géographie...................................... 270

CHAPITRE II. — Physique................................ 277

§ I. — Caractère de la physique péripatéticienne. Causes de la nullité de cette science. Supériorité des idées de Bacon. Essai d'une vraie physique. Exemples de quelques théories.. 277

§ II. — Quelques vues sur l'histoire naturelle. L'alchimie. Division de l'alchimie en pratique et spéculative.. 283

§ III. — Travaux sur l'optique. Bacon précède Vitellion. Analyse de la *perspective*. Idées de Bacon sur la réflexion, la réfraction. Bacon, servi par son imagination, pressent les grandes découvertes, mais ne les fait pas par lui-même... 288

CHAPITRE III. — Découvertes attribuées à Roger Bacon........ 296

§ I. — Des découvertes nombreuses attribuées à Roger Bacon; ce qu'il en faut penser d'une manière générale. Découvertes en alchimie. Invention de la poudre. Instruments pour naviguer ou voler, pour élever les fardeaux, pour marcher au fond des fleuves. Ponts suspendus. Découvertes en optique. Verres grossissants. Les lunettes. Microscope simple. Chambre obscure, lanterne magique. Télescope à réflexion. Miroirs ardents. Idée de l'attraction......................... 296

§ II. — Erreurs de Bacon; il outre la portée de toutes les sciences. Prolongation de la vie humaine. Fascination. Explication naturelle des prophéties. Conclusion.. 306

CHAPITRE IV. — De l'érudition de Roger Bacon............... 310

§ I. — Jugements et renseignements extraits des œuvres de Bacon. Aristote. Histoire de l'excommunication des œuvres d'Aristote en 1209-1215-1231.

Détails fournis par Bacon. Ouvrages cités par Bacon. Jugement sur Avicenne. On n'a pas les vraies doctrines d'Avicenne. Jugement sur Averroès. Erreurs d'Averroès relevées par Bacon. Admiration de Bacon pour Sénèque.......... 310

§ II. — Philosophes grecs connus de Bacon. Philosophes latins. Cicéron, Boèce. Des deux prétendus Boèce, et si l'on peut invoquer à ce sujet l'autorité de Bacon. Bibliothèque des moralistes. Philosophes du moyen âge. Guillaume d'Auvergne... 323

§ III. — Traducteurs : Gérard de Crémone, Alfred d'Angleterre, Hermann l'allemand, Michel Scot, Alfred l'anglais, Guillaume de Flandre. Grammairiens : Papias, Hugucio, Brito. Mathématiciens, opticiens, médecins, géographes, livres apocryphes. Ethicus philosophus. Historiens, Pères de l'Église, poètes, etc.... 327

CINQUIÈME PARTIE.
Analyses et extraits.

CHAPITRE I. — *Computus rerum naturalum*................. 334
    Extraits des œuvres de Bacon ; leur division. Analyse sommaire du *Computus*. 334

CHAPITRE II. — *Opus majus* (septième partie)............... 339
    Extraits de la morale.. 339

CHAPITRE III. — *Opus minus*................................ 349
    Alchimie pratique. Analyse de l'*Opus majus*. Traité des sept défauts de l'étude de la théologie. Alchimie spéculative.......................... 349

CHAPITRE IV. — *Opus tertium*............................... 358
    § I. — Introduction. Grammaire grecque...................... 359
    § II. — Liber veræ mathematicæ ou Communia mathematicæ........... 361
    § III. — Communia naturalium. Introduction de ce traité. Fragments sur la matière et la forme. Fragments sur l'universel, sur l'individuation.......... 368
    § IV. — Métaphysique. Analyse et extraits................... 391

CHAPITRE V. — *Compendium philosophiæ*...................... 398
    Analyse et fragments de la première partie ; des autres parties du *Compendium*. 398

CHAPITRE VI. — *Compendium studii theologiæ*............... 410

FIN DE LA TABLE DES MATIÈRES.

PREMIÈRE PARTIE.

DE LA VIE ET DES OUVRAGES DE ROGER BACON

CHAPITRE I.

BIOGRAPHIE DE ROGER BACON.

§ I. Incertitudes sur la vie de Bacon; sa jeunesse; l'école d'Oxford. — § II. Bacon à Paris; quelle part revient à la France dans son éducation. État de la scolastique à cette époque; son plan de réforme. Maître Pierre. — § III. Bacon dans l'ordre de Saint-François; ses censures à propos de l'enseignement universitaire; sa première disgrâce; son second séjour à Paris; ses relations avec Clément IV; son élève Jean. — § IV. Seconde persécution. Jérôme d'Ascoli le condamne; sa captivité. Raymond Gaufredi le fait sortir de prison; sa mort. — § V. Des causes de ses disgrâces. Astrologie. Horoscope des religions. Attaques contre l'enseignement scolastique.

§ I.

Les persécutions qui ont fait le malheur et la gloire de Roger Bacon n'ont pu faire oublier son nom; mais elles semblent avoir pesé sur sa mémoire et épaissi autour de sa vie et de ses œuvres des ténèbres qu'il est difficile de dissiper aujourd'hui. Pendant que ses contemporains Albert le Grand, saint Thomas, saint Bonaventure, illustres de leur vivant, obtiennent à la fois les hautes dignités de l'église et les honneurs bruyants de l'enseignement, et lèguent à l'avenir des œuvres considérables et des disciples ou des adversaires, Roger Bacon, leur rival par l'étendue et l'originalité de ses travaux et plus encore par la profondeur de son savoir, essuie de longues disgrâces, se voit condamné au silence, banni des écoles, et ne laisse qu'un souvenir suspect et des ouvrages mutilés et inconnus, sur lesquels les siècles suivants gardent un silence obstiné. L'arrêt prononcé contre lui retombe après sa mort sur ses écrits; toute son œuvre périt avec lui; avec lui disparaît cet essai prématuré d'une réforme scientifique dont il avait été l'apôtre, et dont le succès, même tardif, eût été un juste dédommagement à de grandes infortunes. Tous les écrivains qui viennent après lui semblent se garder de prononcer son nom; mathématiciens, alchimistes, opticiens, philosophes, compilateurs, bibliographes, depuis Vincent de Beauvais jusqu'à Trithème, tous paraissent avoir oublié son existence et ne le citent ni pour le défendre ni pour l'accuser. Au XVIᵉ siècle, où l'érudition, tout en s'éloignant de la scolastique, en recueille avec piété les monuments, le nom de Bacon commence enfin à réapparaître. Léland rassemble avec plus de zèle que de clairvoyance les débris de ses œuvres [1]; Balée, fanatique admirateur de Wiclef, lui fait une place parmi les grands hommes de la Grande-Bretagne, et encore le traite-t-il d'abord d'une façon outrageante, comme un charlatan et un sorcier, pour l'apprécier ensuite avec moins d'injustice, sinon avec plus de critique [2]; Pits [3] en parle avec plus de respect, et l'historien de l'ordre, Wadding [4], qu'on devrait supposer mieux instruit, ne fait guère que répéter les assertions de ce dernier bibliographe.

On ne peut citer, à partir de ce moment, tous les écrivains qui ont parlé de notre philosophe; mais ils ne sont que les échos de leurs prédécesseurs: John Dee [5] lui apportera le tribut d'une

---

[1] J. Lelandi Antiquarii *Collectanea*, t. II, p. 288. — *De Scriptoribus britannicis*, t. I, p. 214.

[2] *Script. illust. m. Britann.*, 1ʳᵉ édit. 1548, 2ᵉ édit. 1557.

[3] *Relationum historicarum de rebus Anglicis.* Paris, 1619, n° 365.

[4] *Annales ordinis minorum.* Lyon, 1628, t. II p. 293.

[5] Johannis Dee Londinensis *Monas hieroglyphica.* Il y cite Roger, et renvoie *in Speculo unitatis sive apologia pro Rogero Bachone Anglo.* V. *Theatrum chemicum.* 1613, t. II, p. 195.

admiration compromettante et d'une apologie qui n'a jamais vu le jour; Naudé ([1]) le défendra gravement du crime de magie et le purgera, en compagnie des grands hommes de tout temps, de l'accusation de sorcellerie; Cave et Oudin lui feront une large place dans leurs bibliothèques, et ce dernier donnera des renseignements plus exacts sur ses manuscrits ([2]). Et pendant ce temps, quelques-uns de ses ouvrages sont livrés à la presse. Le *Traité du pouvoir admirable de la nature* est publié à Paris dès 1542, et bientôt traduit en français. Les ouvrages d'alchimie paraissent dans les recueils de cette science, ou mêlés à des fragments apocryphes à Hambourg. La *Perspective et les Considérations sur les mathématiques* trouvent dans Combach, professeur de philosophie à Marbourg, un éditeur zélé, et enfin des hommes de talent, parmi lesquels on compte Kenelm Digby et Selden, l'ami de l'autre Bacon, forment le dessein de publier les œuvres complètes du philosophe; mais ils reculent devant la difficulté de l'entreprise. Il faut arriver jusqu'à Samuel Jebb, médecin anglais, qui, à la prière de Richard Mead, premier médecin de la cour, publie en 1733, à Londres, une édition consciencieuse de l'*Opus majus*, pour trouver le premier travail sérieux, entrepris, preuves à la main, sur la vie et les ouvrages de R. Bacon; et encore cette édition, faite pour un petit nombre de souscripteurs, est-elle devenue excessivement rare, surtout en France. Celle que les franciscains Della Vigna ont reproduite à Venise en 1750 n'est pas beaucoup plus commune. Enfin, de nos jours, où tant de travaux sérieux ont remis en lumière plus d'une grande figure du moyen âge, l'*Histoire littéraire de la France* ([3]) a résumé habilement tous les témoignages précédents; et M. V. Leclerc a ajouté à cette notice, dernière œuvre de M. Daunou, un appendice et une bibliographie, qui nous font regretter qu'il n'ait pas par lui-même, et avec son érudition si sûre, entrepris la tâche tout entière. Plus récemment, M. Cousin a donné, en 1848,

---

([1]) *Apologie pour les grands hommes accusés de magie.* 1712, p. 350.
([2]) Oudini *Comment. de Script. eccl.*, t. III. — Cave; *Script. eccl.* 1705, p. 648.
([3]) T. XX, p. 229, 252.

dans le *Journal des Savants,* des extraits d'un manuscrit de Douai qui renferme les renseignements les plus précieux sur le moine franciscain (¹). En résumé, aujourd'hui encore, on ne sait ni le nombre, ni l'importance, ni même le titre des ouvrages de Bacon; on ignore la date de sa naissance et celle de sa mort, ou du moins on n'a pas de raison pour les tenir certaines; on ne sait dans quel pays il a vécu, à quelle époque et par quel événement il est entré dans l'ordre de Saint-François; si sa vie s'est passée en France plutôt qu'en Angleterre, à Paris plus longtemps qu'à Oxford, et enfin pour quelle cause il a souffert la persécution, et pendant combien d'années ont duré ses épreuves.

La réponse à toutes ces questions, à celles du moins qu'on peut résoudre, on la demanderait en vain aux dictionnaires, aux biographies, aux bibliothèques, et même aux historiens et aux chroniqueurs. Les sources communes où tous les biographes ont puisé, sont les quelques pages consacrées par Léland à Bacon, et reproduites par Tanner dans la *Bibliotheca hiberno britannica* (²), et les articles de Balée, de Pits et de Wadding; on pourrait à la rigueur ignorer le reste. Le peu qu'on est à même de savoir de Bacon, c'est donc à Bacon surtout, à ses ouvrages, à leurs débris, pour mieux dire, qu'il faut le demander. C'est en effet dans ses œuvres imprimées et surtout manuscrites, que nous avons puisé l'esquisse qu'on va lire.

Il naquit, dit-on, dans le comté de Sommerset, non loin d'Ilchester (³), petite ville qui serait, suivant certains géographes, l'Iscalis dont parle Ptolémée : cette date, sans avoir une certitude positive, est cependant assez plausible. En écrivant au pape en 1267, Bacon (⁴) rappelle que depuis quarante ans qu'il a appris l'alphabet, il n'a cessé de se livrer à l'étude; et en supposant qu'il ait commencé à travailler à douze ou treize ans, on arrive à cette année

---

(¹) Voyez aussi deux articles de M. Delescluze. *Revue française,* 1838.
(²) Londini, 1748, p. 62.
(³) Wood ; *Historia et antiquitates universitatis Oxoniensis.* Oxoniæ, 1674, p. 136.
(⁴) On trouve dans les manuscrits son nom écrit de diverses manières : Bacun, Bachin, Bacchon, Bacon.

1214. Ce qui est certain, c'est qu'au moment où il écrit l'*Opus majus*, c'est-à-dire en 1267, il est déjà vieux : *hic juvenis me senem transcendit,* dit-il, en parlant de son disciple, et l'on peut sans trop d'efforts appliquer à un homme de cinquante-trois ans le nom de vieillard. Sa famille était noble et riche, et jouissait d'une grande considération dans le pays. Il avait plusieurs frères et perdit son père avant 1267. A cette époque, sa mère était encore vivante. Son frère aîné, qui suivant l'usage avait succédé au chef de la famille, vivait alors avec elle, ainsi que d'autres fils plus jeunes, et prit parti dans les discordes du règne orageux d'Henri III, pour le souverain et contre les barons. Cette fidélité lui porta malheur; emmené plusieurs fois en captivité, obligé de se racheter à grands frais, et même de chercher un refuge en d'autres lieux, il perdit sa fortune et fut réduit à la pauvreté. Un autre frère de Bacon suivit la même carrière que Roger, et fut un savant de profession, *scholaris*, ce qui l'a fait prendre peut-être, mais bien à tort, pour le dominicain Robert Bacon, dont les historiens de l'ordre Saint-Dominique et Mathieu Paris ont parlé avec quelques détails ([1]).

Roger n'était pas l'aîné de sa famille et avait un goût passionné pour la science ; il était donc doublement destiné à l'état ecclésiastique. Après une première éducation reçue dans la maison paternelle, il alla étudier aux écoles déjà célèbres d'Oxford, au collége de Merton ou à celui du Nez de Bronze, *Brazen nase Hall,* qui aujourd'hui encore se glorifie de l'avoir compté au nombre de ses élèves. On n'a pas manqué de dire qu'il annonçait dès-lors une intelligence supérieure, et qu'il eut des succès précoces. Il est au moins certain qu'il rencontra à Oxford des maîtres qui durent encourager son penchant pour les sciences exactes et les langues, et fortifier en lui l'indépendance de l'esprit et le dédain de l'autorité. C'étaient Robert Bacon et Richard Fitsacre, Adam de Marisco, Edmond Rich, et le plus célèbre de tous, Robert Grosse-Tête. Les deux premiers étaient les plus grands docteurs de ce temps, « maximi eorum qui tunc legebant, » dit Mathieu Paris, et après avoir

---

([1]) Voyez l'*Opus tertium*, Introduction, chap. III. Manuscrit de Douai.

vécu dans une longue amitié, quittèrent ensemble ce monde en 1248, tous deux dans une extrême vieillesse. Robert n'était donc pas, comme on l'a dit, le frère de Roger; mais sans doute un de ses parents, son oncle peut-être. Roger figure à côté de lui dans la scène qui se passe à Oxford en 1233. Le règne d'Henri III faisait présager dès-lors les humiliations de la politique extérieure et les déchirements civils dont il offre le triste spectacle. Le jour de la Saint-Jean, le roi eut une entrevue avec les barons mécontents; il lui fallut subir un long sermon et de libres réprimandes, et le prédicateur qu'on avait choisi pour cette mission était Robert Bacon lui-même. Après le sermon, le moine s'adressa en public au souverain, et lui dit hardiment que toute paix durable était impossible s'il ne bannissait de ses conseils l'évêque de Winchester, Pierre Desroches, objet de la haine des Anglais. « Les assistants se récriaient à tant d'audace; mais le roi, se recueillant en lui-même,
» sut se faire violence. Le voyant calmé, un clerc de la cour, célè-
» bre déjà par son esprit, osa adresser au roi cette audacieuse
» raillerie : Seigneur roi, savez-vous les dangers qu'on a le plus à re-
» douter quand on navigue au-delà de la mer? — Ceux-là le savent,
» répartit Henri, qui ont l'habitude de ces voyages. — Eh bien! je
» vais vous le dire, reprit le clerc, ce sont les pierres et les roches.
» Et il voulait désigner par là Pierre Desroches, l'évêque de Win-
» chester (1). » Et quel est l'auteur de cette ironie téméraire? C'est Roger Bacon; il aurait eu seulement alors dix-neuf ans, si l'on persiste à placer sa naissance en 1214, et ce récit nous apprend qu'il était déjà plus ou moins engagé dans les ordres, qu'il était auprès de Robert le dominicain, et enfin préludait par cette première hardiesse à des témérités plus dangereuses et plus chèrement expiées (2).

(1) Matthæi Pariensis *Historia major.* 1644, p. 265. C'est la seule fois que le nom de Roger se trouve dans cette chronique : « Quidam clericus de curia, scilicet Rogerus Bacum. » Cf. Wood, *l. c.*, p. 87.

(2) C'est sans doute cette anecdote du chroniqueur anglais qui a servi de texte à cette tradition répétée par les biographes, que Roger aurait adressé publiquement des remontrances à Henri III. Wadding y associe son frère Robert. Cave (p. 648) la reporte à l'année

Roger Bacon ne cite nulle part ni Robert ni Richard Fitsacre; mais il affirme avoir entendu l'évêque de Cantorbéry expliquer, pour la première fois, le livre des *Réfutations sophistiques* ([1]). Il répète surtout avec une intarissable admiration les noms d'Adam de Marisco et de Robert Grosse-Tête. — Tous ces personnages appartiennent à l'école d'Oxford, qui se faisait remarquer par la liberté de ses opinions, par la nouveauté de son enseignement, par la culture assidue des mathématiques dédaignées en d'autres pays; tous ont entre eux des traits de ressemblance qui en font comme une famille à part dans le XIIIe siècle. Autant qu'une pareille expression convient à des philosophes scolastiques, ce sont de libres penseurs, des esprits résolus, qui, dans la science contemporaine, s'appliquent aux parties les plus dédaignées, et dans la vie active luttent contre les pouvoirs les moins contestés. Au-dessus d'eux s'élève cette figure énergique de Robert Grosse-Tête, qui attend encore un historien; de ce mathématicien, qui désespère d'Aristote, et essaie de trouver par ses propres forces ce que l'obscurité des traductions lui laisse à peine entrevoir dans l'œuvre du maître; de ce grammairien qui, à ses frais, fait chercher en Orient des ouvrages nouveaux, les fait traduire sous ses yeux ([2]); de cet ennemi des moines qui combat contre eux pendant toute son existence; de cet adversaire de la papauté, qui laisse dans l'imagination populaire un souvenir mélangé d'admiration et de terreurs superstitieuses ([3]). Lui aussi, avant Bacon, il avait mérité le renom de sorcier; avant Wiclef il avait appelé le pape l'Antechrist, et sa mort même est entourée de légendes mystérieuses. Adam de Marisco est l'ami le plus cher de Grosse-Tête, qui lui légua ses livres; c'est une âme pieuse et éclairée

---

1259, et à cette époque Bacon était à Paris. L'*Histoire littéraire* en parle aussi (t. XX, p. 225). Toutefois, il est possible que plus tard Roger ait à son tour sermonné Henri III; le roi devait plus d'une fois s'exposer à ces affronts, et Roger ne rien perdre de sa franchise avec les progrès de l'âge.

([1]) *Compendium theologiæ,* I^a Pars. Manuscrit britannique.
([2]) *Compendium philosophiæ.* Manuscrit Cott. Tiberius. C. V.
([3]) *Anglia sacra,* t. II, p. 325.

tout à la fois, savant en mathématiques et dans les langues. Sur le déclin de l'âge, comblé de richesses et d'honneurs, il abandonne tout pour embrasser la vie religieuse et revêtir la robe de Saint-François, ce qui peut-être fut un exemple et comme une invitation pour son disciple (¹). Lui aussi est suspect à la cour de Rome, qui s'oppose à son avènement à un évêché et le persécute. Edmond Rich, à peine archevêque, essaie de rétablir la discipline dans son Église, soulève sur son passage les haines les plus ardentes, celle des moines, celle du roi, celle du légat Othon; est obligé, malgré son courage, de céder devant l'orage, de se rendre à Rome, où il fait entendre un langage sévère et qui déplait au souverain Pontife; condamné et blâmé par la cour pontificale, il revient en Angleterre, où il retrouve une opposition plus violente que jamais; et enfin, exilé de sa patrie, fugitif, vaincu par la haine, il va mourir de chagrin, en 1242, sur le rivage de la France (²). Admis aux leçons et peut-être à l'intimité de ces hommes, le jeune Roger en conserva une impression qui ne devait jamais s'effacer, et son génie, formé à cette école sévère, dut y prendre ces habitudes de liberté, cette fermeté dans la pensée, cette constance dans les idées qui firent plus tard ses malheurs, mais aussi son plus grand titre de gloire aux yeux de la postérité. L'Angleterre a eu cette singulière fortune de produire au moyen âge les philosophes les plus hardis, les esprits les plus originaux, sinon les plus puissants. Oxford conserva longtemps cette tradition d'indépendance et d'opposition; et quand même la philosophie de saint Thomas s'impose à toute l'école, avant que Duns Scot et après lui Guillaume d'Ockam viennent l'attaquer en deux sens opposés, c'est encore en ce pays que la résistance semble la plus vive. La doctrine de l'Ange de l'école a peine à s'y implanter. Si on cite un Robert d'Oxford, qui déclare hérétique tout dissident, l'histoire de la philosophie peut lui opposer Jean Baconthorp, Guillaume de Lamare, Jean Peckam et bien

---

(¹) Wadding; *Script. ord. min.*, p, 1, 2. — Mathieu Paris, *passim*.
(²) *Anglia sacra*, t. II, p. 693. — Cf. Brucker; *Hist. philos.*, t. III, p. 818.

d'autres après eux. Saint Thomas est à peine mort, que l'ordre des Dominicains, dans un chapitre, à Milan, en 1278, est obligé d'envoyer des légats à Oxford pour y juger et y réprimer des Frères pécheurs, qui eux-mêmes sont infidèles à la grande lumière de leur ordre, et manquent de respect à cette autorité souveraine (1).

§ II.

Oxford, malgré sa renommée, ne pouvait suffire à achever une éducation sérieuse. Séparés par tant de barrières, isolés par tant d'obstacles, les savants du moyen âge eurent au moins, pour se comprendre, se connaître, suppléer à la rareté des livres, deux ressources précieuses : une langue universelle, le latin, et une ville commune, Paris. Tous y venaient tour à tour y recevoir ou y donner l'enseignement. Robert Grosse-Tête et Edmond Rich n'avaient pas manqué à ce pieux voyage, et Bacon, à son tour, dut, suivant l'habitude de son pays, *more sua gentis,* disent les historiens, passer le détroit et venir à Paris compléter son instruction et briguer les honneurs du doctorat (2). A ce moment il avait embrassé l'état ecclésiastique, et encore n'avons-nous sur ce point d'autre renseignement que le récit de Mathieu Paris et la conjecture qu'on peut tirer de l'usage du temps. Ce même récit autorise à affirmer qu'il n'arriva à Paris que vers 1234 au plus tôt, peut-être même plus tard. Il devait y rester longtemps, y faire de profondes études, y obtenir de grands succès, et enfin y subir de dures épreuves.

Bacon a fait au moins deux longs séjours à Paris, sans compter le temps de sa captivité, que nous ne tenons pas à honneur de revendiquer : le premier, pour s'instruire et obtenir le titre de docteur; le second, pour y subir la persécution et l'exil. Le premier voyage

---

(1) Martène; *Thesaurus anecd.,* t. IV, col. 1793, n° 19.
(2) Suivant Pits, il y vint en compagnie de Fitsacre.

n'est pas contesté, et pas un biographe ne manque de raconter que Bacon reçut à Paris les insignes du doctorat et s'y acquit une grande réputation, soit comme élève, soit comme maître. Il y serait resté peu de temps, suivant M. Daunou, qui le fait rentrer à Oxford à vingt ans, en 1240, et suivant la biographie britannique, qui constate avec joie que cette année 1240 est la première date certaine de son histoire. Écoutons à ce sujet Roger lui-même. Il est à Paris avant 1248, il y est encore en 1250. Il y entend d'abord l'évêque Guillaume disserter à deux reprises sur la nature de l'intellect agent, en présence de toute l'Université réunie ([1]). Or, Guillaume meurt en 1248. Il y connaît aussi un certain maître Pierre, dont on parlera bientôt. « C'est de lui que je tiens toutes mes connaissances, » s'écrie-t-il en 1267, et il y a de cela 20 ans, ce qui nous reporte à l'année 1247 ([2]). Enfin, le statut du légat Pierre de Courçon, de 1215, arrête qu'on ne parviendra pas à la maîtrise avant trente-cinq ans, et huit années au moins d'études. Cette dernière condition ne fut pas appliquée à la rigueur, et on n'en peut conclure que Bacon ait dû rester huit ans en France. La première eut force de loi; saint Thomas seul s'en affranchit en 1256; mais on sait quels orageux débats il eut à affronter, et quelle résistance lui opposa l'Université. Or, Bacon n'eut l'âge exigé qu'en 1249; nous sommes donc certains qu'il ne rentra pas à Oxford en 1240. Du reste, en 1250 il est encore en France; il l'atteste lui-même: il vient de raconter la révolte des Pastoureaux, de ces vagabonds fanatisés par un moine hardi qui, en 1250, troublèrent la France et firent trembler, dit-il, jusqu'à la régente Blanche de Castille, pour la plus grande confusion du clergé et de l'Église. « J'ai vu leur chef, ajoute-t-il, et ai remarqué qu'il portait dans sa main quelque talisman sacré et pour ainsi dire des reliques ([3]). »

([1]) *Opus tertium*. Manuscrit de Londres, cap. XXIII.

([2]) Bodl; 1819, f. 64. (Nullum vidi qui sciat illas scientias, nisi unum a quo has didici, transactis annis 20.) En marge : *Magistrum Petrum*.

([3]) *Op. maj.*, p. 254. Ailleurs il affirme avoir conféré avec Guillaume de Rubruquis, à son retour de la Terre-Sainte, ce qui reporterait encore plus loin son départ de France,

Dans ce premier séjour, long et fructueux, Bacon a-t-il été plus qu'un simple étudiant? Wood assure qu'il fut nommé professeur d'écriture sainte, qu'il attira un grand concours autour de sa chaire; mais Du Boulay, le consciencieux historien de l'Université, s'il fait honneur à la Faculté de Paris d'un tel disciple, ne dit pas que Bacon y ait jamais enseigné. A la rigueur, pourtant, ce n'est pas impossible : les aspirants au titre de maître faisaient souvent des leçons; ce qu'il y a de sûr, c'est qu'à Paris ou à Oxford, Bacon eut du succès comme professeur et acquit une sorte de gloire. C'est lui-même qui le rappelle; écrivant au pape, en 1267, il lui dit : « Quant à la réputation que j'ai acquise en d'autres temps par mes travaux, je reconnais mon humilité ([1]); » et cette réputation ne peut être celle d'écrivain, Bacon ajoutant bientôt que, jusque-là, il n'a rien écrit d'important.

Parlons maintenant de son second séjour, que les historiens ont ignoré ([2]), et dont nous pouvons fixer plus rigoureusement l'époque. A son départ de Paris, Bacon retourne à Oxford. Que s'y passa-t-il? Il y obtint une grande renommée, mais il y souleva des haines implacables par la supériorité de ses talents, et peut-être aussi par l'âpreté de son caractère. En 1267 on le retrouve à Paris; c'est de là qu'il envoie à Clément IV l'*Opus majus*, l'*Opus minus* et enfin l'*Opus tertium*, la plus considérable de ses compositions, et que, rappelant au Saint-Père ses malheurs, dans un récit touchant comparable à l'*Historia calamitatum* d'un de ses illustres devanciers, il se plaint d'un exil de dix années : « Recolens me jam a decem annis exsulantem ([3]). » Exilé, qu'est-ce à dire? Qu'on l'a arraché à sa patrie, et forcé à venir loin d'Oxford se soumettre à une sorte de pénitence dont on trou-

---

Guillaume n'ayant pas pu revenir de son ambassade chez les Tartares avant l'année 1254 (*Op. maj.*, p. 191). Suivant l'*Hist. litt.*, Guillaume ne serait pas revenu en France après son ambassade.

([1]) « Quantum ad famam studii quam retroactis temporibus obtinui meam parvitatem recognoscens. » *Op. tert.* Manusc. brit. Cap. II.

([2]) Excepté M. Cousin. *Journal des Savants*, 1848.

([3]) *Op. tert.*, cap. I.

vera plus loin les lamentables détails. Et quel lieu a-t-on choisi?
La France et Paris; il le dit positivement : il se plaint au saint
Pontife de l'infidélité des copistes de Paris, auxquels il ne peut se
fier pour faire transcrire ses ouvrages ; il lui raconte que, poussé
par la détresse, il a imaginé, pour gagner l'intérêt de certains personnages, de leur dire qu'il était chargé par le Saint-Père d'une
affaire, et c'est en France qu'elle doit se traiter (¹). Il a donc
quitté Paris seulement pendant quelques années, et dès 1257,
il y est de retour pour y subir une première persécution et y
composer ses trois plus grands ouvrages. Il devait y revenir
une fois encore pour s'y voir condamner, en 1278, par Jérôme
d'Ascoli, et souffrir une captivité qui ne dura pas moins de quatorze
ans. La plus grande partie de sa vie, la plus active et la plus féconde, comme la plus tourmentée, a donc eu pour théâtre la France
et Paris; et, sans parler de sa dernière captivité, il fit au moins
deux longs séjours de ce côté de la mer : le premier, dont on ne
peut fixer la durée, et qui se place entre ces deux extrêmes, 1233
et 1250, et le second, de 1257 à 1267. Ainsi, malgré les sages
scrupules de M. Daunou, c'est avec toute raison que les auteurs
de l'*Histoire littéraire* lui ont fait une place dans le monument
qu'ils élèvent à la gloire des lettres françaises. Il n'est pas question
de déposséder l'Angleterre d'une de ses illustrations les plus populaires, il faut seulement réclamer pour la France la part qui lui
est due, et ranger Bacon parmi les hommes du XIIIe siècle, qui,
comme Albert et saint Thomas, et plus qu'eux peut-être, appartiennent de droit à nos annales littéraires, et, bien qu'étrangers,
sont les preuves vivantes de l'influence de l'Université de Paris
et du rayonnement prodigieux de ce foyer de lumière. On a
vingt preuves du long séjour de Bacon en France; la tradition
seule nous apprend celui qu'il fit en Angleterre, et si nous sommes
portés à croire qu'il y resta longtemps, nous n'en avons pour gage

---

(²) *Op. tert.* Manusc. de Londres, chap. II : « Sed scribi non posset littera bona nisi per scriptores alienos a statu nostro, et illi tunc transcriberent pro se vel aliis, vellem, nollem, sicut sœpissime scripta per fraudes scriptorum Parisiis divulgantur... » Plus loin, chap. III : « Dixi quod negotium quoddam vestrum debuit tractari in Francia per me. »

que l'affirmation des biographes et sa renommée, si vivace de l'autre côté de la Manche.

Quand Bacon arriva à Paris, c'est-à-dire vers la fin de la première moitié du siècle, les écoles de cette ville étaient dans tout leur éclat, et déjà commençait ce mouvement intellectuel qui, à quelques années de là, allait produire l'époque classique et le grand siècle de la scolastique. Alexandre de Halès était au terme de sa carrière, et remettait aux mains de Jean de la Rochelle l'enseignement où il avait été sans rivaux depuis de longues années. Albert le Grand, déjà célèbre en Allemagne, se préparait à venir à Paris, en 1245, avec son jeune élève, alors âgé de dix-huit ans, ce génie méditatif et concentré, que ses condisciples appelaient le grand Bœuf muet de Sicile, et dont les mugissements, comme le disait son maître, devaient un jour retentir dans le monde entier (¹). Presque au même moment, saint Bonaventure y commençait des études jusqu'alors fort négligées. Quelles ressources pour un esprit curieux, pour un homme dévoré de l'ardeur de connaître, et qui passe sa vie à chercher des gens qui puissent l'instruire (²)! Quel mouvement dans ce Paris du XIII° siècle. Une vive ardeur pour la science, des professeurs illustres, des élèves qui vont les dépasser; en face des chaires de l'Université, celles des ordres mendiants, et partout cette multitude remuante et passionnée d'étudiants, plus prompte encore aux séditions et aux combats de la rue, qu'aguerrie aux disputes de l'école. Scandalisé d'abord par les vices et la turbulence des clercs (³), notre docteur commence, sur les choses et sur les hommes, cette rigoureuse enquête qui le conduira à vouloir réformer les unes, à attaquer violemment les autres. Il aurait pu prendre cause pour l'un des partis philosophiques qui s'agitaient alors; l'occasion était belle: jamais peut-être et chez aucun peuple on n'avait vu une telle mêlée

---

(¹) Saint Thomas n'arriva à Paris qu'en 1247. Du Boulay; t. III.

(²) *Op. tert.*, cap. XVII. Manusc. de Douai : « Plus quam duo millia librarum ego posui in his et ad acquirendum amicitias sapientum. »

(³) *Compendium philosophiæ.* Manusc. brit. Tiberius V, cap. I. (V. 5° partie.)

d'opinions et de systèmes, des luttes si acharnées, tant de violence dans l'attaque ou d'opiniâtreté dans la défense. En apparence, tous ces esprits qui s'agitent subissent le joug d'une même discipline, et, tyrannisés par l'autorité, ont abdiqué leur indépendance. Partout, en effet, on entend poser et résoudre les mêmes questions; partout la même méthode, et surtout, hélas! le même langage. Mais, sous cette uniformité extérieure, s'est réfugiée la vie active et diverse de l'intelligence. Tous les docteurs sont des scolastiques; c'est leur nom commun, mais on pourrait leur en donner de plus significatifs que l'histoire leur a désormais imposés. Les uns sont des platoniciens de la première académie, comme Henri de Gand; les autres, des théologiens intolérants, disciples de saint Bernard, comme l'école de saint Victor; ceux-ci marchent silencieusement sur les pas d'Averroès, le chef des impies, l'ennemi de toutes les religions, et commencent, à leurs risques et périls, la longue tradition de cette doctrine suspecte qui, pendant plusieurs siècles, va s'infiltrer dans les universités, occuper les chaires de philosophie et de médecine, avoir son école à Padoue, ses apôtres et ses martyrs; ceux-là s'égarent dans les espaces imaginaires où le pseudo Denys leur fait contempler ses légions de hiérarchies, ou bien se perdent dans les profondeurs du panthéisme avec Avicebron; le scepticisme a ses plus effrénés sophistes, les hérésies, leurs sectaires les plus audacieux, à cette époque de foi naïve et de croyance orthodoxe. Le souffle de la liberté pénètre même jusqu'au sanctuaire, et l'*Évangile éternel,* avec ses pressentiments d'une ère nouvelle et l'annonce du règne du Saint-Esprit, aspire à une rénovation religieuse.

Au milieu de cette mêlée ardente, sous quel drapeau va se ranger le jeune clerc d'Oxford? Quel maître va-t-il choisir parmi tant d'illustres docteurs? Il contemple, à son foyer le plus brillant, cette science dont ses contemporains sont si fiers, et le sentiment qu'il éprouve n'est pas de l'enthousiasme, mais du mépris. Il écoute les voix les plus éloquentes, et va choisir pour maître, non pas un Alexandre de Halès ou un Albert, mais un obscur personnage dont l'histoire a perdu la trace. Cette renaissance apparente lui semble une décadence véritable : les Dominicains et les Franciscains, des ignorants auprès de Robert de Lincoln et de ses amis, et tous les modernes, comme il les appelle, des barbares en comparaison des anciens, c'est-à-dire des Grecs et des Arabes. L'expérience vaut mieux que tout Aristote, et un peu de grammaire et de mathématiques est plus utile que toute la métaphysique des écoles. Aussi, il se livre avec passion à ces sciences dédaignées; il apprend l'arabe, le grec, l'hébreu, le chaldéen, quatre langues, en ce temps où Albert n'en sait qu'une, où saint Thomas demande à Guillaume de Morbeke de si mauvaises traductions! Il recherche avec activité les livres anciens et ceux des Arabes, étudie les mathématiques, l'alchimie, l'optique, et, avant de réformer l'éducation de son temps, il refait la sienne, et dans ce but se lie avec des mathématiciens et des savants ignorés, qu'il préfère aux philosophes les plus renommés. Alexandre de Halès ne lui inspire que du mépris; Albert est à ses yeux un ignorant présomptueux, dont l'influence est fatale à son époque; Guillaume d'Auvergne seul mérite quelque respect : ce n'est pas encore un de ces modernes auxquels Roger a déclaré la guerre. Ses amis à lui sont des personnages moins célèbres : Guillaume de Shirwood, trésorier de l'église de Lincoln, bien plus savant qu'Albert, dit-il; Campano de Novarre, mathématicien et computiste; maître Nicolas, précepteur d'Amaury de Montfort; Jean de Londres, que Jebb croit être Jean Peckam ([1]); et, par dessus tout, le plus inconnu et, s'il faut l'en croire, le plus savant des hommes de ce temps, celui qu'il vénère comme son maître, admire comme l'exemple vivant de la vraie science, et qu'il nomme

---

([1]) Cf. Balée, p. 348; Pits, p. 380; Wadding, p. 217; Hist. litt., t. XX, p. 264. C'est aussi l'opinion de M. Cousin. Il semble résulter pourtant du témoignage même de Bacon, que Jean de Londres ne peut être Jean Peckam. Son nom se trouve presque toujours avec ceux de Robert Grosse-Tête et d'Adam de Marisco, que Bacon appelle des anciens : « Et planum est in eis qui floruerunt in his scientiis, sicut dominus Robertus... et frater Adam de Marisco, et magister Johannes Londonius » (Bodl. 1677, f. 47). Or, Jean Peckam, mort en 1292, n'est pas plus ancien que Bacon. Nous inclinons à voir dans ce personnage Jean Basingestokes, l'ami de Robert, qui meurt en 1252 (V. Balée, p. 302); Cette hypothèse a encore pour elle la mention que Jean de Garlande fait d'un certain Jean de Londres, déjà célèbre par son savoir en 1216, et qui ne peut être Jean Peckam.

maître Pierre. C'est une figure au moins singulière, si on en juge par le portrait que Bacon nous en a tracé. Maître Pierre est un solitaire qui se garde autant de la renommée, que d'autres consument d'efforts pour la chercher, et semble mettre tout son soin à dissimuler sa science, et à refuser aux hommes la vérité qu'ils ne méritent pas de recevoir. Il n'est d'aucun ordre puissant, n'enseigne pas et ne veut ni élèves ni admirateurs; il redoute l'importunité du vulgaire. Plein d'orgueil, et joignant au dédain une foi immense en lui-même, il vit isolé, content des richesses qu'il pourrait centupler. S'il daignait monter dans une chaire, le monde entier accourrait à Paris pour l'entendre; s'il voulait s'attacher à quelque souverain, des trésors paieraient mal une science si merveilleuse. Mais il méprise les hommes; ce sont des fous entichés des subtilités du droit, des charlatans qui déshonorent la philosophie par leur sophismes, rendent ridicule la médecine, et faussent la théologie même (¹). Les plus clairvoyants sont aveugles, ou, s'ils font de vains efforts pour voir clair, la vérité les éblouit; ils sont semblables à la chauve-souris qui épie la lueur du crépuscule; lui seul ose regarder en face le soleil radieux. Caché dans une retraite qui lui donne la sécurité avec le silence, il laisse aux autres les longs discours et les combats de paroles, pour se livrer à la chimie, aux sciences naturelles, aux mathématiques, à la médecine, et, par-dessus tout, à l'expérience dont, seul en son siècle, il a compris l'importance. Le maître des expériences, *Dominus experimentorum,* voilà le nom dont le salue son disciple, et qui remplace les titres ambitieux et sonores des autres docteurs. L'expérience lui révèle les secrets de la nature, l'art de guérir, les phénomènes célestes et leurs rapports avec ceux d'ici-bas; il ne dédaigne rien, et ne craint pas de faire descendre la science aux réalités de ce monde; il rougirait s'il trouvait un laïque, une vieille femme, un soldat ou un paysan plus instruit de ce qui le regarde que lui-même. Fondre les métaux et les travailler, manipuler l'argent, l'or et tous les minéraux, inventer des instruments meurtriers

---

(¹) *Op. tert.,* cap. XII.

pour la guerre, des armes nouvelles, faire une science de l'agriculture et des travaux rustiques; ne pas négliger l'arpentage, l'art de construire; s'appliquer même à étudier le fond de vérité que cachent les charmes des sorciers, les impostures et les artifices des jongleurs, voilà l'œuvre à laquelle il a dévoué sa vie. Il a tout examiné, tout appris; discerné en toute chose le vrai d'avec le faux, et, au lieu d'une science vide et stérile, il s'est fait un savoir pratique. Veut-on hâter les progrès de la science? Voilà le seul homme qui soit à la hauteur d'une pareille tâche; le jour où il voudra divulguer ses secrets, le roi et les princes le combleront d'honneurs et de présents, et, dans une expédition contre les infidèles, il rendrait plus de services à saint Louis que la plus grande partie de son armée, pour ne pas dire l'armée tout entière (1). Ce grand homme ignoré, ce génie inconnu dont l'histoire des sciences n'a jamais enregistré le nom, c'est de lui que Bacon a tout appris: les langues, l'astronomie, les mathématiques, et surtout la science expérimentale; et, pour parler son rude langage, les autres ne sont auprès de lui que des idiots et des ânes (2). La piété de Bacon pour son maître mériterait bien de le faire sortir de l'obscurité où il est enseveli; mais comment retrouver maître Pierre dans le nombre infini des savants du même nom que l'on trouve dans les catalogues? Il est vrai que parfois Bacon est plus explicite; il écrit un second nom: Petrus de Machariscuria, d'après Leland; de Maharniscuria, d'après Selden et Freind; de Maharuscuria, d'après certains manuscrits, et il ajoute qu'il était Picard. Maharniscuria a été adopté, et les historiens qui parlent de Bacon citent souvent le célèbre Pierre de Maharnecourt (3), sans paraître se douter que ce *célèbre* personnage est une énigme.

Il y a, à la Bibliothèque Impériale (*Manuscrits latins*, 7378), un recueil in-4° comprenant divers Traités, sous ce titre commun:

---

(1) *Op. tert.*, cap. XIII, XXXIII et XXXIV. — *Op. min. : De septem peccatis*, etc.
(2) Bodl. 1819, f. 64.
(3) Freind; *History of Phys.* Londres, 1750, t. II, p. 333 : « The famous Peter de Maharncourt, a Picard. » Montucla le cite à son tour. Cf. *Journal des Sav.*, 1848.

2

Geometria (¹). Au folio 67, commence un opuscule intitulé : *Epistola Petri Peregrini de Maricourt ad Sygerium de Fontancourt, militem, de magnete.* Balée Pits et Wadding attribuent faussement cet ouvrage à Bacon; Wood et Cave le restituent à son véritable auteur, Pierre Péregrin. M. de Humboldt cite, comme l'un de ceux qui ont connu le plus tôt la boussole et soupçonné la déclinaison, un certain Adsygerius, qui n'est autre que ce même Pierre, dont l'ouvrage, adressé *ad Sygerium,* a donné lieu à cette confusion (²). L'identité du nom, la concordance des dates, l'analogie des idées, invitent à faire du maître de Bacon et de l'auteur du *De magnete* un seul et même personnage. D'abord, les manuscrits anglais, ceux de l'*Opus tertium* à Londres et à Oxford, écrivent Petrus de Mahariscuria, et celui de Douai seul, Maharniscuria, que M. Cousin traduit par Marnecourt. Or, Mahariscuria peut légitimement se traduire par Maricourt. Puis, le manuscrit de Leyde porte une date, celle de 1269, presque la même année où Bacon écrivait ses grands ouvrages. Enfin, maître Pierre et Pierre Péregrin ont de singuliers traits de ressemblance (³). L'un est « le maître des expériences » et ne dédaigne pas les travaux mécaniques; l'autre est un observateur habile, qui proclame que, pour découvrir la vérité, on a besoin de ses mains autant que de son esprit (⁴). Maître Pierre méprise les savants; Péregrin les a en médiocre estime, et les appelle « debiles inquisitores, » expression que Bacon a retenue et reproduite. Maître Pierre construit une sphère qui doit imiter le mouvement du ciel (⁵); Péregrin parle de cet instrument, et songe à profiter des propriétés de l'aimant pour le mettre en mouvement. Enfin, maître Pierre excelle dans l'optique, étudie les phénomènes de réfraction, et invente, au moyen âge, les miroirs ardents d'Archimède, à la grande admiration de Bacon;

(¹) *Catalogue des Manuscrits,* t. IV, p. 351.
(²) *Catalogue de la Bibliothèque de Leyde,* p. 363. *Petri Adsygerii, etc.*
(³) M. Libri a donné une copie incomplète du manuscrit de la Bibliothèque impériale, imprimée, pense-t-il, à Augsbourg en 1558. V. *Hist. des Mathématiques,* t. II, p. 487.
(⁴) Libri; *l. c.* : « In occultis operibus multum indigemus industria manuali. »
(⁵) R. Bacon; *De mirabili Potestate, etc.,* p. 44.

Péregrin paraît adonné aux mêmes études, parle des effets merveilleux de la réfraction, et renvoie à un ouvrage où il apprendra à construire les miroirs (¹). Si maître Pierre est, au dire de son élève enthousiaste, le premier savant du monde, Péregrin n'est pas un esprit ordinaire; il sait, sur la boussole et l'aimant, beaucoup de choses qu'ignorent ses contemporains; il indique un mode, de suspension de l'aiguille très-ingénieux, de bons moyens d'aimantation; il montre une habileté de main consommée, une grande fécondité d'imagination; il décrit un petit appareil d'un mouvement perpétuel, fondé sur les propriétés de l'aimant, erreur très-savante pour le XIII° siècle, dit M. Libri, et paraît enfin soupçonner la déclinaison. C'est tout ce que nous pouvons dire du savant Picard (²), que Bacon a tant aimé et comblé de tant d'éloges. La haine du vulgaire, le génie de l'expérience, la recherche des résultats pratiques de la science, l'indépendance du caractère, voilà par quels traits Bacon ressemble à son maître inconnu. Mais il y a entre eux une différence : Pierre tient fermée sa main pleine de vérités, Bacon l'ouvre toute grande; l'un paraît avoir vécu tranquillement, l'autre va affronter la tempête et entreprendre une révolution dans les idées de son siècle.

§ III.

Il n'y avait alors que trois puissances qui pussent aider Bacon : le Roi, le Pape, une Corporation religieuse, comme les ordres mendiants, ou enseignante, comme l'Université. De ces trois pouvoirs, le plus grand était sans contredit les ordres mendiants, par lesquels on pouvait, au reste, se concilier le roi saint Louis, ou les papes, dont ils étaient la milice la plus sûre. Il fallait choisir entre les Dominicains et les Franciscains. L'ordre de Saint-Dominique

---

(¹) Libri; *l. c.* : « In libro *de operibus speculorum* narrabimus, etc. »
(²) Il y a encore aujourd'hui en Picardie, non loin de l'ancienne abbaye de Corbie, un village appelé Meharicourt.

n'avait pas alors tout l'éclat que firent rejaillir sur lui les grands docteurs tels qu'Albert et saint Thomas; les Franciscains, au contraire, jusque-là méprisés, à ce que Bacon nous apprend, avaient reçu un grand lustre de l'entrée dans leur ordre d'un docteur célèbre, Alexandre de Halès, qui, après la dispersion de l'Université en 1228 ([1]), prit le froc de Saint-François. De plus, l'ordre des Franciscains devait séduire l'esprit indépendant de Roger; son dévouement à la papauté n'était pas suspect, mais des doctrines hardies y étaient professées; la fondation de l'ordre Mineur ne devait être rien moins, aux yeux de certains religieux, qu'une seconde révélation, l'ère nouvelle d'une religion qui compléterait, par le règne du Saint-Esprit, la venue du Christ. Il n'y avait pas longtemps que l'abbé Joachim et Jean de Parme avaient répandu leurs idées, et les rêveries de l'Évangile éternel devaient remuer profondément les esprits. Enfin, l'un des amis de Bacon, Adam de Marisco, entra lui-même assez vieux dans l'ordre Mineur, et Robert Grosse-Tête détestait les Dominicains, ne pardonnant aux Franciscains, à qui il légua sa bibliothèque, que grâce à leur esprit d'indépendance. Pour tous ces motifs, ne pouvant se concilier, pauvre clerc, le roi de France ni le Pape, il entra dans l'ordre de Saint-François. Il devait amèrement s'en repentir ([2]).

On n'est pas d'accord sur le lieu ni sur l'époque où Bacon entra dans l'ordre de Saint-François; les uns disent, comme Wood, que

---

([1]) Ce fait, attesté par Bacon, n'est pas d'accord avec les assertions des biographes, qui fixent à l'année 1222 l'entrée dans les ordres du docteur des docteurs. (V. *Op. min.* Manusc. de la Bodl. cité ci-dessous, V^e partie.)

([2]) « Qu'allait faire parmi eux un homme de génie, impatient d'acquérir des lumières et de les répandre? » se demande à ce sujet M. Daunou, qui semble faire un retour touchant sur une circonstance de sa propre vie, et il ne comprend pas qu'il n'ait pas plutôt choisi l'ordre des Dominicains. M. Daunou oppose les chefs illustres de l'ordre des Prêcheurs aux hommes obscurs qui présidèrent aux destinées des Franciscains; mais, à l'époque où Bacon dut opter, c'est le contraire qui est vrai : l'ordre de Saint-Dominique n'a pas encore à sa tête ces chefs qui doivent l'illustrer, et celui de Saint-François revendique le Docteur irréfragable, la première autorité du XIIIe siècle. D'ailleurs, il est probable que quelque circonstance décisive précipita la résolution de Roger, et qu'un événement ignoré de sa vie en fut le motif déterminant.

ce fut avant son départ d'Oxford; d'autres, Leland et Wadding, pendant son séjour à Paris; d'autres, Balée, Cave et Oudin, à son retour en Angleterre. De ces trois opinions, la première est la moins plausible : ce fut à un âge assez avancé qu'il devint Frère Mineur, et une bonne partie de sa carrière s'écoula dans une autre condition. C'est ce que prouvent ces mots de l'*Opus tertium*: « Nam in alio statu non feci scriptum aliquod philosophiæ, nec in quo sum modo fui requisitus a prælatis meis ([1]). » Ainsi donc, il a passé hors de l'ordre une partie de sa vie, pendant laquelle il aurait pu composer des ouvrages. Dans un autre passage du même livre, il dit : « Pendant que j'étais dans une autre condition, *in alio statu*, on s'étonnait que je pusse résister aux travaux excessifs que je m'imposais. » Depuis ce temps, ajoute-t-il, il a moins travaillé ([2]). D'ailleurs, il s'emporte souvent avec violence contre l'usage de recevoir parmi les moines des jeunes gens de vingt ans qui n'ont pas achevé leurs études; voilà un des reproches qu'il adresse à saint Thomas, à Albert le Grand, et dans lequel il semble envelopper saint Bonaventure, sans le nommer pourtant. C'est à cet usage qu'il attribue la décadence des études et du savoir dans les deux ordres; et son blâme serait au moins singulier s'il pouvait retomber sur lui tout le premier. Il est donc juste d'enlever à l'ordre qui le persécuta la gloire d'avoir suscité son génie, et de ne lui laisser que le triste honneur de l'avoir méconnu et étouffé ([3]). Une fois devenu Franciscain, les prélats ses supérieurs ne lui demandèrent aucun ouvrage, et même lui défendirent d'en composer. En 1267, il y a quarante ans, dit-il, qu'il étudie, si on en excepte deux années qui furent perdues pour le travail (il ne dit pas pour quelles raisons).

([1]) *Op. tert.*, cap. II.

([2]) *Idem*, cap. XX : « Notum est quod nullus in tot scientiis et linguis laboravit, nec tantum; quod homines mirabantur in alio statu quod vixi, propter superfluum laborem; et tamen postea fui ita studiosus, sicut ante; sed non tantum laboravi. »

([3]) Ce fait est hors de doute. Dans un passage de l'*Opus tertium*, Bacon raconte qu'il a dépensé autrefois 2,000 livres en expériences. Ailleurs il fait remarquer que, dans l'ordre, il est défendu d'avoir de l'argent. La conclusion est facile à tirer : c'est en dehors de l'ordre que ses grands travaux se sont accomplis.

Pendant cette période, il se livra, à Paris et à Oxford, à de nombreuses expériences, inventa des instruments de toute espèce pour la physique, l'astronomie et l'optique, se prépara des coopérateurs, *adjutores,* et instruisit des jeunes gens dans l'art de compter et d'observer les astres et de dresser des tables astronomiques. Il rechercha l'amitié « de tous les sages parmi les Latins, » recueillit tous les livres qu'il put trouver; il en fit chercher à grands frais quelques-uns, comme les *Traités* de Sénèque et la *République* de Cicéron, qu'il ne put rencontrer nulle part. Il avait de l'argent alors; plus tard, et sous l'habit de Saint-François, il lui était défendu d'en posséder. Il ne dépensa pas moins de deux mille livres, somme considérable pour ce temps, bien qu'il s'agisse de livres parisiennes et non pas anglaises, comme l'a cru la Biographie universelle [1]. Ses idées mûrirent sous ces efforts incessants, et de plus en plus il s'éloigna des opinions de son temps. L'Université de Paris ne trouva pas grâce devant lui; il s'éleva contre son enseignement, et protesta surtout contre l'importance donnée à l'ouvrage de Pierre Lombard. Le maître des sentences, que les plus renommés docteurs commentaient et devaient commenter longtemps encore, n'inspira de tout temps à Roger qu'une fort médiocre estime. Il préférait aux *Sentences* le *Livre des Histoires,* malgré l'ignorance honteuse, *turpis ignorantia,* qu'il y trouve à reprendre. « Le
» bachelier qui lit le texte est sacrifié à Paris à celui qui lit les sen-
» tences, tandis que partout ailleurs il lui est préféré. A Paris, il
» suffit de faire des leçons sur le livre pour choisir à son gré l'heure
» principale, et pour avoir chez les religieux un confrère et une
» chambre à part; mais quand on lit la Bible, on n'a rien de tous
» ces priviléges; il faut mendier une heure pour sa leçon et se
» mettre à la discrétion du lecteur des sentences; quand on étudie
» les sentences, on peut disputer partout, on passe pour un maî-
» tre; si on s'attache au texte, on vous défend de discuter, comme
» c'est arrivé cette année à Bologne, et en beaucoup d'autres
» lieux; et c'est absurde; ainsi, le texte de cette Faculté est subor-

[1] Art. *R. Bacon,* par Suard.

» donné à la somme d'un maître, etc. » (¹). On dédaigne même le livre des Histoires, qui pourtant convient mieux à la théologie. Toutes les questions sont séparées du texte; on appelle curieux celui qui les y cherche, et on ne veut pas l'écouter s'il n'est un homme puissant et d'une grande autorité (²). Et, en outre, le texte lui-même est altéré à Paris d'une manière effrayante; chaque lecteur y fait des corrections, qui ne sont, pour parler comme lui, que des corruptions. « Quot sunt lectores per mundum, tot sunt correctores sed magis corruptores, etc. » (³).

Quand Bacon n'eut plus rien à apprendre à Paris, il retourna à Oxford. Le long souvenir qu'il a laissé dans la mémoire du peuple anglais atteste qu'il est resté dans son pays à une époque où son talent était dans tout son éclat, et où il se livrait avec ardeur à ses études secrètes. Pourtant, ce séjour ne dut pas être long. Avant 1250, Bacon n'a pu rentrer à Oxford, et en 1267, suivant son témoignage, il y a dix ans qu'il est exilé et qu'il est en France, en butte à une persécution dont il ne révèle pas les motifs, mais qui fut assez cruelle, puisqu'il se regarde lui-même comme « oublié et pour ainsi dire enseveli. » Qu'était-il donc arrivé pendant sept ou huit années passées à Oxford? On ne saurait le dire; mais quand on connaît le caractère de Bacon, son esprit indépendant et altier, son profond mépris pour les autorités de son temps et pour l'or-

---

(¹) *Op. minus.* Manusc. de la Bodl. 1819 : *De septem peccatis, quartum peccatum.* (V. la V⁰ partie.)

(²) *Op. min.* Manusc. de la Bodl. 1819 : *De septem peccatis quartum peccatum.*

(³) Ce fut encore pendant le temps qu'il passa alors en France qu'il exécuta quelques voyages; de certains passages inédits de l'*Opus minus*; il résulte qu'il visita quelques provinces du midi et de l'ouest. Un historien de la scolastique s'est fondé sur un passage de l'*Opus majus*, d'ailleurs répété dans plusieurs ouvrages du docteur, pour affirmer qu'il alla aux écoles arabes de ce pays. Mais les écoles arabes d'Espagne, au milieu du XIII⁰ siècle, avaient perdu tout leur éclat. On comprend que Gerbert y soit allé au milieu du x⁰. Au XIII⁰ siècle, sous la dynastie intolérante et fanatique des Almohades, il y avait peu de profit à tirer de cette excursion. D'ailleurs, le passage sur lequel on se fonde ne prouve nullement ce prétendu voyage. Bacon, parlant du sens d'un mot traduit de l'arabe, dit que ses camarades d'école espagnols se moquèrent de son ignorance; mais on sait qu'aux écoles d'Oxford, et surtout à celles de Paris, il y avait un grand nombre d'Espagnols.

dre même dont il était membre, son goût pour les sciences occultes et mal famées, comme l'astrologie et l'alchimie, on se trouve autorisé à faire des conjectures plausibles. Les protecteurs de Bacon étaient morts alors, et, suivant son expression mélancolique, « ils avaient pris le chemin de toute chair mortelle. » Robert Grosse-Tête était mort en 1253, et avant lui Edmond Rich, Richard Fitsacre, Robert Bacon, Adam de Marisco avaient disparu et laissé notre docteur sans soutien. Son orgueil, son dédain pour ses confrères, ses erreurs trop réelles en astrologie, sa science, ses projets de réforme, durent susciter contre lui des haines redoutables qui le dénoncèrent au général des Mineurs, qui depuis 1255 était Jean de Fidanza, saint Bonaventure. Peut-être ce grand docteur, cette âme mystique peu faite pour comprendre Bacon, essaya-t-il d'abord de le ramener à d'autres sentiments. Les auteurs citent une lettre qu'il lui aurait adressée sur les vœux des Frères Mineurs, la pauvreté, le travail manuel et la lecture, et même une réponse de Bacon dont on ne trouve nulle trace [1]. Peut-être aussi accueillit-il l'accusation, et par une punition fréquente dans les ordres religieux, lui ordonna-t-il de quitter Oxford, où il ne devait pas manquer d'amis et de partisans, et où son enseignement jetait un grand éclat, pour le faire venir à Paris, dans la maison des Franciscains, où il fut surveillé et soumis au régime d'un Frère qu'on tenait pour suspect et prévenu de doctrines dangereuses. A coup sûr, c'est sous le généralat de saint Bonaventure que s'exécuta cette sentence inique qu'aurait dû refuser le cœur pieux et l'esprit éclairé du Docteur séraphique, dont quelques opinions méthaphysiques sont peu éloignées de celles de Bacon.

Le pauvre moine dut alors quitter Oxford, laisser ses élèves, le Frère Thomas Bungey, avec lequel il paraît avoir été lié d'une amitié très-vive [2], et qui lui est associé dans toutes les légendes;

---

[1] Alexandri Natalis *Historia ecclesiastica*, t. VII, p. 147. Balée cite le titre d'une réponse à cette lettre, d'après Leland. — Cf. *Histor. ecclesiast. Magdeburgensis*. Bâle, 1624, t. III.

[2] « Bungey — dit un historien ecclésiastique — eut une profonde connaissance des

cette salle d'études, cette tour qui lui servait d'observatoire, et qu'on montrait naguère à Oxford, et venir se remettre à Paris entre les mains de ses supérieurs. Alors commence pour lui une première persécution antérieure au règne de Clément IV, et dont, en l'absence de toutes preuves, M. Daunou avait pu révoquer en doute l'authenticité. Le fait n'est que trop certain, et en 1267, dans la dédicace de l'*Opus tertium*, œuvre touchante adressée à Clément IV, il rappelle qu'il y a dix ans déjà qu'il est disgracié et exilé, et il donne des détails pleins d'intérêt sur sa vie pendant ces tristes années.

D'abord, il lui fut défendu de rien écrire, ou du moins de publier ses ouvrages. Il se croit en possession de la vérité, brûle de la répandre au dehors, répète mille fois la belle parole de Sénèque, si mal comprise par J.-J. Rousseau : « Je n'aime à apprendre que pour enseigner ; » il s'écrie ailleurs : « La science périt si on ne la communique aux autres ; » et il doit vivre isolé du monde, séparé de tous ses amis, et emprisonné dans un cloître. Il a un frère qui, comme lui, est savant ; il a des élèves qui lui demandent des conseils, il ne peut rien faire pour eux ; il y va tout simplement de la prison, avec le jeûne au pain et à l'eau, et de la confiscation du livre ([1]).

La vie claustrale considère toujours l'homme comme un enfant, et infligeait à ce grand génie révolté le même châtiment qu'à un écolier indocile. A cette première et cruelle torture, on joignit toutes les vexations qui pouvaient faire souffrir le moine suspect ; on lui refusait des livres, et quand il écrit à Clément IV, il a bien soin de rappeler qu'il en est réduit à sa seule mémoire ; on surveillait ses travaux ; on feignait de s'effrayer quand il se livrait à ses calculs ou voulait dresser des tables astronomiques et apprendre à de jeunes élèves à calculer et à observer les astres. Que ne dut pas souffrir un caractère trempé comme le sien, aux prises avec cette discipline tracassière ?

---

mathématiques, soit par l'inspiration du démon, soit par les conseils de Roger Bacon. »
— *Hist. eccles. Magdeburgensis*, t. III.

([1]) *Op. tert.*, cap. II, Manuscrit de Londres.

Il eut, pendant cette époque, une seule consolation. Un jeune homme pauvre, obligé de servir pour subvenir à ses besoins, trouva en lui un maître compatissant. Bacon se dévoua avec ardeur à la tâche d'instruire cette jeune âme; privé d'un enseignement public, forcé de garder en lui-même tout le fardeau de ses idées, il put au moins s'épancher avec son disciple chéri, dont il fit en peu de temps un grand savant, et qu'il présente avec orgueil à Clément IV comme un exemple du pouvoir d'une bonne méthode et d'une éducation qui rejette les vaines superfluités de l'époque, pour ne s'arrêter qu'aux connaissances vraiment utiles. Nous ne savons de cet élève de Bacon, que le nom qu'il lui donne : il se nommait Jean, et toutes les hypothèses qu'on peut faire pour le retrouver dans un des docteurs innombrables qui ont porté ce prénom à cette époque, ne conduisent à rien de certain. On en reparlera plus bas.

Il y avait alors dans l'Église un prélat plus éclairé que les moines implacables qui persécutaient le plus grand génie de leur ordre : il se nommait Guido Fulcodi; sa vie agitée avait été tour à tour consacrée à l'étude de la jurisprudence et au métier de la guerre. Plus récemment, il avait été secrétaire de saint Louis, et avait fini par entrer dans les ordres, après la perte de sa femme. Il y était parvenu très-vite à de hautes dignités, était devenu archevêque, cardinal, et enfin légat du pape en Angleterre. Il y avait entendu parler de ce moine d'Oxford qui passait pour avoir de merveilleux secrets, et que ses confrères regardaient avec une frayeur mêlée de jalousie. Ne pouvant communiquer avec lui, il s'était servi d'un intermédiaire dévoué à Bacon: il s'appelait Rémond de Laon, et il était clerc. C'est tout ce qu'on en sait. Grâce à lui, Guido Fulcodi apprit que Bacon avait composé un grand ouvrage sur les sciences, sur les progrès et la réforme de la philosophie. Quand Bacon fut exilé à Paris, Guido lui écrivit plusieurs fois, mais inutilement : la défense des supérieurs était là, et nulle force ne pouvait l'enfreindre.

Bacon semblait donc à jamais perdu : ses idées, emprisonnées avec lui, ne sortiraient pas des murs d'un cloître. Parfois, il pensait à réclamer la protection d'un pape; mais ceux qui régnaient alors, Alexandre IV (1254-1261), Urbain IV (1261-1265), occupés d'autres intérêts, et d'ailleurs dévoués, le dernier surtout, à saint Thomas et aux Dominicains, ne pouvaient prendre garde à un pauvre moine poursuivi pour des opinions nouvelles. Mais en 1265, la tiare fut mise sur la tête de Guido Fulcodi, qui prit le nom de Clément IV. Bacon eut sans nul doute un moment de joie inexprimable. Son enthousiasme se fait jour encore quelques années après : « Que béni soit, s'écrie-t-il, Dieu, le père de Notre » Seigneur Jésus-Christ, qui a exalté sur le trône de son royaume » un prince savant qui veut servir les intérêts de la science! Les » prédécesseurs de Votre Béatitude, occupés par les affaires de » l'Église, harcelés par les rebelles et les tyrans, n'eurent pas le » loisir de songer à la direction des études; mais grâce à Dieu, la » main droite de Votre Vertu a déployé dans les airs son étendard » triomphant, a tiré le glaive, plongé dans les enfers les deux par- » tis opposés, rendu la paix à l'Église. Le temps est propice aux » œuvres de la Sagesse (¹). » Malgré la surveillance qui l'entourait, il put faire passer des lettres au souverain Pontife; un chevalier nommé Bonnecor fut chargé de les remettre, et portait au Saint-Père, outre les lettres du philosophe, des explications orales qui demandaient de la discrétion et de la prudence. Bacon se plaignait de l'oppression où il vivait, insistait sur la décadence des études scientifiques, sur les principaux obstacles au bien, signalait les remèdes à apporter au mal. En 1266, la seconde année du pontificat de Clément IV, il recevait une lettre de ce pape, qui fut un homme de cœur. Wadding l'a copiée dans les archives du Vatican, et nous la transcrivons (²) :

« A notre fils chéri, le frère Roger, dit Bacon, de l'ordre des Frères Mineurs : Nous avons reçu avec reconnaissance les lettres de votre dévotion, et nous avons pris bonne note des paroles que notre cher fils, le chevalier Bonnecor, y a ajoutées, pour les expliquer, avec autant de fidélité que de prudence. Afin que nous sachions mieux où vous voulez en venir, nous voulons et vous ordonnons, au nom de notre autorité apostolique, que, nonobstant toute injonction contraire de

---

(¹) *Op. tert.*, cap. II. Manuscrit de Londres.
(²) Wadding; *Ann. min.*, t. II, p. 294.

quelque prélat que ce soit, ou toute constitution de votre ordre, vous ayez à nous envoyer au plus vite, nettement écrit, l'ouvrage que nous vous avons prié de communiquer à notre cher fils Rémond de Landuno quand nous étions Légat. Nous voulons encore que vous vous expliquiez dans vos lettres sur les remèdes qu'on doit appliquer à un mal suivant vous si dangereux, et qu'avec le plus de secret possible vous vous mettiez en devoir sans aucun délai.

» Donné à Viterbe, le 10 des Kalendes de juillet, de notre pontificat la deuxième année. »

Ainsi, c'est le chef de la Chrétienté, le Vicaire de Jésus-Christ, qui écrit à Bacon, et il n'ose pas exiger de ses supérieurs la liberté du moine; il est obligé de lui recommander le secret, de dissimuler quand il pourrait ordonner, et il prépare ainsi à celui qu'il n'a pas la force de protéger, des tribulations nouvelles et des difficultés insurmontables. Il était temps que la lettre arrivât. Bacon se comptait perdu; il y avait si longtemps qu'il était sequestré du monde, sa réclusion était si sévère, que, suivant ses paroles, on n'entendait plus parler de lui; il était déjà pour ainsi dire enseveli et disparu sous l'oubli ([1]). La voix du Pontife le ranima, et l'on peut voir dans ses écrits que le malheur n'avait pu abattre cette âme indomptable, ni entamer cette conviction invincible. Mais que d'obstacles nouveaux durent surgir sous ses pas! Comment trouver les livres, les ressources pécuniaires, les copistes, et jusqu'au parchemin nécessaire pour répondre à l'invitation du Prélat? Car tout était à faire; le Pape s'était mépris : quand Rémond de Laon lui parlait d'ouvrages, c'était d'ouvrages à faire. « Avant d'être moine, » dit-il, je n'ai rien écrit d'important, et depuis je n'ai pas même » pu envoyer le moindre travail à mon frère ou à mes amis ([2]). » L'ordre du Pape était pressant, il le renouvela même à plusieurs reprises, et montra une grande impatience de connaître les travaux du docteur admirable ([3]). Bacon ne pouvait reculer; il se mit

---

([1]) *Op. tert.*, cap. I : « Vestram sapientiam admirans quæ a me jam omnibus inaudito, et velut jam sepulto et oblivione deleto, sapientes scripturas petere dignetur. »

([2]) *Idem*, cap. II.

([3]) *Idem*, cap. II et III : « Quando ultimo scripsistis... sicut nec ab ultimo mandato nec a primo. »

à l'œuvre au milieu de ces difficultés décourageantes, et il en sortit triomphant avec son grand ouvrage, l'*Opus majus*, où il trace d'une main ferme le tableau des erreurs et de l'ignorance de son siècle, et y propose des remèdes. Mais à quel prix parvint-il à composer ce livre, si long qu'il fallut le diviser en quatre volumes? Lui-même nous en a instruits dans l'Introduction de l'*Opus tertium*, qui est comme une réponse à la lettre de Clément IV.

D'abord, ses supérieurs cherchèrent par tous les moyens possibles à entraver son travail; il était défendu, on l'a vu, sous peine de jeûne au pain et à l'eau, de composer aucun ouvrage qui pût sortir de la maison, et on ne peut s'empêcher de frémir en pensant que ce ne fut pas une vaine menace, et que ce grand homme eut à subir cette humiliante indignité. « Les prélats et les Frères » m'imposaient le jeûne et les macérations, me gardaient de près, » ne me laissaient communiquer avec personne, dans la crainte que » mes ouvrages ne parvinssent en d'autres mains que les leurs et » celles du souverain Pontife ([1]). » Le Pape, par une faiblesse qu'on a peine à comprendre, ne leur avait rien écrit pour excuser le moine; Bacon lui-même, lié par les recommandations de Clément, ne pouvait rien leur révéler; ils le traitèrent donc, ce sont ses expressions, avec une violence indicible ([2]), et voulurent le faire obéir à toutes leurs volontés. Il supporta ce combat, refusa l'obéissance, appuyé sur l'injonction du Pape, qui lui faisait un devoir de se consacrer tout entier à son œuvre, malgré les ordres contraires. Les tribulations qu'il essuya ne peuvent s'exprimer; lui-même y renonce, et quelques mots nous font deviner la vivacité de ses souffrances : « Je vous donnerai peut-être des détails certains sur » les mauvais traitements que j'ai subis; mais je les écrirai de ma » main, en considération de l'importance du secret ([3]). » Quels étaient

---

([1]) « Prælati enim et fratres, me jejunio macerantes, tuto custodiebant, nec aliquem ad me venire voluerunt, veriti ne scripta mea aliis quam summo pontifici et sibi ipsis pervenirent. » (Fragment cité par Brown dans sa Préface, et emprunté à Leland, qui le rapporte à l'*Opus tertium*, où nous ne l'avons pas trouvé.) V. Brown; *The cure of old age*, Préface.

([2]) *Op. tert.*, cap. II : « Ineffabili violentia... »

([3]) *Id.*, *ibid.* : « Propter secreti magnitudinem... »

donc ces tourments qu'il n'ose écrire et qui ne peuvent être révélés au Saint-Père que dans une sorte de confession directe? En même temps, il lui fallait des aides pour ses expériences et ses calculs; on les lui refusa; il lui fallait des copistes, il ne savait où en trouver; dans son ordre, ils eussent livré ses ouvrages à ses supérieurs et la confiscation les attendait; hors de l'ordre, les copistes de Paris, nous apprend-il, étaient renommés pour leur infidélité, et n'eussent pas manqué de publier au dehors ces écrits, dont le Pape devait avoir les prémices. Il lui fallait enfin de l'argent, et nulle difficulté ne lui fut plus pénible à surmonter. Il lui était défendu de rien posséder, il ne pouvait emprunter, il excusait le Saint-Père, « qui, assis au » faîte de l'Univers, et l'esprit embarrassé de mille soucis, n'avait » pas pensé à lui faire tenir quelque somme; » mais il accusait amèrement les intermédiaires qui l'avaient servi, qui avaient porté ses lettres et n'avaient rien dit au Pontife, et ne voulurent pas débourser un seul denier. Il eut beau leur promettre d'en écrire au Pape et de les faire rentrer dans leurs avances; il eut beau s'adresser à son frère, qui était fort riche : la guerre civile venait de le ruiner; fugitif, exilé avec sa mère et ses frères, plusieurs fois captif, il avait expié par la ruine et la pauvreté sa fidélité au roi d'Angleterre, et ne répondit pas même à Roger.

Bacon alla alors frapper à d'autres portes; il sollicita beaucoup de hauts personnages, leur dit qu'il était chargé par le Saint-Père d'une affaire importante en France, et qu'il lui fallait de l'argent pour la mener à fin; les prélats, « dont vous connaissez le visage et non pas le cœur, » dit-il avec mélancolie, l'accueillirent par des refus répétés; sa probité même fut soupçonnée : « Combien de » fois n'ai-je pas passé pour un malhonnête homme; que de fois » on m'a rebuté et leurré de vaines espérances; que de hontes et » d'angoisses j'ai dévorées en moi-même! » Ses amis eux-mêmes ne voulaient pas le croire, parce qu'il ne pouvait leur donner d'explication. Dans cette extrémité désespérante, après avoir essayé tous les moyens et risqué jusqu'à son honneur dans cette lutte ingrate, il s'adresse à des amis pauvres comme lui; il les force à épuiser toutes leurs ressources, à vendre une partie de leurs biens et à engager le reste à des conditions usuraires : il donne aux autres la foi qu'il a en lui-même et en son œuvre; sa conviction s'impose autour de lui; il leur promet d'en avertir le Pape, de leur faire rendre jusqu'au dernier denier, et malgré tout cela, vingt fois il s'arrête devant leur pauvreté, vingt fois il renonce à son entreprise! Grâce à ces moyens, il finit par pouvoir se procurer une somme de soixante livres. Ce qui le soutenait au milieu de tant d'épreuves, c'était la conscience, et, on peut le dire, l'orgueil de son génie. Ce moine méconnu, obscur, aux prises avec la misère et la captivité, est plus fort que tous les obstacles, que toutes les persécutions; il porte en lui une idée où sont engagés les intérêts du monde et la gloire du Saint-Siége. Quand son œuvre sera finie, il pourra s'écrier avec une naïve présomption : « Interrogez les plus » sages, consultez les chefs de la sagesse, Albert, et Guillaume de » Shirewood, bien plus savant que lui, et ils ne pourront dans le » même temps vous satisfaire; que dis-je? je connais bien leur » science : ils sont incapables de jamais s'élever aux connaissances » dont je vous parle! » C'est là la source vive et intarissable où il puise chaque jour le courage, et où il retrempe son âme abattue par la longueur des efforts (1).

Vers le même temps, les rivaux de Bacon avaient une tout autre destinée, et pendant qu'il vivait dans une cellule de la porte Saint-Michel, saint Thomas jouissait de la faveur des papes, et Albert le Grand donnait à l'Empereur cette fastueuse hospitalité qui l'a rendu célèbre dans l'imagination populaire.

Le jour où l'*Opus majus* fut enfin terminé et où Bacon put l'envoyer à Clément IV, dut être un jour de triomphe dans cette vie si éprouvée. Son disciple bien-aimé, Jean, fut chargé de le porter à Rome. Bacon lui confia en outre des instructions verbales; il pouvait le présenter au Saint-Père comme un autre lui-même, capable de développer sa pensée et d'éclaircir tous les points obscurs. La tradition veut que Jean ait porté aussi à Clément quelques instruments inventés par Bacon; on peut le supposer, et l'on trouve

---

(1) *Op. tert.*, cap. II, III, IV.

même dans un manuscrit de Londres cette mention expresse qu'il dut offrir au Saint-Père une lentille de cristal (¹), afin de vérifier quelques phénomènes d'optique dont Bacon avait été vivement préoccupé.

Bacon ne se reposa pas après ce premier effort, et dans la même année il fit encore parvenir au Saint-Père deux autres ouvrages considérables : l'*Opus minus*, dont nous avons retrouvé des fragments, et dans lequel il revient sur ses idées, les éclaircit, les développe, indique celles qui ont le plus d'importance et auxquelles on doit surtout s'attacher ; il y traite en outre quelques sciences qu'il a omises dans le grand ouvrage, telles que l'astronomie, l'alchimie spéculative et l'alchimie pratique. Enfin, l'*Opus tertium* suivit de près l'*Opus minus*, et dut compléter les deux autres ; ce fut, de tous les écrits de Bacon, le plus important, le plus étendu, le plus méthodique ; il en reste des parties très-intéressantes pour l'histoire de ses idées.

Le Pape avait demandé des traités complets, des ouvrages parfaits sur la philosophie ; Bacon ne put lui envoyer qu'une esquisse ; car, à ses yeux, cette œuvre considérable n'est qu'un simple abrégé, un programme destiné à indiquer sur quels points il faut porter ses efforts, et comme il le dit lui-même vingt fois, une Introduction, *Scriptum prœambulum*. Il s'excuse longuement dans l'*Opus tertium* de n'avoir pu satisfaire à la lettre au désir du Saint-Père, et expose avec détail les causes qui rendent impossible aujourd'hui l'exécution d'une œuvre achevée et d'un monument définitif ; tout fait défaut à cette grande entreprise, qui est au-dessus des forces d'un seul homme, et que les esprits les plus savants, même en réunissant leurs travaux, ne conduiraient pas à bien sans d'immenses ressources pécuniaires qui leur manquent. Il faut avant tout de l'argent, dit-il, et avec de l'argent on trouvera des hommes, on fabriquera des instruments, on recherchera les livres anciens, on en composera de nouveaux, on se mettra de tous côtés à traduire, à expérimenter, à dresser des tables de tout genre, et alors seule-

---

(¹) *Op. tert.*, cap. XXXI.

ment on pourra, dans un vaste ouvrage, consigner les résultats de cette grande activité, et les Latins à leur tour se vanteront d'avoir une fois aussi achevé la philosophie, comme l'ont fait avant eux les Hébreux, les Grecs et les Arabes. Pour lui, il ne veut et ne peut écrire que des aperçus très-généraux, et ces ouvrages dont les débris sont si considérables encore, n'étaient, pour un écrivain du XIIIe siècle, qu'un modeste abrégé et une courte introduction (¹).

Le porteur de ces livres était Jean, que les historiens nomment tantôt Jean de Londres et tantôt Jean de Paris. Le premier de ces noms provient d'une confusion. Bacon parle avec éloge d'un Jean de Londres ; mais c'est son ami ou son maître, et non pas son disciple. L'autre dont il s'agit ici fut connu par Bacon à Paris, vers l'année 1260. « C'est un médiateur suivant son cœur. » De tous les Latins, nul ne peut mieux satisfaire le Pape ; ce n'est pas un grand maître (²) ni quelqu'un de ces faux savants qui ignorent sa méthode. Il l'envoie à Sa Sainteté. Et cependant, il aurait trouvé pour cet office des gens plus propres à le servir ; il a des amis plus chers et auxquels il tient davantage ; à Jean il n'a aucune obligation ; il ne lui est attaché ni par le sang ni par aucun lien : c'est un pauvre enfant qui est venu vers lui, dont il a eu pitié, qu'il a fait nourrir et instruire pour l'amour de Dieu, et qu'il a aimé pour son aptitude et sa bonne conduite. Il a vingt ans, et nul à Paris ne connaît mieux la vraie philosophie ; il ne lui manque que l'habitude de l'enseignement, et s'il parvient à la vieillesse, il laissera derrière lui tous les savants. Il est aussi pur qu'instruit ; c'est une vierge sans souillure qui n'a aucun péché mortel sur la conscience ; plein de douceur, de bonté et de discrétion, il n'est ni bavard ni menteur, et porte, malgré son innocence, un cilice sur sa chair (³). Il est

---

(¹) V. l'Introduction de l'*Opus tert.*, *passim*. Il est difficile de comprendre comment, en un aussi court espace de temps, l'infatigable écrivain ait pu mettre au jour tant d'ouvrages divers. Peut-être serait-il sage d'admettre que, dans leur forme actuelle, ils ont été revus et augmentés à une époque postérieure.

(²) Il ne peut donc être ici question de Jean de Londres, que Bacon donne, au contraire, comme un grand maître.

(³) *Op. tert.*, cap. XIX et XX.

aussi très-versé dans la littérature sacrée, et sait mieux que tous les professeurs et docteurs en théologie de ce monde les défauts du texte saint; le Pape peut l'éprouver (¹).

Ce jeune savant répondit-il aux espérances de son maître? Il est impossible de le reconnaître parmi les noms qui emplissent les catalogues d'écrivains du XIIIe siècle. On ne sait quel accueil lui fit Clément IV. Pits est mieux renseigné; il raconte en effet la vie d'un certain Jean de Londres, Franciscain, né à Oxford, et qui y fit ses études; il était pauvre, fut instruit par R. Bacon, alla avec lui à Paris, et devint un grand philosophe. Quand Bacon envoya ses livres à Innocent IV (sic), le Pape le retint et le combla d'honneurs; il passa sa vie à la cour romaine et y produisit de nouveaux ouvrages. Pour se dispenser d'en donner la liste, le biographe fait cette réflexion : « Mais hors de son pays natal, les écrits d'un étranger, le plus souvent, perdent leur prix et disparaissent » (²). Il est probable que cette notice a été composée par le consciencieux bibliographe, d'après quelques mots de Bacon auxquels il a ajouté des traits de sa propre imagination, et la question reste à résoudre (³).

(¹) *Op. tert.*, cap. XXV. — Cf. *Op. maj.*, p. 16.

(²) Pits, *apud suppl.*, 877.

(³) Nous avons successivement pensé à Jean de Galles, dont parle Wadding (p. 209), et sur lequel lui-même hésite; à Jean de Paris, Dominicain, qui eut des démêlés avec l'archevêque, et mourut en 1304 (*Hist. litt.*, t. XX, p. 83). Mais on doit abandonner ces conjectures. M. V. Leclerc en a fait une plus ingénieuse, à propos d'un vers de Jean de Garlande; mais elle ne peut concorder avec les dates. Enfin, et comme pour embrouiller la question, Bacon lui-même, après avoir fait l'éloge de son élève, parle subitement de deux jeunes gens au lieu d'un seul : « Hi duo juvenes... » On pourrait peut-être s'arrêter avec plus de probabilité à Jean Baconthorpe, que l'on appelle aussi Baconius et de Bacone, et qui mérita plus tard le nom de prince des Averroïstes. Sa biographie, peu détaillée, n'offre rien qui empêche cette conjecture; il y est même question d'un séjour à Rome. Ses ouvrages sont nombreux et quelques-uns imprimés. Son nom même aurait pu avoir pour origine ses relations avec Bacon. Nous avons cherché dans ses commentaires (*Doctoris resoluti Opus*, Milan 1511) : il y cite Thomas, Ægidius, Henri de Gand, R. de Middleville, Suiton, Hervé, Scot, Auriol, et une multitude d'autres scolastiques, contre l'usage général, mais jamais Bacon. Quant à ses doctrines, elles ont parfois quelque analogie de détail avec celles de notre docteur. Ce sont de bien faibles indices, surtout quand on réfléchit qu'on le fait mourir en 1346; ce qui supposerait, en admettant qu'il fut l'élève de Bacon, qu'il vécut quatre-vingt-dix-huit ans (V. *Quodlibeta*, Venise 1526, t. II, à la fin; Balée,

§ IV.

Clément IV se décida enfin à témoigner à Bacon son intérêt par d'autres marques qu'une sympathie et une curiosité stériles ou même dangereuses. En 1267, lorsque l'*Opus majus* et l'*Opus minus* eurent été envoyés au Saint-Père, le docteur persécuté échappe pour un moment aux rigueurs de ses ennemis, et recouvre la liberté et l'espérance ([1]). Le Pape a fait bon accueil à ses livres; ce protecteur tant désiré s'est enfin rencontré; le monde va se transformer et voir se lever l'aube d'une renaissance précoce! En attendant, Bacon achève son troisième ouvrage, retourne à Oxford; il est libre, il triomphe. Sa victoire fut courte: en 1268, Clément IV descendait dans la tombe, et les rêves de notre philosophe étaient finis. Le Saint-Siége, vacant pendant trois ans au milieu d'une grande confusion, est enfin occupé par Grégoire X; mais ce nouveau Pontife doit son élévation à saint Bonaventure, et ne peut avoir beaucoup de bienveillance pour un Franciscain suspect. Bacon ne se décourage pas; la déception qu'il éprouve l'irrite plus qu'elle ne l'abat, et sa douleur ne se trahit que par une violence croissante. Dès l'avènement de Grégoire X, il publie un nouvel ouvrage dont il reste des débris manuscrits ([2]), et où, à ses critiques purement scientifiques, se joignent des attaques d'une singulière liberté, contre les légistes et les princes, les ordres mendiants et les prélats, l'ignorance et les mœurs dissolues du clergé, et enfin la corruption de la cour romaine. Il semble avoir

p. 382; Pits, p. 451). — Quant au Jean de Londres qu'a entendu Jean de Garlande en 1216, ce ne peut être Jean Peckam, mort en 1292, mais Jean Basingestokes, qui étudia à Oxford, et mourut en 1252 (*Hist. litt.*, t. XX, p. 83).

([1]) *Opus tertium*. Cott. library, fol. 124, cap. II : « Impedimentorum nactus remedia priorum, potui aliqua addere necessaria quæ prius ponere non valebam. » Sous ce nom *impedimenta*, il désigne toujours les vexations auxquelles il est en butte.

([2]) Cott. library. Julius, D. V., fol. 125. — On démontre, dans le chapitre suivant, que ce traité n'a aucun rapport avec l'*Opus minus;* nous le désignons sous le nom de *Compendium philosophiæ*, employé par Bacon lui-même.

renoncé à tout ménagement en perdant tout espoir. A entendre ces véhémentes apostrophes, on a besoin de preuves authentiques pour les attribuer à un écrivain du XIIIe siècle, et du souvenir de son malheur, pour les lui pardonner ([1]). Ses ennemis ne durent pas les oublier, et attendirent l'occasion de s'en venger. Ils n'étaient que trop servis par les préjugés du temps : les travaux solitaires du moine dans sa tour, où on lui permettait de se renfermer, à quelque distance du couvent d'Oxford ; ses observations nocturnes sur les astres, ses expériences, les instruments bizarres qu'il inventait, ses recherches en alchimie, lui donnaient de plus en plus la renommée d'un magicien, et l'imagination populaire en faisait, avec Thomas Bungey, un artisan de maléfices et de sortiléges, réputation dangereuse et dont on saura bientôt profiter pour accabler Bacon. L'orage grondait ; en 1278, il éclata sur sa tête.

L'occasion était bien choisie : depuis quelques années les esprits étaient en proie à une fièvre d'hérésie et de révolte, et les gardiens d'un dogme immuable obligés à une plus grande rigueur dans la répression. Le XIIIe siècle touche à une crise : en 1277, l'évêque de Paris, Etienne Tempier, condamne solennellement plus de deux cents propositions philosophiques, dont quelques-unes, les plus innocentes, appartiennent aux Thomistes et à Bacon ; les autres sont des formules expresses d'impiété et révèlent au grand jour le progrès sourd de doctrines révoltantes ([2]). Richard Kilwardby, archevêque de Cantorbéry, est obligé d'imiter cet exemple en Angleterre. En 1278, le Chapitre des Dominicains, à Milan, punit rigoureusement les Frères qui contredisent la doctrine thomiste. Au moment où l'Église de toutes parts redoublait d'activité pour rétablir la discipline dans les esprits, l'ordre des Franciscains, in-

---

([1]) V. plus bas, § V.

([2]) V. *Biblioth. Veterum patrum*, t. XXV. Il y a seize chapitres de propositions. On y lit des opinions comme celles-ci : qu'il ne faut pas se contenter de l'autorité, que la théologie repose sur des fables, que le christianisme contient des fables comme les autres religions, que la loi chrétienne empêche de rien apprendre, qu'il ne faut pas tenir compte de la foi ni de l'hérésie, qu'on peut se sauver par la seule morale, etc. V. surtout les chapitres XI à XVI.

fecté d'idées nouvelles, appelait plus que tout autre un exemple de sévérité ; il fallait effrayer les opinions dangereuses, qui comptaient plus d'un adepte dans cette milice indocile. N'était-ce pas le moment de songer au moine d'Oxford et de lui faire expier son audace ? Justement, depuis la mort de saint Bonaventure, en 1274, on avait pour général Jérome d'Ascoli, caractère tyrannique et porté à la rigueur par goût plus encore que par politique. Il vint à Paris en 1278, pour négocier un rapprochement entre le roi de France et celui de Castille, et y tint un Chapitre général de l'Ordre. Que s'y passa-t-il ? On vit d'abord comparaître le Frère Pierre-Jean d'Olive, suspecté de partager les erreurs de Jean de Parme et de l'abbé Joachim, et de cette doctrine de l'Évangile éternel qu'il est difficile d'apprécier, puisqu'on n'en a pas le texte. Il avait appelé la cour romaine courtisane, bête charnelle, synagogue du diable ([1]). Il y fut condamné. Après lui, on jugea un autre Frère, aussi prévenu de nouveautés suspectes. C'était R. Bacon, « Anglais, maître en théologie. » Jérôme fit défense à l'Ordre d'embrasser ses doctrines, et jeta l'auteur en prison ([2]). Wadding enregistre froidement cette sentence, sans un mot pour la blâmer. En plein XVIIe siècle, Bacon ne trouve encore ni justice ni pitié dans son ordre : « C'était, dit l'annaliste, un esprit plus subtil que
» louable ; on ne doit pas permettre une telle liberté d'enseigner
» ou de penser ; il y a des gens qui ne croient rien avoir appris
» s'ils n'ont pas poussé la science plus loin qu'il ne faut, et émis
» des idées nouvelles au-delà de la doctrine commune et reçue. »

Ces faits se passaient sous le pontificat de Nicolas III. Bacon voulut en appeler au souverain Pontife ; ses partisans s'émurent et tentèrent de le sauver ; tout fut inutile. L'inflexible Jérôme avait prévenu ces efforts en écrivant lui-même au Pape ([3]). La sentence fut exécutée, et, au témoignage de tous les écrivains, ce fut en France que, pendant quatorze années, ce vieillard illustre ex-

([1]) Balée, p. 124.
([2]) Wadding ; *Annales*, t. II, p. 449.
([3]) Wadding ; *Annales*, ann. 1278 : « Hieronymus prævenit etiam illius aut sequacium querelas pontifici scribens. »

pia quelques opinions hasardées, quelques erreurs, quelques emportements de caractère, mais bien plus encore les vérités importunes qu'il avait proclamées. Quelques historiens parlent bien d'un voyage à Rome, d'une captivité dans cette ville, mais on ne saurait dire sur quels fondements (¹). Au reste, la question n'a qu'un médiocre intérêt. Nous avons tenu à revendiquer pour la France la période féconde de la vie de Bacon; nous aimerions mieux ne pas réclamer pour elle l'honneur d'avoir donné une prison à sa vieillesse opprimée.

Ces quatorze années furent comme une lacune dans les travaux de Bacon; de tous les ouvrages si nombreux dont on peut recueillir au moins les débris, pas un ne peut se rapporter à ce laps de temps. On ne l'avait pas mis en prison pour lui permettre d'écrire encore. Il est vrai que les biographes ne sont pas de cet avis. En 1288, Jérôme d'Ascoli montait sur le trône pontifical, et Bacon devait perdre tout espoir d'un meilleur sort. C'est cette époque, prétend-on, qu'il choisit pour envoyer à son persécuteur un Traité sur *les Moyens de retarder les accidents de la vieillesse* (²), espérant par ce présent se concilier sa bienveillance. Sa tentative n'eut pas de succès, et le châtiment, au lieu d'être mitigé, fut même, dit-on, aggravé. Il est permis de douter de la véracité d'un récit dont on n'apporte aucune preuve. Le traité ne porte pas de date; nous inclinons à croire que ce n'est pas à Nicolas IV, mais à Nicolas III qu'il fût destiné. On trouve à Oxford un manuscrit de cet opuscule, précédé d'une Dédicace que l'éditeur n'a pas reproduite et qui est restée inconnue; en voici le début: « Seigneur du » monde, vous dont l'origine se rattache à la plus noble souche, » puisse le Dieu suprême accomplir tous les souhaits de Votre » Clémence et de Votre Sainteté; je pense et j'ai longtemps pensé » à me rendre agréable à Votre Sublimité (³). » Il n'y a nulle allusion à la captivité de Bacon; l'auteur se plaint seulement des obs-

---

(¹) C'est Pits qui paraît le premier avoir enregistré ce fait, que Wadding déclare controuvé.

(²) *De retardandis senectutis accidentibus.* Oxonii, 1590.

(³) Bodl. Canonici. Manuscrit. 334, fol. 1.

tacles que ses travaux ont rencontrés : « J'ai été retenu, dit-il, en
» partie par le manque de ressources, en partie par les rumeurs
» du vulgaire, et n'ai pu faire des expériences qui eussent été faciles
» à tout autre. » Ces mots mêmes : « Domine mundi qui ex nobilissima
stirpe originem assumpsisti, » s'appliquent bien mieux à Nicolas III,
qui était de la noble famille des Orsini, qu'à Jérôme d'Ascoli, qui,
suivant Wadding, était seulement « honestæ conditionis (¹). »

Combien de temps dura cette dernière captivité ? Wadding devrait
le savoir; il n'a pu ou n'a pas voulu le dire. « Mourut-il captif ou
libre; les auteurs ne se prononcent pas, » dit le discret annaliste.
D'autres ont avancé qu'à la demande « de plusieurs gentilshommes,
ses protecteurs, » il fut élargi par Nicolas IV lui-même. Pour l'honneur du Pontife, on voudrait le croire; mais son caractère inflexible et tous les actes de sa vie démentent cette conjecture. On perd
la trace de Bacon pendant quatorze ans; et quand le voit-on reparaître? en 1292, à soixante-dix-huit ans, accablé sous le poids
des années et des disgrâces; il exprime pour la cinquième fois,
dans un grand ouvrage, la pensée de toute sa vie, avec une ardeur que rien n'a pu éteindre et une conviction qui, sous une
forme un peu plus tempérée, n'a rien perdu de sa force. Cette date
significative se lit dans les débris inédits du *Compendium theologiæ*, la dernière œuvre de Bacon (²). Il n'y a plus dans ce livre
d'attaques violentes contre les personnes; on y chercherait en
vain une plainte sur ses infortunes : « On m'a souvent prié d'écrire
» un ouvrage utile à la théologie, dit l'auteur avec une dignité
» mélancolique, et il y a bien longtemps que je le fais attendre;
» j'ai dû m'arrêter, comme on le sait, devant d'insurmontables difficultés (³). » Ainsi, en 1292, Bacon est libre et paraît recouvrer,
pour la première fois, le droit de proposer sa réforme et de signaler à
ses contemporains les causes qui empêchent les progrès de la science.

Cette même année, il s'était passé deux événements qu'il est bon
de rapprocher de ce premier fait. D'abord, Nicolas IV est mort;

(¹) *Annales min.*, t. II, p. 618.
(²) *Royal library*, 7 F. VII, fol. 154. (V. la Vᵉ partie.)
(³) *Id., ibid.*, cap. 1. (V. le fragment, Vᵉ partie.)

puis, il se tient à Paris un grand Chapitre de l'ordre de Saint-François, et le général qui le convoque n'est plus impitoyable comme Jérôme : c'est Raymond Gaufredi, prélat d'un esprit éclairé, d'un caractère plein de douceur et de mansuétude. Il avait été élu en 1289, malgré la résistance de Nicolas IV, et s'efforça, dès le premier jour, de faire oublier les sévérités de son prédécesseur. Tous les membres de l'ordre qui avaient été punis pour des opinions trop hardies, trouvent en lui un protecteur. A peine élu, il fait sortir de prison trois Frères que Jérôme y avait jetés, les embrasse, les prie de pardonner à leurs persécuteurs, et, pour les dérober aux inimitiés, les envoie en ambassade au roi d'Arménie, avec trois autres Franciscains également compromis. Le Pape s'indigne de cette clémence, et s'oppose aux généreux efforts du général. Sans doute, dès ce moment, Raymond songeait à réparer les rigueurs du Chapitre de 1278 ; mais elles étaient l'œuvre personnelle du Pape ; il fallait attendre. En 1292, le Pontife meurt, et le Saint-Siége resté encore une fois vacant pendant deux ans. Quelques semaines après, le 15 mai 1292, Raymond convoque sans tarder un Chapitre général, à Paris, comme celui de 1278. On y voit comparaître ce personnage qui avait été condamné en même temps que Bacon, Jean d'Olive ; mais sur une simple déclaration qu'il respecte les règles de l'ordre, il est renvoyé en paix ; d'autres Frères reçoivent aussi une pleine absolution. N'est-ce pas dans cette assemblée, qui fut une œuvre de clémence, comme l'autre une œuvre de répression, que Raymond brisa les fers du moine d'Oxford? Tout ne porte-t-il pas à le croire, et le caractère du général, et sa conduite passée, et le nom de Jean d'Olive, condamné pour des griefs semblables, et la mort de Jérôme d'Ascoli? Mais ce n'est pas tout encore : un très-vieux manuscrit d'alchimie, attribué à Bacon, aujourd'hui au Musée britannique ([1]), réunit, dans un petit opuscule, les noms de Gaufredi et de Bacon, et se termine par une note qui dit en substance : « Raymond Gaufredi tient cet » ouvrage de R. Bacon, Frère Mineur. Ce Roger avait été mis

---

([1]) Imprimé en partie. Francfort, 1603. *Thesaurus Chemicus*. Le manuscrit fait partie de la collection Sloane 276, et paraît être du xive siècle.

» en prison par les Frères de l'ordre; Raymond le délivra, en
» récompense de la révélation qu'il lui avait faite. » Sans doute
un ouvrage hermétique, malgré son ancienneté, est toujours un
témoin suspect; mais ce récit n'est-il pas d'accord avec tous les
faits précédents; et, sans croire que Bacon dut sa délivrance à des
leçons d'alchimie données à son supérieur, ne peut-on pas admettre que Raymond mit fin à ses disgrâces? Il est consolant de faire
honneur à un général Franciscain d'avoir réparé l'injustice de son
prédécesseur, et de penser que dans son ordre même, le philosophe ne trouva pas seulement des ennemis (¹).

Bacon avait alors soixante-dix-huit ans. Cette vie si agitée, la
prolongea-t-il longtemps encore? Put-il achever cette grande œuvre de sa vieillesse, dont quelques pages seulement paraissent avoir
été conservées? Il en termina du moins plusieurs parties, comme
on le verra bientôt; mais on n'en saurait rien conclure pour fixer la
date de sa mort. Il eut du moins la consolation de mourir à Oxford,
et fut enterré, dit-on, dans l'église des Franciscains (²).

La haine qui avait empoisonné sa carrière, s'acharna sur sa mémoire. Twyne raconte que les Frères Mineurs, pleins d'horreur pour
les ouvrages de leur confrère, attachèrent tous ses manuscrits avec

---

(¹) Ce Raymond Gaufredi fut en butte aux persécutions de la papauté et aux calomnies de ses confrères; il tint à Assise, en 1255, un second chapitre, à la suite duquel Boniface VIII le nomma évêque pour lui enlever le titre de général. Raymond refuse, est destitué, se retire à Paris, y vit pauvre et ignoré, et y meurt en 1310. Son nom mérite de ne pas disparaître entièrement de l'histoire. Nous avons puisé tout ce qui le concerne dans les divers historiens de l'ordre, et surtout dans les *Annales* de Wadding, t. II et III, *passim*.

(²) Les biographes ne méritent sous ce rapport aucune confiance, et se contredisent, sans jamais alléguer la preuve de leurs affirmations. Les dates les plus généralement indiquées sont celles de 1284, 1290, 1292, 1294. L'existence d'un grand ouvrage composé en 1292 réfute péremptoirement l'assertion de Wadding, qu'on pourrait croire bien informé, et qui pourtant se prononce pour l'année 1284. Jebb, qui a connu le manuscrit de l'*Abrégé de Théologie*, conclut de la mention qu'on y fait de Richard de Cornouailles, que Bacon a dû mourir en 1292. Il aurait pu s'assurer plus certainement de l'époque où fut composé cet ouvrage, puisque l'auteur rapporte qu'il écrit en 1292; et la date de 1294, qu'il propose pour sa mort, est une conjecture qui n'a rien d'invraisemblable. On doit se borner à affirmer que Bacon vivait encore en 1292, sans pouvoir fixer autrement l'époque de la fin de sa vie.

de longs clous sur des planches, où ils les laissèrent pourrir. Jebb révoque en doute l'authenticité de ce récit; mais s'il n'est pas vrai, il est au moins vraisemblable, et nous expliquerait l'état d'imperfection dans lequel ses écrits nous sont parvenus. A l'exception de ceux qui ont été imprimés avant l'édition de l'*Opus majus* de 1733, ou qui sont compris dans cette édition, d'ailleurs incomplète, il n'y a, parmi les nombreux manuscrits que nous avons eus en main, que peu d'ouvrages intacts; le nom même de l'auteur est le plus souvent effacé. S'il n'y eut pas parti pris de les détruire, il y eut au moins une grande négligence. Aussi l'influence de Bacon sur son siècle fut presque nulle. Ses idées, ensevelies dans ses manuscrits, devaient y rester près de trois cents ans, jusqu'à ce qu'un autre Bacon vint les reprendre pour son compte, y ajouter encore, et, mieux servi par les circonstances, les faire passer définitivement dans la science. Pas un docteur du XIIIe ou XIVe siècle ne cite Bacon; pas un ne combat ou n'approuve ses opinions. Une sorte de malédiction pèse sur sa mémoire, et s'il est sauvé de l'oubli, c'est par ses erreurs mêmes et par les parties de son œuvre qui auraient le plus mérité d'être oubliées. Ce qui reste de lui, ce qui le désigne à la curiosité des alchimistes et aux frayeurs de la foule qu'il a tant méprisée, ce sont les rêveries indignes d'un si grand esprit, les chimères qui l'ont trompé; le philosophe semble mourir tout entier; l'astrologue et le magicien laissent une longue renommée; à défaut de l'histoire, la légende commence; elle l'adopte, elle en fait une figure fantastique semblable à celle du Faust allemand; elle l'associe à un autre Franciscain qui fut certainement son ami, mathématicien profond comme lui, Thomas Bungey, et ce couple diabolique sert longtemps de sujet aux contes les plus étranges ([1]).

([1]) Un poète écossais de la fin du XVe siècle, Douglas, dans son *Miroir enchanté*, associe Bacon à d'autres magiciens :

The nigromancie thair Saw I eckanone
Of Benytas, Bengo, and Frier Bacone
With mony subtill point of juglairie, etc.

(*The Palice of honour*, cité dans *The lives of the scotish Poets by David Irving*, vol. II, p. 54. Edimburgh, 1810.)

Les chariots volants, les automates animés, qui vont, viennent et parlent, tous les sortiléges en un mot, voilà l'œuvre des deux artisans de conjurations. Le théâtre s'en empare ; Bacon y paraît dans l'appareil ordinaire du magicien, entouré d'objets effrayants et bizarres. Anglais de naissance et de cœur, il veut défendre sa patrie contre les envahissements de l'étranger ; il a entrepris pour cela une œuvre merveilleuse, une tête d'airain qui doit parler et prononcer des oracles, ou plutôt un seul oracle, car le pouvoir de la magie ne peut aller plus loin. Les deux amis l'interrogent ; ils lui demandent comment on pourrait ceindre Albion d'un mur d'airain ; la tête reste d'abord muette ; puis, au moment où les deux magiciens, distraits par d'autres occupations, ne prêtent pas l'oreille, elle prononce les mots mystérieux et leur révèle ce grand secret, et ils ne l'ont pas entendu ! Naudé, Selden et d'autres encore se sont donné beaucoup de peine pour purger Bacon de cette accusation de magie ; Naudé discute sérieusement les charges qu'on lui impute ; il montre qu'Albert le Grand, Gerbert, Robert de Lincoln et d'autres ont aussi eu leur tête d'airain et leur androïde parlant (¹). Cette naïve apologie, Bacon n'en a pas besoin ; il a étonné ses contemporains ; et cette admiration toute voisine de l'effroi et de l'horreur, est un hommage que l'ignorance rend à une science qu'elle ne peut comprendre (²).

On chercherait vainement aujourd'hui à Oxford quelque trace matérielle du séjour que Bacon y fit ; rien ne rappelle ce grand homme au milieu de cette ville singulière toute peuplée de cloîtres, qui lui donnent encore, en plein XIXe siècle, l'aspect d'une université scolastique. Le couvent où il fut enterré était situé dans la paroisse Sainte-Ebbe ; il n'en reste pas un seul débris ; et si on veut s'en faire une idée, il faut recourir à l'ouvrage du ré-

---

(¹) *Apologie*, p. 350. 1712.

(²) M. V. Leclerc, dans l'aperçu bibliographique qu'il a joint à la notice sur Bacon (*Hist. litt.*, t. XX), cite : Robert Grun, *The honourable History of fryer Bacon and fryer Bungey a comedi*, 1594 ; W. Terilo, *A piece of frier Bacon's brazen head's prophesie*, 1604. Nous n'avons pu trouver ces documents, qui eussent été curieux à l'égard de la légende de R. Bacon.

vérend sir J. Peshall, ou mieux encore au *Monasticon anglicanum* de William Dugdale (¹). Le seul vestige qu'aient laissé les Franciscains à Oxford, c'est leur nom donné au quartier où s'élevait leur monastère, et que l'on appelle encore « the Friars, » les Moines. Lors de la Réforme, sous Henri VIII, le couvent fut licencié ; en 1539, l'église elle-même fut démolie jusqu'à la dernière pierre, et le zèle des fanatiques jeta sans doute au vent la cendre du moine dont plus tard on a fait un précurseur de la Réforme. Quant aux livres, il n'en restait déjà plus alors qu'un petit nombre ; le couvent possédait bien deux bibliothèques, l'une pour les gradués, l'autre pour les séculiers ; mais en l'an 1433, les livres les plus précieux avaient été vendus par les indignes successeurs des grands écolâtres du XIIe siècle, au docteur Thomas Gascoigne, qui plus tard les donna aux bibliothèques de Lincoln, Durham, Baliol et O'neil, existant alors à Oxford. Une grande partie est sans doute maintenant revenue à ce magnifique dépôt qu'on appelle la Bibliothèque Bodléienne, et quelques œuvres épargnées de R. Bacon y sont désormais à l'abri des hasards. Avant 1779, il y avait au-delà de la ville, dans un faubourg situé sur l'autre bord de la rivière, et assez loin de l'emplacement du couvent des moines, une sorte d'édifice élevé, d'apparence sombre, qu'on montrait aux étrangers comme la salle d'études du moine Bacon, « Friar Bacon's study. » Olaüs Borrich la visita avec respect. C'est là, suivant la tradition, que le philosophe se retirait, loin de ses confrères, dans le silence et la méditation ; c'est là qu'il étudiait le ciel, et y cherchait, pour son malheur, le secret des choses d'ici-bas. Cette tour, pendant les guerres civiles, servait de poste d'observation, et on en trouve la gravure dans l'ouvrage de Skelton (²). Le peuple même d'Oxford connaît encore le nom du docteur admirable, mais ne sait trop quelle idée y attacher. Faut-il ajouter, en finissant, que l'Angleterre a été ingrate pour un de ses enfants les plus illustres ; il ne

---

(¹) *The antient and present State of the city of Oxford* by the reverend sir John Peshall, p. 266. Oxford, 1773, s. q. q. — *Monasticon Anglicanum*, vol. VI, p. 1524, s. q. q.

(²) *Oxonia antiqua restaurata* by Joseph Skelton, vol. II, p. 2. Oxford, 1823.

s'est pas rencontré dans ce pays, où les gloires nationales trouvent si facilement des historiens dévoués, un seul érudit pour étudier les richesses que renferment les dépôts de plus d'une ville, et les manuscrits de Bacon ne sont guère sortis des rayons du Musée britannique, de la Bodléienne et des colléges d'Oxford, que pour être remis à des mains françaises [1].

§ V.

Les causes réelles de la persécution qui ont rempli d'amertume la vie de Bacon sont mal connues. Les anciens biographes nous donnent à choisir entre deux hypothèses : Bacon, dit l'un d'eux cité par Jebb, fut condamné pour ses livres sur *la Nécromancie*, sur les *Pronostics des étoiles* et sur *la Vraie Astronomie* [2]. Il fut condamné, dit plus brièvement Wadding, pour quelques nouveautés suspectes; « propter quasdam novitates suspectas. » Bacon, croyons-nous à notre tour, fut châtié peut-être pour ses opinions astrologiques, sûrement pour quelques nouveautés suspectes; mais ces deux griefs réunis en cachent un troisième plus réel : l'astrologie et quelques erreurs qui s'y rattachent, voilà le prétexte et les considérants de la sentence; l'esprit de liberté et de réforme, voilà le vrai crime qu'on a voulu frapper.

Bacon n'a pas cru à la nécromancie; tout un chapitre d'un de ses opuscules est dirigé contre cette superstition, et désigné parfois sous ce titre : *Contra necromanticos* [3]; mais il est partisan déclaré de l'astrologie judiciaire, croyance à peu près générale à son époque, partagée en de meilleurs temps par de grands esprits, dont l'autre Bacon aurait de la peine à se justifier, et qui enfin est

---

[1] Les travaux biographiques dont Bacon a été l'objet en Angleterre, dans ces derniers temps, n'ont rien d'original. Le meilleur est encore celui qu'on trouve dans la *Penny Cyclopædia*, p. 463, et qui résume les articles de M. Cousin dans le *Journal des Savants*.

[2] *Op. maj.* ad præf. Jebb.

[3] *De mirabili potestate*, etc. Paris, 1542.

une conséquence inévitable de la physique péripatéticienne, rattachant à des influences sidérales la cause de tous les phénomènes sublunaires. Les traités incriminés *sur les Pronostics des étoiles* et *la vraie Astronomie* nous ont été conservés; ce sont des fragments de la quatrième partie de l'*Opus majus*. L'auteur y distingue entre les faux et les vrais mathématiciens (¹). Les premiers assurent que tout arrive ici-bas par la vertu des constellations; que rien n'est laissé au hasard, rien au libre arbitre. Les seconds, et Bacon se range dans cette catégorie, pensent seulement que les astres ont une influence puissante sur le corps de l'homme, et par là peuvent provoquer l'âme à certaines actions, sans cependant faire violence au libre arbitre; « salva tanem in omnibus arbitrii libertate. » C'est une simple incitation à laquelle nous restons libres de désobéir, comme à celle des passions (²). De là des inductions qui tiennent le milieu entre le nécessaire et l'impossible, « medium inter necessarium et impossibile. » Après ces déclarations, où l'auteur garde au moins une certaine mesure, il se prononce avec moins de ménagements : les planètes, les étoiles, les comètes agissent sans cesse sur toutes les choses d'ici-bas; sur les maladies, les naissances, la génération, la mort, et on peut connaître par leur étude, le présent, le passé et l'avenir (³). On peut former des paroles magiques qui auront une grande puissance sur la volonté, et des caractères et des charmes même, pour guérir les malades, mettre en fuite les animaux venimeux, dompter les monstres, faire sortir les serpents de leurs cavernes et les poissons du sein des eaux. Les théologiens ont tort d'accuser cette science : « on n'ose
» pas en parler en public, car on reçoit aussitôt le nom de magi-
» cien; les théologiens et les décrétistes sont surtout les ennemis
» acharnés de cette science; on en a abusé; des fourbes s'en sont
» emparés; les démons et les femmes qu'ils instruisent ont répan-
» du une superstition générale qui infecte toutes les nations (⁴).

(¹) *Op. maj.*, p. 151.
(²) *Ibid.*, p. 156.
(³) *Ibid.*, p. 245.
(⁴) *Op. maj.*, p. 250.

Voilà où le conduit ce principe qui n'a rien de déraisonnable : à savoir que les astres agissent physiquement sur tous les corps de ce monde. Ces doctrines qui excitent notre pitié sont générales au xiiie siècle; Albert n'en fut pas exempt; saint Thomas ne fait qu'exprimer des réserves sans nier la science; Guillaume d'Auvergne, le plus résolu de tous, restreint les jugements astrologiques, mais ne les supprime pas. D'où vient que Bacon seul fut victime de ces illusions, et quelles aient pu servir de considérants à la sentence qui le frappa? C'est qu'il y ajoute une erreur aggravante, qui sans doute est désignée par ces mots vagues : « quelques nouveautés suspectes. » Il la dut aux Arabes, et la reçut pêle-mêle avec beaucoup de vérités et de connaissances précieuses.

Ce fut, en effet, une des rêveries de l'astrologie arabe de faire dépendre, entre autres choses, les religions et leurs sectes des conjonctions des planètes. Le premier auteur où l'on trouve cette étrange idée est Albumazar, l'un des astronomes arabes les plus familiers à Bacon. Dans un Traité intitulé: *le Livre des grandes conjonctions* (¹), l'astronome consacre toute la première partie à développer cette thèse, que des conjonctions des planètes dépend l'apparition des prophètes et des religions. Toutes les lois, *leges* (c'est le mot d'Averroès pour désigner les religions) sont comme des résultats nécessaires de ces phénomènes astronomiques. La loi chrétienne, pour ne parler que de celle-là, dépend de la conjonction de Jupiter avec Mercure; les autres, y compris celle de Mahomet, sont attachées à d'autres conjonctions; et cette étrange énumération finit par cette conclusion inattendue : que la conjonction de la Lune avec Jupiter sera le signal de l'abolition complète de toutes les croyances religieuses. Ce système trouva plus d'un adepte au xiiie siècle. Guillaume d'Auvergne le combat déjà dans son livre *de Legibus* (²). Cet horoscope des religions fut toujours mal vu des représentants de l'orthodoxie, et non sans raison. En attribuant à des phénomènes naturels et fatals les révolutions les plus graves, l'apparition des prophètes et l'établissement des

---

(¹) *Liber magnarum conjunctionum.* Venetiis, anno 1515.
(²) *Opp.* Aureliæ, 1674. V. t. I, p. 54. — Cf. *De Universo*, p. 274, 654 et sq.

lois, les astrologues faisaient rentrer l'origine des religions dans les phénomènes réguliers de la nature, et ouvraient la voie toute large au naturalisme le plus hardi. Les Averroïstes presque tous adoptèrent cette théorie aussi odieuse que ridicule, et on en peut suivre la trace chez tous les philosophes suspects de leur école. Pierre d'Abano, l'introducteur de l'Averroïsme en Italie ([1]), l'exprime sans en dissimuler l'impiété, et en 1303 ([2]), l'Inquisition instruisait son procès quand la mort vint le soustraire au supplice; son corps fut brûlé et « son nom resta, dans la mémoire populaire, » chargé de machinations infernales et entouré de mystérieuses » terreurs. » Pic de la Mirandole, Cardan, Vanini sont encore cités parmi les fauteurs de cette damnable hérésie.

R. Bacon a eu le malheur et la folie d'adopter, avec des réserves insuffisantes, cette aberration aussi contraire à la raison qu'à la foi; il l'expose et la soutient sans hésiter ([3]). Les religions juive, chaldéenne, égyptienne, arabe, chrétienne, sont rattachées aux conjonctions des planètes; des analogies incroyables sont établies entre ces astres et la nature des religions, entre Mercure et la Sainte-Vierge par exemple; et le tout est couronné par la menace de l'arrivée de l'Antechrist, qui est prochaine, si on n'y met bon ordre ([4]). Et à coté de ces monstrueux écarts, on trouve l'idée de la correction du calendrier, comme si Bacon avait voulu nous faire voir, par un contraste saisissant, le caractère de son époque et le sien; toutes les misères de l'esprit à côté de quelques grandes idées. Il paya de sa liberté cette misérable invention d'un astrologue en délire. Si l'Inquisition fit brûler, au xive siècle, le corps inanimé de Pierre d'Abano, l'Église ne dut pas être plus indulgente, en

---

([1]) Tiraboschi; *Istoria della Letteratura italiana,* t. V, lib. II, cap. II.

([2]) Cf. Renan; *Averroès,* p. 259. M. Renan semble croire que Pierre d'Abano fut le premier propagateur de cette erreur.

([3]) Dans un manuscrit inédit de la Bibliothèque impériale, 7444, fol. 31, cap. X, on lit une revue rapide des prophètes : Jupiter en conjonction avec Mars, c'est le chaldaïsme; avec le Soleil, c'est la religion égyptienne; avec Vénus, la mahométane. Albumazar va plus loin : les conjonctions, suivant lui, décident même de la couleur des vêtements des religieux !

([4]) *Op. maj.,* p. 160 à 170. — *Op. tert.,* cap. LXVI.

1278, envers le même crime. En vain l'orthodoxie de Bacon est irréprochable ; en vain sa foi éclate dans toutes ses paroles. On n'en a pas moins un chef d'accusation précis contre lui, et il fournit à ses ennemis les armes dont ils se serviraient pour persécuter sa vie et flétrir sa mémoire. En voici une preuve curieuse : au xve siècle, un docteur vénéré, Pierre d'Ailly, composa à ce sujet un livre tout entier ([1]), qui débute par l'exposition de deux doctrines opposées ; l'une est celle de Guillaume d'Auvergne, qui condamne énergiquement cet abus de l'astrologie ; l'autre est celle d'un docteur anglais, dont Pierre d'Ailly n'ose pas dire le nom, homme suspect, dont il ne parle qu'avec une sorte de terreur et de répugnance, et contre lequel il s'élève avec mépris. Ce docteur si décrié, cet impie qui a osé soutenir de pareils blasphèmes, cet Anglais dont les opinions sont longuement exposées dans les termes mêmes dont il s'était servi, c'est notre docteur, c'est R. Bacon. Ainsi, pour un scolastique du xve siècle, esprit du reste éclairé et indépendant, le premier auteur de cette pensée qui trouble encore la science et inquiète l'Église, ce n'est pas Albumazar, ce ne sont pas les Arabes ; non : c'est l'audacieux moine d'Oxford ([2]).

Il serait fâcheux pour la gloire de Bacon qu'il n'eût mérité que par cette extravagante idée les sévérités de ses ennemis ; s'il n'a été que la victime de son délire astrologique, il est doublement à plaindre, quoiqu'il n'ait plus droit à ce respect dont la postérité récompense ceux qui ont souffert pour de grandes causes ; mais il y a

---

([1]) *Contra astronomos*, inséré dans les œuvres de Gerson. Anvers, 1706, t. I, p. 779. Le texte de Bacon, tel qu'on le lit dans l'*Opus majus*, s'y trouve littéralement reproduit. Voici comment s'exprime Pierre d'Ailly : « Licet præallegatus doctor præmissam veterem opinionem multipliciter impugnavit (Guillaume d'Auvergne) ut dicetur infra ; eam tamen *quidam doctor anglicus* renovare ausus est, nec solum manutenere, sed magnificare, et adeo præsumpsit extollere, ut dicere nisus sit sic : Potestas mathematicæ non solum naturali scientiæ, sed etiam theologiæ absolute utilis, etc. » Plusieurs pages sont écrites sur ce ton, et pourtant P. d'Ailly est partisan de l'astrologie.

([2]) Au xvie siècle, ces idées subsistaient, surtout à Padoue, le foyer de l'averroïsme. En 1506, deux docteurs padouans ouvrent leur cours en exprimant, en l'honneur de l'astrologie, ces mêmes idées, qu'ils poussent jusqu'à l'impiété. (Voy. un recueil de commentaires sur Sacro Bosco, *Sphæra cum commentis*. Venetiis, 1518, fol. 3 et 22.)

d'autres crimes qu'il a commis presque autant de fois qu'il a écrit de lignes.

D'abord, Bacon ne comprit pas qu'en son temps il fallait, pour être écouté, parler au nom des intérêts d'une corporation. Voué à l'ordre de Saint-François, dès lors en guerre déclarée avec celui de Saint-Dominique, il eût pu, en épousant cette querelle, se couvrir de la protection de ce corps puissant et actif. Les Franciscains eussent été fiers de son génie et l'eussent opposé avec orgueil à saint Thomas, qui portait si haut la renommée des Dominicains; mais pour cela il fallait que Bacon se fît le représentant des idées franciscaines et de la tradition de l'ordre. Il s'y refuse obstinément : il garde son indépendance et la liberté de ses jugements, il fait à l'amour-propre de ses confrères une blessure cuisante en s'attaquant à Alexandre de Halès, dont ils avaient fait leur grand docteur, le docteur irréfragable. Il associe toujours son ordre aux reproches qu'il lance à celui de Dominique : l'un n'est pas moins ignorant que l'autre, les chefs se valent, *capita utriusque ordinis*. Il montre de quelle manière ils se recrutent, comment des enfants y sont improvisés docteurs, sans avoir été élèves, sans avoir passé par des études régulières. En dehors des ordres, il s'attaque à l'Église tout entière, aux prélats, aux légistes, aux papes mêmes, et surtout à la cour romaine, et rabaisse à plaisir la sagesse chrétienne pour glorifier la science des infidèles. Les hommes, Albert, saint Thomas, Alexandre de Halès, les études, les méthodes, les textes révérés, Gratien, Pierre Lombard, les laïques et les clercs, les prélats et les religieux, sont censurés avec une amertume et parfois un emportement qu'on blâmerait s'il n'avait pour lui la force de la conviction et l'excuse du malheur. Que de haines suscitées par cette imprudence et ce courage! que d'amours-propres à jamais blessés et qui ne pardonneront pas à l'homme qui a mis au nombre des causes de la décadence des sciences l'ignorance et la présomption de tous les docteurs de son temps! Qui voudra le défendre contre tant d'ennemis conjurés, lui qui ne s'est ménagé aucun soutien parmi les grands de son siècle, et qui n'a jamais prodigué ses louanges qu'à des humbles ou à des pauvres, comme à son élève Jean, à l'obscur

Pierre de Maricourt, ou bien à des suspects comme Robert de Lincoln, ou à des inconnus comme Adam de Marisco, Thomas de Saint-David, etc.?

Il y a des moments où cet esprit d'opposition se manifeste avec une vraie violence; où le réformateur ne se contente pas de jeter le ridicule sur les méthodes et les sciences et ceux qui les enseignent, ni de proposer de les remplacer par une autre méthode, d'autres sciences et d'autres maîtres; mais où il prend à partie toutes les classes, depuis le roi jusqu'au pape, et où, commençant par se récrier contre l'ignorance, il finit par tonner contre la corruption générale. Les ordres mendiants croient avoir servi le progrès des sciences, dit-il, et jamais, au contraire, l'ignorance n'a été aussi épaisse que depuis quarante ans. Ce ne sont pas les docteurs qui manquent, ni surtout les théologiens! « On en trouve dans toute
» ville, dans toute bourgade, dans tout camp; mais en même temps
» il y a une corruption et un abaissement de caractère qui rend
» tous les efforts inutiles. Considérons, s'écrie-t-il, tous les rangs
» de la société (¹), et nous trouverons partout une corruption infi-
» nie, à commencer par le sommet. Car à la cour romaine, que ré-
» glait autrefois, comme cela doit être, la sagesse même de Dieu,
» maintenant domine, grâce aux constitutions des empereurs, le
» droit laïque, qui contient le droit civil et ne devrait gouverner
» que les laïques. Aussi, ce siége sacré est en proie au crime et au
» mensonge; la justice y périt, la paix y est violée, l'orgueil y
» règne, l'avarice s'y enflamme, la gourmandise y corrompt les
» mœurs, l'envie y ronge tous les cœurs, et la luxure y déshonore
» la cour papale tout entière. Et ce n'est pas assez : il faut encore
» que le vicaire de Dieu soit renié par l'insouciance de son Église,
» que le monde soit abandonné de son guide, spectacle odieux que
» nous offre depuis bien des années le Saint-Siége resté vide grâce
» aux efforts de la jalousie et de l'ambition! Et les prélats, à leur
» tour, considérons comme ils sont ardents à s'enrichir, indiffé-

---

(¹) *Op. min.* Coll. library, chap. I, p. 121. En réalité, ce n'est pas l'*Opus minus*, mais un autre traité faussement désigné sous ce titre. (V. le chapitre suivant.)

» rents au soin des âmes, occupés à faire avancer leurs neveux,
» leurs autres amis selon la chair, ou bien ces légistes cauteleux
» dont les conseils bouleversent le monde. Quant à ceux qui pas-
» sent leur vie à étudier la philosophie et la théologie, les prélats
» les couvrent de mépris ; ils leur ôtent toute liberté et les empê-
» chent d'agir pour le salut des âmes. Les religieux, de leur côté,
» ne valent pas mieux, et je n'en exempte aucun ordre, *nullum*
» *ordinem excludo*. Voyons, en effet, combien ils se sont éloignés
» de l'esprit de leurs institutions, combien les ordres nouveaux ont
» perdu, par d'effrayantes secousses, leur dignité primitive! Ce
» peuple de clercs est en proie à l'orgueil, à la luxure, à l'avarice ;
» partout où ils se trouvent en nombre, comme à Paris et à Oxford,
» ils scandalisent le peuple laïque par leurs débats, leur turbulence
» et tous les autres vices. » Rien n'est épargné dans cette amère
diatribe ; les peuples et les rois ont leur tour. Le roi de France ne
vient-il pas, au mépris de tout droit, d'enlever de grands territoi-
res au roi d'Angleterre? Et Charles d'Anjou, n'a-t-il pas exterminé
les héritiers de Frédéric le Grand? Et en face de ce tableau déso-
lant, Bacon propose à la société chrétienne des modèles à suivre!
Où va-t-il les prendre? Chez les pères ecclésiastiques sans doute,
chez les apôtres de la religion? Non! mais chez des païens ou des
infidèles, Aristote, Sénèque, Tullius, Avicenne, Alfarabius, Platon,
Socrate et leurs ouvrages. N'est-ce pas le souffle de la Renaissance
qui se fait sentir trois siècles avant le temps? « Quant à nous, chré-
» tiens, nous ne faisons aucune découverte ; nous ne comprenons
» même pas la sagesse des anciens ; la corruption des mœurs et
» celle des études sont solidaires ; l'homme est dans la science ce
» qu'il est dans la vie, et la vérité bien connue ne peut pas ne pas
» être aimée ; la corruption des clercs est l'origine de leur igno-
» rance. »

Il n'est pas sans intérêt d'entendre au XIIIe siècle ces invectives
contre la cour de Rome, qui, à trois cents ans de là, vont être le
commencement de la grande Révolution, et d'écouter ces menaces
que l'avenir devait accomplir : « Dieu a déjà châtié son Église ; il
» faut aujourd'hui qu'un grand pape aidé par un grand prince, le

» glaive de Mars uni au glaive spirituel, purge l'Église, ou bien elle
» sera punie par l'Antechrist, par quelque violente révolution, par
» les discordes des princes chrétiens, par les Tartares, les Sarra-
» sins ou les rois d'Orient (1). » Bacon était donc désigné à la persécution par des causes plus sérieuses que des soupçons d'astrologie.
Si l'on rapproche ces violentes apostrophes de l'esprit général qui
règne dans ses ouvrages, si on veut y joindre les détails nouveaux
que nous réservons pour l'appréciation de sa méthode, on se ran-
gera sans doute à cet avis : que le moine d'Oxford a payé de son
repos et de sa liberté le privilége d'avoir devancé son temps, d'en
avoir aperçu, exagéré, si on veut, les vices et les faiblesses, d'avoir
fait une guerre ouverte aux hommes et aux choses, sans acception
de partis, sans ménagements pour les puissances du temps, et
d'avoir froissé toutes les idées et tous les amours-propres de son
époque. En cela, il a manqué de la mesure et de la prudence qui
seules pouvaient faire réussir son œuvre et la rendre utile; il l'a
compromise pour l'avoir exagérée, pour n'avoir pas eu ce sens
pratique nécessaire aux novateurs, et avoir été une de « ces humeurs
inquiètes et brouillonnes » dont parle Descartes.

(1) *Op. min.* Cott. library, chap. J, p. 121.

CHAPITRE II.

DES OUVRAGES DE BACON (¹).

§ I. Des difficultés relatives aux ouvrages de Bacon; de ses ouvrages imprimés; de l'*Opus majus* édité par Jebb. — § II. Des manuscrits français. Bibliothèque Impériale, Mazarine, Amiens, Douai. — § III. Manuscrits anglais, manuscrits de Londres et d'Oxford. — § IV. De la série complète des œuvres de Roger Bacon. *Computus* 1263. *Opus majus, Opus minus, Opus tertium* 1266 à 1268. *Compendium philosophiæ* 1271, *Compendium theologiæ* 1292. — § V. Des erreurs des bibliographes.

§ I.

Bacon avait beaucoup écrit et ne le cède pas en fécondité à ses grands rivaux du XIIIe et du XIVe siècle, dont les immenses travaux nous étonnent. La condamnation qui l'a frappé, le dédain ou peut-être la haine de ses confrères dans l'ordre de Saint-François, les attaques qu'il avait prodiguées aux docteurs les plus autorisés, ont contribué à rendre ses ouvrages très-rares; le plus petit nombre a été imprimé, et les autres n'ont guère laissé que des débris dispersés dans les bibliothèques de France et d'Angleterre, sans que jusqu'à présent aucune main pieuse ait pris le soin de les rassembler. Léland, au XVIe siècle, se plaint de leur rareté, et prétend qu'il serait plus facile de réunir les feuilles où la Sybille écrivait ses oracles, que les noms seuls des livres qu'il a composés. Lui-même n'en cite guère qu'une trentaine. Balée (²), d'abord très-

---

(¹) On trouvera dans la cinquième partie de cet ouvrage des extraits des œuvres inédites de Bacon, qui confirmeront les résultats indiqués dans ce chapitre. Nous y renvoyons une fois pour toutes.

(²) *Illustrium majoris Britanniæ scriptorum, etc.*, 1548 (absque loco), p. 114. Bacon y est appelé *præstigiator, magus, necromanticus*, accusé de rapports avec les mauvais esprits. Balée lui attribue vingt-trois ouvrages (2e édit., 1557).

incomplet, arrive dans une seconde édition jusqu'au chiffre de 80. Pits ([1]) s'en éloigne peu, sous le rapport du nombre et des titres, et Wadding ([2]) se contente de copier Pits. Oudin ([3]), dans sa *Bibliothèque ecclésiastique,* et Tanner, dans sa *Bibliothèque britannico hibernica* ([4]), énumèrent plus exactement les manuscrits anglais. Pendant ce temps, quelques ouvrages d'alchimie et d'optique sont livrés à l'impression, quelques savants méditent une édition et reculent devant la difficulté, et enfin S. Jebb entreprend cette œuvre. Il avait déjà recensé plusieurs manuscrits, et ne savait en quel ordre placer ces fragments épars, lorsque son frère l'instruisit que, dans la bibliothèque du collége de Dublin, il y avait un manuscrit contenant beaucoup d'écrits attribués à Bacon, et paraissant se suivre comme des parties d'un même tout. Le titre manquait. Jebb crut y retrouver l'*Opus majus,* et le publia sous ce nom ([5]). Il plaça en tête de cette belle édition, reproduite à Venise en 1750, une savante préface où il esquissait la vie de son auteur et tâchait d'éclaircir la question si obscure de ses ouvrages. Depuis, quelques écrivains éminents, surtout en France, ont consacré des travaux à Roger Bacon; mais on ne trouve de renseignements bibliographiques que dans la notice de l'*Histoire littéraire,* due à M. V. Leclerc. Les manuscrits de Bacon, à part celui de Douai, dont M. Cousin a cité quelques fragments, sont restés inconnus; et l'on peut même assurer que les historiens de la philosophie qui ont parlé de ce grand homme, à l'exception des écrivains que je viens de nommer et de Jourdain dans ses *Recherches sur les traductions d'Aristote,* ont pour la plupart mal connu l'*Opus majus,* devenu très-rare en France. Les recherches auxquelles nous nous sommes livré dans les bibliothèques de France et d'Angleterre ([6]) nous permettent de

---

[1] Pitsei angli *relationum historicarum, etc.,* t. I, p. 360. Paris, 1619.
[2] *Annales minorum,* t. II, p. 293. Lyon, 1628. — *Scriptores,* art. *Baco.*
[3] *Commentarius de Scriptoribus ecclesiasticis,* t. III, colonn. 192, 197. Lipsiæ, 1722.
[4] Thomas Tanner; *Biblioth. Brit. hiber.* Londini, 1748.
[5] *Opus majus ad Clementem papam.* Londres, 1733; in-folio.
[6] Qu'il nous soit permis de payer un tribut de reconnaissance à la mémoire de

présenter sur le nombre et l'importance des ouvrages du docteur admirable des conclusions incomplètes encore, mais qui, pour la première fois, reposent sur l'étude des textes inédits.

Il y a peu de choses à dire des œuvres imprimées de Roger Bacon après l'excellente notice que M. V. Leclerc a insérée dans l'*Histoire littéraire*. Nous renvoyons à cet article pour les indications bibliographiques, et nous nous bornons à examiner l'authenticité de ces œuvres. Ce sont :

1° *Speculum alchimiæ,* souvent réimprimé de 1541 à 1702 dans les bibliothèques et répertoires d'alchimie, sans mériter tant d'honneurs; traduit en anglais par un anonyme, en français par un gentilhomme du Dauphiné, et souvent sous le faux titre : *Miroir de maistre Jean de Mehun* (¹). Il y a sept chapitres qui traitent de la définition de l'alchimie, de la nature des métaux, de leur constitution, de la manière de composer l'élixir qui les purifie, et comment et quand on doit opérer la projection sur les métaux. Rien ne prouve que cet opuscule appartienne à notre docteur. On en trouve très-peu de manuscrits; les idées et la méthode ne sont pas celles qu'il indique ailleurs; pourtant, il n'y a pas de raison positive de le lui enlever.

2° *De mirabili potestate artis et naturæ, ubi de philosophorum lapide, etc.,* publié par Oronce Finée, à Paris, en 1542; édition très-défectueuse et souvent inintelligible, réimprimée dans le *Theatrum chemicum,* et traduite en français par Jacques Gérard de Tournus d'une façon tout aussi peu claire (²); l'édition d'Oxford 1594 et celle de Hambourg 1613 sont infiniment préférables. Le titre de cette dernière est plus exact : *Epistolæ fratris Rogerii*

M. Fortoul, qui voulut bien autoriser de son patronage et rendre plus faciles par ses recommandations nos recherches dans les bibliothèques anglaises.

(¹) *The miror of Alchymy composed by the thrice famous and learned fryer R. Bacon..... also a most excellent and learned discourse of the admirable force and efficacie of art, etc.* London, 1597; in-4°.

(²) Souvent réimprimée, entre autres fois en 1613, avec le *Miroir de maistre Jeham de Metrun.*

Baconis de secretis operibus artis et naturæ et de nullitate magiæ opera J. Dee, Londinensis, *pluribus exemplaribus castigata olim, et ad sensum integrum restitutæ, etc.*, in-8°. Cet ouvrage a été aussi traduit en anglais en 1597, in-4°, à Londres, sous le nom de R. Bachin, puis, en 1659, sous ce titre : *Frier Bacon his discovery of the miracle of art, nature and magick, faithfully translated out of Dr Dee's own Copy*, by T. M. *and never before in english*. C'est un recueil de plusieurs lettres sur différents sujets. On croit qu'elles furent écrites à Guillaume d'Auvergne [1]; ce qui les reporterait à l'extrême jeunesse de l'auteur, ou plus probablement à Jean de Londres, c'est-à-dire, suivant nous, Jean Basingestokes; peut-être aussi furent-elles adressées, comme les trois lettres dont nous parlerons plus loin, à Jean de Paris, son disciple bien-aimé. On y trouve dix chapitres, dont les cinq derniers sont énigmatiques, et plusieurs dates qu'il n'est pas facile d'expliquer. Au chapitre VII [2], on lit : « Je réponds à votre demande la 601° année des Arabes, » et au chapitre X [3] : « Vous m'avez interrogé au sujet de certains secrets l'an 608 des Arabes. » Ce qui fait, pour notre manière de compter, l'an 1206 et l'an 1212; or, Bacon n'était pas encore né à cette époque. Il y a corruption dans le texte, ou bien ces chapitres ne sont pas de lui. Quant aux premiers, ils dénoncent à première vue leur auteur; on y voit la plus grande confiance dans les ressources et la portée du génie humain, le dédain pour les opérations magiques, et la foi dans un avenir où des prodiges seront réalisés par l'industrie. C'est un des opuscules les plus connus de Bacon. Nous nous bornons à cette mention [4].

3° *Libellus Rogerii Baconi Angli, doctissimi mathematici et*

---

[1] Jebb; *Op. maj.* ad præf.
[2] Édit. de 1542, fol. 49.
[3] *Idem*, fol. 32.
[4] La traduction française est pleine d'inepties. L'auteur trouve le texte obscur — on le voit de reste, — et se plaint qu'il ne soit pas enrichi de « numéreuses locutions latines. » L'avertissement parle de cette composition écrite par « Monsieur R. Bacon, philosophe et grand personnage de son temps. » Paris, 1629.

medici de retardandis senectutis accidentibus et de sensibus conservandis (¹) oxoniæ. Anno 1590.— Ce livre est très-rare, et nous ne l'avons rencontré qu'en Angleterre. La bibliothèque impériale ne possède que la traduction anglaise : *The cure of old age, and preservation of youth. By the great mathematician and physician* Roger Bacon, *a franciscan frier, translated, etc.*, by Richard Brown. London, 1683. Un manuscrit d'Oxford (²) contient ce traité avec une longue dédicace à un pape, qui nous paraît avoir été Nicolas III. L'auteur y donne lui-même le sommaire de son œuvre : « Il y traite : 1° des causes de la vieillesse et des moyens d'y résister ; 2° des accidents de la vieillesse, des signes des lésions des sens, des causes qui peuvent servir ou blesser les sens, l'imagination et la mémoire ; 3° des aliments et des boissons qui peuvent restaurer les humeurs chaque jour évaporées ; 4° des moyens d'empêcher cette évaporation ; 5° des aliments qui hâtent les progrès de la vieillesse ; 6° des moyens d'absorber les humeurs qui causent les accidents de la vieillesse ; 7° des moyens de réconforter la chaleur naturelle ; 8° des moyens de réconforter les facultés et les sens et de ramener les forces ; 9° des moyens de fortifier le corps et de faciliter les mouvements ; 10° des moyens de conserver à la peau sa beauté juvénile, sa propreté et sa couleur, et d'éviter les rides ; 11° de l'utilité de cette lettre, du régime des vieillards, de la composition des médecines (³). L'ouvrage publié renferme seize chapitres. »

4° *Sanioris medicinæ magistri D. Rogeri Baconis angli de arte chymiæ scripta, cui accesserunt opuscula alia ejusdem authoris* 1603, in-12, réimprimé en 1620, sous ce titre : *Sanioris medicinæ, etc. Thesaurus chemicus.* — Sous ce titre, sont rassemblés six petits traités qui ont été souvent jugés apocryphes. Il y a pourtant à distinguer, et peut-être le plus grand nombre de ces fragments revient-il à notre docteur. D'abord, les deux extraits qui

---

(¹) Ce titre est le véritable, et diffère un peu de celui que transcrit l'*Histoire littéraire*.

(²) Canonici codices, 334; in-12.

(³) Canonicus codex, 324, fol. 2, *De conservatione sanitatis et juventutis preservatione*.

sont en tête du livre sont évidemment de lui, et l'un est emprunté à l'*Opus tertium*, l'autre à un ouvrage désigné sous le nom de *Livre des six sciences*, et qui pourrait bien être le *Compendium philosophiæ*. Le premier traité est un abrégé du livre d'Avicenne, *de Anima*, et ne renferme que des énigmes alchimiques. Bacon reconnaît en maint passage avoir traduit cette œuvre d'Avicenne (¹). Le second, *Breve breviarium fratris Rogeri Baconi de Dono Dei*, se divise en deux parties : l'une spéculative, l'autre théorique. Chaque fois que Bacon parle de l'alchimie, il la divise ainsi, et le sommaire qu'il donne de ses travaux à ce sujet se rapporte parfaitement à l'ordre suivi dans cet opuscule. C'est son style, ce sont les mots qu'il emploie, ce sont parfois des passages entiers qui se retrouvent ailleurs; puis de très-vieux manuscrits de Londres et d'Oxford, et même un de Paris, renferment ce même ouvrage, formellement attribué à Bacon. Enfin, les doctrines sont celles que Bacon professe partout (²). Le troisième est attribué à Raymond Gaufredi, qui l'aurait reçu de la bouche même de Bacon prisonnier, et une note rejetée à la fin nous apprend que Bacon révéla ses secrets à Raymond, général des Mineurs, en échange de la liberté que celui-ci lui rendit. Dans le reste du livre, il faut encore restituer à notre auteur le *Tractatus trium verborum*, dont nous avons lu beaucoup de manuscrits, qui est composé de trois lettres à Jean de Paris, probablement l'élève du philosophe, et qui, à part tout témoignage, porte à chaque ligne l'empreinte de son origine. Bref, s'il fallait apprécier les doctrines de Bacon en alchimie, il vaudrait mieux les puiser dans ces trois traités que dans le *Miroir d'alchimie*, dont l'origine moins contestée est plus suspecte, et qui est un abrégé insignifiant.

5° *Rogerii Baconis Angli, viri eminentissimi Perspectiva, nunc primum in lucem edita, opera et studio* Johannis Combachii *philosophiæ professoris in academia marpurgensi.* Francofurti 1614, in-4°. — Ce livre n'est pas autre chose que la cinquième

---

(¹) *Communia naturalium*, cap. II. Manusc. de Paris. — *Op. tert.*, cap. XII. Introd.
(²) Voy. surtout les pages 100 à 108.

partie de l'*Opus majus*, édité par Jebb; le commencement seul offre une variante.

6° *Specula Mathematica in quibus de specierum multiplicatione earumdemque in inferioribus virtute agitur. Liber omnium scientiarum studiosis apprime utilis,* Combachii *studio et opera* Francofurti 1614. — C'est la quatrième partie de l'*Opus majus*, sans un seul changement, telle qu'elle se trouve dans l'édition de Jebb. Combach a omis les derniers chapitres, qui traitent de l'astrologie, de la géographie et de la chronologie, et qui, dans l'édition de Jebb, vont du folio 108 au 255. M. Cousin se trompe donc quand il avance que ce traité était tout à fait différent de celui de l'*Opus majus*, et qu'il le rapporte à l'*Opus tertium*. Une simple confrontation des deux ouvrages aurait pu lui éviter cette erreur ([1]). C'est encore à tort que cet illustre philosophe conseille de rechercher dans ce livre des détails plus complets sur l'optique; c'est, à proprement parler, un traité de mathématiques, et le mot *specula* a seul pu causer cette confusion. A l'ouvrage publié par Combach est joint un opuscule intitulé : *De speculis;* l'auteur y traite de la fabrication des miroirs ardents et de la manière de faire converger en un même point tous les rayons qui tombent sur une surface réfringente.

7° Rogeri Bacon *Opus majus ad Clementem Papam*. Publié par Samuel Jebb en 1733, et réimprimé à Venise en 1750, avec un *Prologus galeatus,* par les Franciscains della Vigna. C'est le monument le plus important que la presse nous ait livré du génie de Bacon. Tout en rendant justice au savoir et au travail de sir Jebb, il importe pourtant d'établir que son édition n'est pas sans défaut, et qu'elle renferme une partie importante qui jamais n'a pu entrer dans le cadre de cet ouvrage, et qu'elle a omis d'autres parties que Bacon lui-même y avait insérées; ces deux points sont hors de doute.

Il y a d'abord dans l'*Opus majus* tout un long traité (pages 358-445) intitulé : *Tractatus magistri Rogeri Bacon de multiplica-*

([1]) *Journal des Savants*, p. 235. 1848.

tione specierum; qui vient après la *Perspective*, et qui, au premier coup d'œil d'un lecteur attentif, y paraît déplacé. En effet, ce sujet a déjà été étudié dans la quatrième partie (pages 65-88); et dans la *Perspective* qui précède, Bacon a soin de nous dire que, pour comprendre cette science, il faut toujours avoir en main son livre sur la *multiplication des images* (¹), qui, dans l'ordre adopté par Jebb, ne vient qu'après la *Perspective* elle-même. La *Perspective* cite souvent ce traité; donc, il n'est pas à sa place. Il y a plus : on lit dans ce traité douteux, page 368, cette simple mention : « Ut tactum est » in communibus naturalium. » Or, ce livre ainsi cité, Jebb le savait, fait partie d'un ouvrage postérieur, l'*Opus minus* suivant l'éditeur, l'*Opus tertium* suivant nous (²), et il est vraiment étrange que cette phrase ne l'ait pas arrêté. Un autre témoignage se retrouve à la page 358. L'auteur dit : « J'ai démontré, dans la troisième partie de cet ouvrage, que ces mots *essence*, *substance*, » *nature*, *puissance*, etc., sont synonymes. » Or, rien de pareil dans la troisième partie de l'*Opus majus*; mais cette preuve se trouve au long aussi dans le traité *de communibus naturalium*, qui, en réalité, est la troisième partie de l'*Opus tertium*. Enfin, Bacon lui-même nous donne, dans l'Introduction de l'*Opus tertium*, le sommaire de l'*Opus majus*. Il y parle de la multiplication des images, telle qu'elle se trouve expliquée dans la quatrième partie; de ce long traité, il ne dit pas un mot. Donc, cet ouvrage, qui rompt l'unité déjà peu sensible de l'œuvre de Bacon, qui fait double emploi avec la quatrième partie, qui cite des ouvrages postérieurs à l'*Opus majus*, des passages qui ne s'y retrouvent pas, n'a jamais fait partie de ce recueil. Sa place est dans l'*Opus tertium*, comme on le verra bientôt.

En second lieu, l'édition de Jebb pèche aussi par défaut. D'abord, la seconde partie, qui traite de la grammaire, est tout à fait incomplète. C'est Bacon encore qui nous l'apprend. Il fait ailleurs (³) le sommaire de cette partie, et rappelle qu'il y a traité de

(¹) *Opus majus*, 5ᵃ pars., p. 256.
(²) Jebb. præf. ad *Opus majus*.
(³) *Opus tertium*, cap. XXVI.

l'utilité des langues pour le commerce, les relations avec les autres pays, de la composition du langage, des signes, de l'équivoque de l'analogie, de l'origine du langage, de la langue naturelle, etc., tous sujets absents de l'édition de Jebb. Sans doute, l'éditeur n'a rien trouvé de plus dans ses manuscrits; encore aurait-il dû nous prévenir de tout ce qui lui manquait. Il s'excuserait plus difficilement d'une seconde lacune qui nous prive de toute une partie importante de l'*Opus majus*, la septième, qui renfermait la morale, la fin suprême de la science et la théologie profane, comme Bacon le déclare dès le début. Si l'on en croit le *Catalogue de la bibliothèque de Dublin*, ce traité se trouvait joint à ceux que Jebb a publiés. On y lit, en effet, l'énumération des diverses parties du livre, et le n° 9 contient cette mention : *De philosophia morali*, lib. VI. (¹). Bacon lui-même, dans le cours de son ouvrage, renvoie à la Morale en maint passage : « Ut in morali philosophiæ ex- » planabo (²) ut in moralibus exponitur (³) sed in morali philoso- » phia hoc ex propriis erit planum (⁴); sed in tertia parte moralis » philosophiæ de hac confirmatione abundantior fiet sermo (⁵). » Mais on pourrait encore douter qu'il ait mis son dessein à exécution, et croire que la septième partie de l'*Opus majus* ne fut pas écrite; qu'on interroge alors l'*Opus tertium*, si fécond en renseignements, on y trouvera le plan de l'*Opus majus* et la citation répétée de la septième partie, avec le sommaire des questions qui y étaient traitées, ce qui rend toute insistance inutile (⁶). Enfin, nous avons retrouvé à Londres une grande partie de cette Morale, et le début, rappelant ce qui précède, montre d'une manière indubitable qu'elle constituait la septième partie de l'*Opus majus* (⁷).

(¹) *Catalogi codicum manuscriptorum Angliæ et Hiberniæ in unum collecti*, n° 221. Oxoniæ, 1697.

(²) *Opus majus*, fol. 36.

(³) *Idem*, fol. 38.

(⁴) *Idem*, fol. 135.

(⁵) *Idem*, fol. 119.

(⁶) Voy. surtout le chapitre XIV du Manuscrit de Douai.

(⁷) Royal library. 8 F. II, fol. 167. *De morali Philosophia*. — Depuis que ces lignes sont écrites, on a publié à Dublin le texte du manuscrit négligé par Jebb.

§ II.

Ainsi, quelques traités d'alchimie, de médecine, d'optique, et un grand recueil, l'*Opus majus,* voilà les seuls monuments qui ont pu servir à apprécier un des plus célèbres docteurs du xiiie siècle, et encore la plupart de ces livres sont d'une rareté extrême. Pourtant, au témoignage des bibliographes, Bacon avait composé des œuvres considérables, et les catalogues des manuscrits français et anglais rapportent les titres d'un grand nombre d'ouvrages manuscrits ; titres trop souvent décevants, et presque toujours erronés. Ces catalogues donnent des noms divers au même ouvrage, à des parties d'un même livre, ou bien le même nom à des ouvrages différents ; et, sous ce rapport, les renseignements qu'on peut puiser à Londres et à Oxford n'offrent aucune autorité. C'est donc à l'examen des manuscrits inédits de Bacon que nous avons dû recourir, et nous exposons brièvement les résultats de notre enquête. Nous avons examiné environ quatre-vingts manuscrits, et les limites et la nature de cet essai ne nous permettant pas de donner une description détaillée de chacun d'eux, nous nous bornons à signaler les plus importants.

La France ne possède qu'un petit nombre de manuscrits de notre docteur ; mais quelques-uns ont une grande importance et ne se retrouvent qu'imparfaitement en Angleterre. La bibliothèque impériale nous a offert quatre manuscrits. Dans le vieux fonds latin, on trouve sous le n° 2598 ([1]), au folio 21, un fragment : « Incipit
» tractatus fratris Rogeri *de generatione specierum, et multipli-*
» *catione et actione et corruptione earum.* Postquam habitum est
» de principiis rerum naturalibus communibus quæ sunt materia
» et forma et privatio, potentia activa et passiva ([2]), etc., nunc
» dicendum est de his quæ ordinem naturalem sequuntur. » Le

([1]) *Catalogus manuscriptorum,* t. III, p. 302.
([2]) L'*Histoire littéraire* rapporte ce fragment à l'*Opus minus.*

sujet de ce fragment assez long, jusqu'au folio 57, est donc la multiplication des images, comme dans le traité inséré à tort par Jebb dans la cinquième partie de l'*Opus majus*. Seulement, tout le début est différent; mais à partir du second chapitre, nous retrouvons le texte de Jebb (page 318). Le préambule rattache simplement ces chapitres à d'autres qui ne sont pas de l'*Opus majus*, on le voit de reste. Il y a aussi vers la fin quelques différences entre le texte et celui de Jebb. On assignera plus tard sa véritable place à ce fragment.

Au folio 57 commence un autre fragment sans titre : « Hic aliqua sunt dicenda de perspectiva. » C'est la cinquième partie de l'*Opus majus*, mais elle est incomplète. Au folio 138, un fragment sans titre relatif à l'alchimie, et à la fin duquel on lit : « Explicit de subjecto transmutationis secundum Rogerum Bachonis *(sic)*. » Le nº 7440 du même fonds (¹) contient, au milieu d'autres ouvrages étrangers à notre sujet, un fragment curieux; on lit au folio 38 : « Incipit *metaphysica* Rogeri Baconis de ordine prædicatorum. » Ce titre de Frère prêcheur avait porté M. V. Leclerc à supposer que cet ouvrage pouvait bien être de Robert Bacon le Dominicain. Cette ingénieuse conjecture est démentie par l'étude du texte et par un manuscrit de la bibliothèque Bodléienne, nº 1791, folio 92; on y lit : « Incipit *metaphysica* fratris Rogeri ordinis fratrum *minorum* de viciis contractis in studio theologiæ. » C'est le même début des deux côtés : « Quum intentio principalis est vobis in- » nuere vicia studii theologiæ, quæ contracta sunt de curiositate » philosophiæ, cum remediis istorum, etc. » Seulement, le manuscrit d'Oxford ne contient que les dix premières lignes. Celui de Paris s'arrête au folio 40; mais au folio 25 on en retrouve la suite, qui s'interrompt définitivement au folio 32 sans être terminée.

Deux autres manuscrits : l'un de l'ancien fonds latin nº 7455 (²), l'autre du nouveau fonds nº 1153 (³), ne renferment rien d'inédit ou d'important. Le premier reproduit quelques pages de l'*Opus*

(¹) *Catalogus, etc.*, t. IV, p. 399.
(²) *Catalogus, etc.*, t. IV, p. 36.
(³) *Montfaucon*, t. II, p. 1115.

majus, page 57; le second est un manuscrit légué en 1732 à Saint-Germain par le duc de Coislin, évêque de Metz; il est très-ancien, et on y lit ce titre : « D. fratris Rogeri Bachonis, *De naturis* » *metallorum in ratione alkimica et artificiali transformatione.—* » Ars alkimica duo principaliter considerat. » C'est l'*alchimie* imprimée à Francfort sous ce titre : *Breve Breviarium*. On lit aussi ce second titre : Rogeri Bacon, *Cœlestis alchymia*.

La bibliothèque Mazarine possède deux manuscrits de notre auteur : l'un est sans importance et ne renferme qu'une copie du *De Multiplicatione* et de la *Perspective;* l'autre, inscrit au n° 127, est un magnifique in-folio sur parchemin, à deux colonnes, d'une écriture gothique du xive siècle. La destinée de ce manuscrit est curieuse : il a d'abord appartenu à John Dee, cet alchimiste admirateur de Roger; puis à Kenelm Digby, dont il porte les armes et la devise : « Vindica te tibi; » puis enfin à Richard O'Eden, dont la signature se lit à la fin. Par quelle fortune est-il arrivé dans une bibliothèque française? C'est à coup sûr un des plus précieux débris de l'œuvre de Bacon. Il porte en titre : « Incipit liber primus *Com-* » *munium naturalium* fratris Rogeri Bacon, habens quatuor partes » principales. » C'est un long ouvrage dont on dira plus tard l'objet, et qui ne contient pas moins de 90 folios; après quoi vient un second traité bien moins considérable, que l'*incipit* indique faussement comme le second livre, et qui se trouve désigné dans un autre manuscrit anglais sous ce nom : *De Cœlestibus*. Le *Communia* renferme la physique générale, et est intact dans ses quatre parties; on le retrouve au musée britannique, à la Bodléienne et dans un collége d'Oxford; mais aucune de ces trois copies n'est à beaucoup près aussi complète que celle de la Mazarine.

La bibliothèque d'Amiens contient sous le n° 406 ([1]), dans un énorme manuscrit in-folio sur parchemin, à deux colonnes, d'une écriture fine et difficile à lire, qui paraît remonter au xive siècle, divers ouvrages de Bacon, qui ont cela de commun qu'ils sont tous des commentaires. Ce sont d'abord des *questions sur les livres*

---

[1] *Catalogue des Livres manuscrits de la Bibliothèque d'Amiens,* par Garnier. 1843, p. 320.

de physique d'Aristote, qui vont du feuillet 1ᵉʳ au 25ᵉ; puis une seconde glose sur le même ouvrage, qui, d'après M. Cousin, serait plutôt la rédaction d'un élève que l'œuvre du maître, mais qui, en réalité, est plus complète que la première : *Quæstiones super librum physicorum a magistro dicto Bacon* (¹), qui s'étend jusqu'au folio 73. On y trouve intercalée tout une glose sur le livre *De vegetabilibus,* alors attribué à Aristote. Au folio 74 commence une glose sur *la métaphysique* d'Aristote, et qui comprend le livre XIᵉ; le Iᵉʳ, le IIᵉ, le Vᵉ, le VIᵉ, le VIIᵉ, le VIIIᵉ, le IXᵉ et le Xᵉ dans cet ordre. Tout cela est mélangé d'un commentaire sur le livre *De Causis,* et d'un traité de logique dont l'auteur n'est nommé que par des initiales, S. H. — M. Cousin a donné une description de ce manuscrit (²); nous en avons fait un rapide examen; il est facile de se convaincre que l'auteur n'a d'autre but que d'éclaircir le texte du maître sans le commenter ou l'interpréter. C'est une simple glose qui peut avoir son mérite, mais qui, en somme, est d'une grande sécheresse. Les mots de la traduction latine sont d'abord cités et ensuite expliqués. Nous avons profité de quelques passages de ce curieux manuscrit, en regrettant de ne pouvoir en faire une étude plus approfondie (³).

Enfin, la bibliothèque de Douai conserve une copie de l'*Opus tertium* qui se retrouve plus complet au Musée britannique et surtout à la Bodléienne. M. Cousin a donné des extraits de ce précieux manuscrit (⁴); nous l'avons collationné avec ceux d'Angleterre, et il nous a été possible d'en tirer encore des renseignements utiles pour la vie et la doctrine de notre auteur. Le même manuscrit contient une *Grammaire grecque* qui est la copie de celle du collége du Corps-du-Christ à Oxford, et un *Computus* qui est un fragment incomplet d'un autre manuscrit du Musée britannique.

(¹) M. Cousin écrit : *e magistro.*

(²) *Journal des Savants.* Août 1848.

(³) L'administration de la Bibliothèque d'Amiens, plus sévère que beaucoup d'autres, nous a refusé les conditions d'une étude complète et sérieuse de ce manuscrit. M. Cousin l'a eu entre les mains plusieurs années.

(⁴) *Journal des Savants.* Mars–juin 1848.

§ III.

Manuscrits anglais. — Depuis que Jebb a écrit sa Préface, des catalogues nouveaux ont été publiés; les bibliothèques anglaises se sont augmentées de nouvelles acquisitions; leurs richesses, mieux classées, sont devenues plus accessibles, et on peut consulter beaucoup de manuscrits inconnus au savant éditeur. Le Musée britannique et les bibliothèques d'Oxford offrent surtout de précieuses ressources.

La bibliothèque Cottonienne renferme quatre manuscrits de R. Bacon.

Julius d. V. *De utilitate scientiarum.* C'est une partie de l'*Opus majus;* le manuscrit a plusieurs feuillets à demi brûlés; il serait à consulter pour une nouvelle édition de l'*Opus majus.* On y trouve joints quelques fragments, à savoir : *Epistola de ponderibus,* qui est une des trois lettres à Jean de Paris; *de Colore faciendo,* recette pour faire de l'encre verte; *de Modo projectionis,* une autre lettre à Jean de Paris déjà citée à propos du *Thesaurus chemicus,* et qui ailleurs est intitulée *de Separatione ignis ab oleo.*

Tiberius c. V. Ce manuscrit renferme trois ouvrages principaux, dont l'écriture paraît remonter au xve siècle. Ce sont : 1° l'*Opus tertium,* tel qu'il existe à Douai, sauf quelques chapitres en plus; 2° la IVe partie de l'*Opus majus,* sur les mathématiques; 3° un autre écrit intitulé *Opus minus,* et qui jusqu'à présent n'a jamais été étudié. Ce fragment très-important, du folio 120 à 150, n'a rien de commun avec l'*Opus minus.* Nous lui assignerons plus tard sa place.

Vespasianus a. II. C'est un calendrier extrait, dit ce manuscrit, des Tables de Tolède, avec cette date 1297 et des figures arabes. On ne sait trop pourquoi cette œuvre peu importante est attribuée à R. Bacon, mort avant cette année. Oudin en avait déjà fait justice (¹).

Julius f. VII. Vieux manuscrit d'un format très-étroit. Au folio 175 commencent plusieurs fragments d'une très-courte étendue. Le premier est intitulé : *De Diversitate linguarum* Rogeri Baco ordinis Sancti-Francisci *ad Papam clementem.* Le second (folio 178), *Declaratio effectus veræ mathematicæ in quarta parte operis majoris* Rogeri Baconi, est un extrait de l'*Opus majus*. Le troisième (folio 180), *de Moribus hominum secundum complexionem et constellationes,* appartient à la même partie du même ouvrage. Enfin, au folio 186, un autre fragment sans titre n'est rien autre que la Ire partie du même *Opus*. Il n'y a donc à rendre compte que du premier : « Manifesta laude et declarata utilitate cognitionis grammaticæ et linguarum hebreæ, gracæ et arabicæ, etc. » C'est le début de la *Grammaire grecque* signalée à Douai et que nous retrouverons à Oxford.

La bibliothèque royale nous a offert aussi quatre manuscrits (²). 7 f. VII. Magnifique volume en vélin, à deux colonnes, d'une écriture gothique très-ancienne. On y trouve plusieurs fragments de notre auteur : 1° la IVe partie de l'*Opus majus* sous ce faux-titre : *Pars quarta compendii studii theologiæ ;* 2° *Descriptiones locorun* (folio 82 à 125), c'est la suite de cette IVe partie ; 3° *de Visu et speculis,* c'est la *Perspective,* sauf quelques changements (125 à 131) ; 4° *de utilitate astronomiæ,* c'est toujours la suite de l'*Opus* (page 237) avec cet autre titre : *Tractatus de corporibus cœlestibus* (133 à 140) ; 5° *de laudibus mathematicæ* (141 à 152), mêmes idées que dans la IVe partie de l'*Opus;* c'est une autre rédaction du même sujet ; 6° *Compendium studii theologiæ* (folio 153) : « Incipit *compendium studii theologiæ et philosophiæ* et habet duas partes principales. » C'est le dernier ouvrage de Bacon ; il porte une date certaine. Au folio 154, on lit : « Pauci igitur fue-
» runt qui digni habiti sunt in philosophia prima Aristotelis, res-

---

(¹) Tome III, p. 196.
(²) *Casley's Catalogue.*

» pectu multitudinis latinorum, imo paucissimi, et fere nulli, usque
» in hunc annum domini 1292. » La première partie manque presque en entier. Il y a évidemment entre les folios 154 et 155 une longue lacune qui a échappé à la personne chargée de la pagination. La seconde finit brusquement au folio 161, sans être complète ([1]). Au folio 221 se trouve un court fragment de cinq colonnes intitulé : *Quinta pars compendii theologiæ,* fausse attribution, comme on le verra bientôt. Enfin, au folio 165, débute un ouvrage intitulé: *Liber naturalium* R. Bacon. « Hoc est volumen naturalis philosophiæ, in quo traditur scientia rerum naturalium secundum potestatem octo scientiarum naturalium quæ enumerantur in secundo capitulo et habet hoc volumen quatuor libros principales, etc. » Cet *incipit* diffère de celui du manuscrit de la Mazarine, mais le texte est le même, à quelques variantes près, et nous reconnaissons ici le traité *de Communibus naturalium*. Seulement, il n'y a qu'un livre qui se termine à la troisième partie, tandis que le manuscrit parisien possède deux livres, dont le premier a quatre parties.

Royal library 8 f. 11. Au folio 167 de ce manuscrit à deux colonnes, d'une écriture fort ancienne et chargée d'abréviations, se trouve ce titre : *De Morali philosophia Rogeri Bacon;* c'est la septième partie de l'*Opus majus*. Malheureusement, des six livres qu'elle avait, on n'en retrouve que trois dans ce manuscrit, et l'ouvrage finit au folio 179.

Royal library. 11 b. XII. Manuscrit in-4° sur vélin, écriture gothique. En titre : « *Compendium legis christianæ canonis sacri super quartum sententiarum* doctoris resoluti Baconis. » Ce titre de « doctor resolutus » nous avait déjà mis en défiance; le texte de ce long ouvrage, qui n'a pas moins de 231 feuillets, a achevé de nous convaincre que le catalogue l'avait faussement attribué à Roger; et il est probable qu'il appartient à Jean Baconthorpe, souvent nommé Bacon. Cependant, il faut dire qu'en comparant le texte à celui du commentaire du Prince des Averroïstes sur ce

---

([1]) Il s'en retrouve une copie toute semblable au collège de l'Université, à Oxford.

même livre, nous n'avons pu reconnaître l'identité des deux ouvrages (¹).

Royal library 7 f. VIII, in-folio. Au feuillet 2, se trouve *De multiplicationœ specierum tractatus*, et plus bas : *Pars quinta de compendio studii theologiæ*. Ces deux titres sont également exacts : « Acto prologo istius quintæ partis hujus voluminis quam voco com- » pendium studii theologiæ, in quo quidem comprehendo in summa » intentionem totius operis, extra partem ejus signans omnia im- » pedimenta totius studii, et remedia, nunc accedo ad tractatum » exponens ea quæ sunt necessaria theologiæ de perspectiva et de » visu. » Au folio 13, commence le traité même que Jebb a intercalé dans l'*Opus majus,* page 358 ; il renferme quelques lignes de plus. Au folio 47 : « *Perspectiva quædam singularis*, hic tractatus sequatur tractatum de multiplicatione specierum », et plus bas : « *Perspectiva* R. Bacon, liber secundus. » C'est la cinquième partie de l'*Opus*. On voit quelle variété de titres désigne un seul et même ouvrage. Au folio 99, commence un livre important et complet, l'un de ceux qu'il serait le plus facile de publier : *Compotus fratris Rogeri* (le nom de Bacon se trouve gratté, comme en presque tous les anciens manuscrits). « Omnia tempus habent, et suis spatiis transeunt » universa sub sole, ut Salomon testatur, etc. » L'ouvrage se divise en trois parties, qui finissent au folio 191 ; c'est un traité astronomique sur le comput, dont la date certaine est l'année 1263 (²).

Collection Hans Sloane (³). Cette collection contient une douzaine de manuscrits de Bacon, la plupart sans importance, quelques-uns pleins d'intétêt.

Le n° 2156 renferme (folio 1) un traité intitulé : *Perspectiva*. C'est la perspective de l'*Opus;* la date de la copie est consignée : anno christi 1428 (folio 40); le *Tractatus de multiplicatione*,

---

(¹) *Johannes Baconus, Averroïstarum princeps*, t. II, p. 69. Venetiis, 1526.

(²) Les bibliographes anglais attribuent à Jean Basingestokes un traité intitulé : *De concordia evangeliorum*, et citent le début : « Omnia tempus habent et suis spatiis. » C'est précisément celui de Bacon. Il y a ici quelque confusion, comme on en rencontre tant chez ces auteurs. (V. Baléc, p. 301; Pits, p. 325.)

(³) *Aiscough's manuscripts.*

tel que Jebb l'a publié. On lit à la fin : « Finis de speciebus R. Bacon, anno 1428, die 27 martii qui tunc erat vigilia Pascæ. » Au folio 74, commence un fragment plus important détaché d'un grand ouvrage aux parties duquel l'auteur renvoie fréquemment : « Hic incipit *volumen veræ mathematicæ* habens sex libros. Primus est *de communibus mathematicæ* et habet tres partes principales. » C'est ce premier livre seulement qui se trouve reproduit, et encore finit-il incomplet au milieu de la seconde partie (folio 97.) Ce seul ouvrage de mathématiques de Bacon qui nous soit connu n'est pas à dédaigner; nous lui assignerons sa place dans les œuvres de notre auteur. Au folio 117, se trouve le *De potestate artis et naturæ*.

Sloane, 276, grand in-4°, sur papier. « Incipit liber fratris Rogeri » Bachonis, *de naturis metallorum et ipsorum transmutatione;* » *potest etiam dici,* incipit *breve breviarium et breviloquium al-* » *chimiæ.* Ars alchimiæ duo principaliter considerat. » C'est l'ouvrage reproduit dans le manuscrit de Saint-Germain, 1153, et imprimé dans le recueil *sanioris medicinæ, etc.,* p. 136 (78 feuillets.)

Sloane, 3506 : *Speculum alchemiæ;* c'est une traduction anglaise de cet ouvrage.

Sloane, 2629, petit in-32. Malgré les titres pompeux, ce sont quelques extraits, des réflexions sur Bacon, parfois même en anglais. On lit, par exemple, au folio 21 : *Moralis philosophia,* et à peine dix lignes de texte; plus loin : *Tractatus de scientia experimentali,* quelques passages de la sixième partie de l'*Opus majus;* à la page 478, quelques lignes d'alchimie : *De lapide philosophorum,* c'est-à-dire les cinq derniers chapitres du *De mirabili potestate.* Il en est de même du n° 2170, simples extraits en anglais; du n° 3884, qui contient un *liber necromanticæ,* qui semble apocryphe; du n° 3833, qui n'est pas de Bacon, et renferme un *thesaurus spirituum secundum Rogerum Baconem.* Le n° 2320 contient un traité intitulé *De famulatu philosophiæ,* également apocryphe, comme on le verra bientôt; le n° 3744, un traité : *Errores medicorum,* dont il sera question plus tard; le n°1734 : *Mendacium primum et secundum et tertium.* Ce sont les trois lettres à Jean de Paris. N° 513. *Liber secretorum,* dernière partie du *De mirabili;*

n° 692, un fragment d'alchimie très-contestable, intitulé : *Finalis conclusio;* le n° 342 (page 518), renferme des extraits des *Rogerina major et minor*, qui n'appartiennent pas à R. Bacon.

Le catalogue de la bibliothèque Harléienne ne signale que deux manuscrits de notre auteur : les n°s 2269 et 2528, et ils ne renferment rien d'important ni même d'inédit. Le n° 3528 (art. 111) nous présente les trois lettres sous ce titre : *Rogerus Bacon Johanni Parisiensi salutem* (folio 174). Au folio 185, il y a encore un *Speculum alchemiæ*, qui commence en ces mots : « Speculum alchemiæ quod in corde meo figuravi, » et qui ne ressemble en rien à celui qui est publié ; il est difficile de décider s'il appartient réellement à Bacon. On trouve, à côté, plusieurs pièces d'Arnauld de Villeneuve, et peut-être le *Speculum* est-il l'œuvre de ce dernier. Le n° 2269 (art. 1) est une collection de thèmes astrologiques sur différents sujets. Le nom de Bacon se trouve en tête de ces ridicules élucubrations, dont le texte est en anglais, et qui sont, d'après le catalogue lui-même, faussement attribuées à ce grand homme.

Additional manuscripts, 8786 ([1]), in-12°, format très-large, sur parchemin, portant en titre : Rogeri Baconis, *Opuscula physica*. En réalité, ce manuscrit renferme plusieurs fragments. Le premier est le même que celui dont nous avons vu le commencement dans le 7 f. VII de la bibliothèque royale, page 221, sous ce titre : *Pars quinta compendii theologiæ*. Au folio 21, autre fragment ; c'est le même que celui du manuscrit de la bibliothèque impériale, 2595, « postquam habitum est de principiis, etc. » Puis viennent le *Speculum alchemiæ*, et un extrait sans titres sur les sens (folio 62). Au folio 84 : « *Incipit tractatus de modis videndi*. Quum præcipua delectatio vitæ est in visu et coloribus, etc. » C'est un quatrième début de la *Perspective* de l'*Opus majus* (page 255) et un titre nouveau.

Additional manuscripts, n° 15549 ([2]). C'est encore une copie du *speculum alchemiæ*.

([1]) *Index to the additional manuscripts acquired in the years.* 1783-1835. Manuscrit.

([2]) *Annexes to the additional manuscripts.* Idem.

Dans la bibliothèque du palais de Lambeth, le catalogue indique, sous les n⁰ˢ 426 et 321, des opuscules de Bacon désignés sous ces mots : Bacon *De arte mathematica,* quatrième partie de l'*Opus majus,* et *De laude Sanctæ Scripturæ ad clementem papam,* fragment de l'*Opus tertium.*

La Bodléienne, le musée Ashmole et différents colléges d'Oxford possèdent un assez grand nombre de manuscrits de notre auteur. Le plus précieux de ceux que nous y avons rencontrés porte le n° 1819 (Digby, 218), et est désigné aussi au catalogue : *Fragmenta ad clementem papam de laudibus mathematicæ.* Au milieu de morceaux étrangers à notre auteur et de quelques fragments de l'*Opus majus,* il ne nous a pas été difficile de découvrir une bonne partie de l'*Opus minus.* Ce manuscrit sur papier, dont l'écriture incorrecte est à moitié effacée et souvent illisible, est tout ce que nous connaissions de ce grand ouvrage de Roger Bacon, et renferme deux traités d'alchimie, une exposition de l'*Opus majus* et un opuscule curieux qui a pour objet les sept défauts de l'étude de la théologie, *septem peccata studii theologiæ.* C'est là à peu près tout l'*Opus minus* (¹). Le n° 1671 aurait aussi beaucoup d'intérêt si nous ne possédions le manuscrit de la Mazarine; c'est le traité intitulé : *Communia naturalium.* Le n° 3705, folio 325, porte en titre : *Operis minoris pars tertia, seu potius preambulatorium ad opus suum majus et minus.* On y reconnaît un exemplaire de l'*Opus tertium* en soixante-quinze chapitres, comme dans les manuscrits de Londres et de Douai; seulement, cette copie est plus ancienne, plus correcte, et en tous points meilleure que les deux autres. Au folio 185, on lit : « *Pars quarta* in qua ostendit potes-
» tatem mathematicæ in scientiis et rebus et occupationibus hujus
» mundi. » C'est encore la quatrième partie de l'*Opus majus.* Quelle confusion perpétuelle de titres et d'attributions!

La Bodléienne conserve encore un traité considérable et jusqu'à présent inconnu, sous le n° 1751, avec ce simple titre : *Summa Baconis.* C'est, en effet, une somme élémentaire de physique sco-

---

(¹) V. ci-dessous, § IV.

lastique assez claire et assez précise ; l'auteur divise la philosophie en logique éthique, et philosophie rationnelle, morale et naturelle ; mais il déclare s'arrêter de préférence à la philosophie naturelle, et examine le mouvement, le temps, le lieu, l'éternité, le corps mobile, la couleur, le son, l'iris, et enfin les facultés de l'âme. A la rigueur, il n'est pas impossible que ce traité soit de Roger Bacon ; mais en tout cas aucune indication précise n'éclaire le lecteur et ne le rassure contre une erreur d'attribution. Les mêmes scrupules, encore mieux fondés, font aussi suspecter le n° 1668 : *Liber ultimus summæ magistri*, Rogeri Baconis, insignifiant d'ailleurs ; et même le n° 1805 (mieux Digby, 204), qui contient en quelques pages très-sèches une *summula dialectices* : « Introductio » est brevis et aperta demonstratio in aliquam artem vel scien- » tiam. Ars est collectio multorum principiorum ad unum finem » intendentium. » C'est une nomenclature assez brève de définitions et de divisions. Il faut dire pourtant que Léland, Balée et Pits s'accordent à reconnaître, parmi les œuvres de Bacon, un traité de logique en un livre, et en citent les premiers mots, qui sont ceux de ce manuscrit ; en tout cas, ce traité, purement élémentaire et destiné à l'enseignement, ne paraît pas précieux pour l'histoire des doctrines de Bacon. Le n° 1677 (Digby, 76), acheté de la bibliothèque de Léland, offre dès la première page un assez long fragment de Bacon, sous ce titre : *Compendii philosophiæ fragmentum de Bachonis opere*. C'est ce même ouvrage qui, dans le manuscrit de la Mazarine, fait suite au *Communia naturalium*. Il est désigné à la fin sous ce nouveau nom : *Finis tertiæ partis de cœlo et mundo Rogeri Bachonis*. Quelques pages traitent ensuite des cercles colorés qui apparaissent autour de la lune ; et une écriture très-ancienne ajoute avec raison, semble-t-il : « Hæc videntur de- » bere adjici ad finem magni voluminis Bachonis, *De communibus* » *naturalium*; » enfin, au feuillet 47, nous trouvons un fragment sur les mathématiques, suite du *Liber veræ mathematicæ* signalé à Londres, collection Sloane, 2156. Ces deux manuscrits réunis nous donnent donc le *Communia mathematicæ*, les généralités sur les mathématiques. L'auteur finit en ces mots : « Sic pars primæ

» mathematicæ in qua communia præposita sunt partibus speciali-
» bus finem habet. » Enfin, citons, pour être complets, de la même
bibliothèque, des fragments intitulés : *De intellectu et intelligibili,
De nutrimento, De meteoris, De somno et vigilia* (n°s 1791 et
1656), qui paraissent authentiques; un autre, sous ce titre : *De
inventione cogitationis* (n° 1673 ; Digby, 72), traitant de la question des signes; de nombreux exemplaires de la *Perspective* et du
De multiplicatione (n°s 1678 et 1692); un ouvrage théologique,
De veritate theologiæ in septem partes distributum (n° 2764,
page 193); quelques fragments de l'*Opus majus* (n° 3467); des
ouvrages médicaux, comme les deux *Rogerine* ([1]) (2626, 3538,
4028); un *Index simplicium* attribué à Bacon, on ne saurait dire
pourquoi, et sur la foi d'un titre (3349); le traité *De retardandis
senectutis accidentibus* (2379), édité à Oxford, comme nous l'avons
dit ; le *De speculis*, publié par Combach (6651, 1672); des opuscules d'alchimie déjà connus et édités, comme le *Breve Brevarium*
ou les trois lettres à Jean de Paris (n° 1720); tous ouvrages qui
n'ont aucun intérêt et se retrouvent d'ailleurs en d'autres lieux, ou
même ont eu les honneurs de l'impression.

Parmi les manuscrits dits *canoniques*, la bibliothèque Bodléienne
possède, sous le numéro 334, un recueil assez intéressant. On y
trouve d'abord, au folio 1 : *De conservatione sanitatis et juventutis præservatione, autore* Rogero Bacono, *vel* Bacuno. C'est,
sous un autre nom, le livre publié à Oxford sous le titre *De retardandis*, etc., plus une longue dédicace, où Bacon adresse son œuvre
au Saint-Père. Vient ensuite, folio 21, un traité appelé *Antidota-
rius;* l'auteur a voulu, après avoir parlé des moyens de conserver
la santé, traiter des antidotes; sous ce prétexte, il donne une multitude de remèdes, et jusqu'à une recette pour faire repousser les
cheveux; puis un petit traité hermétique : *De Graduatione rerum
compositarum,* qui se retrouve au collége du Corps-du-Christ. Au

---

([1]) Ces deux *Rogerina, major et minor,* appartiennent à deux auteurs, et non pas à Roger de Parme, comme le pensait Freind. L'un d'eux est un médecin nommé Roger de Baron. On comprend la confusion. (V. *OEuvres d'Ambroise Paré*, Introd., p. xxxiii, par M. Malgaigne; *Hist. litt.*, t. XX, p. 533.)

folio 41, commence : « *Tractatus de erroribus medicorum*, secundum Fratrem Bacun de ordine minorum. » L'auteur y maltraite fort les médecins et les apothicaires de son temps, et il y a dans le ton un peu âpre de ses reproches, une grande présomption en faveur de l'authenticité de l'œuvre, d'ailleurs peu importante et tout entière contenue en deux feuillets ; le folio 53 nous donne : *Alius tractatus ejusdem Fratris Rogeri, exstractus de sexta parte compendii studii theologiæ*, et sous ce titre nous trouvons un fragment de la sixième partie de l'*Opus majus*. En dernier lieu on lit, feuillet 59 : *Incipit liber de consideratione quintæ essentiæ omnium rerum transmutabilium; in nomine domini nostri Jesu-Christi, incipit liber de famulatu philosophiæ evangelio domini Jesu-Christi et pauperibus evangelicis viris.* L'auteur, qui est un Franciscain, déclare être entré dans l'ordre à Toulouse, et ne peut être Bacon.

Dans la bibliothèque du musée Ashmole se trouve un manuscrit inscrit au catalogue général sous le n° 7617 (Ashmole, 1423), et qui porte en titre : « *Opus* Roger Bacon. » Ces mots ne répondent à rien qui en vaille la peine ; on lit en tête : « *Incipit opus commune* Rogeri Baconi, » et ensuite quelques recettes pour faire de l'or. Ce petit traité de sept pages est aussi désigné dans la table : Roger Bacon *de conclusionibus*.

Deux colléges d'Oxford, celui de l'Université et celui du Corps-du-Christ, possèdent des manuscrits de Bacon, dont M. Coxe a donné les titres dans son *Catalogue des manuscrits conservés à Oxford* [1]. Le collége de l'Université conserve sous le n° 47 une *Grammaire grecque* qui est de tout point conforme à celle que renferme le manuscrit de Douai, avec les mêmes lacunes, les mêmes remarques du copiste, et a servi sans doute de modèle à cette dernière ; un *Compendium studii theologiæ*, qui reproduit le manuscrit de Londres (7 f. VII R. library) avec toutes ses imperfections ; sous le n° 48 le *Communia naturalium*, dont voici par conséquent une quatrième copie, plus imparfaite que celle de la Mazarine ; un *Computus naturalium*, moins complet que celui de Lon-

[1] *Catalogus librorum manuscriptorum qui asservantur in aulis et collegiis Oxoniensibus.* 2 vol.

dres.; sous le n° 49, un traité intitulé *Mathematica,* où l'on reconnaît cette quatrième partie de l'*Opus majus* si souvent reproduite, *scientia experimentalis,* sixième partie de l'*Opus majus; de Corporibus cœlestibus,* traité qui se trouve à la Bodléienne sous le titre de *Fragmentum compendii theologiæ* (Bodléienne, 1679) et dans le manuscrit de la Mazarine; une copie de l'*Opus tertium,* les lettres à Jean de Paris, sous le nom de *Separatione ignis ab oleo, tractatus de sphera, perspectiva.* Le collége de l'Université ne renferme que le petit opuscule de *Erroribus medicorum, tractatus de graduatione rerum compositarum,* etc. En somme, rien qu'on ne rencontre ailleurs.

§ IV.

Ces débris épars que le temps a dispersés dans tant de bibliothèques, défigurés sous tant de titres, et jetés dans une inextricable confusion, il faut maintenant les rassembler, les remettre à leur place, leur rendre, avec leur nom, l'unité qu'ils ont perdue, et reconstruire les monuments dont ils sont les ruines. Sans doute il y a encore plus d'une découverte à faire, et quand les catalogues du musée Britannique et de la Bodléienne seront, les uns tout à fait imprimés, les autres revus et corrigés ([1]), il deviendra possible de modifier et de compléter les résultats de cette synthèse que nous entreprenons après Jebb, avec plus de ressources que le savant éditeur ([2]). Mais, dès aujourd'hui, il est permis de redresser bien des erreurs, de confirmer quelques assertions exactes, et surtout de se faire une idée toute nouvelle des ouvrages les plus importants de Roger Bacon, et de ces cinq grandes compositions qui renferment toute sa pensée, se suivent, se répètent, se développent, et sont autant d'efforts vers un même but, assidûment poursuivi pendant vingt-cinq ans.

([1]) Le savant M. Coxe s'occupe de ce travail, en ce qui concerne les manuscrits de la Bodléienne.

([2]) V. *Opus majus* ad præf. — Cf. *Hist. litt. de la France,* article de M. J.-V. Leclerc.

Il y a dans sa vie deux périodes distinctes : dans la première, il se prépare par le travail, s'essaie par quelques œuvres, et se donne, en devenant l'homme le plus savant de son siècle, le droit d'en être le juge; dans la seconde, marquée par l'avènement de Clément IV, il entreprend de publier ses idées longtemps mûries, et d'exposer le plan de sa réforme. L'une est la plus longue; l'autre la plus malheureuse et la plus féconde. Avant 1267, il n'a rien écrit d'important sur la philosophie : « Si j'avais été libre, dit-il, » j'eusse fait des livres pour mon frère le savant, et pour mes » amis les plus chers; mais ne pouvant rien leur envoyer, j'ai » renoncé à tout travail. Aussi, sachez bien que quand je me suis » mis à la disposition de Votre Grâce, rien n'était commencé. Si » auparavant, sur l'instance de mes amis, j'ai parfois rassemblé » sur certains sujets quelques chapitres rédigés d'une manière » provisoire, il n'y a là rien qui soit digne d'attention, ni qui mé- » rite d'être offert à Votre Sagesse ([1]). » Ailleurs il ajoute : « Dans ma première condition, je n'ai rien écrit sur la philosophie. » A cette période se rapportent le *De mirabili potestate*, les *Commentaires* sur divers ouvrages d'Aristote, qui paraissent destinés à l'enseignement et qu'il n'a pu composer plus tard, quand les persécutions lui eurent fermé cette carrière ([2]); les trois *lettres* à Jean de Paris ou plutôt à Jean de Londres; et enfin le *Computus naturalium*, écrit à Paris en 1263. On lit, en effet, dans ce traité, très-régulier, très-méthodique, et l'un des mieux conservés de notre auteur : « De notre temps, c'est-à-dire quatre cent quatre-vingts » ans après la découverte de Thébith et l'an de l'Incarnation » 1263, nous adhérons à cette opinion ([3]). » Ce n'était pas son premier ouvrage. Il y cite lui-même (chapitre III) un autre livre où il a cherché à fixer la célébration de la fête de Pâques ([4]).

([1]) *Opus tertium*, cap. II.

([2]) Le Manuscrit d'Amiens provient de l'abbaye de Corbie.

([3]) Royal library, 7 F. VIII, p. 99 : « Et in temporibus nostris, quod est 480 annis post inventionem Thebith, et anno incarnationis 1263, istos credimus propinquos veritatis. »

([4]) *Idem*, cap. III : « In præcedenti opere, ubi de termino Paschali inquisivimus. »

En 1267, commençaient à paraître les cinq grands ouvrages de Bacon, qui à eux seuls contiennent toute sa doctrine. Ce sont : 1° l'*Opus majus;* 2° l'*Opus minus;* 3° l'*Opus tertium;* 4° un ouvrage dont le vrai titre est douteux, mais dont il reste de nombreuses traces ; 5° le *Compendium theologiæ*.

C'est en 1267 que Bacon écrit l'*Opus majus*, à l'invitation du Souverain Pontife. On y lit : « Les Sarrasins ont été détruits par les Tartares, avec leur capitale Baldac *(sic)* et leur caliph, qui était pour ainsi dire leur Pape, et il y a de cela douze ans (¹). » Or, la prise de Bagdad par les Mogols est de 1258, ce qui nous amènerait à l'an 1270. Mais l'auteur ne prend pas les choses à la lettre ; car, plus loin, il ajoute : « Nous sommes en l'an 665 des Arabes, à partir de Mahomet (²) ». En comptant à partir de l'hégyre, et en convertissant en années chrétiennes, on arrive à 1266 ou 1267. Enfin, toute hésitation devient impossible en face d'autres passages : « Dans quatre-vingt-quatorze ans, c'est-à-dire en 1361 », et plus bas : « Nous sommes aujourd'hui en l'an 1267 (³). » L'*Opus majus* fut composé à Paris. Bacon l'atteste, et nous en avons donné plus haut des preuves surabondantes. Il se composait de sept parties, reliées entre elles par des rapports assez peu visibles.

Ce grand ouvrage achevé et confié à Jean, qui devait le remettre à Clément IV, Bacon eut peur qu'il ne vînt à se perdre dans une route alors semée de dangers, ou que le Souverain Pontife, effrayé de l'étendue de l'œuvre, qu'il fallût diviser en quatre volumes, n'en prît pas connaissance. En outre, au milieu de ses tribulations, il avait omis certaines sciences importantes, et entre autres l'alchimie. Il résolut alors de faire un abrégé de ce livre, et d'y insérer ce qui n'avait pu trouver place dans le premier. Ainsi fut composé, par cet infatigable écrivain, l'*Opus minus*, dont pas un mot ne nous était connu jusqu'à présent : « A cause des grands périls » de la route, écrit-il, et de la perte possible de mon livre, j'ai dû » composer un ouvrage moins étendu, qui vous donnât le plan de

---

(¹) *Op. maj.*, p. 167.
(²) *Id., ibid.*
(³) *Id.*, p. 177.

» l'autre... Ma mémoire, affaiblie et surchargée d'une multitude de » connaissances, avait aussi oublié plusieurs détails qui se trouvent » insérés dans ce nouvel écrit, et, délivré des obstacles qui m'avaient » d'abord arrêté, j'y ai fait des additions indispensables (¹). » Il avait donc pour but d'éclairer et de compléter le premier (²).

Qu'est devenu cet ouvrage? Jebb en parle dans sa préface et en cite quelques passages. Où les a-t-il pris? Dans le manuscrit de la bibliothèque Cottonienne (Tiberius, c. V.), qui est décrit au catalogue sous le nom d'*Opus minus*. Or, examen fait, il est certain que ce fragment incomplet n'a rien de commun avec l'*Opus minus*. On le prouverait de deux manières : en relevant, dans l'ouvrage même, des passages décisifs, et en demandant à Bacon le plan de l'*Opus minus*. Les passages décisifs sont ceux où l'auteur parle d'événements arrivés après la mort de Clément IV, ses plaintes amères contre la cour de Rome, les scandales qu'elle offre au monde et le spectacle odieux que lui donne depuis plusieurs années le trône pontifical, rendu vacant par la jalousie et l'ambition (³). Plus loin, il s'exprime ainsi : « Sur l'ordre du seigneur Clément, prédécesseur de ce Pape, j'ai rassemblé dans un traité particulier des sentences choisies de l'Écriture et des Saints, du droit canonique et de la philosophie, et je les ai mises en tête de tous les livres que je lui ai envoyés sur les causes meurtrières des erreurs humaines, etc. (⁴). » Cette assertion positive nous permet d'affirmer que ce livre fut écrit sous le pontificat de Grégoire X, entre les années 1271 et 1276. En second lieu, nous avons le plan de l'*Opus minus;* Bacon nous l'a donné dans l'*Opus tertium,* et il n'a aucun rapport avec celui de l'ouvrage dont il s'agit (⁵).

D'abord, Bacon y rendait grâces à Clément IV de l'avoir tiré du tombeau où il était déjà presque descendu, pour lui demander

---

(¹) *Op. tert.,* cap. I et II, *passim.*
(²) *Id., ibid.* : « Ad intelligentiam et complementum primi. »
(³) Manuscrit cité, fol. 121. (V. ci-dessus, chap. Iᵉʳ, § V.)
(⁴) *Idem,* fol. 125.
(⁵) Le titre même du manuscrit est récent ; il y en avait un autre à demi effacé : *Incipit compendium studii theologiæ fratris R. Bacon* (Cott. Libr. Tiberius, C. V.).

des ouvrages. Il y prenait, dit-il, un ton plus élevé qu'à l'ordinaire, imitait Marcus Tullius revenu de l'exil, et exprimait sa reconnaissance; puis, il énonçait le but de son livre et faisait une brève exposition de l'*Opus majus*, intervertissant l'ordre des parties, et commençant par les dernières, c'est-à-dire suivant leur dignité (¹). Ainsi, voilà déjà deux parties de cet *Opus minus* : d'abord une sorte de lettre dédicatoire, puis l'explication de l'*Opus majus*. Qu'y avait-il ensuite? Nous le savons aussi. Nous lisons, en effet, dans le manuscrit de la Mazarine, *Communia naturalium* (²) : « J'ai exposé les principes de l'alchimie pratique, surtout
» d'après Avicenne, dans sa *grande Alchimie*, qu'il nomme le *livre*
» *de l'âme*, et j'ai traité ce sujet dans l'*Opus minus*, après avoir
» exposé le plan de cet ouvrage. » Est-ce tout? Bacon nous dit encore : « J'ai discuté cette difficulté dans le traité d'alchimie spéculative de l'*Opus minus*, et c'est mon ouvrage le plus soigné (³). » Mais en quel lieu? « Après avoir parlé des défauts de l'étude de la théologie, » déclare-t-il (⁴). Il y avait donc un livre sur ces défauts, il le cite en vingt passages : « Comme je le montre dans l'*Opus*
» *minus*, à l'endroit où je parle des sept défauts de l'étude de la
» théologie (⁵), » et nous reculons devant de plus nombreuses citations. Ainsi, voici au moins une esquisse de l'*Opus minus* :
1° d'abord, le plan de l'ouvrage et la louange de certaines sciences négligées, comme Bacon l'expose dans les vingt-un premiers chapitres de l'*Opus tertium;* 2° les *principes de l'alchimie pratique*, une de ces sciences dont il n'a pas été question dans l'*Opus majus;*

(¹) *Op. tert.,* cap. XXI : « Enumeravi vero intentionem partium operis primi, secundum ordinem naturæ in partibus, scilicet secundum majorem dignitatem, et ideo inter scientias quas tetigi, incepi ab ultima, scilicet a morali philosophia, et dein a scientia experimentali; et sic ultra, ordine contrario illi quem in executione tenebam. »

(²) Manuscrit de la Mazarine, fol. 61 : « Et has radices ego pono in secundo opere, post intentionem minoris operis datam. »

(³) *Id., ibid.,* fol. 78 : « Hoc copiose discussum est in *tractatu alkimiæ speculativæ,* scilicet in minori opere. » — Cf. *Op. tert.,* cap. XII.

(⁴) *Id., ibid.*

(⁵) *Idem,* cap. IX : « Sicut ostendo in *Opere minori,* ubi loquor *de septem peccatis studii theologiæ.* »

3° explication des parties les plus importantes de l'*Opus majus;* 4° des sept défauts de l'étude de la théologie ; 5° à propos du sixième défaut, *Traité d'alchimie spéculative*. Peut-être n'est-ce pas tout l'*Opus minus*, car l'auteur parle deux fois d'un traité *De Cœlestibus* (¹), mais c'en est au moins une portion.

Il existe des débris importants de l'*Opus minus*, et avec les indications fournies par Bacon, on les retrouve dans le manuscrit de la collection Digby (Bodléienne, 1819), désigné comme renfermant des *fragments* de Bacon. Ce manuscrit, en fort mauvais état, nous donne d'abord le traité d'alchimie pratique; immédiatement après (folio 57), le plan de l'*Opus majus* et le sommaire des parties les plus importantes, en commençant, comme Bacon l'indiquait, par la dernière; puis un petit traité: *De septem peccatis studii theologiæ*, et à propos du sixième *peccatum*, un traité d'alchimie spéculative (folio 65), sous ce nom: *De rerum germinibus*. Comme on le voit, les assertions de Bacon se trouvent exactement vérifiées, et nous pouvons être certains de tenir une bonne partie de l'*Opus minus;* nous en avons profité de plus d'une manière. Il fut composé en 1267, et sans doute encore à Paris (²).

Bacon recouvra alors sa liberté. Plein d'espoir et de foi dans son œuvre, il se remit au travail; il voyait déjà ses idées adoptées par le Pape, et la face du monde changée! « Les mêmes raisons » qui m'ont conduit à composer l'*Opus minus* pour éclaircir et » compléter le premier, m'ont porté à écrire l'*Opus tertium* pour » l'intelligence et l'achèvement des deux autres; j'y ai ajouté plu- » sieurs parties nouvelles, d'un grand prix, toutes pleines de la » beauté de la science, et qui ne se trouvent nulle part (³). » Telle fut l'origine de ce livre, connu de nom et par quelques extraits, et dont M. Cousin, alors si ardent à recueillir les monuments de la philosophie, a publié des passages tirés du manuscrit de Douai (⁴).

(¹) *Opus tert.*, cap. XXVI : « In *Opere minore* ubi de cœlestibus tractavi. In *secundo Opere* ubi de cœlestibus egi. »

(²) V. les extraits de cet ouvrage, Vᵉ partie.

(³) *Op. tert.*, cap. I.

(⁴) *Journal des Savants*, l. c.

Il se compose, dans tous les manuscrits, de soixante-quinze chapitres. Les trente premiers sont destinés à prouver l'utilité de certaines sciences vouées à un injuste discrédit; les autres reviennent sur l'*Opus majus,* pour l'expliquer, ou le reproduire mot à mot. L'ouvrage s'arrête au compte-rendu de la quatrième partie, mais il est évident qu'il est incomplet ou inachevé. Bacon l'avait-il laissé dans cette imperfection? Non; il annonce d'autres parties qui ne se retrouvent pas. Est-il question de l'alchimie? « Dans ce troisième écrit, j'en traiterai avec plus de soin, » dit-il (¹). Des mathématiques? « Quand j'en viendrai à dire le but de cette science, je parlerai de ce sujet, » ajoute-t-il (²). S'agit-il de la multiplication des images? « Je vous envoie un traité plus complet, » écrit-il au Pape (³). Enfin, tonne-t-il contre le droit civil? « J'en ferai de nouveau mention dans *Les Remèdes de l'étude* (⁴) ».

L'*Opus tertium* était donc aussi, comme les précédents, un corps d'ouvrages sous un seul et même titre. On en retrouve plus que des traces, des parties entières. Bacon, si enthousiaste de l'expérience et des sciences naturelles, n'aurait-il rien écrit en physique que des commentaires? C'est ici le lieu de marquer sa place au grand traité conservé à la Mazarine, à Londres, à Oxford, sous le nom de *Communia naturalium,* ou *de Naturali philosophia.* Les auteurs qui ont connu l'existence de ce manuscrit, et surtout Jebb, affirment qu'il est détaché de l'*Opus minus.* Jebb ne donne aucune raison de son assertion, et M. Cousin, qui le suit, n'est pas plus explicite. Il suffisait de lire ce beau manuscrit. Au chapitre VI de la quatrième partie, on trouve cette citation : « Ce point a été surabondamment discuté dans le traité d'alchimie spéculative, à savoir dans l'*Opus minus* (⁵). » L'*Opus minus* ne peut être cité dans l'*Opus minus* lui-même, et nous pourrions multiplier les mentions de

---

(¹) *Op. tert.,* cap. XII : « In hac tertia scriptura ponam requisitius. »

(²) *Op. tert.,* cap. XXV.

(³) *Op. tert.,* cap. XI : « Compendiosum tractatum mitto vobis de hac multiplicatione. »

(⁴) *Idem,* cap. XXV : « Iterum faciam mentionem in *remediis studii.* »

(⁵) Manuscrit de la Mazarine, fol. 78 : « Sed hoc copiose discussum est in tractatu Alkimiæ speculativæ, scilicet in *Opere minori.* »

cet ouvrage. Abrégeons : « On prétend que l'intellect agent est une
» partie de l'âme; j'ai blâmé cette opinion dans la seconde partie
» de l'*Opus majus,* et ensuite dans ce troisième ouvrage, *in hoc*
» *tertio opere,* j'ai expliqué la mienne et j'ai répondu aux objec-
» tions (¹). » Ce livre, le plus important peut-être de tous ceux qui
sont inédits, fait donc partie de l'*Opus tertium.* Quel rang y tenait-
il? Bacon a pris soin de nous en instruire : « Après avoir enseigné la
» grammaire des diverses langues, dit-il, et en avoir montré l'uti-
» lité, que dis-je? la nécessité pour les Latins, et traité en même
» temps de la logique; après avoir parlé dans le second volume des
» mathématiques, maintenant j'arrive, dans le troisième, à la physi-
» que; et dans le quatrième viendront la métaphysique avec la mo-
» rale (²). » Nous avons donc de ce livre l'introduction et la troisième partie. Quant à la première, on en voit des restes dans la
Grammaire grecque, qui se trouve au collége de l'Université, à
Oxford, n° 47 (³). C'est plus qu'une simple conjecture; car dans
le traité général de mathématiques qui venait après, Bacon renvoie
à ce livre : « Ut in tractatu meo græcæ grammaticæ ostendi....,
ut in mea grammatica exposui (⁴) » Le début même de cette grammaire rappelle l'Introduction de l'*Opus tertium :* « Manifesta laude
» et declarata utilitate cognitionis grammaticæ, etc..., et hoc in pro-
» logo totius voluminis. » Enfin, un très-ancien manuscrit, qui ne
rapporte que le commencement de cet ouvrage, sous ce titre : *De*
diversitate linguarum, ajoute qu'il est adressé au Pape Clément IV, et le texte le prouve à son tour (⁵). Quant à la *logique,*
qui était jointe à la *grammaire,* on n'en trouve aucune trace.

Le second volume avait pour objet les mathématiques, et n'est
autre que le livre intitulé : *Liber veræ mathematicæ,* du musée

---

(¹) Manuscrit de la Mazarine, fol. 85 : « Qued est improbatum in secunda parte primi operis, deinde in hoc tertio opere explanavi hoc et solvi objectiones. »

(²) *Idem.* V. le commencement. Bacon n'y dit rien de l'introduction, qui à ses yeux n'est pas une partie, mais une préface.

(³) Wadding et Pits citent aussi une grammaire hébraïque que le premier assure exister à Cambridge.

(⁴) Manuscrit Sloane, 2156, cap. 1.

(⁵) Julius, 7. F., VII, fol. 175. *De diversitate linguarum ad Clementem papam.*

Britannique, dont la suite se trouve à la Bodléienne (¹). En effet, Bacon y avertit qu'il vient de traiter de la logique et de la grammaire, et que, plus tard, il parlera de la physique et de la métaphysique (²). Il y renvoie souvent à la partie précédente ; dès le début du *De communibus naturalium*, dont la place est bien fixée, il cite cet ouvrage sur les mathématiques en général et sur leurs diverses divisions (³). Ces citations se retrouvent encore dans le livre appelé : *De cœlestibus*, ou autrement *De Cœlo et Mundo*, qui fait suite au *De communibus* (⁴). Nous avons donc la deuxième partie de l'*Opus tertium*, mais elle n'est pas entière. Fidèle à sa méthode, Bacon y étudie d'abord les généralités que nous possédons, en complétant le manuscrit Sloane n° 2156, par le manuscrit Digby n° 1677. Mais, en outre, il y avait des traités spéciaux sur l'arithmétique, la géométrie, l'astronomie et la musique, considérées sous le rapport de la théorie et de la pratique, et ces ouvrages ne se retrouvent pas (⁵). Le titre véritable du *Liber veræ mathematicæ*, c'est donc *De communibus mathematicæ*, et il appartient à la deuxième partie de l'*Opus tertium*. Les traités particuliers qui le complétaient ont été écrits, et Bacon cite sa géométrie pratique et théorique et son arithmétique. Dans le traité *De cœlestibus*, il renvoie perpétuellement à son exposition des *Éléments*, d'Euclide.

La troisième partie est un peu mieux conservée. Outre le *Communia naturalium*, elle devait se composer successivement, d'après le sommaire qu'en donne l'auteur, de sept sciences : la perspective, l'astronomie judiciaire, la science des corps graves et légers, l'alchimie, l'agriculture, la médecine (⁶). Sans dire positivement qu'il eût traité tous ces sujets, dans le cours de son ouvrage il renvoie

---

(¹) Sloane's Collection, 2156, fol. 74. — Cf. Bodl., n° 1677. (Digby, 74.)

(²) *Id., ibid.*, fol. 76.

(³) *Comm. nat.*, cap. I, II, III.

(⁴) Manusc. de la Mazar. 1ª Pars., cap. II ; 3ª, II ; 2ª, I : « In communibus totius mathematicæ.,. in practicis geometriæ... geometriam prius exposui — requiratur a tractatu meo geometrico, etc. »

(⁵) Sloane's Collection, 2156, fol. 76.

(⁶) *Comm. nat.*, cap. II.

explicitement au troisième livre, qu'il appelle *De cœlestibus;* au quatrième, *De elementis;* au cinquième livre, à propos des animaux, ce qui concorde avec son sommaire. De tous ces livres, il nous en reste un ; c'est celui qui se retrouve dans le manuscrit de la Mazarine sous ce titre : *Deuxième livre des généralités*, titre erroné, puisqu'il s'agit d'une science particulière et que Bacon lui-même en assigne la place (¹) et le range au troisième lieu. Il contient cinq chapitres assez brefs.

Quant à la quatrième partie, nous pouvons aussi conjecturer que nous en connaissons une portion. Rappelons-nous ce court fragment contenu dans le n° 1791 de la Bodléienne : « Incipit *meta-* » *physica* fratris Rogeri ordinis fratrum minorum de vitiis contractis » in studio theologiæ, » et reproduit d'une manière plus étendue dans un manuscrit de la bibliothèque Impériale (²). Cet écrit, qui décèle à chaque ligne le nom de son auteur, nous laisse aussi voir à quelle date il fut composé. « Nous savons, y est-il dit, que la » vérité divine nous a été entièrement révélée depuis déjà douze » cent cinquante ans (³). »

Il y a des raisons pour croire que cet ouvrage est la quatrième partie de l'*Opus tertium*. Dans l'Introduction, l'auteur le cite souvent sous ce nom *De metaphysica*, ou bien *De remediis studii*, ou bien *De peccatis theologiæ*, et parfois sous ces deux noms réunis, *De peccatis studii et remediis* (⁴). Or, c'est bien là le titre que nous donne le manuscrit d'Oxford; c'est bien là l'objet du traité : « Mon intention principale est de vous énumérer les défauts

---

(¹) Manuscrit de Paris, fol. 33.

(²) Biblioth. Imp., 7440.

(³) Manuscrit cité, fol. 39 : « Scimus quod veritas divina est complete revelata jam a mille et ducentis et quinquaginta annis. » Cette date manque de précision. Il faudrait savoir quel est, suivant Bacon, le point de départ de la révélation. Si on entend par là la prédication de l'Évangile, on aurait à peu près l'année 1280 ; mais l'auteur compte en nombres ronds.

(⁴) *Opus tertium*, cap. XXV, LXXV : « Secundum quod in remediis studii apertius declarabo... hoc tertio opere in peccatis theologiæ... iterum faciam mentionem in remediis studii..... in peccatis studii et remediis hoc exponam..... in peccato 8° in hoc opere tertio, etc. »

de l'étude de la théologie et les remèdes qu'on y peut apporter, » dit-il dès le début. Au chapitre Ier, il fait voir clairement que cet ouvrage a dû être envoyé au Pape : « A cause de la difficulté inouïe » du sujet et de mes occupations accablantes, je n'ai pu vous trans- » mettre plus tôt ce que vous avez voulu, et je ne puis encore » l'achever d'une façon complète et propre. Cependant, si vous » voulez considérer l'ensemble de mon ouvrage, vous pourrez au » moins vous faire par les parties une idée du tout, etc., etc. (^{1}). » On peut donc assurer, sans trop de hardiesse, que ce livre, annoncé dans le cours de l'Introduction, désigné aussi dans le *De communibus*, est bien celui dont nous possédons dix chapitres, et que nous avons ainsi l'*Opus tertium* dans ses grandes lignes, une introduction destinée à donner le plan du livre, à remercier le Souverain Pontife, à expliquer rapidement ce qui pourrait être obscur dans les deux premiers ouvrages ; un traité de grammaire et de logique ; trois grands traités de mathématiques, de physique générale et particulière, de métaphysique et de morale, voilà le plan de l'*Opus tertium*. Nous possédons l'introduction en grande partie ; il nous manque une portion de la grammaire et toute la logique (^{2}) ; nous avons les généralités sur les mathématiques, mais non les traités particuliers sur chacune des sciences ; la physique générale tout entière et un livre de physique particulière sur l'astronomie ; enfin le commencement de la métaphysique, traitant des imperfections de la théologie. Il faut ajouter qu'en même temps Bacon adressait au Pape, en dehors de l'*Opus tertium*, un nouveau *De multiplicatione specierum* (^{3}) et un traité d'alchimie, que Jean, dit-il, conserve à part (^{4}).

La persécution dont Bacon était victime lui laissa un moment de trêve après l'envoi de son triple ouvrage. Sans doute son exil,

---

(^{1}) Bibliothèque Impériale, 7440, fol. 38. (V. plus bas, V^e partie.)

(^{2}) A moins que ce ne soit le traité conservé à la Bodléienne, 1805. Vid. supra.

(^{3}) *Op. tert.*, Introd.

(^{4}) *Comm. nat.*, 4^a pars., cap. XVII : « Non habeo hanc scripturam ad præsens et in tractatu alkimistico quod divisim Johannes habet ab operibus, tanguntur radices circa ista... »

qui durait depuis dix ans, fut enfin terminé, et il put retourner dans sa patrie. Déjà, les dernières parties de l'*Opus tertium* semblent écrites en Angleterre; il y est souvent question des opinions des docteurs anglais, opposées à celles de l'école de Paris. De 1267 à 1278, nous n'avons aucune trace certaine des travaux de notre auteur, à l'exception d'un ouvrage dont le commencement est conservé dans un manuscrit (Tiberius, c. V) de la Cottonienne, et qui, jusqu'à présent, a passé pour l'*Opus minus*. La date de cet écrit est fixée environ vers l'année 1272, sous le pontificat de Grégoire X. Dévoué tout entier à une idée d'où dépend, suivant lui, le salut du monde, celle de la réformation des études, Bacon, laissé sans protecteur par la mort de Clément, poursuit cependant son œuvre, reprend ses travaux, et, avec une verve encore plus hardie, il attaque les ignorants, les faux savants, le clergé, les ordres, les princes, et menace le monde de l'arrivée de l'Antechrist. Il fait appel à un pape intelligent et énergique, à un souverain qui lui prêtera l'appui de son glaive, et reprend l'énumération des causes de la décadence des sciences et des remèdes qu'il y faut apporter ([1]). Ces remèdes sont toujours les mêmes : la culture de certaines sciences délaissées ou même calomniées, l'étude des langues, des mathématiques, de la perspective, de l'alchimie, de la science expérimentale. Après ces considérations générales, il traite en particulier des langues, et son ouvrage imparfait finit au milieu du chapitre XII. Quel était le titre de cet ouvrage et quelles en sont les parties? Ce titre, si nous en croyons l'auteur, était *Compendium philosophiæ;* c'est ainsi du moins qu'il le nomme à dix reprises ([2]), et à défaut d'autres renseignements, c'est celui que nous lui conservons. Cette conjecture se trouve fortifiée par un manuscrit du musée Britannique ([3]). On y lit un fragment intitulé : Cinquième partie du *Compendium*, et dont voici le début : « Il a été montré, au commencement de cet ouvrage, » que les Latins doivent nécessairement connaître les langues

---

([1]) Cott. Library. Tiberius, C. V., *passim*.
([2]) *Idem*, cap. III et VIII.
([3]) Royal Libr., 7 F. VIII, fol. 221.

» le grec, l'hébreu, l'arabe, le chaldéen, non pas pour en savoir
» la grammaire, mais à cause de toutes les sciences dont l'ori-
» gine est étrangère et qui en sont traduites. » C'est bien là, en
effet, l'objet du livre qui nous occupe, et plus loin ce titre revient : « J'en ai parlé dans la première partie de cet *Abrégé de
philosophie* (¹). » Le plan de l'ouvrage tout entier est exposé plus
bas : « J'ai ensuite consacré une distinction à la logique, à son
» pouvoir et à sa nécessité, pour trouver la vérité; en troisième
» lieu, j'ai traité des mathématiques en général, et dans cette qua-
» trième distinction, je veux rassembler certains sujets qui touchent
» aux sciences naturelles. » C'est donc une quatrième partie; il y
est question de la matière, de la forme, et de la multiplication des
images.

Ainsi, voilà l'esquisse d'un quatrième ouvrage dont nous avons
le commencement et quelques fragments; il n'offre rien de neuf;
Bacon, sous l'empire d'une préoccupation unique, revient toujours
au même sujet. Sans doute des parties des livres antérieurs venaient tout entières se fondre dans les suivants, ce qui nous explique l'embarras des biographes et leurs erreurs. Nous avons, par
exemple, trouvé dans les manuscrits jusqu'à six *Perspectives* différentes par le début, et qui, à part les premières lignes, destinées à
former une transition, ne sont au fond que la seule et unique *Perspective* publiée par Combach, et insérée dans l'*Opus majus* de
Jebb. Un autre manuscrit (²) du musée Britannique contient le
même fragment de la quatrième partie du *Compendium philosophiæ*, avec plus d'étendue ; et l'on y voit le traité tout entier *De
multiplicatione*, tel qu'il est reproduit dans le manuscrit parisien
de la bibliothèque Impériale, ce qui nous permet d'assigner à ce
traité sa véritable place et nous explique ce début: « Après avoir
» parlé des principes physiques, c'est-à-dire la matière, la forme,
» la privation et la puissance, etc. » Enfin, ce même manuscrit
nous conserve, à la suite et sans interruption, un traité d'alchi-

---

(¹) « Ubi supra. De his expositum est in parte prima hujus *Compendii Philosophiæ*, etc. »

(²) *Additional, Manuscripts,* 8786, fol. 1.

mie (¹). La *Science expérimentale* venait sans doute après, telle qu'elle est traitée dans l'*Opus majus*; et un manuscrit d'Oxford (²) donne, en effet, à cet opuscule le titre de *Sexta pars compendii studii philosophiœ*. N'est-ce pas le plan même que Bacon a indiqué dès le début : « Il y a cinq ou six sciences qui sont nécessaires à » la théologie et à la philosophie, et sans lesquelles il est impossi- » ble qu'on sache rien d'intéressant (³). » Plus tard, il nomme ces sciences ; ce sont : les langues, les mathématiques, la perspective, l'alchimie, la science expérimentale, qui, avec la logique, forment son nombre de six (⁴). Ajoutons que dans de vieux catalogues, par exemple la bibliothèque de Gesner, dans d'anciens livres, on voit souvent cité le *Livre des six sciences* de Bacon, *Liber sex scientiarum*, titre qui convient encore à ce recueil de traités (⁵).

Le cinquième et dernier grand ouvrage de Roger Bacon est le *Compendium studii theologiœ*, déjà signalé par Léland, Balée, Pits et Jebb. Entre 1278 et 1292, Bacon fut sans doute emprisonné. Délivré à la mort de Nicolas IV, rendu à la liberté, accablé d'années et de malheurs, ce vieillard n'a pas désespéré de sa cause. Il reprend la plume, et c'est encore pour signaler les égarements de ses contemporains. Les esprits possédés par une grande idée, la creusent, l'approfondissent, et finissent par ne plus rien voir en dehors d'elle-même. Aussi le plan du *Compendium* est-il, à peu de chose près, le même que celui des ouvrages précédents, et surtout de l'*Opus majus*. La date de cet écrit avait échappé à Jebb ; elle est en toutes lettres à la fin de la première partie, 1292. Le manuscrit de Londres, celui du collége de l'Université à Oxford ne donnent qu'une première partie incomplète et quelques chapitres de la seconde. Si l'on en croit le titre et les bibliographes, il n'y aurait même en tout que deux parties. Cette assertion est démentie

(¹) *Additional Manuscripts*, 8786, fol. 48.
(²) Manuscripti Canonici, 334, fol. 53.
(³) Cott. Libr. Tiber., C. V., fol. 129 : « Quod ad præsens volo manifestare ad ignorantiam quinque vel sex scientiarum quæ requiruntur ad theologiam et ad philosophiam, sine quibus quinque vel sex scientiis, impossibile est aliquid dignum sciri ab homine. »
(⁴) *Id., ibid.*
(⁵) Cf. *Thesaurus Chemicus*, p. 16. Francfort, 1620.

par un manuscrit du musée Britannique (¹) qui porte ce titre: *Pars quinta de Compendio studii theologiæ;* et comme il faut se défier des titres, le texte lui-même le confirme : « Après avoir achevé, » dit-il, le préambule de cette cinquième partie du volume que » j'appelle *Compendium studii theologiæ*.... j'arrive aux connais- » sances indispensables aux théologiens en optique et en perspec- tive (²). » Ce *Compendium* avait donc cinq parties et même da- vantage. L'auteur renvoie, en effet, « au préambule de tout l'ou- » vrage, à celui de la cinquième partie, aux parties précédentes, » et enfin aux parties suivantes, *in partibus sequentibus simili-* » *ter* (³). » Plus loin, il nomme la sixième partie. Après ce début et vers le chapitre III de la première distinction, on retrouve le texte de la Perspective de l'*Opus majus;* nouvelle preuve du sys- tème de composition de Bacon. La sixième partie devait être un traité *De multiplicatione specierum.* Voilà tout ce que nous con- naissons de ce dernier livre de notre auteur (⁴).

On peut donc résumer ainsi la chronologie des principales œu- vres de Bacon :

Avant 1263, les *lettres* réunies sous ce titre : *De mirabili po- testate,* dont les cinq dernières sont peut-être apocryphes.

Les *Commentaires* sur la physique et la métaphysique.

Les traités *De termino paschali* et *De temporibus a Christo,* qui sont peut-être un seul et même volume.

En 1263, le *Computus naturalium.*

En 1267, l'*Opus majus* en sept parties : 1° causes des erreurs; 2° dignité de la philosophie; 3° grammaire; 4° généralités sur les

---

(¹) Royal Library, 7 F. VIII, fol. 2.

(²) V. le fragment, V^e partie.

(³) *Id., ibid.*

(⁴) Il est certain que souvent des parties tout entières d'une œuvre se sont trouvées intercalées dans une autre : la *Perspective* insérée dans l'*Opus majus* n'est pas celle qui était destinée à ce livre : « Jam in metaphysicis et logicalibus confirmavi, » dit Bacon (p. 307), et il n'y a pas de logique dans l'*Opus majus.* Wood signale déjà (p. 135) dans certaines éditions de cet ouvrage des intercalations, et récemment M. Renan en a vu en Italie un exemplaire où se trouve aussi inséré un fragment de l'*Opus tertium.* (Cf. Aver- roës, p. 209, note 2.)

mathématiques; 5° perspective; 6° science expérimentale; 7° morale.

1267, l'*Opus minus,* six parties : 1° Introduction; 2° alchimie pratique; 3° explication de l'*Opus majus;* 4° traité des sept défauts de la théologie; 5° alchimie spéculative; 6° *De cœlestibus.*

1267-68, l'*Opus tertium,* cinq parties : 1° Introduction; 2° grammaire et logique; 3° mathématiques, généralités et traités particuliers; 4° physique, généralités et traités particuliers; 5° métaphysique et morale (¹).

1272, le *Compendium philosophiæ* ou *liber sex scientiarum* : 1° Introduction et grammaire; 2° logique; 3° mathématiques; 4° physique et optique; 5° alchimie; 6° science expérimentale.

1276, le traité *De retardandis senectutis accidentibus.*

1292, le *Compendium studii theologiæ,* six parties au moins : 1° causes des erreurs, etc.; 2° logique et grammaire; 3° et 4° (nul renseignement); 5° optique et multiplication des images; 6° une seule mention de cette sixième partie.

§ V.

Si l'on consulte les listes des bibliographes, on est frappé du grand nombre d'ouvrages qu'ils attribuent à R. Bacon, et, s'il faut les en croire, nous ne posséderions qu'une bien faible partie de ses travaux. Les pertes réelles sont déjà assez considérables pour qu'on ne les exagère pas, et Pits et Balée, copiés par Wadding, n'étaient pas dignes de cet honneur, et leurs erreurs sur ce point sont une preuve nouvelle du peu de créance que méritent ces écrivains. Ils rapportent les titres de plus de quatre-vingts ouvrages, parmi lesquels on chercherait vainement les plus importants de ceux que nous connaissons. Quant aux autres, ce sont des chapitres, des fragments; et souvent le même livre, grâce à l'abondance des titres prodigués par les manuscrits, fournit à lui seul jusqu'à cinq ou six mentions différentes.

(¹) Cette morale est sans doute la même que celle de l'*Opus majus.*

En astronomie, Pits lui attribue sept ouvrages ; Balée, six, et Leland quatre. En voici les titres : *De cœlo et mundo, De utilitate astronomiæ, Prognostica ex siderum cursu, De judiciis astrologiæ, Introductio in astrologiam, De locis stellarum, De aspectibus lunæ.* Le premier est tout simplement le traité d'astronomie de la troisième partie de l'*Opus tertium;* les trois suivants, de simples chapitres de la quatrième partie de l'*Opus majus.* Les trois derniers peuvent se rapporter à d'autres passages de la même partie, sans que pourtant ce soit démontré comme pour les précédents (¹).

Pour l'alchimie, sans parler de Pierre Borel, qui met à son compte jusqu'à vingt-quatre traités (²), Pits en nomme dix, Balée six, et Leland quatre. On y trouve simplement le troisième fragment du *Thesaurus chemicus,* imprimé à Francfort en 1620, qui, à lui seul, se multiplie en trois ouvrages : *Breve breviarium, De rebus metallicis, De arte chemiæ;* le *De mirabili potestate,* qui s'est transformé en deux autres : *De secretis, De philosophorum lapide;* le *Speculum alchemiæ,* souvent édité, et quatre autres titres, dont les deux derniers au moins sont de nouveaux noms de traités déjà cités. Il faut remarquer que, par compensation, on ne trouve pas la moindre mention des deux livres d'alchimie de l'*Opus minus,* les plus importants que Bacon ait écrits, d'après son propre témoignage.

L'optique a fourni aux bibliographes une ample moisson. On a pu remarquer plus haut que les manuscrits de la *Perspective* sont très-nombreux. Bacon, vraiment passionné pour cette science, l'insérait dans presque tous ses ouvrages, et pour ménager les transitions, adaptait le début au cadre de l'œuvre entière. De là ces variantes qui trompent un œil inattentif. Nous avons relevé dans les manuscrits six traités de noms différents, parfaitement distincts au début, et, après quelques lignes, reproduisant tous celui de

---

(¹) Balée se contredit à chaque instant : nous en avons vu un exemple à propos du *Computus,* attribué, sous un autre titre, à Jean Basingestokes; ailleurs, il assigne à Botoner le *De utilitate Astronomiæ,* d'abord imputé à Bacon.

(²) Petri Borellii ; *Bibliotheca chemica.*

l'*Opus majus,* publié par Combach en 1614. Ces légers changements ont fait illusion. Vossius compte trois sortes de livres de perspective ([1]); Balée et Pits citent dix ouvrages relatifs à cette science. S'étonnera-t-on que dans ce nombre il y en ait cinq qui désignent le seul et unique traité de l'*Opus majus,* dont ces auteurs ont copié les titres divers dans les manuscrits, en y ajoutant les premiers mots du début, qui ont achevé l'illusion. Deux autres en sont des chapitres détachés ; deux autres encore, un fragment de la quatrième partie de l'*Opus majus,* et un petit morceau de quelques lignes, pour mieux dire une recette pour faire de la couleur verte. Restent donc, en somme, deux ouvrages des dix qu'on cite : la *Perspective* et le *De speculis ustoriis,* simple fragment publié par Combach en 1614.

Quand on arrive aux traités de physique et de mathématiques, les chiffres prennent de nouvelles proportions : Pits et Balée vont jusqu'au nombre 19, et comme ils ne sont pas d'accord, à eux deux ils signalent vingt-trois ouvrages divers. On en peut rabattre beaucoup. Le *De multiplicatione specierum* y apparaît pour sa part sous quatre noms différents ; mais ce n'est rien encore. Voici un autre exemple plus curieux de la fécondité de l'imagination de ces écrivains : la lettre *De mirabili potestate,* un opuscule imprimé en quinze pages, qui leur a déjà fourni deux ouvrages d'alchimie, se multiplie au gré de leur fantaisie, et joue à lui seul le rôle de cinq ouvrages de physique ; et ce qu'on aurait peine à croire, ce merveilleux traité n'est pas épuisé : quand on arrive aux ouvrages de magie, Balée et Pits sauront encore en faire sortir cinq livres de noms étranges : sur la nécromancie, la géomancie, la magie, etc. ; si bien que ces quinze pages auront fourni à elles seules au moins douze titres à ces listes fantastiques. Comme toujours, et par compensation, le grand traité de mathématique inséré dans l'*Opus tertium* n'y figure point. L'*Opus majus,* dans une seule de ses parties déjà souvent décomposée, figure encore pour cinq ouvrages de mathématiques, et devant tant d'erreurs

---

([1]) *De artium natura,* lib. III, p. 122. Amstelodami, 1697.

accumulées, on peut se dispenser de prendre au sérieux les quelques indications qu'on ne peut contrôler (¹).

Le catalogue des ouvrages de médecine ne paraît pas plus exact. La lettre *De retardandis* y est désigné sous son nom véritable, puis sous deux autres titres, avec des débuts différents : le premier est celui de la dédicace omise dans l'édition imprimée; le second omet à son tour les premières lignes « Domine mundi, » et commence à ces mots : « Cogito et cogitavi, » sous le titre de *De conconservatione sensuum*. Un chapitre de la sixième partie de l'*Opus majus* devient un livre sur la prolongation de la vie. Un traité, cité par Bacon lui-même sous ce titre : *De regimine senum*, comme une œuvre qui ne lui appartient pas (²), lui est imputé; et enfin, deux sommes médicales, *Rogerina major*, *Rogerina minor*, que d'autres ont prétendu, sans plus de raison, revenir à Roger de Parme (³).

La géographie est représentée par six traités. Bacon semble pourtant n'avoir touché qu'une fois à cette science. Faut-il dire que ces six prétendus livres ne sont encore que des doubles titres ou des chapitres détachés de la cinquième partie de l'*Opus majus*. Vossius le soupçonnait déjà (⁴).

Le catalogue des ouvrages de théologie et de philosophie, beaucoup moins étendu, est aussi moins erroné. On y trouve néanmoins plus d'une confusion, comme, par exemple, deux ouvrages de Robert Bacon, conservés en manuscrit au musée Britannique; un autre de Jean Baconthorpe, etc. En résumé, la conclusion de cette critique, que nous abrégeons, est facile à tirer. Il ne faut accorder que peu de crédit aux assertions de Balée, de Pits et de Wadding. Leurs catalogues ne sont qu'un tissu d'erreurs, de méprises, de fausses attributions, et, par contre, on y cherche vainement les titres des plus grands ouvrages de ce maître.

(¹) Wadding ajoute encore le traité *De magnete*, que Wood attribue justement à Pierre Péregrin.

(²) *Op. maj.*, p. 469.

(³) Freind; *Hist. of Phys.*, t. I, p. 249. — Cf. *Hist. litt.*, t. XX, p. 533.

(⁴) *L. c.*, lib. III, cap. LXIX.

Il est impossible, avec tout le respect qu'on doit à Jebb, qui ne doit point être associé à ses prédécesseurs, de ne pas aussi relever les erreurs de cet érudit, d'autant plus dangereuses qu'elles sont mêlées à quelques vérités. Nous avons déjà parlé de l'*Opus majus;* du traité *De multiplicatione,* si singulièrement inséré dans ce recueil ; de la *Morale,* supprimée sans raison : que faut-il penser de l'*Opus minus?* Jebb le compose à l'aventure, et y entasse pêle-mêle des ouvrages qui n'ont jamais pu y entrer. Il y met le *De communibus naturalium,* qui porte dans le texte des preuves évidentes du contraire ; une *Somme de grammaire* et un traité *De constructione partium;* un traité de logique, le *De laudibus artis mathematicæ;* le *Liber naturalium,* qui n'est que le *De communibus,* déguisé sous un autre titre ; une *Métaphysique;* un traité *De intellectu et intelligibili,* etc., etc. On a vu ce qu'il faut penser de toutes ces assertions. Il en est beaucoup d'autres qui ne méritent pas plus de créance : le *Computus* n'est pas postérieur à l'*Opus majus,* mais date de 1263 ; le *De prolongatione vitæ* est un simple chapitre de la sixième partie de l'*Opus majus;* le *De ponderibus* est une des trois lettres à Jean de Paris ; enfin le *De accidentibus senectutis* est attribué par Bacon lui-même à un auteur qu'il ne nomme pas. Il est superflu d'insister plus longuement sur des défauts qui ne peuvent faire oublier l'érudition sincère de Jebb et le grand service qu'il a rendu à la gloire de Bacon. Il est temps de passer de ces discussions bibliographiques sur le titre, le nombre et le sujet des ouvrages de Bacon, à l'exposition des doctrines qu'ils renferment.

DEUXIÈME PARTIE

DE LA MÉTHODE DE ROGER BACON

CHAPITRE I.

L'AUTORITÉ ET L'EXPÉRIENCE.

§ I. Jugement de Bacon sur la scolastique et sur la méthode d'autorité. — § II. Son opinion sur les livres d'Aristote, sur Albert et Alexandre de Halès. — § III. Bacon promoteur de la méthode expérimentale.

§ I.

On a porté sur le moyen âge des jugements sévères jusqu'à l'injustice, ou enthousiastes jusqu'à l'illusion ; mais on s'accorde généralement à reconnaître le XIIIe siècle comme l'âge d'or de cette période historique. Pour ne parler que de la science, c'est le moment où elle reprend, après un temps d'arrêt, un essor inattendu, et où la pensée chrétienne, vivifiée par le péripatétisme et les travaux des Arabes, produit les œuvres les plus considérables et les génies les plus éclatants. Un mouvement extraordinaire des intelligences, une ardeur de s'instruire qui rassemble au pied des chaires célèbres une multitude d'auditeurs, des débats solennels sur les plus hautes questions, des sciences longtemps ignorées sortant de l'obscurité, la métaphysique et la physique renouvelées, l'astronomie, les mathématiques, la médecine, reparaissant après une longue éclipse, une immense confiance dans le pouvoir de l'esprit humain, tous les défauts, mais aussi les qualités de la jeunesse, l'ignorance avec les espérances présomptueuses et l'enthousiasme, voilà de quoi recommander ce siècle même à ceux qui ne vont pas volontiers chercher dans le passé des prétextes à dénigrer le présent. Mais enfin il n'y a pas grand mérite aujourd'hui à découvrir la faiblesse qui se cache sous tant de grandeur apparente, et les idées modernes nous préservent moins à cet égard de l'exagération du dédain que de l'excès de l'admiration. Ce discernement était moins facile à un contemporain : être témoin de ce grand mouvement sans y applaudir, être nourri de ces idées et les réprouver, résister à la contagion en vivant par le souvenir dans l'antiquité, ou par d'audacieuses divinations, dans les siècles à venir, ce ne pouvait être le fait d'un esprit médiocre ni d'un caractère faible ; et pourtant, les justes accusations que les trois derniers siècles ont élevées contre la scolastique, ont été murmurées pour la première fois dans le silence d'un cloître, par un docteur de l'école, par un moine couvert du froc de saint François, par un philosophe contemporain d'Albert et de saint Thomas : sa protestation reste tout entière, et la colère de ses ennemis n'a pu la faire disparaître. On doit la recueillir, l'entendre. Il a eu toutes les disgrâces et les prétentions d'un novateur ; en eut-il aussi le génie et la clairvoyance? Du moins, comme cet autre Bacon, qui a avec lui des ressemblances plus profondes que le hasard du nom, il a voulu détruire et fonder : d'une main, il a essayé de renverser l'ancien édifice ; de l'autre, il a tracé l'esquisse d'un monument nouveau.

Quel est, suivant lui, le mal dont son époque est travaillée? le fléau qui rend stérile les plus généreux efforts et condamne la science à l'impuissance? C'est l'autorité, le crédit exagéré attribué à certaines doctrines ou même à quelques hommes, et le défaut de liberté en des matières où la raison doit être souveraine. Pendant vingt-cinq ans, il revendique, avec une constance qui touche à la monotonie, le droit de penser librement, et donne hardiment l'exemple avec le précepte. Lui aussi entreprend de classer, d'une manière régulière, les causes des erreurs contemporaines, et quand il veut remonter à leur source et désigner l'origine commune de toutes les aberrations, il nomme « l'autorité indigne et fragile, l'empire de la routine, la stupidité du vulgaire, l'amour-propre des savants, qui leur fait cacher leur ignorance sous l'étalage d'une science apparente. » (¹). Ce sont les quatre causes meurtrières, *pestiferæ causæ*, qui tiennent le monde plongé dans les ténèbres ; c'est à les extirper qu'il voue sa vie ; c'est à les flétrir que sont destinés tous ses ouvrages ; il les présente sous toutes les formes, les énumère à tout propos, épuise contre elles tous les arguments de la raison, tous les sentiments du cœur, depuis la colère et la passion éloquente de ses premiers écrits, jusqu'à la tristesse prudente ou découragée de sa dernière œuvre. On ne peut se méprendre à cette insistance ; Bacon a connu et signalé la maladie dont la scolastique est morte, l'absence de la liberté, qui, en ces matières, est la même chose que l'absence d'une méthode.

« Sans doute, dit-il, il faut respecter les anciens et se montrer
» reconnaissants envers ceux qui nous ont frayé la route, mais non
» pas oublier qu'ils furent hommes comme nous et se sont trompés
» plus d'une fois ; ils ont même commis d'autant plus d'erreurs
» qu'ils sont plus anciens, car les plus jeunes sont en réalité les
» plus vieux ; les générations modernes doivent dépasser, sous le
» rapport des lumières, celles d'autrefois, puisqu'elles héritent de
» tous les travaux du passé (²). Aristote lui-même n'a pas tout su,
» quoi qu'on en dise ; il a fait ce qui était possible pour son temps,
» *secundum possibilitatem sui temporis*, mais il n'est pas par-
» venu au terme de la sagesse. Avicenne a commis de graves erreurs,
» et Averroès prête à la critique sur plus d'un point (³). Les saints

(¹) *Op. tert.*, cap. XXII. — *Compendium Philos.*, cap. II. — Cf. *Op. maj.*, p. 2.
(²) *Op. maj.*, p. 9. C'est là une idée dont on a fait honneur à bien des écrivains postérieurs à notre docteur : « Antiquitas seculi juventus mundi, » s'écriera au XVIe siècle François Bacon (*De augmentis*, 138, et ailleurs encore), pensée empruntée, dit un critique (Whewell, *History of inductive sciences*), à Jordano Bruno, et qui peut, on le voit, revendiquer une origine plus ancienne, s'il ne faut pas la faire remonter jusqu'à Sénèque, où elle se trouve au moins en germe. Pascal, Malebranche, Voltaire, doivent la répéter, et Descartes l'a exprimée avant eux (Baillet, *Vie de Descartes*, ch. X, p. 531). — Cf. Remusat ; *Bacon*, p. 114.
(³) *Op. maj.*, p. 10.

» ne sont pas infaillibles; ils se sont souvent trompés, souvent ré-
» tractés, témoins saint Augustin, saint Jérôme et Origène. Ils
» nous ont laissé beaucoup à faire, et eux-mêmes conviennent
» qu'ils ont avancé des propositions contestables. (¹) Ne parlons
» d'eux qu'avec respect, n'oublions pas la reconnaissance que nous
» devons à ces sages de l'antiquité sans lesquels nous ne saurions
» rien ; demandons-leur même pardon quand nous nous éloignons
» de leurs idées; mais n'hésitons pas à les contredire : ils n'ont
» pas été au-dessus de l'humanité, et, trompés par la faiblesse de
» l'intelligence humaine, ils n'ont pu arriver à toute chose à l'en-
» tier discernement de la vérité (²). C'est donc un misérable argu-
» ment que de s'appuyer sur l'usage et la tradition ; que de dire
» c'est une vérité reconnue par nos pères, par la coutume, par
» l'assentiment général; donc, il faut l'accepter. Si on peut con-
» clure quelque chose de pareilles prémisses, il faudrait en tirer la
» conséquence tout opposée, et révoquer d'autant plus une pro-
» position qu'elle est plus ancienne et plus universellement ad-
» mise (³). Partout où prévalent de tels préjugés, la raison s'égare,
» le jugement se pervertit, les lois sont violées, le bien disparaît, la
» nature perd son autorité; ainsi la face des choses est boulever-
» sée, l'ordre est confondu, le vice triomphe, la vertu s'éteint,
» l'erreur règne et la vérité s'évanouit (⁴). » Et comme s'il s'effrayait
lui-même de sa hardiesse, il ajoute : « Je ne prétends nullement
» parler de cette autorité solide et vraie que le choix de Dieu a
» remise aux mains de l'Église, ou que les saints philosophes et les
» prophètes infaillibles se sont acquise par l'excellence de leur
» mérite, mais de celle que beaucoup de gens ont usurpée en ce
» monde, sans l'assentiment de Dieu; non par la vertu de leur
» sagesse, mais par présomption et désir de renommée (⁵). » Il n'y
a pas de peste comparable à l'opinion de la foule. La foule est

---

(¹) *Compendium Philosophiæ*, cap. II.
(²) *Compendium Philosophiæ*, 1ᵃ Pars., cap. II.
(³) *Compendium Theologiæ*, 1ᵃ Pars., cap. II.
(⁴) *Op. maj.*, p. 3.
(⁵) *Id., ibid.*

aveugle et méchante; elle est l'obstacle et l'ennemie de tous progrès. « La foule a été dédaignée de tous temps par les grands
» hommes, qu'elle a méconnus; elle n'assistait pas avec le Christ à
» la transfiguration, et trois disciples seulement furent choisis. La
» foule, après avoir suivi pendant deux ans les prédications de
» Jésus, l'abandonna et s'écria : Crucifiez-le (¹). Ce qui est approuvé
» du vulgaire est nécessairement faux (²), *quod pluribus, hoc est*
» *vulgo, videtur, oportet quod sit falsum.* »

Cette sorte de haine pour le vulgaire, *stultum vulgus,* est un des traits les plus accentués du caractère de Bacon; et quand, vers la fin de sa vie, échappé à une longue captivité, il reprend la plume, il n'a rien perdu de son aversion méprisante pour cette multitude, devant laquelle il ne faut pas prodiguer les perles de la sagesse, *non oportet margaritas spargi ante porcos* (³). Mais quand il s'agit de quelques personnages éminents qui la dirigent, de ceux qu'il ne cesse d'appeler les chefs, *capita vulgi,* sa véhémence s'enflamme; il leur prodigue sans respect les accusations d'ignorance, de vanité, leur reproche d'empêcher le succès des sciences qu'ils ne connaissent pas, et de persécuter, par la parole et le fait, tous ceux qui veulent faire marcher la philosophie. Il les connaît bien ces envieux; ils ont de tout temps été les mêmes; les outrages et les persécutions furent toujours la destinée des apôtres de la vérité : Aristote a été déchiré par la calomnie, Avicenne persécuté, Averroès décrié; on vient d'excommunier, à Paris même, les œuvres du Philosophe; et par une allusion à ces disgrâces passées et la prévision de celles qui l'attendent, l'auteur ajoute : « Ceux qui ont voulu introduire quelque réforme dans la science ont toujours été en butte aux contradictions et arrêtés par les obstacles, et cependant la vérité triomphait et triomphera jusqu'au temps de l'Antechrist! (⁴). »

Sans doute, la liberté est tellement essentielle au développement de l'esprit humain, qu'en dépit de toute contrainte, elle sut au

(¹) *Op. maj.*, p. 6.
(²) *De mirabili Potestate*, fol. 47. 1542.
(³) *Compend. Theol.*, cap. I.
(⁴) *Op. maj.*, p. 13.

moyen âge, se glisser dans ces écoles vouées, en apparence, à une interprétation servile. Le texte le plus clair peut s'expliquer; la contradiction, qui n'est pas permise sur les principes, s'introduit dans les conséquences; mais cette liberté déguisée, furtive, gêne la science, la rend cauteleuse et subtile; la raison s'accommode mal de cet exercice clandestin, et Bacon est le seul qui, avant les temps modernes, ait revendiqué nettement le droit de penser par soi-même, non pas comme une tolérance, mais comme une méthode, sans laquelle tout progrès devient impossible.

§ II.

Cette indépendance qu'il réclame, il en donne lui-même l'exemple; l'autorité ne lui déplaît pas seulement en théorie; il la combat, par de vives attaques, dans la personne de ceux à qui elle a donné un crédit pernicieux à la découverte de la vérité. Morts ou vivants, philosophes ou pères de l'Église, ceux-là sont ses ennemis dès qu'on veut ériger leurs doctrines en principes, et les imposer comme des lois. Hors du dogme religieux, les saints, dit-il, ne sont que des hommes, et n'ont pas plus de droit à l'infaillibilité que les sages païens; il faut réformer beaucoup de leurs jugements, se garder de l'horreur qu'ils manifestent pour la philosophie, pour les mathématiques [1]. N'ont-ils pas préféré Platon à Aristote, et tiendraient-ils aujourd'hui sur tous les points le même langage? Et Aristote lui-même, faut-il le suivre aveuglément? Certes, c'est un grand philosophe, et aucun des modernes ne peut lui être comparé; mais on ne doit pas craindre de le reprendre en ses erreurs, et de suppléer à ce qu'il a omis : « Je ne suis pas la mé-
» thode d'Aristote, et il m'arrivera encore de m'en écarter; on peut
» toujours perfectionner les œuvres de l'intelligence humaine; Aris-

---

[1] *Op. maj.*, 2ᵃ Pars., *passim*. — Cf. *Compend. Philos.*

» tote et les autres ont planté l'arbre de la science ; mais il n'a en-
» core produit ni tous ses rameaux ni tous ses fruits (¹). » D'ailleurs,
quel est l'Aristote que l'on connaît aujourd'hui? S'imagine-t-on
en avoir toutes les œuvres, ou même comprendre les fragments
qu'on en possède? C'est une illusion contre laquelle Bacon proteste et qu'il n'a pas partagée avec son temps. Était-il sincère, ou,
par un détour excusable, croyait-il pouvoir attaquer avec sécurité
le grand maître de la scolastique, en distinguant sans cesse le véritable Aristote, devant lequel il s'incline, et celui que les mauvaises
traductions ont rendu inintelligible et avec lequel il ne garde pas
tant de ménagements? Toujours est-il qu'à chaque page de ses ouvrages, se trouvant, suivant l'usage scolastique, obligé de concilier
ses propositions avec celles du philosophe, il le déclare mal traduit
ou mal compris, et trouve, par ce procédé commode, le moyen de
le contredire, en paraissant le respecter.

Grâce à cette distinction, il peut avancer sur le philosophe grec
des propositions qui plus tard auraient soulevé une vive indignation, et qui à la fin du XIIIe siècle devaient déjà scandaliser plus
d'un esprit asservi à la tyrannie croissante des doctrines péripatéticiennes. « Je n'en doute pas ; il vaudrait mieux, dit-il, pour les
» Latins que la philosophie d'Aristote n'eût jamais été traduite, que
» d'en avoir reçu la tradition défigurée par l'obscurité et l'erreur.
» On voit des gens qui y perdent vingt ou trente années de leur
» vie, et plus ils s'y appliquent, moins ils en savent. On peut op-
» poser à ceux-là l'exemple d. seigneur Robert, naguère évêque de
» Lincoln, et de sainte mémoire. Lui, il a complétement désespéré
» d'Aristote, a cherché une autre voie, d'autres auteurs, et surtout
» a recouru à l'expérience ; et sur les mêmes questions dont traite
» le philosophe, il est parvenu à découvrir pour lui, et à exposer
» pour les autres, la vérité cent mille fois mieux qu'on ne pourrait
» le faire en étudiant de détestables traductions ; témoins les trai-
» tés du vénérable évêque sur l'iris, sur les comètes et sur d'autres
» sujets... Quant à moi, s'il m'était donné de disposer des livres

---

(¹) *Comp. Philos.*, 4ª Pars. Manuscrit britannique.

» d'Aristote, je les ferais tous brûler; car cette étude ne peut que
» faire perdre le temps, engendrer l'erreur, propager l'ignorance
» au delà de tout ce qu'on peut imaginer (¹). »

Que diront de plus fort, au xvi⁰ siècle, les fougueux adversaires du péripatétisme? C'est à la fin du xiii⁰ siècle, vers 1270, qu'il se trouve un homme assez hardi pour parler ainsi, après que le docteur universel a passé sa longue vie à suivre, en tous ses détours, la philosophie du stagyrite; après que l'ange de l'école l'a pris pour guide, et a abrité avec plus ou moins de raison sous son nom toutes les vérités philosophiques qui doivent fortifier la foi et l'orthodoxie catholique. Sans doute il ne s'agit ici que du faux Aristote, mais enfin c'est bien celui de saint Thomas, celui dont Albert fut surnommé le Singe; et si cette réserve fait honneur au bon sens de Bacon, elle n'atténue en rien son jugement sur la scolastique. Il ne pouvait savoir alors que cette obscurité du texte, cette infidélité des traductions a peut-être plus servi la philosophie qu'elle ne lui a nui. Si on avait connu Aristote comme nous pouvons l'apprécier, si on avait vu clair dans sa théodicée sans providence, dans sa doctrine sur l'éternité de la matière, sur l'immortalité de l'âme, il eût été banni des écoles, comme on tenta de le faire, et la philosophie, frappée d'anathème avec son principal représentant, n'eût pas été soumise à ce travail assidu qui dura plusieurs siècles, et n'a sûrement pas été perdu pour ses progrès ultérieurs.

Sévère pour les autorités que le passé a léguées à son âge, Bacon s'élève avec plus de vivacité encore contre ceux qui prétendent à côté de lui régenter la pensée, et proteste surtout contre cette opinion contemporaine qu'il nous révèle en l'attaquant, à savoir que la philosophie a été achevée et portée à sa dernière perfection, à Paris, en plein xiii⁰ siècle. Naïve confiance qui sied bien à la jeunesse et qui fait sourire à une époque comme la nôtre, plus portée à la critique qu'à l'admiration, et où la croyance à la perfection de la philosophie n'est pas une illusion commune (²).

(¹) *Comp. Philos.*, 1ᵃ Pars. Manusc. britann. (Voy. Vᵉ partie.)
(²) *Op. tert.*, cap. IX : « Æstimatur a vulgo philosophantium et a multis qui valde

L'introduction des ordres mendiants dans l'enseignement fut, on le sait, le signal d'une sorte de renaissance scolastique ; c'est de ce moment même que, suivant notre auteur, tout va de mal en pis. Depuis quarante ans, répète-t-il souvent, les ténèbres s'épaississent. Tous ceux qui précèdent cette époque sont encore pour lui des anciens ; les autres, il les appelle des modernes, et désigne toujours sous ce nom les Franciscains et les Dominicains. Mais parmi eux, il en est deux qu'il poursuit avec une animosité singulière ; il trace souvent leurs portraits sans les nommer, les associe toujours : « duo moderni gloriosi ([1]), » et les attaque comme les deux principales autorités du temps. On lit dans divers chapitres de l'*Opus tertium* une critique véhémente d'un de ces grands auteurs du siècle, alors encore vivant. Bacon s'indigne de son influence et ne peut supporter l'idée qu'on jure par lui et qu'il soit allégué comme l'Évangile. Il a, suivant lui, plus d'autorité qu'Aristote, Avicenne, Averroès et que le Christ lui-même n'en ont eu pendant leur temps ([2]). Aussi, ne peut-on se décider facilement à attaquer un pareil adversaire sans précautions oratoires. « J'affirme, en face de Dieu » et de vous, dit-il au Pape, que si je me sers de personnalités, ce » n'est que pour arriver à la démonstration de la vérité et pour » votre avantage, le mien et celui de toute l'Église. » Mais une fois l'attaque commencée, il la pousse sans ménagements : il n'épargne ni l'homme ni ses ouvrages ; l'homme n'a jamais rien appris, ne s'est formé ni par l'enseignement, ni par la discussion ; il a négligé les sciences les plus utiles et s'est occupé à entasser des chimères les unes sur les autres ; ses ouvrages sont déshonorés par quatre défauts : une vanité infinie et puérile, une fausseté inexprimable, une diffusion extrême et l'ignorance complète des sciences. « Et l'on ose prétendre qu'il n'y a plus rien à faire en philosophie, » qu'elle s'est achevée dans ces temps-ci, dernièrement, à Paris, et

---

sapientes æstimantur, et a multis bonis viris, licet sint decepti, quod philosophia jam data sit Latinis, et completa et composita in lingua latina, et est facta in tempore meo et vulgata Parisiis et pro authore allegatur compositor ejus, etc. »

([1]) *Comm. nat.*, cap. II.
([2]) *Op. tert.*, cap. IX. — Coll. Libr. Tiber., C. V., fol. 5.

» grâce à ce grand docteur! L'étude de la philosophie a reçu plus
» de dommage de lui que de tous les philosophes latins. Les autres,
» malgré leurs défauts, n'avaient pas la prétention d'être des au-
» torités..... Il a été funeste non-seulement à la philosophie, mais
» encore à la théologie, comme je le montre dans l'*Opus minus*,
» quand je parle des sept défauts de la théologie; j'y critique
» deux philosophes; mais c'est de lui surtout qu'il s'agit; quant à
» l'autre, il a un plus grand nom, mais il est mort. »

Quel est le personnage si cruellement traité par Bacon? A tous les traits dirigés contre lui en cet endroit, à d'autres critiques non moins véhémentes, on est tenté de reconnaître Albert ou saint Thomas. M. Cousin se prononce pour Albert ([1]). Mais il y a un second philosophe mis en cause, et M. Cousin conjecture que ce ne peut être que Robert Grosse-Tête. Quoi! Robert Grosse-Tête, l'ami, le patron de Roger, celui qu'il oppose sans cesse à tout son siècle comme le modèle des vertus antiques et d'une science véritable, il l'aurait mis à côté de ce philosophe présomptueux et ignorant qu'il signale au Saint-Père comme la cause la plus funeste du dépérissement des études! Que Bacon prenne la parole lui-même, nous dépeigne ce docteur, et nous dise son nom : « Toutes les
» erreurs qui infectent la science proviennent de deux docteurs :
» l'un est mort, l'autre vit encore. Celui qui est mort fut un homme
» de bien, riche, archidiacre, et maître en théologie. Aussi, quand
» il entra parmi les Frères Mineurs, il se fit beaucoup de bruit,
» non-seulement pour ce qu'il y avait à louer en lui, mais parce
» que l'ordre des Mineurs était nouveau et négligé à cette époque.
» Il édifia donc le monde et rehaussa ses confrères; ils le portèrent
» alors aux nues, mirent sous son autorité toutes les études, et lui
» attribuèrent cette grande *Somme* dont un cheval aurait sa charge,
» et qui n'est pas même de lui. On la mit sous son nom à cause
» du grand respect dont il était entouré, et on l'appela la *Somme*
» *du Frère Alexandre*. Il n'en est pas moins vrai qu'il n'a jamais
» lu la philosophie naturelle ni la métaphysique; qu'il ne les a pas

---

([1]) *Journal des Savants*. Avril 1848.

» entendu exposer, puisque les livres les plus importants de ces
» sciences et les commentaires n'étaient pas traduits quand il étu-
» diait, et plus tard, pendant longtemps, ils furent excommuniés et
» suspendus à Paris, où il fit ses études. Avant la dispersion de
» l'Université, ces livres étaient peu connus ; et quand l'Université
» fut de retour, il entra parmi les Mineurs, déjà vieux et maître en
» théologie. Donc, il a ignoré la physique, la métaphysique qui
» fait aujourd'hui la gloire des modernes, et par suite la logique
» qui en dépend. Quant à sa *Somme*, elle est pleine d'erreurs et
» de chimères, et personne ne la fait plus transcrire. Que dis-je ?
» l'exemplaire pourrit chez les Frères ; personne n'y touche, per-
» sonne ne l'a vu en ce temps-ci. Il est certain aussi qu'il a ignoré
» toutes les connaissances dont je parle ; il n'y en a pas un mot
» dans sa *Somme*, et on ne les étudie même pas encore à Paris (¹). »
Voilà pour la grande autorité des Franciscains, Alexandre de Halès,
que l'on reconnaît avec quelques traits nouveaux dans cette esquisse irrévérencieuse. C'est un Franciscain qui parle ainsi, et
détruit jusqu'en ses fondements la réputation du docteur irréfragable, conteste son savoir, et lui refuse jusqu'à la composition de
cette énorme *Somme* dont soixante-dix docteurs réunis par l'ordre
d'un pape avaient proclamé l'infaillibilité, et qui, plusieurs siècles
après, trouve encore un imprimeur.

« Nullum ordinem excludo, » je ne fais d'exception pour aucun
ordre, répète souvent Bacon ; après les Franciscains, voici le tour
des Dominicains, et nous retrouvons l'autre docteur : « Cet homme
» n'a jamais fait d'études scolaires, jamais de leçons de philoso-
» phie, et dans son ordre il n'a pu s'instruire, puisque lui-même
» est le premier maître de philosophie parmi ses confrères ; et
» certes, j'en fais plus de cas que de tous les autres savants vul-
» gaires, parce que c'est un homme studieux qui a beaucoup vu,
» recueilli des observations et rassemblé des faits utiles ; mais il
» pèche par la base ; il ne sait rien, rien dans les langues, la pers-
» pective, la science expérimentale, et cependant on le cite à

(¹) *Opus minus*. Manuscrit d'Oxford. Bodl. 1819. (V. la Ve partie.)

» Paris; il y est le docteur par excellence, à la grande confusion
» de la science. Jamais on n'a vu un tel abus en ce monde. Dieu
» m'est témoin que je parle dans l'intérêt de la sagesse, et parce
» que la foule croit que ces deux hommes ont tout su et se confie
» à eux comme à des anges. D'ailleurs, ce n'est pas leur faire
» injure : l'ignorance n'est pas un crime; il y a un nombre infini
» d'hommes habiles et d'une grande valeur, clercs ou laïques, qui
» sont tout aussi ignorants, sans laisser que d'être très-utiles en
» ce monde. Celui dont je parle a même rendu de grands services
» à la science, mais pas au sens où on le croit (¹). » Singulière
atténuation pour une critique aussi vive! Ce qu'il trouve de plus
flatteur, à propos de deux des savants les plus illustres du xiiiᵉ siècle, c'est que l'ignorance n'est pas un crime. Ce passage lève
toutes les difficultés, et confirme pleinement la conjecture de
M. Cousin : l'homme qui fut le premier maître de philosophie des
Dominicains, c'est bien Albert. Quel autre a mérité qu'on dît de
lui : « Ce qu'il y a d'utile dans ses ouvrages pourrait être résumé
» dans un traité qui n'aurait pas la vingtième partie de la longueur
» des siens (²). »

Saint Thomas n'avait pas encore dans les écoles l'autorité qui
lui fut accordée plus tard; aussi Bacon ne le prend pas aussi vivement à partie; mais il est loin de l'épargner. Non-seulement il
relève durement sa doctrine de la matière, de l'universel, du principe d'individuation, de la nature angélique, des facultés de
l'âme (³); non-seulement il se permet de désigner l'ange de l'école
sous ces mots : *Vir erroneus et famosus*, mais encore parfois il
l'associe formellement à son maître Albert (⁴), et ce n'est pour la

(¹) *Op. min.* Manusc. d'Oxford. (V. la Vᵉ partie.)
(²) *Op. tert.,* cap. IX.
(³) V. plus bas, IIIᵉ partie.
(⁴) Bacon ne manque pas une seule occasion d'attaquer Albert. Ces critiques n'ont
sans doute pas ému le docteur universel; pourtant, à la fin de son commentaire sur l'éthique, postérieur aux grands ouvrages de Bacon, il se plaint de la malveillance de certains
ennemis : « Je n'ai — dit-il — ici, non plus qu'en physique, rien avancé de mon propre
fonds; j'ai exposé les doctrines péripatéticiennes de mon mieux : cela répond à certains
impuissants qui se consolent de leur faiblesse en critiquant les autres. » Il compare ces

louange ni de l'un ni de l'autre : « Ce qui ruine la science en ce
» temps, dit-il (¹), c'est que depuis quarante ans on a vu surgir
» dans l'enseignement des gens qui se sont créés eux-mêmes maî-
» tres et docteurs en théologie et en philosophie, et pourtant ils
» n'ont jamais rien appris qui en valût la peine. Quand ils le vou-
» draient, ils ne le pourraient à cause de leur condition. Tels sont
» les chefs des deux ordres savants, comme Albert et Thomas, et
» d'autres qui prennent la robe à l'âge de vingt ans et au-dessous.
» Ils sont devenus maîtres en théologie et en philosophie avant
» d'avoir été élèves (²). » Quant à saint Bonaventure, sa réputation
de sainteté et son titre imposent des ménagements à Bacon ; mais
il le désigne par des paroles qui, pour être plus discrètes, n'en
sont pas moins claires (³) : « Tous les modernes, sauf quelques
» exceptions, méprisent les sciences, et surtout ces théologiens
» nouveaux, les chefs des Mineurs et des Prêcheurs, qui se conso-
» lent ainsi de leur ignorance, et étalent leurs vanités aux yeux
» d'une multitude imbécile (⁴). »

Ainsi, partout où une autorité tend à s'imposer à la pensée,
Bacon est prêt à la combattre, non par envie, mais par système.
Faut-il reproduire les paroles dédaigneuses ou insultantes qu'il
trouve contre ce Gratien, l'auteur du *Décret,* qu'il couvre de ridicule dans vingt passages; contre le maître des *Sentences* et l'auteur des *Histoires,* que l'on commente au grand préjudice du texte
sacré lui-même? Et tous les traducteurs qui ont essayé de faire
connaître à l'Occident les monuments de la philosophie grecque : y

---

gens au foie dans le corps : « De même que cet organe distille le fiel, ainsi — dit-il —
il y a toujours dans les lettres des hommes remplis d'amertume qui répandent leur bile sur
les autres, etc. »

(¹) Cott. libr., cap. V.
(²) *Op. min.,* cap. VI. Tiber., C. V.
(³) Tiber., C. V., cap. VI.
(⁴) C'est ici le lieu de remarquer que ce blâme paraît moins bien s'appliquer à Albert.
Né en 1193, il serait devenu Dominicain, à la sollicitation de Jordan le Saxon, en 1221,
c'est-à-dire à l'âge de vingt-huit ans. Si Bacon répète en tant de passages qu'il s'est engagé dans l'ordre encore tout jeune, ne serait-ce pas une présomption en faveur d'une
autre opinion qui reporte la date de sa naissance à l'année 1205?

en a-t-il un qui ne soit accusé d'ineptie? C'est d'abord Michel Scot, qui ne savait pas le grec, et s'est servi pour ses mauvaises versions d'un juif espagnol nommé Andreas; Gérard de Crémone, qui n'a connu ni les langues ni les sciences; Hermann l'Allemand, qui a avoué ne pas avoir osé traduire la *Poétique* d'Aristote, parce qu'il ne la comprenait pas; puis Alfred l'Anglais; puis encore Guillaume de Flandre, l'ami de saint Thomas, et qui en cette qualité sans doute est traité avec plus de rigueur et plus longuement convaincu d'ignorance que tous les autres. La science est viciée dans toutes ses sources; et l'éducation, abandonnée aux livres absurdes d'Hugucio, de Papias, de Brito, ne fait que propager les bévues incroyables de ces grammairiens. Ainsi, nulle autorité ne subsiste devant cette critique : les pères de l'Église, les docteurs contemporains, les traducteurs de qui l'on tient toute la philosophie, Aristote lui-même, sont les uns contestés, les autres déchus de leur infaillibilité. Épargnera-t-il au moins les Arabes qu'Albert a eu si grande estime? S'arrêtera-t-il devant les noms vénérés d'Avicenne et d'Averroès? Sans doute, il les exalte pour rabaisser ses contemporains; mais s'il veut s'affranchir du despotisme des écoles et de la tradition imposée, ce n'est pas pour les remplacer par une autre tyrannie. Avicenne a commis plus d'une erreur, et nous n'avons, du reste, que sa *Philosophie vulgaire*, celle où il se conforme aux opinions les plus répandues. Quant au livre où il exprimait les vraies doctrines, c'est la *Philosophie orientale*, et les Latins ne la connaissent pas. Averroès, dont on a voulu le faire le disciple, reçoit parfois ses hommages; mais Bacon compense largement l'éloge par le blâme, et finit par déclarer qu'en face des erreurs grossières dont regorgent ses œuvres, il n'y a qu'un moyen de les expliquer : tout ce qu'il a de bon et de vrai, il l'a emprunté aux autres, et il a pris dans son propre fonds toutes les faussetés et les chimères. Ces jugements sont sévères; sont-ils injustes? On n'a pas ici à l'examiner; on ne les rapporte qu'en vue de cette conclusion, qu'il est temps de dégager, à savoir : que Bacon s'est placé, en dehors des grandes écoles du xiiie siècle, à égale distance des Dominicains et des Franciscains; qu'il n'a voulu jurer par aucun maître, même par ceux qu'il vénère, et a donné à son siècle un exemple d'esprit philosophique qui méritait de ne pas être perdu.

§ III.

La méthode scolastique est mauvaise; il en faudrait une autre; c'est la préoccupation constante de Bacon; il comprend mieux que ses contemporains l'importance de cette question; il y revient sans cesse (¹). On ne fera nul progrès, assure-t-il, si on ne se rend compte d'abord des conditions essentielles d'une science, qui sont au nombre de quatre : 1° se renseigner sur son importance et son utilité; 2° déterminer son objet et son cadre, afin de ne pas s'égarer en de vaines superfluités ou la mutiler par des omissions; 3° connaître les causes d'erreurs qui peuvent nous tromper; et enfin « il faut que l'homme qui se dévoue à la recherche de la » vérité connaisse les méthodes et les voies par lesquelles il doit la » trouver, l'agrandir, la rendre parfaite, tant en général qu'en » particulier; car il y a une méthode en toute chose, et si on en » manque on ne pourra jamais parvenir au but proposé (²). »

Quelle est cette méthode? Pour les scolastiques, c'est l'autorité, d'une part, qui donne les principes, et, de l'autre, le raisonnement qui les féconde et en tire les conséquences. Nous savons ce qu'il pense de l'autorité; il aime mieux le raisonnement, mais il y reconnaît de graves inconvénients, et à ces deux procédés il préfère l'*expérience*. Il ne s'agit pas ici du sentiment vague et confus des avantages de l'expérience; mais d'une doctrine scientifique à opposer à celle qu'il renverse. Il n'est pas de passage plus décisif, plus net, que ces lignes qu'on a peine à se figurer écrites au XIIIe siècle : « Dans toute recherche, il faut employer la meilleure » méthode possible. Or, cette méthode consiste à étudier, dans leur » ordre nécessaire, les parties de la science, à placer au premier

---

(¹) Voir, entre autres, la Préface du *De Communibus naturœ*, le premier chapitre de la *Perspective*, le début du *De Communibus mathematicœ*, etc.

(²) *Compend. Philos.*, cap. I. — Tiber., C. V. Manusc. Cott.

» rang ce qui réellement doit se trouver au commencement, le plus
» facile avant le plus difficile, le général avant le particulier, le sim-
» ple avant le composé; il faut encore choisir pour l'étude les
» objets les plus utiles, en raison de la brièveté de la vie; il faut
» enfin exposer la science avec toute certitude et toute clarté, sans
» mélange de doute ou d'obscurité. Or, tout cela est impossible
» sans l'expérience, car nous avons bien divers moyens de connaître,
» c'est-à-dire l'autorité, le raisonnement et l'expérience. Mais l'au-
» torité n'a pas de valeur si on n'en rend compte, *non sapit nisi*
» *datur ejus ratio :* elle ne fait rien comprendre, elle fait seule-
» ment croire; elle s'impose à l'esprit sans l'éclairer. Quant au rai-
» sonnement, on ne peut distinguer le sophisme de la démons-
» tration qu'en vérifiant la conclusion par l'expérience et par la
» pratique, comme je l'enseignerai ci-dessous dans les sciences ex-
» périmentales. Voilà pourquoi les secrets les plus importants de la
» sagesse restent inconnus de nos jours à la foule des savants, qui
» pourraient facilement s'initier à toutes les parties de la science,
» s'ils appelaient à leur aide une méthode convenable (1). »

Ainsi, à ces deux instruments de la science scolastique, Bacon oppose l'expérience, et il est, je crois, le premier qui ait caractérisé par leur méthode les sciences de la nature, en les appelant les sciences expérimentales (2). « Il y a, dit-il autre part, trois ma-
» nières de connaître la vérité : l'autorité, qui ne peut produire que
» la foi, et d'ailleurs doit se justifier aux yeux de la raison; le
» raisonnement, dont les conclusions les plus certaines laissent à
» désirer, si on ne les vérifie pas; et enfin l'expérience, qui se
» suffit à elle-même (3). » Quelquefois il va plus loin, et quand il traite particulièrement de la science expérimentale, il supprime l'autorité : « Il n'y a, dit-il alors, que deux voies pour arriver à la
» connaissance : l'expérience et le raisonnement. Le raisonnement
» tout seul peut convaincre, mais ne persuade pas, et même il n'ex-
» clut pas toujours le doute; et bien qu'Aristote ait défini la

---

(1) Manuscrit cité, cap. I.
(2) *Compend. Philos.*, l. c.
(3) *Op. maj.*, p. 445.

» science le syllogisme qui fait savoir, il y a des cas où la simple
» expérience fait mieux connaître que tout syllogisme; il y a
» mille préjugés, mille erreurs enracinées qui reposent sur la
» pure démonstration, *in nuda demonstratione* (¹). Si Aristote
» prétend, au deuxième livre de la métaphysique, que la connais-
» sance des raisons et des causes surpasse l'expérience, il parle
» d'une expérience inférieure; celle dont il est ici question s'étend
» jusqu'à la cause et la découvre par l'observation. On peut, sur
» les vérités de fait, se passer de la démonstration, si l'on sait se
» servir de l'expérience (²). » Ces paroles sont remarquables; cette
expérience, qui va plus loin que les faits, qui s'élève à la cause,
à la loi, n'est-elle pas le procédé que François Bacon va préconi-
ser au XVIIᵉ siècle, après que Galilée l'aura employé? Avant lui, on
avait expérimenté, qui en doute? Son maître Pierre de Maricourt
et tous les alchimistes, mettaient de tout temps ce précepte à exécution; mais ériger en méthode une pratique irrégulière, la signaler
comme un des moyens de connaître, c'est, à proprement dire, l'inventer, et, sous ce rapport, le nom de fondateur de la méthode
expérimentale revient de tout droit à Bacon plutôt qu'à son grand
homonyme. L'observation n'est pas pour lui un accident, un hasard : c'est un système nouveau; et pour qu'on ne s'y trompe pas,
il en fait une science, la plus utile, dit-il, celle dont toutes les autres ne sont que les auxiliaires, et qui, à son tour, leur rend d'é-
minents services (³). « Il y a une expérience naturelle et imparfaite,
» *naturalis et imperfecta,* qui n'a pas conscience de sa puissance,
» qui ne se rend pas compte de ses procédés, et qui peut être à
» l'usage des artisans et non des savants. Au-dessus d'elle, au-des-
» sus de toutes les sciences spéculatives et des arts, il y a la science
» de faire des expériences qui ne soient pas débiles et incomplè-
» tes (⁴). » L'expérimentation est donc une science, comme le dira

---

(¹) *Ibid.*, p. 199 : « Duo sunt modi cognoscendi, scilicet per argumentum et experi-
mentum, argumentum concludit et facit nos concludere quæstionem, sed non certificat
neque removet dubitationem, ut quiescat animus in intuitu veritatis. »

(²) *Id., ibid.*

(³) *Op. tert.,* cap. XIII.

(⁴) *Id., ibid.*

plus tard Fontenelle ; elle est la maîtresse de toutes les autres ; elle n'arrive à la certitude que par des vérifications directes ; les autres sont pour elle comme des servantes, et les vérités qu'elles lui fournissent, elle se les fait propres par ses procédés (¹). Elle les contrôle avec certitude, et, pour tout dire, c'est la reine de toutes les sciences précédentes et le but définitif de toute spéculation : *hæc est domina scientiarum omnium præcedentium et finis totius speculationis* (²).

Il y a deux expériences : l'une par les sens extérieurs, c'est l'expérimentation humaine et philosophique ; mais elle fait à peine connaître les corps, et des esprits elle ne dit absolument rien. Il faut donc le secours d'une autre faculté, l'illumination intérieure, sorte d'inspiration divine, par laquelle l'auteur veut désigner la connaissance directe de certains principes que les sens ne peuvent nous révéler. On aurait tort de se laisser tromper à ces mots : « illuminationes interiores, divina inspiratio, » et de prêter à l'auteur quelque penchant vers le mysticisme. La tournure de son esprit l'éloigne autant qu'il est possible de ce système, et on comprend mieux cette bizarre association de l'illumination à l'expérience, quand on connaît sa doctrine sur l'intellect agent. L'âme ne perçoit la vérité absolue que dans une lumière qui l'éclaire et ne vient pas d'elle, mais est une clarté toute divine. Dire qu'il faut joindre cette sorte d'illumination aux procédés de l'expérience, c'est rappeler que les sens tout seuls ne peuvent connaître ; qu'il faut y joindre l'intellect actif, la raison, dirions-nous, sans quoi le monde matériel n'est guère intelligible, et le monde spirituel entièrement ignoré (³). Tel est le sens que nous donnons à ce passage ; sens confirmé par la doctrine de Bacon sur l'intellect séparé (⁴). L'expérience intérieure exige de plus, pour être parfaite, que l'âme

(¹) *Op. tert.*, cap. XIII.
(²) *Id., ibid.*
(³) *Op. maj.*, p. 446.
(⁴) Voyez la troisième partie de cet essai. Les idées de Bacon à ce propos ne sont pas très-loin de celles d'Henri de Gand : lui aussi met au-dessus de l'expérience une sorte d'illumination, *illustratio luminis divini* (Voy. *Summa Theologiæ*, t. I, art. 1. Ferrariæ, 1646).

y soit préparée par la science, par la vertu, et satisfasse à des conditions fixées avec détail par le philosophe, et dont quelques-unes sont assez étranges, mais dont la signification générale est que le méchant est ignorant, *malus est ignorans*, et que la moralité est la condition de la science, et, réciproquement, la vertu le résultat du savoir.

La philosophie spéculative procède par arguments, et s'appuie sur des lieux communs ou sur l'autorité, qui elle-même est un lieu commun ([1]); l'expérimentation seule, ignorée de tous les savants d'aujourd'hui, nous éclaire sur les puissances de la nature, les ressources de l'art, et même les artifices, les charmes, conjurations, invocations, exorcismes, et y fait découvrir, à travers le mensonge, le fonds de vérité qui s'y peut trouver; seule, cette science peut confondre les impostures des magiciens; elle les étudie comme la logique, l'art sophistique, pour les combattre et non pour les confirmer ([2]). Elle a trois grandes *prérogatives* ([3]) par rapport aux autres sciences. La première est qu'elle en contrôle toutes les conclusions ([4]); la seconde, qu'elle pénètre même sur le terrain et dans les limites des autres sciences, et y va chercher des vérités magnifiques auxquelles elles n'ont aucun moyen d'atteindre ([5]); la troisième ne regarde pas ses rapports avec les autres, mais lui est propre, et concerne la connaissance du présent, du passé et du futur, et la production d'œuvres merveilleuses.

Sans doute Bacon n'est pas toujours resté fidèle à ses propres préceptes, et a parfois compromis l'expérience elle-même en lui attribuant un pouvoir excessif et des effets impossibles, des sphères mobiles, des élixirs qui prolongent la vie, la transmutation des métaux, etc. Ces erreurs, après tout, lui sont communes avec d'autres grands hommes qui vivaient à une époque où elles étaient moins excusables. Il en est d'autres plus graves qu'il doit à l'em-

---

[1] *Op. maj.*, p. 447.
[2] *Comm. nat.*, cap. II.
[3] Le même mot qu'emploiera plus tard le chancelier Bacon.
[4] *Op. maj.*, p. 448.
[5] *Ibid.*, p. 463.

portement de son imagination, qui lui fait trop souvent confondre le possible avec le réel, et prendre pour des faits accomplis les pressentiments lointains de grandes découvertes. Mais il faut pardonner les illusions de l'enthousiasme à l'homme qui, le premier, a prononcé en le comprenant bien ce mot, l'*expérience;* et si hardi que fût Bacon dans ses prévisions, elles ont été dépassées, grâce à la méthode qu'il recommandait vainement à ses contemporains.

CHAPITRE II.

ESSAI D'UNE RENAISSANCE AU XIIIe SIÈCLE.

§ I. Bacon veut appeler l'antiquité à régénérer la Scolastique; sa prédilection pour la Grammaire, pour la Rhétorique; ses critiques contre le goût de ses contemporains. — § II. De l'importance qu'il attache aux Mathématiques; des raisons de cette préférence. — § III. Du rôle secondaire qu'il assigne à la Logique. Objet de la Physique, de la Métaphysique, de la Morale. — § IV. Des rapports de la Théologie et de la Philosophie. — § V. Du Droit civil. — § VI. Différents traits du caractère de Bacon; son activité; ses idées sur l'éducation; comment il s'excuse de sa hardiesse; ses prévisions sur son sort. — § VII. Conclusion.

§ I.

Quand le moyen âge, après les violentes tourmentes de l'époque de formation, commença à s'éveiller à la vie intellectuelle, il se trouva brusquement séparé des civilisations anciennes par plusieurs siècles de misère et d'ignorance; la tradition de l'humanité s'était violemment brisée, et l'antiquité, cette grande institutrice du monde moderne, engloutie sous le flot des invasions, n'avait laissé surnager qu'une faible partie de ses trésors, quelques pages de philosophie grecque, quelques lambeaux d'ouvrages latins. C'en était à peine assez pour donner le regret d'avoir perdu le reste. Un esprit curieux et avide de s'instruire comme le fut Bacon devait éprouver, au milieu du XIIIe siècle, un singulier malaise. Cette vérité dont il est épris, il en aperçoit partout des bribes éparses, qui lui donnent, avec le désir d'en connaître davantage, le désespoir d'y jamais parvenir. Héritier et descendant d'antiques sociétés dont il n'a plus le secret, il tente vainement d'épeler ces caractères à demi-effacés; chrétien, il se rattache à la société hébraïque; savant, il est le tributaire des Grecs, des Latins, des Arabes, et parmi les langues parlées par ses maîtres, il en connaît une à peine, le latin. Le reste, il est condamné à le deviner à travers d'incroyables versions, opérées par un procédé mécanique, qui superpose, à chaque mot du texte, un mot équivalent, sans souci du sens général, que le traducteur ne saurait comprendre si, par impossible, il en avait l'envie. Les fragments qu'il retrouve lui indiquent d'autres monuments qu'il cherche en vain, ou bien ont fait partie d'un bel ensemble dont ils sont les débris. Il faut juger de la statue par un bras ou une jambe, reconstruire tout un édifice avec quelques pierres vermoulues.

Cet isolement, le XIII⁰ siècle en serait peut-être sorti, s'il avait prêté l'oreille aux avis du docteur admirable, et inscrit, comme il le voulait, en tête de toutes les sciences, la plus modeste, mais la plus utile à cette époque, la grammaire. Grâce à elle, on comprendrait les ouvrages qu'on possède, et tant d'autres qu'on irait chercher en Grèce ou en Italie; on étudierait l'hébreu, pour juger, pièces en main, le grand fait de la révélation, et rattacher le christianisme à son berceau; le Grec et l'Arabe, pour retrouver les sciences perdues. Au lieu de se plonger dans les profondeurs de la métaphysique, on poursuivrait un but plus humble, mais qui, une fois atteint, permettrait des tentatives plus hardies; on reviendrait au beau langage, à « la beauté rhétorique » des anciens; on saurait écrire, composer des ouvrages; on sortirait de la barbarie, du mauvais goût; sans poursuivre à travers mille aventures une fortune douteuse, on recueillerait d'un seul coup l'héritage de tant de laborieuses générations, et le XIII⁰ siècle, au lieu d'être l'époque classique de la scolastique, serait l'ère d'une grande renaissance. En revendiquant la liberté de penser, Bacon n'a pas prétendu réclamer le droit de tout ignorer; c'est la tyrannie qu'il rejette et non la lumière; et sitôt qu'ils cessent de lui être imposés comme des maîtres et des dictateurs, les grands génies de tous les temps et de tous les pays deviennent pour lui les guides vénérables de l'humanité. Pour entendre leur voix, pour profiter de leurs enseignements, pour les rejoindre et les dépasser, il suffit d'étudier les « langues philosophiques, » que personne ne connaît, et de préluder aux découvertes futures en faisant l'inventaire des richesses du passé. L'avenir du monde est dans la grammaire : est-il étonnant qu'elle tienne la première place dans les plans de régénération et de réforme qu'il propose à ses contemporains?

Aussi, quand le philosophe a démontré avec hardiesse les abus du principe d'autorité, et justifié la philosophie des préventions qu'on peut garder contre elle, le premier moyen qu'il indique pour la perfectionner, c'est la grammaire; elle est à la base comme la morale au faîte; c'est par elle que commence toute l'encyclopédie des connaissances. Comment expliquer cette insistance à propos d'une science estimable sans doute, mais qui ne paraît pas tellement essentielle aux progrès de toutes les autres? Voulait-il, comme l'assure le savant M. Daunou, « comparer les vocabulaires, rap» procher les syntaxes, rechercher les rapports du langage avec la » pensée, mesurer l'influence que le caractère, les mouvements, les » formes si variées du discours exercent sur les habitudes et les » opinions des peuples. Bacon remontait ainsi aux origines de tou» tes les notions, simples ou composées, fixes ou variables, vraies » ou erronées que la parole exprimait. Cette grammaire universelle » lui semblait être la véritable logique, la meilleure philosophie ([1]). » Sans doute, ces intentions conviennent mieux à un élève de Condillac qu'au disciple d'Averroès. Pourtant Bacon, témoin du rôle que jouent les mots dans la science contemporaine, a eu quelquesunes des idées que lui prête son ingénieux biographe; mais à ses yeux elles sont secondaires; la grammaire a pour lui une utilité plus efficace, un mérite universel : c'est d'ouvrir tous les yeux à la pleine lumière de l'antiquité.

La science sera renouvelée, « la démence infinie » dont sont atteints les philosophes disparaîtra; la réforme, qui doit immortaliser le pape qui la protégera, sera consommée le jour où l'on fera entrer dans l'éducation commune les « langues philosophi» ques, » c'est-à-dire le grec, l'hébreu, l'arabe et le chaldéen. « C'est de là que sont venues toutes les sciences sacrées et profa-

---

([1]) *Histoire littéraire de la France*, t. XX.

» nes : voilà les ancêtres dont nous sommes les fils et les héritiers.
» Dieu donne la sagesse à qui il lui plaît; il ne lui a pas convenu
» de la donner aux Latins, et la philosophie n'a été achevée que
» trois fois depuis le commencement du monde, chez les Hébreux,
» chez les Grecs et chez les Arabes (¹). » C'est donc une médiocre
ressource de ne savoir que le latin; il est bon tout au plus pour
étudier le droit canonique ou civil, les constitutions des prélats et
des princes; mais il n'y a en latin aucun texte de théologie ou de
philosophie. Et cette langue elle-même, peut-on la savoir si on
l'isole des autres; peut-on la parler, l'écrire avec les leçons qu'on
reçoit d'hommes ignorants? Quels maîtres que ceux qui sont autorisés dans les écoles, que Hugucio, Brito, Papias, « dont les
» travaux attestent, pour les étymologies, le sens des mots, et
» même l'orthographe, une ignorance honteuse. » Jean Damascène
et Isidore, si respectés qu'ils sont, ne valent pas beaucoup mieux.
Les véritables grammairiens, Priscien, Donat, Servilius, ne sont
que les échos des Grecs; Priscien le déclare. Les sciences fourmillent de mots dont on a perdu le sens, et que les modernes
répètent sans les entendre; les livres saints sont pleins d'obscurité,
et saint Jérôme lui-même n'a pas toujours bien compris et a souvent mal traduit. Le latin seul ne peut donc que prolonger l'ignorance des théologiens et des savants (²).

Mais on a des traductions du grec et de l'arabe? Qu'on en parle
à Bacon, et il flétrira tous ces essais informes, qui ont défiguré tant
de belles œuvres, et tous ces traducteurs impudents qui, sans
savoir la langue de leurs auteurs ni même la leur, sans rien comprendre aux idées, se bornent à mettre un mot latin en place du
mot vulgaire que leur indique un Juif, un Musulman converti, ou
quelque Grec illettré. Grâce à de pareils interprètes, « les œuvres
» d'Aristote sont devenues méconnaissables, et c'est sur un pareil
» fondement qu'on veut faire reposer tout l'édifice de nos sciences.
» Que celui qui désire se glorifier de connaître Aristote, l'étudie

---

(¹) *Opus tertium*, cap. X.
(²) *Comp. Philos.*, cap. VII. Manuscrit du Musée Britannique.

» dans sa langue natale; les traductions ne sont bonnes qu'à
» détruire ou à altérer le texte. » Quels sont, en effet, ces
écrivains? « Tous ont vécu de ce temps, et même il y a des hom-
» mes encore jeunes qui ont été les contemporains de Gérard de
» Crémone, le plus ancien de tous. C'est d'abord Hermann l'Alle-
» mand, qui, ayant à traduire quelques livres arabes, a avoué *ore*
» *rotundo* qu'il ne savait ni la logique ni le premier mot d'arabe;
» il eut en Espagne des Sarrasins qui ont fait la plus grande partie
» de ses traductions. » Michel Scot n'est pas plus instruit : « On
» sait qu'un certain juif, Andréas, a plus travaillé à ses œuvres que
» lui-même. » Gérard de Crémone n'a rien compris à ses propres
versions, et le plus ignorant de tous est ce Guillaume de Flandre,
aujourd'hui si florissant. Seul, Boèce a su les langues; seul, le
seigneur Robert, par la longueur de sa vie et sa méthode admirable, a connu les sciences. Albert, par qui on jure à Paris, n'en
sait rien, et on ne trouverait pas quatre Latins « capables de réussir
» dans cette œuvre; je les connais bien; je les ai fait chercher de
» ce côté de la mer et de l'autre, et j'ai passé toute ma vie, on le
» sait, au milieu de ces études (¹). C'est que, pour réussir, il faut
» savoir et la langue du texte, et celle dont on se sert, et la science
» dont on parle. Mais où est ce traducteur? Qu'on nous le dési-
» gne, et nous le comblerons d'éloges, car son œuvre est admi-
» rable (²). »

Non-seulement on ne comprend pas ces débris du génie antique,
mais ils sont tellement mutilés, que « ces fragments çà et là dis-
» persés sont à peine suffisants pour donner aux plus sages l'envie
» d'en savoir davantage, de faire des expériences, et de se mettre
» à la recherche de ce que réclame la dignité de la science. » Il y
a beaucoup d'ouvrages précieux qui ne se retrouvent plus. Aristote
n'a-t-il pas écrit, au témoignage de Pline, un millier de volumes.
Combien en possède-t-on? La Logique elle-même offre des lacunes
considérables, témoins ces deux traités, les plus importants de

---

(¹) *Op. tert.*, cap. X.
(²) *Comp. Philos.*, fol. 140.

tous, qu'Hermann a eus en main et n'a pas osé traduire (¹). « Il y
» avait cinquante livres sur les animaux, comme Pline l'atteste dans
» son Histoire naturelle, et je les ai vus moi-même dans le texte
» grec. Les Latins n'en possèdent que dix-neuf petits opuscules
» très-imparfaits (²). On n'a conservé que dix livres de la Méta-
» physique, et dans la traduction la plus répandue il manque une
» foule de chapitres et une infinité de lignes. Quant aux sciences
» qui traitent des secrets de la nature, on n'en a que quelques mi-
» sérables fragments. » Pour les textes saints, même dénûment ;
les uns sont mal traduits, les autres manquent absolument : tels
sont deux livres des Machabées qu'il a eus en main dans le texte
grec : Origène, Basile, Grégoire de Naziance, Jean Damascène,
Denys, etc. Et cependant l'Église s'endort dans une coupable négligence (³).

Quel remède apporter à ce mal qui attaque la science en ses
sources ? « Que les Latins sachent bien qu'ils ne possèdent rien des
» trésors de la sagesse ; qu'ils apprennent donc les langues ; qu'ils
» se mettent à traduire les anciens auteurs et à chercher ceux qui
» leur manquent ; qu'ils étudient la grammaire, et avec le latin,
» l'hébreu, le chaldéen, l'arabe et le grec. » On en a les moyens :
les hébraïsants ne sont pas rares ; l'arabe et le chaldéen ne diffèrent pas beaucoup de leur idiome, et on trouve en France et en
Angleterre des hommes qui ont quelque teinture de grec : ce sont
des laïques, il est vrai, qui n'ont que la pratique de la langue et
peuvent servir seulement d'auxiliaires, mais non pas faire eux-
mêmes les traductions. Pour cette tâche il faut des savants ; il faut
les rechercher, les encourager à grands frais, et il est prêt à désigner les trois ou quatre hommes capables de ce travail (⁴). « D'ail-
» leurs, il vaudrait bien la peine d'aller jusqu'en Italie, où le clergé
» et le peuple sont en beaucoup d'endroits de vrais grecs. Les

---

(¹) Ces deux traités que Bacon rattache à la logique sont *la Rhétorique* et *la Poétique*.

(²) On joignait, au moyen âge, aux dix livres *Des Animaux*, neuf autres petits traités séparés.

(³) *Comp. Philos.*, cap. VII, VIII et IX, fol. 140.

(⁴) *Op. tert.*, cap. X.

» évêques, les archevêques, les riches, les vieillards, pourraient y
» envoyer des personnes instruites, pour y chercher des livres
» pour eux et les autres, à l'exemple du seigneur Robert, le saint
» évêque de Lincoln (¹). » Pour cela, il suffit d'avoir beaucoup
d'argent; les princes et les prélats peuvent seuls y subvenir; quant
à lui, ses expériences, les instruments qu'il a inventés, et surtout
la recherche des ouvrages rares et précieux, lui ont déjà coûté
plus de deux mille livres (²). Il a peur que ses contemporains ne
reculent devant ce labeur, et il tâche d'en diminuer à leurs yeux la
difficulté. D'abord, il cite son propre exemple. Il a appris sans
peine les quatre langues, et on trouve dans tous ses ouvrages des
preuves de son savoir (³). Ensuite, il fait entrevoir les résultats
glorieux de cette étude : le monde conquis par les Latins, le commerce reliant toutes les nations, les infidèles convertis par des hommes qui parlent leur langue, l'Église grecque ramenée à l'obéissance. Le Pape ne va-t-il pas tressaillir d'espérance devant tant de
promesses? Puis enfin ce travail n'a rien de répugnant; les vieillards mêmes ne doivent pas le redouter; si son élève Jean en peu
de temps est devenu très-habile, que ne feront pas des hommes
mûrs et exercés? Quant à lui, tout vieux qu'il est, il porte un défi
aux plus jeunes, et se fait fort d'en apprendre plus en un seul jour
que les autres en une semaine. Ce sont les maîtres et la méthode
qui font défaut; mais qu'on lui donne des élèves, il accepte hardi-

---

(¹) *Comp. Philos.*, l. c.

(²) *Op. tert.*, cap. X.

(³) Il a su le grec, c'est incontestable, et sa Grammaire grecque en fait foi ; ses ouvrages sont semés de discussions sur les textes hébreux, et le *Compendium philosophiæ* prouve qu'il possédait à fond la langue hébraïque et pouvait relever avec sagacité les erreurs de la Vulgate. A-t-il su l'arabe? Il l'affirme, et on pourrait peut-être établir qu'il a lu des livres dont il n'y avait pas alors de versions latines. M. Cousin, il est vrai, pense le contraire, parce que, dans un chapitre de l'*Opus tertium*, Bacon ne parle que du grec et de l'hébreu. L'éminent écrivain aurait pu lire, dans ce même chapitre, ces mots qui expliquent le silence et détruisent la conjecture : « Arabice nihil scribo quia evidenter et facilius ostenditur propositum meum in his; nam pro studio theologiæ parum valet licet pro philosophia multum et pro conversione infidelium » (*Opus tertium*, cap. XXV). Quant au chaldéen, il en parle en homme instruit, et le compare à l'arabe et à l'hébreu.

ment la tâche de les instruire en peu de jours, et, avec cette conviction superbe qui ne l'abandonne jamais, il promet d'enseigner au premier venu l'hébreu ou le grec en trois jours, et offre sa tête en garantie de sa promesse : « dabo caput meum si deficiam ([1])! Cette confiance exagérée est-elle du charlatanisme ou une insupportable forfanterie ? Bayle et Brucker la jugent sévèrement, et M. Cousin, si bienveillant d'ailleurs, ne peut s'empêcher d'y voir une espérance chimérique, une de ces illusions gigantesques qui se mêlent à toutes les découvertes. Mais encore Bacon a-t-il le droit de l'expliquer, et si on veut l'entendre, il fera remarquer qu'il y a trois degrés dans l'étude d'une langue; en premier lieu, savoir simplement lire, et comprendre les mots étrangers dont les Latins se servent en théologie ou en philosophie ; puis, pouvoir traduire un texte ; et enfin, être capable de parler, d'enseigner, de prêcher comme dans sa langue maternelle. « Je ne parle ici, ajoute-t-il, que du premier de ces degrés. » Ainsi, ses prétentions n'ont rien d'excessif ([2]).

On doit comprendre maintenant pourquoi Bacon attribuait à la grammaire de si merveilleuses vertus, et la proposait à son siècle comme un remède salutaire à ses infirmités. Elle pouvait guérir les docteurs scolastiques de leur ignorance, susciter à Aristote des rivaux, relever en face de cette autorité impérieuse les opinions contraires, et donner à l'esprit humain la tentation de chercher par lui-même ; par une voie détournée, elle eût abrégé la scolastique, qui n'est qu'une transition pénible, et hâté la Renaissance. Tous les hommes célèbres de cette autre époque n'ont-ils pas été

([1]) *Op. tert.*, cap. XX.

([2]) Un pape, Clément V, se chargea de recommander aux Universités de Paris, d'Oxford, de Bologne et de Salamanque, l'idée de notre docteur. Dans une *constitution* intitulée *De Magistris*, on lit : « Nous ordonnons qu'il y ait dans ces écoles des savants catholiques ayant une connaissance suffisante des langues hébraïque, grecque, arabe et chaldéenne » (exactement celles que Bacon préconise). Les considérants semblent empruntés à Bacon, et Clément trouve aussi que c'est un excellent moyen de propager salutairement la foi parmi les infidèles (V. les *Constitutions* de Clément V, Mayence 1460).
— Cf. Twyne (Bryan); *Antiquitatis Academiæ Oxoniensis, Apologia*, p. 360. C'est un des ouvrages où l'on peut trouver sur Bacon les renseignements les plus exacts.

des grammairiens ? Les Cicéroniens du xvie siècle n'ont-ils pas contribué à jeter le discrédit sur les doctrines du moyen âge par l'horreur que leur inspirait son langage barbare ? Bacon veut aussi unir l'éloquence à la science, mettre la rhétorique au-dessus de la logique, et débarrasser la philosophie de toutes ces formes obscures et barbares, de ces distinctions subtiles qu'une langue plus pure se refuse à exprimer. Le culte pour la langue et la grammaire avait au xiiie siècle une portée qu'il n'aura jamais plus, si ce n'est au xvie siècle, où il ruine l'influence de la scolastique dans l'esprit de tous les lettrés, et nous pouvons appliquer à cette première époque ce qu'on a très-bien dit de la seconde : « La grammaire » était alors en quelque sorte révolutionnaire ; elle conduisait au » dégoût du fonds par le dégoût de la forme ([1]). »

Bacon a-t-il donné l'exemple en même temps que le précepte ? Nous n'irons pas jusqu'à dire avec un illustre chimiste que « l'*Opus majus* est écrit d'un fort bon style ; » ce n'est pas le mérite littéraire qui recommande les docteurs du xiiie siècle à notre attention. La langue latine dont ils se servent est à peu près aussi mauvaise qu'elle peut l'être, et on ne croirait pas qu'on pût aller au-delà, si le xive siècle n'avait encore surpassé l'obscurité et les barbarismes de son aîné. Diffuse et incolore chez Albert, sèche jusqu'à devenir repoussante chez Saint-Thomas, la langue chez Bacon a une certaine abondance, une sorte de chaleur qui peut s'associer au mauvais goût des ornements et à la barbarie de certaines expressions. Qu'il touche à certains sujets, à la dignité de la science, à la certitude du progrès, aux obstacles qui attendent les esprits indépendants, à la folie et à la méchanceté du vulgaire ; qu'il raconte au Saint-Père la joie et l'enthousiasme avec lesquels il a salué son avènement, ses espérances bientôt déçues, hélas ! les tourments qu'il a subis, l'indifférence des personnes haut placées, les outrages qu'il a dû dévorer, et l'appui que seuls lui ont offert les pauvres et les

---

([1]) Bouillier ; *Hist. de la Philos. cartésienne*, t. I, p. 7. M. Renan, d'une manière plus générale, et peut-être avec plus d'exagération, a dit : « Les plus importantes révélations de la pensée moderne ont été amenées, directement ou indirectement, par des conquêtes philologiques » (*Revue des Deux-Mondes*, 15 janvier 1860, p. 381).

faibles comme lui : la vérité du sentiment et de l'idée échauffe malgré tout, et vivifie le style et l'élève jusqu'à l'éloquence. L'imagination n'a pas plus manqué à Bacon qu'à son illustre rival des temps modernes. Si la langue le trahit, du moins il n'ignore pas qu'il pourrait mieux dire ; il déplore que le peu de temps dont il dispose lui fasse une nécessité de se contenter d'un style simple et sans étude ; il réserve pour la philosophie morale la « beauté rhétorique » méconnue de ses contemporains et qui leur serait si précieuse. Il trouve même que les deux livres d'Aristote, qui sont purement littéraires, la *Rhétorique* et la *Poétique,* sont les plus importants de tous ses ouvrages de logique (¹), et cette simple idée souvent exprimée est très originale et unique en ce siècle, et sera reprise par les beaux esprits de la Renaissance. Dans les matières les plus arides, dans ses traités sur la perspective, sur la physique ; dans ses chapitres même les plus obscurs et les plus subtils, ceux qui discutent par exemple de la matière et de la forme, l'exposition a toujours des qualités réelles, de la clarté, de la précision et une sorte de sévérité simple qui n'est pas à dédaigner. Il y a surtout un continuel effort pour suivre une route régulière, pour disposer ses idées dans l'ordre le plus naturel. Ses divisions sont peu nombreuses, très-claires et telles que la science moderne les pratique aujourd'hui ; il commence par exposer les idées générales, les définitions, les divisions, la méthode à suivre, les autorités dont il se sert ; il veut même qu'on instruise le lecteur des destinées de la science, de son origine, de ses progrès, des grands ouvrages qui y ont rapport, et seul parmi ceux de son temps il se préoccupe de l'histoire autant que de la science elle-même. Ces préliminaires constituent ce qu'il appelle les généralités, *communia*. Chaque livre se partage ensuite en sections, qu'il nomme *des distinctions,* et chaque distinction se partage en chapitres. Ce ne sont pas des commentaires, ce sont des livres. Rien de cet appareil repoussant de questions, de solutions, d'objections, de réponses, de conclusions et d'autorités qui impatientent dans les œuvres les plus considérables de ce temps. Chacune de ses pages

---

(¹) *Op. tert.*, cap. I. — *Op. maj.*, 4ᵃ Pars.

est parsemée de citations ; mais c'est un parti pris, et faut-il s'en plaindre quand les auteurs sont le plus souvent Cicéron, Salluste, Sénèque et Pline? « Je veux, dit-il, engager le lecteur à chercher les li-
» vres de ces écrivains où brillent la beauté et la dignité de la sagesse,
» et qui aujourd'hui sont complètement ignorés, non-seulement de la
» multitude des lettrés, mais encore des plus instruits d'entre eux (¹). »

Les longs ouvrages lui font peur ; il blâme ceux qui, trouvant Aristote trop bref, ont pris à tâche de développer encore ses écrits sans y rien ajouter : « Beaucoup d'écrivains anciens, dit-il, ont
» été d'une prolixité excessive et ont traité longuement des sujets
» où notre temps n'a rien à voir. Aristote lui-même n'est pas exempt
» de ce défaut, par exemple quand il énumère toutes les opinions
» des philosophes sur l'âme, ou quand, dans la métaphysique et
» la physique, il insiste sur les doctrines de Parménide, de Mélis-
» sus, de Démocrite, d'Anaxagore, d'Empédocle, de Pythagore,
» de Platon, discussions très-inutiles aujourd'hui (²). Il est vrai
» qu'il avait ses raisons, parce qu'alors ces systèmes avaient des
» partisans et des défenseurs (³). Mais c'est une erreur de quelques
» modernes d'allonger encore les ouvrages d'Aristote et de don-
» ner à un seul plus d'étendue qu'ils n'en ont tous ensemble. Ils
» ne savent pas se borner au nécessaire ; ils entassent des puérilités
» frivoles, multiplient les erreurs à l'infini, parce qu'ils ignorent
» les sciences dont ils parlent et les autres, comme par exemple
» ces deux modernes si célèbres (Alexandre de Halès et Albert). »
Quant à lui, il est partisan des abrégés qui laissent de côté les questions superflues (⁴), et sont destinés surtout à présenter les résultats généraux des sciences. « L'utilité d'un objet consiste dans
» la fin à laquelle il est destiné ; si on ignore la fin d'une science,
» on ne se sent pas invité à l'étudier (⁵). Ces traités feraient voir,

---

(¹) *Comp. theol.*, Prologus.
(²) *Comm. nat.*, cap. III.
(³) *De Cœlestibus*, cap. I.
(⁴) *Comm. nat.*, cap. III.
(⁵) Bacon ne se lasse pas de recommander de commencer tout enseignement en en faisant voir le but, l'utilité et les applications. C'est l'idée la plus originale de Pestalozzi.

» pour chacune d'elles, son utilité par rapport à la théologie, à
» l'église, au gouvernement des fidèles, à la conversion des infi-
» dèles, à la confusion des obstinés, et surtout aux autres sciences,
» qui se tiennent si bien entre elles, qu'on ne peut savoir l'une
» sans l'autre (¹).

Il ne dédaigne même pas d'indiquer les règles de la composition, qu'il ramène à sept principales : « Dans un traité de philosophie,
» tout doit être vrai ; et parmi les vérités, il faut faire un choix,
» car on ne peut tout dire ; il faut ensuite s'astreindre à ne pas
» sortir du sujet et s'interdire les longues digressions ; être d'une
» brièveté raisonnable, parce que la prolixité est un obstacle à la
» connaissance de la vérité, et rend une œuvre rebutante et abo-
» minable ; la brièveté ne doit pas exclure la clarté, bien qu'il soit
» difficile de les concilier parfois ; il faut enfin que tout soit prouvé
» avec certitude, sans l'ombre d'un doute ou d'une supposition,
» avec ordre et méthode, et qu'en somme l'œuvre comporte toute
» la perfection compatible avec la faiblesse de l'humanité (²). » Les contemporains de notre docteur eussent pu tirer quelque profit de ces conseils.

Le goût est un mot qui dans son sens littéraire ne peut être compris d'un docteur du moyen âge ; et pourtant Bacon a quelques lueurs de ce sentiment délicat de la beauté que la Renaissance devait éveiller si fortement dans l'âme humaine et associer à l'amour de la science. Il doit sans doute à un commerce plus intime avec l'antiquité cette inclination dont ses contemporains paraissent peu tourmentés, et qui s'allie chez lui à l'esprit positif. Elle se trahit dans les plus minces détails ; elle lui inspire, à côté de reproches plus sévères, des critiques amères contre la poésie des hymnes sacrées, le chant et la musique d'église, et surtout l'éloquence prétentieuse des prédicateurs. L'office divin est célébré d'une façon pitoyable ; on ne sait ni lire ni psalmodier les morceaux qui le composent, et les chants qu'on y fait entendre n'ont nulle simpli-

(¹) *Op. tert.*, cap. V.
(²) *Id.*, cap. XVI.

cité et brillent d'ornements affectés ; les poètes qui les ont composés joignent au défaut de naturel et d'émotion l'ignorance de la prosodie (¹) ; les voix qui les chantent ont changé pour le fausset l'harmonie virile et sacrée. Ce n'est pas cette musique simple qui a tant de pouvoir sur les passions, et peut même guérir les maladies (²). Quant à la prédication, n'est-il pas fâcheux que le mauvais goût s'y donne carrière? « Tous les orateurs sont épris d'un art singulier, se plaisent à de subtiles divisions à la manière de Porphire, à d'ineptes consonnances de mots, à des chutes symétriques de périodes, au retour régulier des mêmes sons (³) ; et tout cela n'est que vanité verbeuse dépouillée de tout ornement vraiment oratoire et de toute vertu persuasive. L'éloquence est un fantôme puérilement paré ; les orateurs sont des enfants sans raison, sans talent, raffinant sur de petites curiosités ; ils travaillent dix fois plus qu'il ne le faudrait à construire des toiles d'araignées. Ils auraient bon besoin de lire les deux traités d'Aristote s'ils n'étaient traduits d'une manière incompréhensible, et de plus presque inconnus (⁴). Les prélats, qui dans leurs études n'apprennent pas plus la théologie et l'éloquence que le reste, quand ils deviennent de grands dignitaires et qu'ils doivent prêcher, recourent misérablement à ces jeux puérils... où il n'y a aucune grandeur de langage, mais qui ne sont que niaiserie et enfantillage, et dégradent la parole de Dieu (⁵). »

Et quel est le remède proposé par Bacon, qui adresse à un pape le tableau de ces aberrations répandues dans toute l'Église, dit-il? C'est l'étude des anciens, des traités d'Aristote déjà cités, et surtout des moralistes qui ont de si belles maximes. Qu'on lui parle

---

(¹) *Op. tert.*, cap. LXXVI.

(²) *Idem*, cap. LXXIV.

(³) *Op. tert.*, cap. LXXV : « Vulgus convertit se ad summam et infinitam curiositatem, per divisiones porphyrianas, per consonantias ineptas verborum, et clausularum ; per concordantias vocales, in quibus est sola vanitas verbosa, omni carens ornatu rhetorico et virtute persuadendi. »

(⁴) *Op. tert.*, cap. LXXV.

(⁵) *Op. tert.*, cap. LXXV : « Ubi non est sublimitas sermonis, sed infinita puerilis stultitia et vilificatio sermonum Dei. »

de Sénèque, faisant chaque soir son examen de conscience! « Voilà
» un argument moral plein d'efficacité. Un païen sans les lumières
» de la grâce et de la foi est arrivé là, conduit par la seule force
» de la raison (¹). »

§ II.

Il y a plus d'une lacune dans l'encyclopédie des sciences au moyen
âge; l'ignorance des langues n'est que la première, la plus fâcheuse
sans doute; mais il y a d'autres sciences « que les sages d'autrefois
ne méprisaient pas, et qu'il est de mode de dédaigner et de persécuter de gaîté de cœur. » Telles sont les mathématiques. Leurs ennemis acharnés sont ces théologiens nouveaux qui séduisent la
foule; « dans leurs leçons, leurs sermons, leurs assemblées, ils ne
» cessent de déclamer contre les mathématiques, la perspective,
» l'alchimie, l'expérience; ils en éloignent les étudiants et partagent
» l'erreur commune sur le fonds et la forme de la philosophie; et pour-
» tant, sans elles on ne peut rien savoir; les autres y tiennent étroite-
» ment, et toutes conspirent ensemble. » Les sciences sont connexes,
dit-il, et se prêtent un mutuel appui comme les parties d'un même
tout; chacune accomplit sa tâche, non pour elle seule, mais aussi
pour les autres, comme l'œil qui dirige à la fois tout le corps, et
elles sont aussi faciles à apprendre que nécessaires à la philosophie; si les modernes trouvent tant de difficultés et de doutes, s'ils
ne font aucun progrès, « c'est qu'ils ont méconnu cette vérité. Elles
» ne sont pas un fardeau qui retarderait leur marche, elles l'accé-
» lèreraient. Les ailes des oiseaux, au lieu de les fatiguer, ne les
» soutiennent-elles pas dans les airs? et un char attelé de quatre
» chevaux ne transporte-t-il pas un poids plus considérable que ne

---

(¹) *Op. tert.*, cap. LXXV. Manuscrit de Douai, fol. 82 : « O quam efficax argumentum morale per exemplum tanti viri accipitur hic.... homo paganus gratia fidei non illus-
tratus, hoc fecit, ductus sola vivacitate rationis. »

» pourrait le faire un homme sur son dos (¹) ? » Les mathématiques doivent figurer à côté de la grammaire dans l'œuvre de régénération que Bacon entreprend. Mais la grammaire telle qu'il l'entend ne ressemble guère, on l'a vu, à celle qui fait partie du *trivium*. Ce mot signifie sous sa plume, le retour à l'antiquité, au beau langage, au goût littéraire. Les mathématiques qu'il recommande avec une égale insistance, ne sont pas précisément non plus celles qu'enseignait alors son compatriote Sacrobosco. Bacon a d'autres raisons pour les glorifier ; il fonde sur elles d'autres espérances, et se fait de leur nature même une idée qui ne manque pas d'originalité. Écoutons ses explications.

D'où vient le discrédit profond où les sciences exactes languissent ? Il en donne plusieurs raisons. D'abord, les mathématiques passent pour être très-difficiles : « Personne ne peut parvenir à les apprendre par la méthode ordinaire sans y passer trente ou quarante années. On en peut prendre pour exemple les maîtres les plus célèbres en ce genre, comme le seigneur Robert d'heureuse mémoire, naguère évêque de l'église de Lincoln, frère Adam de Marisco et maître Jean (²). En outre, on ne se rend pas compte de l'utilité de cette étude ; et comme on ne comprend pas à quoi peuvent servir tant d'efforts, on s'en dégoûte, et dès la quatrième proposition d'Euclide, qu'on a nommée pour cette raison *Eleofuga, fuga miserorum*, la plupart des étudiants se retirent (³). » Enfin, les mathématiques sont mal famées ; elles ont eu le malheur d'être ignorées des pères de l'Église, et la répugnance qu'elles inspirent est héréditaire dans l'Église. Gratien et le maître des sentences ont contribué à l'entretenir ; les modernes la propagent, et Albert et saint Thomas se vengent de leur incapacité en la couvrant sous l'apparence du dédain. Joignez à cela l'ineptie des maîtres, qui ont une méthode détestable et enseignent mille détails superflus, et vous aurez les causes de l'oubli où elles sont ensevelies. « C'est le
» diable qui l'a voulu ainsi, pour dérober aux hommes les racines

---

(¹) *Comp. Philos.*, fol. 132.
(²) Bodl., 1677, fol. 47.
(³) *Comp. Philos.*, fol. 129.

» mêmes de toute vérité, car les mathématiques sont l'alphabet de
» la philosophie (¹). »

Bacon trace alors à grands traits et avec une sorte d'enthousiasme le tableau de ces belles sciences (²); elles se divisent en deux grandes parties : l'une générale, comprenant ce qu'on pourrait en appeler la *métaphysique,* et l'autre contenant chacune des sciences particulières, au nombre de huit, qui, avec la partie générale, forment neuf grandes sciences ignorées des Latins. Quatre sont purement spéculatives; ce sont : la géométrie, l'arithmétique, l'astronomie, l'acoustique, si l'on peut ainsi désigner ce que Bacon nomme la *musique*. A chacune de ces grandes divisions correspondent autant de sciences pratiques destinées à en appliquer les résultats positifs au bien-être de l'humanité. « Les premières considèrent la quantité en elle-même, sans se préoccuper des applications; les autres, au contraire, descendent aux ouvrages utiles en ce monde et aux instruments qui peuvent aider la sagesse; et comme ces deux parties sont inséparables, comme la théorie est inutile sans la pratique et la pratique aveugle sans la théorie, il ne faut jamais faire marcher l'une sans l'autre. Voici dans quel ordre elles se rangent : l'astrologie et l'astronomie ont besoin de la géométrie et de l'arithmétique, et la musique, de tout le reste. »

La géométrie spéculative n'est enseignée complètement chez les Latins par aucun auteur ni dans un seul ouvrage; mais on peut consulter Euclide, Théodosius et Jordanus. Elle se divise en trois sections : les lignes, les surfaces, les solides. La géométrie pratique se partage en deux sections : « La première concerne le bien-
» être des hommes, la science de gouverner les familles et les
» cités; considère tous les genres de terres labourées et semées,
» les pâturages, les plants d'arbres forestiers ou cultivés, les jar-
» dins où naissent les légumes, les racines, les herbes. Son nom
» d'agriculture lui vient, il est vrai, d'une seule de ces occupations;
» mais elle s'étend à tout ce qui regarde la maison et l'État, et a

---

(¹) *Op. tert.,* cap. XX.

(²) On ne peut dire sur quel fondement M. de Humboldt déclare que Bacon manquait de connaissances en mathématiques.

» besoin pour cela de la pratique de la géométrie. Elle se divise en
» plusieurs sections : 1° des figures isopérimètres et remplissant le
» lieu ; 2° de l'arpentage ; 3° construction des villes, des camps,
» des maisons, des tours ; 4° construction des canaux, des aque-
» ducs, des ponts ingénieux, des navires, des appareils pour nager
» et pour rester sous l'eau ; 5° fabrication d'instruments d'une uti-
» lité merveilleusement excellente, comme des appareils pour voler
» avec une incomparable rapidité, pour naviguer sans rameurs avec
» une vitesse qu'on ne peut imaginer. Si l'on est tenté de sourire
» ou de s'étonner, qu'on sache que ces prodiges ont été réalisés de
» nos jours. Elle enseigne encore à former des instruments pour
» élever et abaisser, sans difficultés ni fatigue, des poids incroya-
» bles, et par ce moyen, un homme peut, d'une prison, se soulever
» dans les airs et se ramener à terre à son gré. En outre, elle ap-
» prend l'art de traîner tout objet résistant où bon nous semble sur
» un terrain uni. Un homme pourrait ainsi en entraîner mille autres
» malgré eux ; elle révèle bien d'autres secrets semblables qui ont
» été trouvés de notre temps. La sixième partie consiste dans la fa-
» brication des machines pour protéger contre les ennemis les villes
» et les maisons et les repousser au besoin.

» La seconde partie de la géométrie pratique a pour objet la
» composition des instruments nécessaires aux autres sciences, et
» elle a sept sections principales, suivant le nombre des sept scien-
» ces particulières, qui exigent des opérations matérielles. La pre-
» mière enseigne la composition de tous les instruments d'astrologie
» et d'astronomie, tels que sphères, quadrants, astrolabes planes
» ou sphériques, armillaires, etc., et de ceux qui servent à mesurer
» d'une manière certaine les mouvements des étoiles, sans qu'il
» soit nécessaire de se livrer à des travaux sans relâche pour les
» observer. A tout cela, on peut encore ajouter un appareil bien
» supérieur, et qui se mouvrait naturellement comme le ciel. Mais
» quant à cet appareil, la géométrie n'y arrivera pas par sa seule
» industrie. L'observation des comètes, des nuages, en exige en-
» core d'autres. La deuxième partie traite de la composition des
» instruments de musique, non-seulement les guitares, les vielles

» et les harpes, mais de ceux qui font vibrer les sons et l'harmonie
» pour exciter les passions des hommes et des animaux à notre
» gré, objet vraiment digne d'admiration, comme on l'exposera
» ci-dessous. La troisième partie s'occupe des instruments de la
» perspective, miroirs plans, sphériques, concaves, polis, ovales,
» coniques, appareil pour mesurer l'égalité des angles d'incidence et
» de réflexion. La quatrième partie traite des instruments nécessai-
» res à la science expérimentale, miroirs de tous genres, pour aug-
» menter ou diminuer la grandeur des objets, les rapprocher à notre
» gré, et faire découvrir les plus cachés, et miroirs incendiaires ([1]).
» La sixième et la septième partie s'occupent des instruments de
» médecine, de chirurgie et d'alchimie. » Les trois autres sciences sont à leur tour divisées en leurs parties : l'arithmétique comprend le calcul et toutes ses divisions ; l'astronomie et l'astrologie
se partagent en plusieurs séries ; la musique comprend la danse,
la musique vocale, instrumentale, la science des mètres, des ryth-
mes, la prose, la quantité, etc. ([2]). »

Ce tableau séduisant, où notre docteur a esquissé avec complaisance les merveilleux effets des mathématiques, achève de marquer
la distance qui le sépare des hommes de son temps. Nul n'aurait
songé, au moyen âge, à rappeler la philosophie sur la terre, à
faire entrer la science dans les villes, dans les maisons, et à rattacher l'économie domestique, l'art de construire et l'agriculture à
la géométrie. La science ainsi comprise a un nom : elle s'appelle
l'*industrie*. Bacon veut éblouir son lecteur, l'étonner par cette
longue description d'instruments merveilleux ; il jette pêle-mêle,
comme appât à sa curiosité, de grandes idées et de grandes illusions ; mais quand il a obéi à cette nécessité et au penchant de son
imagination, il trouve, pour glorifier les mathématiques, des raisons d'un autre ordre.

Les mathématiques, qui, d'après Descartes, ont pour principe

---

[1] Manuscrit Sloane, 2156, fol. 74 : « Specula prospicua ut mirabilia operum naturæ appareant, ut maxima appareant minima, et altissima infima, et occulta in aperto, etc. »

[2] *Liber veræ mathematica.* Sloane, 2156. (V. ci-dessous. V^e partie, ch. IV.)

les deux idées d'ordre et de mesure (¹), peuvent servir de deux façons aux autres sciences. On peut, comme de grands philosophes, depuis Pythagore jusqu'à Kepler, chercher la raison, soit des grands phénomènes naturels, soit même des faits purement intelligibles, dans les propriétés des nombres purs, déduites de l'idée d'ordre et d'harmonie; recherche stérile pour la philosophie, qui, jusqu'à présent, n'y a rien gagné. Mais on peut aussi, renonçant à ces vaines spéculations, ne voir, comme Descartes, dans les mathématiques, qu'un instrument d'analyse et une méthode, ou bien, comme Galilée, le moyen de donner à la physique un caractère précis, en mesurant et en comptant tout ce qui est susceptible de mesure et de nombre dans les phénomènes sensibles. Bacon se rapproche en cela de Descartes et de Galilée. Comme l'un, il voit dans l'enchaînement des vérités mathématiques, une sorte de logique supérieure; comme l'autre surtout, il veut ramener à des mesures et à des nombres qui en soient l'expression, les phénomènes observables de la nature.

Sur le premier point, il trouve dans les procédés des mathématiques l'exemple le plus parfait et l'application la plus exacte des règles de la logique. La logique, suivant lui, peut se considérer sous trois points de vue : son principe, son milieu et sa fin. Son principe, c'est la théorie des catégories; or, le prédicament de la quantité a tous les autres sous sa dépendance, et cette idée est le fondement des mathématiques. Son milieu, c'est la théorie de la démonstration, et il n'y a de démonstration que dans les objets des mathématiques. La fin, c'est la persuasion, comme le montrent la rhétorique et la poétique, qui sont parties intégrantes de la logique; et on ne peut arriver à ce but qu'en conformant son langage aux lois de l'harmonie et de la beauté, c'est-à-dire à la science musicale, qui est tout entière mathématique. Les autres sciences n'y sont pas moins soumises. « On doit dire des mathématiques qu'elles sont la science la plus ancienne, la plus facile à apprendre; les clercs les plus ignares peuvent y mordre, tout incapables qu'ils sont

---

(¹) Descartes; *Règles pour la direction de l'esprit*, édit. Cousin, t. II, p. 223.

d'arriver aux autres ; par conséquent, elle doivent être la base et le principe des autres ; seules, elles sont en possession d'une vérité nécessaire, et qu'on ne peut ni contester ni concevoir autrement qu'elle n'est. Dans toutes les autres sciences il y a des doutes, des opinions, des erreurs, et l'on ne peut s'en affranchir, parce qu'elles n'ont pas en leur pouvoir la démonstration par la cause nécessaire. En physique, en effet, rien n'est nécessaire ; les causes et les effets sont dans un changement perpétuel ; dans la métaphysique, toute démonstration s'appuie sur l'effet, et l'on arrive au spirituel par le corporel, au créateur par la créature ; la morale n'a pas de principes qui lui soient propres et qui puissent servir de matière à une démonstration ; la logique et la grammaire s'occupent d'objets qui ont si peu de part à l'être, qu'il ne peut y avoir de démonstration dans toute l'acception du mot ; les mathématiques seules emploient de vraies démonstrations par la cause nécessaire, et se suffisent à elles-mêmes pour arriver à une vérité certaine. » Les mathématiques sont aussi utiles aux sciences divines qu'aux connaissances profanes (¹). Venues, avec les traditions religieuses, de l'antique Orient, elles nous ont été transmises, comme la loi de Dieu, par les patriarches et les saints, et participent en quelque sorte à cette origine sacrée : *Sunt consonæ legi divinæ*. Et que de services ne rendent-elles pas à la théologie ? Tantôt elles comptent les corps célestes, les mesurent, et font voir le néant de l'homme par la petitesse de l'univers qu'il habite, par la grandeur des astres qu'il voit au-dessus de lui ; tantôt elles trouvent dans l'étude des phénomènes célestes les moyens d'arriver à compter le temps et à fixer la chronologie, et l'époque des grands faits religieux, comme la création du monde, le déluge, et surtout la passion de Jésus-Christ, sur laquelle on se trompe étrangement. Sans doute il se rencontre ici beaucoup d'exagération et quelques idées bizarres, mais qui trouvent grâce quand on voit à côté d'elles toute la critique de la manière de mesurer le temps, le plan admirablement exposé et justifié d'une réforme du calendrier, d'une

---

(¹) V. surtout l'*Opus majus*, p. 68, 96, 78, 79 et 103.

mesure certaine des longitudes et des latitudes, tout cela pêle-mêle avec des rêveries sur l'astrologie judiciaire et des assimilations dont nous avons déjà parlé.

Quant à l'application des mathématiques aux sciences physiques, Bacon a compris le premier, et signalé en vingt endroits la nécessité de cette méthode : « Les physiciens doivent savoir, dit-il à plusieurs reprises, que leur science est impuissante s'ils n'y appliquent le pouvoir des mathématiques (¹). » Il a fait plus, il s'est mis à l'œuvre ; il a d'abord composé la perspective, parce que les lois de l'optique se prêtent le mieux à servir d'exemple ; puis il a abordé une tâche plus difficile, impossible même à cette époque : il a essayé de constituer une science générale ayant pour but de ramener à des principes mathématiques toutes les actions réciproques des corps et des agents naturels. C'est, suivant lui, son principal titre de gloire, et cette science toute nouvelle, qui lui a coûté dix ans d'efforts, vaut cent fois plus que tout le savoir des autres docteurs (²). Tel est le but de son traité *De multiplicatione specierum*, qui, bien qu'imprimé, n'a jamais été étudié ni compris.

Pour cette œuvre, il faut des hommes, et Bacon, qui avait passé sa vie à rechercher les sages et à les apprécier, indique au Saint-Père ceux qui peuvent l'aider à donner l'impulsion. Ce sont, comme toujours, des savants assez obscurs ou même tout à fait ignorés : il n'y a que quatre bons mathématiciens qui puissent, non-seulement comprendre les anciens, mais ajouter à leurs ouvrages. Il y en a deux au-dessus de tous les autres : c'est d'abord Pierre de Maricourt, le véritable maître de Roger ; puis, maître Jean de Londres (³) ; et au-dessous d'eux, Campano de Novarre, dont nous avons un traité sur le *Comput ;* et maître Nicolas, précepteur d'Amaury de Montfort. Il faut aussi des instruments, sans lesquels on ne peut rien savoir, qui manquent aux Latins, et qu'on n'aurait

---

(¹) *De Cœlestibus*, cap. 1. Manuscrit de la Mazarine. « Naturales mundi sciant quod languebunt in rebus naturalibus, nisi mathematicæ noverunt potestatem, in quam blasphemant, ex infinita ignorantia, et propter ea omnium carent certitudine. »

(²) *Op. tert.*, cap. XI, XXXI, XXXVI. (V. ci-dessous, IVᵉ partie, ch. II.)

(³) *Idem*, cap. XI.

pas pour moins de deux ou trois cents livres, et enfin des tables astronomiques. Les instruments se transportent difficilement, s'altèrent par la rouille, se brisent. Des tables bien faites peuvent souvent y suppléer. Il faudrait rédiger un almanach, grande nouveauté pour le temps, une des idées que Bacon doit aux Arabes. On y lirait, jour par jour, ce qui se passe au ciel, comme nous lisons dans un calendrier les fêtes des saints. Ces tables vaudraient le trésor d'un roi. Bacon a essayé d'en composer, mais il n'a pu les achever par le manque de ressources pécuniaires et par la stupidité de ceux qu'il employait. Il se propose pour instruire dix ou douze enfants, les familiariser avec les procédés astronomiques, et quand ils seraient au courant, dans une seule année, ils trouveraient les mouvements de chaque planète à chaque heure du jour. N'est-ce pas l'idée lointaine de nos observatoires? Il faudrait aussi des instruments pour l'arithmétique pratique, la musique et l'optique (1).

Ainsi, pour cette grande réforme des sciences, cette *instauratio magna* prématurément proposée par le moine d'Oxford, il réclame le secours des mathématiques, c'est-à-dire de toutes les sciences exactes, y compris la chronologie, l'astronomie, et, faut-il le dire, l'astrologie judiciaire. Il y a là plus d'une illusion, plus d'une rêverie. Si Bacon n'avait pas exagéré à ses propres yeux et la grandeur du but et l'efficacité des moyens, aurait-il jamais eu le courage de braver tous les périls, et la constance de résister à toutes les persécutions? Sans doute, on peut être incrédule sur l'efficacité du remède pour guérir la scolastique de ses infirmités. Les mathématiques enfermées, loin du monde réel, dans la sphère idéale de leurs conceptions, et construisant pour ainsi dire elles-mêmes leurs objets, n'étaient peut-être pas tout à fait ce qu'il fallait à ces esprits déjà trop enclins à s'emprisonner dans l'abstraction et à se tenir loin du réel. Elles eussent difficilement corrigé l'abus de la méthode syllogistique, dont elles sont le plus bel exemple et la plus grande gloire. Mais Bacon les considère surtout dans leurs applications, dans

---

(1) *Op. tert.*, cap. XI.

les services qu'elles peuvent rendre aux autres sciences. C'est un fait curieux que cette tentative prématurée et nécessairement avortée ; par là, Bacon se rapproche des philosophes de la Renaissance, et l'union des mathématiques avec la philosophie est un trait de l'esprit moderne (1).

§ III.

La philosophie, pour Bacon, comme pour toute l'antiquité et le moyen âge, comprend l'ensemble des connaissances humaines ; la grammaire, avec la logique, en est le principe ; puis viennent les mathématiques ; en troisième lieu, la physique, puis la métaphysique, et enfin l'édifice est couronné par la morale, qui est le but de toutes les autres sciences. Il justifie facilement cette classification, qui n'a en soi rien de déraisonnable dans son ensemble, et dont le principal défaut dans les détails est la place médiocre laissée à la psychologie, qui est une simple division de la physique et touche d'autre part à la métaphysique. Nous connaissons ses idées générales sur la grammaire et sur les mathématiques ; interrogeons-le plus brièvement sur chacune des autres sciences et sur la philosophie tout entière.

La logique est la grande science scolastique : on lui a souvent imputé tous les défauts et les ridicules de l'époque. Ce serait aujourd'hui peine perdue de s'inscrire en faux contre ce jugement ; nos maîtres ont depuis longtemps vengé la logique, et montré par quelle heureuse fortune l'esprit moderne, dès sa naissance, la trouva à son berceau, et quelle netteté, quelle sûreté de jugement, les nations nouvelles, et l'esprit français en particulier, doivent à cette sévère institutrice. Si donc nous trouvions Bacon injuste envers cette noble science, nous l'enregistrerions avec regret, et comme

(1) Albert, au contraire, dès le début de la physique, proteste contre l'intervention des mathématiques dans cette science. Jean Baconthorpe, Duns Scot, Guillaume d'Ockam, font, de leur côté, le plus grand cas de cette science ; ils le doivent peut-être aux souvenirs que Bacon dut laisser à Oxford.

une preuve nouvelle des excès où toute réforme se laisse parfois entraîner. Sans la dédaigner (¹), il n'a pas entrepris pour elle cette apologie fervente que d'autres sciences réclamaient. Les causes victorieuses n'ont pas eu grand attrait pour lui. Un peu déchue au XIIIe siècle, et éclipsée par ses nouvelles sœurs, la physique et la métaphysique, la logique faisait encore très-bien son chemin dans le monde sans avoir besoin de patrons. Il est certain pourtant qu'il ne l'a pas tenue en très-haute estime. En analysant ses deux premiers ouvrages, il fait remarquer qu'il n'a pas parlé de la logique, parce que cette science n'a rien d'important : tout y porte sur des mots ; la forme seule est scientifique, la matière ne l'est pas, et tous les hommes sont naturellement logiciens ; les enfants mêmes raisonnent très-bien. Les laïques ignorent les termes dont se servent les clercs, mais ils n'en savent pas moins bien, par leurs procédés, résoudre tout argument faux. Ce qui leur manque, ce sont les mots et non la chose. Il le faut bien, car on doit s'arrêter, sous peine de reculer à l'infini, à une première connaissance naturelle et spontanée de la logique. Aussi conclut-il qu'il n'est pas nécessaire d'apprendre la logique aux hommes (²), pas plus que la grammaire proprement dite, *vulgata*. D'ailleurs, on n'en a que les premières parties : celles qui couronnent la science, qui en sont le résultat final, qui traitent de l'argument oratoire et poétique, manquent aux Latins ; elles seraient les plus utiles. Les précédentes n'ont pas d'autre raison d'être, et celles-là serviraient à la persuasion dans la philosophie morale et dans la théologie (³).

La même préférence pour les applications se fait jour dans sa physique ; là aussi la pratique est toujours unie à la théorie ; là aussi il y a une science toute générale qui traite des principes, la seule, qu'on y fasse attention, qu'Aristote nous ait transmise ; puis des sciences plus déterminées, plus voisines de la réalité, et qui sont

---

(¹) La deuxième partie du *Compendium Theologiæ* contient quelques chapitres incomplets qui touchent à la logique. Un manuscrit d'Oxford renferme aussi une somme de logique attribuée à Bacon : elle figurait dans les deux *Compendium* et dans l'*Opus tertium*.

(²) *Op. tert.*, cap. XXVIII.

(³) *Op. maj.*, 4^a Pars.

au nombre de sept, comprenant souvent d'autres subdivisions. Ce sont : 1° la perspective, science chère à Bacon par-dessus toutes les autres, parce que l'alliance de la physique et de la géométrie y est plus visible que partout ailleurs. 2° L'astronomie, qu'il ne faut pas confondre avec l'astronomie mathématique, car il y a trois sortes d'astronomies : l'une spéculative, comme celle de l'Almageste ; l'autre pratique, qui apprend à calculer, à dresser des tables, à construire des instruments : ce sont des sciences exactes ; mais la troisième étudie l'influence physique des astres sur la terre, leurs mouvements, leurs révolutions par rapport à nous, l'ordre des saisons, les climats ; c'est une sorte de météorologie. 3° La science des graves, *scientia de ponderibus*. 4° La science alchimique, que Bacon veut faire entrer dans le cadre de la philosophie d'où elle est exilée, et qui le mérite par l'idée très-élevée qu'il s'en fait. C'est la chimie moderne avec ses grandes divisions, car il y rattache avec les combinaisons minérales l'étude des tissus organiques, végétaux ou animaux. Il est vrai que l'art de purifier les métaux et de les ramener à l'or pur n'y est pas étranger ; mais il ne concerne que l'alchimie pratique. Quant à la théorie, elle s'élève au-dessus de ces applications, et, par cette distinction abandonnée après lui, notre auteur a ce mérite d'avoir le premier conçu l'objet de la vraie chimie et de l'avoir séparée des œuvres hermétiques [1]. 5° La science des végétaux et des animaux, qui étudie d'abord le sol, en considère les quatre variétés par rapport à la culture, à savoir : terres labourables, terrains forestiers, pâturages et prés, et jardins légumiers ou botaniques ; puis s'élève à la connaissance des animaux domestiques nécessaires à la culture et des animaux sauvages. 6° La science de l'homme considérée au physique, qu'on peut appeler *médecine*. 7° La science expérimentale, dont nous avons déjà parlé [2]. Il est inutile de commenter cet aperçu des sciences physiques et de faire ressortir combien Bacon se montre toujours préoccupé du côté utile des connaissances humaines, tendance

---

[1] V. plus bas, IVe partie.
[2] Tous ces détails sont extraits du Prologue si remarquable du traité *Communia naturalium*, que nous reproduisons à la fin de cet Essai (Ve partie, ch. IV).

qu'il ne faudrait pas trop louer s'il ne s'agissait du xiiie siècle (¹).

La métaphysique n'est pas dédaignée par Bacon; il ne l'ignore pas, la respecte, en a traité à plusieurs reprises dans des ouvrages perdus, et auxquels il renvoie sans cesse. On trouvera plus bas certaines doctrines qui, à la rigueur, peuvent s'y rapporter. Mais ici encore il paraît avoir eu une manière toute particulière d'envisager cette science. Il n'y renvoie jamais à propos de spéculations sur l'être et sur les principes, mais bien au sujet de problèmes moins élevés, sinon moins utiles. Pour lui, la métaphysique est la science suprême dans l'ordre des spéculations, et, comme il le dit, la science commune à laquelle concourent toutes les autres. Leurs résultats y deviennent des principes; et réciproquement, ses résultats à elle servent de principes aux autres. « Le but principal de la
» méthaphysique, dit-il, c'est de diviser les grandes sciences,
» d'en marquer les différences et d'en tracer les limites; d'en dé-
» terminer l'origine, le caractère propre, l'ordre dans lequel on
» doit les étudier; d'apprendre quels hommes les ont inventées,
» en quel temps et en quel lieu elles ont pris naissance; et enfin,
» d'en vérifier les principes. Elle doit leur donner leur forme et
» leur figure *formare et figurare*, la méthode qui sert à les consti-
» tuer et à les enseigner, et signaler les causes d'erreurs générales
» auxquelles elles sont exposées. C'est la science universelle et
» commune (²). » Si donc la métaphysique, chez Aristote, est la science des principes de l'être et de la connaissance, pour Bacon elle est surtout ramenée à ce second objet; il la réduit à n'être qu'une simple méthodologie générale, et comme la philosophie des sciences. Toute la métaphysique n'est pas où Bacon la voit, mais on ne peut contester que, même dans ces limites, il y ait place pour

---

(¹) « R. Bacon, le vrai prince de la pensée au moyen âge, fut un positiviste à sa manière. » (Renan; *Revue des Deux-Mondes*, 15 janvier 1860, p. 377.)

(²) *Comm. math.*, cap. I. Ailleurs il dit : « Nobilis pars metaphysicæ quum sit communis omnibus scientiis est de origine, distinctione et numero et ordine scientiarum omnium, ostendens propria cuilibet et demonstrans. » Et plus bas : « De scientiarum natura et proprietatibus magnum composui tractatum in metaphysica, cujus proprium est distinguere omnes scientias, et dare rationem universalem de omnibus: (*Comm. nat.*, cap. II.)

une étude intéressante et féconde ; ce qu'elle perd en élévation, elle le gagne en précision ; les autres docteurs du même temps raffinent sur la substance, la matière et la forme ; Bacon se tient plus près de la terre, et il parvient à donner une utilité immédiate à cette science qu'Aristote mettait au-dessous de toutes les autres, parce qu'elle est la plus inutile.

Enfin, la morale est dans l'ordre pratique ce que la métaphysique est dans l'ordre spéculatif : elle est la fin dernière des connaissances de tout genre ; et toutes, y compris la métaphysique, travaillent pour elle et lui amassent des matériaux, car elle n'a pas de principes particuliers. C'est la théologie profane et la reine de toutes les sciences.

§ IV.

Jusqu'à présent, Bacon n'a avec la scolastique que des rapports d'opposition ; il y a pourtant, au XIII° siècle, une opinion qui réunit l'assentiment universel, et qui s'est tellement emparée de tous les esprits, que ce contradicteur intrépide ne l'a pas un seul instant discutée ; c'est le fonds même de la scolastique, à savoir : l'alliance de la philosophie avec la théologie, pour la plus grande gloire de la dernière ; alliance dont les avantages et les périls ont été divers, et que Descartes a détruite, en assignant à chacune de ces deux puissances leurs frontières et leur domaine. C'est une vérité devenue vulgaire, que les docteurs scolastiques ont toujours soumis la science tout entière à la théologie, et on est allé jusqu'à prétendre que le but constant de leurs efforts avait été de fabriquer une fausse philosophie pour la mettre au service de sa rivale.

Au XIII° siècle, à l'époque où Bacon compose ses ouvrages, les écoles sont divisées sur cette question. La plus sensée est à la fois dévouée aux intérêts de l'Église et à ceux de la science, et c'est l'éternelle gloire de l'ordre de Saint-Dominique d'avoir produit des génies qui, comme Albert et saint Thomas, combattent d'une main les hérétiques, et de l'autre résistent fermement aux théologiens intolérants. Concilier la foi avec la raison, et réunir en un système harmonieux le péripatétisme et l'Évangile, c'est une œuvre difficile. On peut différer d'avis quand il s'agit d'apprécier le succès avec lequel les deux illustres Dominicains l'ont achevée ; mais il faut leur tenir à honneur de l'avoir entreprise et d'avoir témoigné pour la raison un respect qu'on ne retrouve pas toujours à des époques où il est moins excusable d'en désespérer. En face de cette doctrine modérée, s'agitent des écoles téméraires qui recueillent la parole d'Averroès et la répètent à voix basse ; penseurs obscurs qui n'ont guère laissé de noms, et dont nous ne connaissons les détestables opinions que par les arrêts qui les flétrissent (¹). A l'autre extrémité, des théologiens, comme l'école de saint Victor et d'autres mystiques, voient avec indignation cette alliance sacrilége de la science et de la foi, et ne peuvent supporter que la dernière emprunte rien à l'autre, fût-ce pour se défendre et se fortifier. Un philosophe même, Henri de Gand, n'accuse-t-il pas Albert de s'attacher aux subtilités de la philosophie séculière, et d'obscurcir ainsi la splendeur de la pureté théologique (²)? Un chroniqueur ne le représente-t-il pas comme un homme ivre du vin de la sagesse profane, et qui ose mélanger la science humaine, pour ne pas dire la philosophie païenne, aux lettres divines (³)? Saint Thomas, avant qu'un pape eût proclamé qu'il avait fait autant de miracles qu'il avait écrit d'articles, encourait les mêmes reproches, et la Faculté de théologie lui imputait à crime d'avoir enfreint les ordonnances de Grégoire IX qui prohibaient la physique et la métaphysique d'Aristote, d'avoir considéré un païen comme une autorité, et introduit sa méthode dans la science sacrée (⁴). Etienne Tempier condamne, en 1277, beaucoup de propositions thomistes (⁵). Dans laquelle de ces trois catégories faut-il placer Bacon? Il est à peu près d'accord sur l'importance et la valeur de la philosophie

---

(¹) V. Du Boulay, t. III, *passim*. — Biblict. vet. Pat., t. XXV.
(²) Henricus Gandavensis, *apud* Miræum. 1639, p. 170.
(³) Langius monachus cizensis in chronica ad annum 1258. Brucker, t. III.
(⁴) Launoius de fort. Arist., cap. X, p. 213.
(⁵) Du Boulay, t. III, p. 408.

avec l'école thomiste, dont il se sépare par tous les autres côtés;
il combat pour l'harmonie de la révélation et de la raison, sans les
opposer ni les sacrifier l'une à l'autre; il ne distingue pas hypocritement, comme le fera plus tard toute l'école averroïste et Guillaume d'Ockam lui-même, entre la vérité chrétienne et la vérité
philosophique. Cette distinction est déjà inventée; elle a pour but
de dissimuler et de couvrir d'impunité les hérésies les plus flagrantes; mais elle répugne à la loyauté et à la sincère conviction
de notre docteur. « Ils mentent comme d'ignobles hérétiques,
» *mentiuntur, tanquam vilisimi heretici*, s'écrie-t-il en parlant
» de ceux qui ont recours à ce subterfuge; ce qui est faux en phi-
» losophie ne peut être vrai ailleurs. » Il est à ce propos d'une orthodoxie irréprochable; la sagesse, pour lui comme pour ses contemporains, n'a d'autre but que le plus grand bien de la religion. Si
même on le jugeait au pied de la lettre, on pourrait le confondre
avec les ennemis de la raison. « La philosophie en elle-même ne
» peut servir à rien; livrée à elle seule, elle conduit à l'aveuglement de l'enfer; elle n'est que ténèbres et magie; son utilité est
» toute relative. » Elle doit satisfaire à quatre conditions qu'il exige
du reste de toute science : fortifier l'Église, diriger la république
des fidèles, convertir les infidèles, réprouver ceux qui ne veulent
pas être convertis. Toute vérité se trouve dans le texte saint, elle
doit l'en faire sortir ([1]). L'Écriture, c'est la main fermée, et la
philosophie la main ouverte; elle est comprise, *conclusa*, dans la
théologie, qui domine toutes les sciences, et saint Augustin a bien
dit : « Si verum est, hic invenitur; si contrarium, damnatur. »
Voilà des déclarations rassurantes, et on ne pourra pas le ranger
parmi les téméraires qui affirment, à côté de lui, que la théologie
n'apprend rien, que le philosophe seul peut savoir, etc ([2]). Il s'adresse à un pape, et, sans dissimuler sa pensée, outre un peu ses
expressions; il est permis de le croire, si on oppose à ces passages
des propositions d'un autre genre qui expliquent les premières
sans les contredire absolument.

([1]) *Op. maj.*, p. 38. — *Op. tert.*, cap. XXIV.
([2]) Prop. condamnés par Étienne Tempier. Biblioth. Fat., t. XXV.

D'accord avec tout son siècle pour s'incliner devant la parole de Dieu, Bacon le dépasse peut-être un peu pour glorifier la parole humaine et la sagesse profane. Après des affirmations comme celles qui précèdent, il a le droit d'exprimer son admiration pour la science sans faire suspecter son respect pour la foi. « La philosophie est devenue odieuse à l'Église, s'écrie-t-il, et cela
» remonte à l'origine du christianisme. Quand la religion parut,
» elle trouva le monde aux mains de la philosophie, qui, avant le
» Christ, avait donné des lois à l'univers, à l'exception des Hébreux,
» en se fiant aux seules forces de la raison, *quantum potuit humana*
» *ratio*. Elle fut donc un obstacle aux progrès de la foi ; les philo-
» sophes voulurent lutter avec les prédicateurs en science et en
» miracles ; ils conseillèrent même peut-être les persécutions, et
» voilà pourquoi cette science fut non-seulement négligée dans le
» principe par l'Église et les saints, mais fut poursuivie de leur
» haine ; et pourtant, loin de contredire la vérité, malgré ses im-
» perfections, elle est d'accord avec la loi chrétienne ; elle lui est
» conforme, utile et nécessaire. » L'Église la confond avec la magie, qui pourtant en est l'ennemie ; de là, les déclamations de Gratien, du maître des Sentences et des Histoires ; de Hugues et de Richard de Saint-Victor, qui se sont ainsi condamnés à méconnaître des sciences magnifiques ; de là, l'ignorance des modernes, qui se complaisent dans des études sans importance et sans élévation, négligent ce qu'il y a de meilleur dans la logique, c'est-à-dire la rhétorique et la poétique ; ignorent les neuf sciences mathématiques, les huit sciences physiques, les quatre parties de la morale, et cherchent une misérable consolation à leur ignorance dans Gratien et les autres maîtres qui font autorité ([1]). Et pourtant l'intelligence est d'origine céleste, et toute vérité, par quelque bouche qu'elle ait passé, qu'elle ait eu pour interprètes les sages de la Grèce ou les savants de l'Orient, est une vérité sacrée, une inspiration et, pour dire comme lui, une révélation même de la divinité. Dans sa piété pour les ancêtres de la sagesse profane, pour les

---

([1]) *Op. maj.*, IIe partie.

saints et les philosophes (il ne sépare jamais les premiers des seconds), dont nous sommes, dit-il, les fils et les héritiers, il ne peut se résigner à croire qu'ils aient été privés de la lumière divine; il aime mieux supposer qu'ils ont été l'objet d'une révélation spéciale; que Dieu même leur a manifesté la vérité, et que la philosophie a pour premier auteur l'intellect divin lui-même éclairant par des oracles infaillibles les grands génies de tous les temps et de tous les pays ([1]).

Si la science par excellence est la théologie, si toutes les autres lui sont soumises, cependant elles lui sont nécessaires, et elle ne peut sans elles arriver à son but ([2]). Dans la construction du temple, les ouvriers de Salomon figurent la religion, et ceux d'Hiram la philosophie. Cette dernière, comme l'Écriture, est d'origine divine. Ce n'est rien moins que la raison universelle, l'intellect actif se manifestant à tous les hommes et surtout aux sages ([3]). Il y a eu avant le Christ une révélation qui ne peut contredire la seconde, qui s'est transmise des patriarches aux philosophes. Bacon en suit la trace dans une revue rapide des âges passés, et jamais il n'a dû consulter plus d'auteurs et feuilleter plus de volumes ([4]). Dans cette énumération curieuse, on voit paraître Moïse, qui connaissait l'antique sagesse des Égyptiens; Zoroastre, Isis; Minerve, qui florissait du temps de Jacob; Apollon, qui fut un philosophe; Atlas, Hermès-Mercure, Hermès-Trismégiste, Esculape, plusieurs Hercule, les sept sages; Pythagore, qui prit le nom de philosophe; l'école ionienne; Platon, qui peut-être a entendu Jérémie en Égypte; Aristote et ses mille ouvrages; Avicenne, et enfin Averroès. Théologie et philosophie ne sont donc qu'une seule et même science, et comme les deux rayons d'une même clarté, *una sapientia in utra-*

([1]) *Op. tert.*, cap. XXIV : « Viri tam boni et tam sapientes sicut Pythagoras, Socrates, Plato, Aristoteles et alii zelatores maximi sapientiæ receperunt a Deo speciales illuminationes, quibus intellexerunt multa de Deo et salute animæ et forsan magis propter nos christianos quam eorum salutem. »

([2]) *Op. maj.*, p. 23.
([3]) *Idem*, p. 28.
([4]) *Idem*, p. 30.

que relucens (¹). La seconde a, comme la première, ses vérités sacrées, *habet sacratissimas veritates.* Elle aspire à la foi, et de tout temps les philosophes ont tendu à une science plus élevée, plus complète, qui n'est autre chose que la théologie. Il y a des vérités communes que tout sage admet. « Enfin, s'écrie Bacon, les » philosophes se sont appliqués à la vérité et à la vertu, méprisant » les richesses, les délices et les honneurs, aspirant au bonheur à » venir autant que le peut la nature humaine. Que dis-je? ils ont » triomphé des faiblesses de l'humanité. Faut-il donc s'étonner » que Dieu, qui les a éclairés de ces notions moins importantes, » leur ait donné aussi la lumière des grandes vérités. S'il ne l'a » fait pour eux, ne dut-il pas le faire pour nous, afin de préparer » par leurs leçons le monde à recevoir sa parole infaillible (²). »

Sans doute ce fut une idée trop répandue au moyen âge que les grands hommes de l'antiquité avaient dû la supériorité de leur génie à la connaissance des livres saints. Mais Bacon élève singulièrement la question, car il n'attribue pas leur savoir à l'étude de l'ancien Testament, mais à leur participation à la raison commune, « quæ illuminat omnem hominem venientem in hunc mundum. » Il ne veut donc pas glorifier la théologie ni abaisser la sagesse; non, à ce moment ce n'est pas de ce côté que le danger presse; ses efforts ont évidemment un autre but; c'est à la philosophie qu'il veut venir en aide, et pour la mettre à l'abri de toute persécution, pour conjurer les injures ou les soupçons de ce *vulgus* qu'il méprise, il ne trouve rien de mieux que de la rattacher, comme la religion, à son principe, et d'aller abriter loin des outrages, dans le sein même de la divinité, sa première origine. La doctrine de l'intellect agent et séparé de l'âme, dont il fut l'obstiné défenseur, lui fournit, à l'appui de sa thèse, des armes puissantes (³).

Mais ce langage si positif, Bacon l'a encore dépassé dans un

(¹) *Op. maj.*, p. 37.
(²) *Idem*, p. 39. — Cf. p. 40, 41.
(³) V. plus bas, *Philosophie de Bacon*, IIIe partie.

autre ouvrage (¹) où, abordant une question plus délicate, il parle de la morale, qui, unie de plus près aux dogmes, resta longtemps en dehors des spéculations philosophiques. Un philosophe du xiiiᵉ siècle qui touche à cette question d'une manière générale, ne semble pouvoir la résoudre que dans un sens, et abaisser aux pieds de cette admirable morale du Christ les préceptes moins parfaits de la raison ancienne. Mais Bacon est tellement épris de l'antiquité, il a tant de pitié ou de mépris pour son temps, qu'il ne craint pas d'opposer celle des anciens à celle des modernes, et de donner la préférence à la première. Il n'y a pas une grande vérité que les philosophes aient méconnue, et les chrétiens trouveraient dans leurs œuvres un amour si ardent de la vertu et de si belles maximes, qu'ils s'enflammeraient pour le bien ; mais les modernes ne comprennent pas ces anciens monuments ou les dédaignent, bien loin d'y ajouter. Et pourtant, l'étude délaissée de la morale serait très-utile à la religion. « Les infidèles nient l'autorité du
» Christ, celle des évangiles et celle des saints ; on ne peut les
» convaincre par ces moyens, et personne sans doute n'a la pré-
» tention de faire des miracles aujourd'hui ; il n'y a donc qu'une
» seule voie, le pouvoir de la philosophie, sur laquelle nous som-
» mes d'accord eux et nous, puisqu'ils ne peuvent nier les prin-
» cipes de la sagesse humaine, ni récuser l'autorité des grands
» philosophes ; c'est avec ces armes qu'il faut les combattre et les
» incliner à la vérité de la foi. » Les chrétiens devraient extraire de leurs livres tout ce qui est conforme à la tradition chrétienne et peut la renforcer, et surtout les principes de morale, qui n'en sont que l'application (²). Mais l'ignorance est si épaisse, qu'on refuse de puiser aux sources anciennes. « Ces belles pensées gisent comme
» mortes et comme si elles n'avaient jamais été écrites, et ce qu'il y
» a de pire, chaque fois qu'on les lit ou qu'on les entend on les cou-
» vre de dérision et de mépris ; les uns regardent comme une indi-
» gnité de s'arrêter à des vérités si simples ; les autres considèrent

---

(¹) *Metaphysica*. Bibl. Imp., 7440. C'est, en réalité, une partie de *l'Opus tertium*.
(²) Biblioth. Imp. Manusc. 7440 cap. III et IV.

» comme un outrage à la foi, que des philosophes aient pu lui venir
» en aide; et ces mêmes hommes ne se font pas scrupule, dans des
» questions purement spéculatives, de s'appuyer sur des considé-
» rations philosophiques! Pourquoi ne pas le faire pour la morale,
» qui, sans comparaison, est plus conforme au christianisme? Qu'on
» imite les saints, qui n'ont pas craint d'emprunter aux philosophes
» leurs éloquents préceptes, pour le plus grand avantage de notre
» religion, et qu'on laisse enfin ces arguments captieux et sophisti-
» ques, propres à établir le pour et le contre, et qu'on multiplie à
» l'infini en traitant de la foi et de la morale (1). » L'efficacité de
la philosophie, pour réunir au nom de principes communs toutes
les sectes religieuses, trouvera plus d'un incrédule, et l'on sourira
d'entendre en ce temps de barbarie et d'intolérance, professer que
la raison peut seule, avec ses décrets universels, ranger les peuples sous une même bannière; au moins Bacon s'est trompé en
bonne compagnie. Cette illusion, s'il y en a décidément une, fut
aussi celle du plus grand philosophe français, de René Descartes,
qui dit en dédiant ses méditations à la Sorbonne : « Bien qu'il nous
» suffise, à nous autres qui sommes fidèles, de croire par la foi
» qu'il y a un Dieu et que l'âme ne meurt pas avec le corps, cer-
» tainement il ne semble pas possible de pouvoir jamais persuader
» aux infidèles aucune religion ni quasi même aucune vertu mo-
» rale, si premièrement on ne leur prouve ces deux choses par
» raison naturelle... Quant aux raisons tirées de l'Écriture, on ne
» saurait proposer cela aux infidèles, qui pourraient s'imaginer que
» l'on commettrait en ceci la faute qu'on appelle un cercle (2). »

C'est une grande hardiesse que d'affirmer la supériorité de la
morale des païens sur celle des chrétiens. Bacon veut à la fois
l'atténuer et la justifier; il veut rendre la philosophie vénérable à
tous les hommes; il se répand en une longue apologie, qui montre

---

(1) Biblioth. Imp., 7440, cap. III.

(2) Descartes, Épître dédicatoire des *Méditations*, p. 215. — Bacon a dit : « On ne peut, en effet, les persuader par l'Écriture ni par les saints, parce que, d'après les lois de la discussion, on peut nier tout ce qu'il y a dans notre religion, comme les chrétiens nient toutes les autres. » Cf. *Op. maj.*, p. 40 et 41.

d'une manière saisissante le génie condamné à l'erreur par l'ignorance, et mélangeant aux grandes pensées qu'il tire de son propre fonds les chimères dues à l'érudition de mauvais aloi que lui impose son époque. Les philosophes sont des chrétiens avant le Christ; ils ont eu l'idée du Dieu un et triple du christianisme. Platon parle du Père et du Fils et de leur amour mutuel, et on a trouvé sur son cœur, en ouvrant son tombeau, ces paroles : Je crois en Dieu le Père, et le Fils. Aristote vante les vertus du nombre trois; mais il faut avouer qu'il a reconnu plus clairement la vérité philosophique, et Platon, la vérité religieuse. Avicenne connaît le Saint-Esprit, ainsi qu'Albumazar, et le poète Ovide, et le philosophe Ethicus. Ils ont professé la doctrine de la création *ex nihilo;* elle se retrouve chez les sages de l'Arabie, et Aristote lui-même, bien qu'on l'ait mal traduit et qu'on lui fasse soutenir une opinion déraisonnable, n'est pas éloigné de ce sentiment. L'existence des anges n'a pas été non plus ignorée des anciens, témoins le livre *De Causis,* les œuvres d'Hermès-Trismégiste et d'Apulée. Il est inutile d'insister sur cette aberration. Bacon, trompé par des livres apocryphes, est plus à plaindre qu'à blâmer. Pour l'absoudre, on doit considérer les difficultés du temps, la noblesse du but; pour l'admirer encore, il suffit d'écouter les louanges plus fondées qu'il mêle à ces mérites imaginaires, pour glorifier la philosophie. Quelle voix en son siècle a trouvé de pareils accents?

« Il n'y a pas une grande vérité morale ou religieuse sur Dieu
» et sur l'âme que les philosophes anciens n'aient aperçue. D'abord,
» ils ont reconnu le souverain bien et ne l'ont pas placé dans le
» plaisir des Épicuriens, ni dans les délices, ni dans les honneurs,
» ni dans l'argent, ni dans la gloire, mais dans la vie future qui
» est en Dieu et vient de Dieu. » Ils ont parlé merveilleusement de la vertu et des vices, comme on peut le voir dans les traités d'Aristote, de Cicéron, de Sénèque. Ils ont, en politique, donné les meilleurs principes sur le gouvernement des États, sur la police et les lois de la société, sur les châtiments et les récompenses en cette vie et dans l'autre, et sur le culte que l'on doit à Dieu; enfin, par leur vie même, ils ont donné de grands exemples, et ont appris

aux hommes le dédain des faux biens (¹). Aristote, le plus grand des philosophes, n'a-t-il pas, au mépris du monde, des plaisirs et des hommes, quitté sa patrie pour finir sa vie dans l'exil? Théophraste n'a-t-il pas placé le bonheur dans la contemplation de Dieu? Tous les philosophes ne se sont-ils pas retirés loin du tumulte dans le repos de la spéculation? Faut-il citer tous ceux dont parle Cicéron et qui passèrent leur vie dans l'exil et dans de perpétuels voyages, et qui, par leurs préceptes et leurs actions, se sont élevés au-dessus des biens terrestres? L'exemple de Socrate n'est-il pas bien connu? Sénèque ne réprouve-t-il pas l'abus des richesses et des plaisirs? Cicéron n'écrit-il pas de belles sentences à ce sujet, et n'en trouve-t-on pas encore dans le *Phœdron* de Platon (²)? N'ont-ils pas aspiré à cette sagesse suprême que la révélation seule pouvait faire connaître? N'ont-ils pas d'avance posé les conditions d'une vraie croyance, la notion de Dieu, celle d'une loi universelle, d'une religion parfaite? Cette analyse décolorée est animée chez Bacon par une multitude de citations empruntées aux écrivains moralistes qu'il a pu connaître.

Il est difficile de lire sans émotion ces pages tout empreintes d'amour et d'enthousiasme pour la philosophie; il y a quelque charme à entendre, au milieu du xiiie siècle, ce témoignage d'un confesseur de la vérité. Sans doute, il y a là beaucoup d'illusions, beaucoup d'erreurs; une science toute jeune et souvent égarée par des traditions mensongères que léguèrent au moyen âge les premiers siècles du christianisme, et les tentatives impossibles d'une conciliation entre la philosophie ancienne et la religion nouvelle. Mais qu'on veuille bien oublier pour un moment ces fables qui font de Platon un précurseur des apôtres et de la Trinité chrétienne un dogme du péripatétisme, il reste une pensée juste dans sa hardiesse. S'il n'a pas été donné à la sagesse antique de deviner les dogmes que le Christ a apportés à la terre, du moins la philosophie avait préparé le terrain et disposé les cœurs à recevoir la bonne

---

(¹) Manuscrit cité, chap. VI, VII, VIII.
(²) *Idem*, chap. VIII et IX.

nouvelle ; elle avait proclamé et répandu dans tous les esprits les idées salutaires de l'unité de Dieu, de son infinité et de ses ineffables attributs ; elle avait fait entrevoir au-delà de cette vie une existence nouvelle, récompense ou punition des jours passés ici-bas ; elle avait, dans un langage qu'on ne surpassera pas, dégagé de tous les nuages cette grande idée du bien, règle et modèle des actions de l'homme ; elle avait exalté la vertu, flétri le vice, prêché le mépris des faux biens et montré le bonheur dans le seul devoir. Oui, la philosophie, comme le veut Bacon, est toute divine ; elle est une première révélation, imparfaite sans doute, que l'autre fera pâlir, mais qui, dans les ténèbres, a été le premier flambeau de l'esprit humain. On oublie bien des préventions contre le moyen âge, quand on entend de semblables paroles ; et au milieu même du xixe siècle, on souhaiterait à beaucoup d'esprits autant d'intelligence des services et de la dignité de la philosophie, autant de sincérité à les reconnaître ou de courage à les proclamer.

§ V.

Si la philosophie ne peut se séparer de la théologie, à plus forte raison le droit civil ne peut-il prévaloir contre le droit canonique, et Bacon, qui a eu souvent le pressentiment des vrais besoins de la science et de la civilisation, est cependant en défaut sur ce point important, où il a méconnu les intérêts de l'avenir. Il vivait, en effet, à une époque où le droit civil, héritage de la société romaine, commençait à s'élever en face du droit canonique, et à devenir entre les mains de la royauté une arme dont elle abusa parfois dans son intérêt, mais dont l'usage tourna en définitive à l'avantage de l'égalité. Cependant, les moines mendiants méprisaient les légistes ; les papes prohibaient l'enseignement du droit en certaines parties de la France ; au commencement du siècle, le légat Robert de Courçon, en 1212, interdisait au clergé les fonctions judiciaires [1] ;

---

[1] Fleury ; *Histoire ecclésiastique.*

en 1269, au même temps que Bacon écrivait, le concile d'Angers défendait aux prêtres de plaider et surtout d'accepter le salaire de leurs plaidoiries : défenses inutiles, semble-t-il (¹). Bacon ignore sans doute le droit romain et s'indigne que tant de prélats s'y adonnent, que les princes réservent toutes leurs faveurs pour les légistes (²). Il serait si utile d'encourager les philosophes, les mathématiciens et les grammairiens ! L'argent qu'on prodigue à ces sophistes pourrait tant aider aux progrès de la science !

Le droit civil est un des signes les plus funestes du temps ; c'est un vrai fléau qui annonce les malheurs et les bouleversements ; guerres, troubles, révolutions, voilà ce qu'il engendre. Et cependant, tous les éloges, tous les honneurs sont pour les juristes ; qu'ils ignorent la théologie et le droit canonique, on n'y prend pas garde ! Les maîtres en théologie sont dédaignés, et l'Église met les légistes à sa tête. La justice n'en va que plus mal ; les pauvres sont obligés de renoncer à faire valoir leurs droits ; les riches, tout découragés par les lenteurs et ne pouvant obtenir raison, se déchirent les armes à la main, et troublent le monde de leurs guerres civiles. Le vrai droit, c'est le droit canonique, dont les sources sont l'Écriture et les commentaires des saints ; le droit civil n'en devrait être que l'esclave, et c'est une indignité de chercher à mettre le premier en harmonie avec le second. « Plaise à Dieu,
» s'écrie Bacon, qu'on mette fin aux subtilités et aux artifices des
» légistes, qu'on juge les causes sans le vain bruit des débats,
» comme on le faisait avant ces quarante dernières années. Mes
» yeux verront-ils cet heureux changement ? les laïques et les clercs
» recouvreront-ils la paix et la justice ? le droit canonique sera-t-il
» purgé des superfluités du droit civil ? recevra-t-il sa règle de la
» théologie ? et l'Église se gouvernera-t-elle par ses propres lois ?
» Quels beaux résultats pour la philosophie ! Les bénéfices et les
» revenus seraient rendus par les prélats et les princes aux savants

(¹) *Histoire littéraire de la France*, t. XVI, p. 79.
(²) Voir la notice de M. J.-V. Le Clerc sur Guillaume Duranti le spéculateur, prélat et jurisconsulte, contemporain de Bacon et, comme lui, adversaire du décret de Gratien (*Hist. littér. de la France*, t. XX).

» et aux théologiens. Les hommes d'étude auraient des ressources;
» ils se mettraient à l'œuvre; les uns compléteraient la théologie,
» les autres la philosophie; d'autres redresseraient le droit canon.
» Mais bien loin de là, les juristes et ceux qui donnent un caractère
» civil au droit sacré, reçoivent tous les biens de l'Église, les trai-
» tements des prélats et des princes, et les autres ne peuvent vivre.
» Aussi se tirent-ils bien vite de ces études ingrates et passent-ils
» au droit civil; et la philosophie périt, l'Église est en désordre, la
» paix quitte la terre, la justice est reniée; tous les fléaux se don-
» nent carrière. Vous seul, ô Pape très-heureux, seigneur très-sage,
» pouvez guérir ce mal, car jamais personne n'a su le droit ni ne le
» saura comme vous; il y a bien quelques hommes qui le connais-
» sent, mais il n'y a pas à espérer qu'ils deviennent jamais pa-
» pes (¹). » C'est à un juriste, à l'ancien secrétaire de Louis IX, que
sont adressées ces plaintes; et, pour engager le pape dans ses
idées, Bacon multiplie les séductions. Tantôt ce sont des prophètes
qui prédisent pour ce temps l'accomplissement de cette sainte
œuvre et cette grande révolution par un saint pontife; tantôt ce
sont des espérances magnifiques, les Grecs réunis à l'obédience,
les Tartares convertis, les Sarrasins exterminés. Il n'y aura plus
qu'un seul troupeau, un seul pasteur; une année suffirait à cette
tâche. Que Dieu conserve le saint pontife! que lui-même prenne
soin de sa santé; qu'il s'épargne les jeûnes et les veilles, et qu'il
accepte les paroles que Cicéron disait à César, dans le *Pro Marcello :* « Noli nostro periculo esse sapiens! » Funèbre pressentiment, que la mort allait trop tôt confirmer. Ces lignes étaient
écrites en 1267; en 1268, Clément était mort.

Cette haine contre le droit civil ne fit que s'exaspérer, et on en
retrouve l'expression plus indignée dans le *Compendium philosophiæ.* « Parmi les causes qui détruisent la science, une des prin-
» cipales c'est le progrès de ce droit. Il ruine à la fois l'Église de
» Dieu, les royaumes et la sagesse. Ceux qui l'étudient sont des
» pervers; ils se sont emparés par ruse et fourberie de l'esprit des

---

(¹) *Op, tert.,* cap. XXIV.

» prélats et des princes, et ont accaparé les pensions et les béné-
» fices, enlèvent toute ressource aux savants, éloignent les esprits
» de toute étude sérieuse. Il est incroyable qu'on trouve des clercs
» pour de pareils offices; ils perdent par là tout caractère ecclé-
» siastique. Dans le droit civil, tout n'a-t-il pas un caractère laïque?
» Quels en sont les auteurs? des princes temporels; quel en est
» l'objet? le gouvernement des laïques. Les professeurs eux-mê-
» mes, *domini legum*, à Bologne et dans toute l'Italie, sont-ils des
» clercs? ils n'ont pas de tonsure, ils se marient et se conduisent
» en tout comme des laïques. S'abaisser à un art si grossier, c'est
» donc sortir de l'Église. D'ailleurs, le droit civil n'est pas fait pour
» les clercs; chaque royaume a ses lois, mais les ecclésiastiques
» sont à part. Pourquoi un prêtre français ou anglais accepterait-il
» le droit italien, quand il ne reconnaît pas celui d'Angleterre ou
» de France? C'est la plus grande confusion de l'Église que d'en
» voir les membres baisser le cou sous le joug des constitutions
» laïques (¹). » On le voit, l'attaque peut manquer de justesse; elle
ne manque ni de franchise ni de vigueur.

§ VI.

Bacon, d'accord avec son temps sur quelques points secondaires, s'en distingue sous tous les autres rapports, et cependant on ne peut le prendre pour un esprit méditatif qui, éloigné de la réalité et perdu dans les sphères idéales, rêve une réforme impossible. Ce n'est pas un utopiste; il ne perd pas de vue un seul instant l'application de sa doctrine, les moyens de la propager; il prévient les objections et les obstacles qu'on va lui susciter. Pour réussir, il ne lui faut que l'appui d'un pape ou d'un prince; il le répète à chaque instant, et du fond de sa cellule où il reste captif, ce moine songe à renouveler le monde, à précipiter la marche des siècles, et ne demande qu'un peu d'argent et surtout le concours d'une

---

(¹) *Comp. philos.*, 1ª Pars., cap. V. (V. ci dessous, Vᵉ partie, chap. V.)

autorité que les hommes respectent : « On n'y parviendra, s'écrie-t-il, que si le pape ou quelque roi magnifique, comme le roi de France, veut bien y concourir. » Tout est à faire, mais rien n'est désespéré ; il y a de par le monde des hommes disposés à entrer dans la voie qu'il indique ; mais les uns, comme maître Pierre, dégoûtés de la sottise universelle, se sont cloîtrés dans la solitude et se font un plaisir de garder pour eux leur science et leurs découvertes ; les autres, comme Bacon lui-même, sont retenus par le manque d'influence et de ressources. Beaucoup sont vieux ; il serait difficile de les ramener au travail et de leur faire quitter leur retraite, où ils vivent en paix dans la contemplation pleine de charme de la sagesse finale, *agunt in suis locis in pace, cum delectatione istius sapientiæ finalis*. Ces soldats dispersés deviendraient une armée sous les ordres de Bacon, et changeraient la face du monde. En tout temps, il y a des hommes disposés à travailler, mais on ne les soutient pas. Les princes et les prélats latins sont d'une indifférence coupable. Ils devraient rougir en songeant combien chez les infidèles et chez les païens la science était vénérée et protégée par les puissants. Il faut se mettre à l'œuvre, composer des traités abrégés, traduire les anciens, chercher les livres rares, envoyer en Orient comme le faisait Robert, retrouver les sciences d'autrefois, les compléter, y ajouter ; ne sommes-nous pas chrétiens, et ne rougissons-nous pas d'être si peu de chose en savoir auprès de l'antiquité ? Il faut, en outre, construire des instruments de toute sorte, faire des expériences continues, dresser des tables astronomiques, instruire des enfants, des jeunes gens, car les vieillards répugnent à s'occuper de calculs et de figures ; il faut reprendre la société par la base, réformer l'éducation ([1]), envoyer des missionnaires instruits par toute la terre que nous ne connaissons pas, et dont Bacon essaie une description qui n'est pas sans mérite. Quelle gloire s'acquerra le prince à qui l'univers devra un pareil changement ! Quant à lui, Bacon, il est incapable de suffire à cette grande œuvre ; il ne veut qu'indiquer le but, susciter de

---

([1]) *Op. tert.*, cap. VIII et XV.

nouveaux efforts ; il apporte le bois et les pierres, d'autres construiront l'édifice (¹).

Il y a, au milieu de tout cela, une foi ardente qui s'impose au lecteur. Cet homme a été vraiment inspiré par une grande idée, qui nous émeut encore après tant de siècles qui l'ont vieillie en la réalisant. Orgueilleux à l'excès, il humilie devant lui ses contemporains, et préfère un seul de ses livres à tout ce qu'ils ont écrit ; mais il n'en convient pas moins qu'il sait peu de choses, que la science est à son aurore ; il viendra un temps, dit-il avec Sénèque, où nous passerons pour des ignorants. « Quand un homme vivrait » pendant des milliers de siècles dans cette condition mortelle, » jamais il n'atteindrait à la perfection de la science ; il ne saurait » se rendre compte aujourd'hui de la couleur, de la nature, de » l'existence d'une mouche, et il se trouve des docteurs présomp- » tueux qui croient la philosophie achevée. » Il fait bon marché lui-même de sa science, et il pousse le mépris pour la scolastique jusqu'à se rabaisser et à donner sa tête pour garant qu'en moins d'un an il rendra le premier venu aussi savant que lui, qui a passé quarante années à un travail assidu. Jamais la scolastique n'a entendu de paroles si dures, n'a été l'objet d'un dédain si profond ; il ne la discute pas, il la supprime ; ce n'est pas une lutte, c'est une simple négation. Et quel amour pour la science ! Qu'il aurait bien mérité de la voir débarrassée de ses obstacles et marchant enfin d'un pas assuré, celui qui a dévoué sa vie à la glorifier, à la réconcilier avec les préjugés et les défiances, à la mettre sous la protection de Dieu lui-même, son premier auteur. Quelle verve inventive pour intéresser ses contemporains ! Convertir les infidèles, ramener les Grecs, supprimer par des moyens nouveaux les ennemis obstinés des chrétiens, détruire le péché dans sa source, assurer l'influence de l'Église dans les conseils des princes. Tant de magnifiques résultats ne séduiront-ils pas le Souverain Pontife ? Il va jusqu'à retrouver, pour les besoins de sa cause, la théorie socratique de l'ignorance, qu'il identifie avec le mal.

(¹) *Comm. nat.*, 1ᵃ Pars., cap. II.

« Négliger la science, c'est négliger la vertu ; l'intellect éclairé de
» la lumière du bien ne peut pas ne pas l'aimer, et l'amour ne
» naît que de la science. La raison, voilà le guide d'une volonté
» droite ; c'est elle qui nous dirige vers le salut. Le vrai et le bien,
» c'est tout un même. Pour faire le bien, il faut le connaître ; pour
» éviter le mal, il faut le discerner. L'ignorance est la mère du
» péché. L'homme entouré de ténèbres se jette dans le mal, comme
» l'aveugle dans une fosse ; l'homme éclairé, au contraire, peut bien
» négliger son devoir, mais sa conscience a des retours salutaires,
» des repentirs et de fermes propos (1). » Que dira de ces propositions le mystique Bonaventure, qui soutient au même moment que l'amour est la condition de la science et son unique instrument?

Tout convaincu qu'il est, il ne veut pourtant pas imposer ses idées par la violence et la contrainte. S'il dénonce au Saint-Père l'ignorance et la vanité des grands docteurs, c'est un devoir pénible qu'il remplit et qui l'oblige envers l'Église, la vérité et lui-même, qu'on n'a pas épargné. Il semble se défendre autant qu'il accuse : « Mon intention, dit-il, n'est pas de vous engager à cor-
» riger par la force la multitude et ses chefs ; je ne veux pas même
» lutter avec eux ; mais si Votre Sagesse veut qu'on communique
» aux savants d'abord un exemplaire de mon ouvrage, puis insen-
» siblement à tous ceux qui le demanderont, sans forcer personne,
» je suis sûr que tout le monde voudra le connaître. Il y a des
» sciences qu'on peut divulguer sans danger, telles que la logi-
» que, la physique ordinaire, l'alchimie spéculative, la mathémati-
» que, la perspective théorique, la philosophie morale. Quant aux
» autres, elles sont plus secrètes ; il ne faudrait pas les révéler à la
» foule, qui peut en faire un mauvais usage (2). »

En attendant qu'il trouve un protecteur, il ne reste pas inactif ; travaillé du désir de s'instruire, il ne néglige rien à une époque où la science n'était pas facile, où elle ne venait pas au-devant de ses amis, mais où il fallait la chercher à grands frais et avec de longs

---

(1) *Op. tert.*, cap. I. — Cf. *Comm. nat.*, 1ª Pars.; *Comp. Philos.*, cap. I.
(2) *Op. tert.*, cap. XVII.

efforts. « Dès ma jeunesse, j'ai travaillé aux langues et à toutes les
» sciences dont je parle ; j'ai recueilli tout ce qui pouvait servir à
» mon but, et je me suis mis en rapport avec toutes les personnes
» qui pouvaient m'éclairer ; j'ai cherché l'amitié de tous les sages
» parmi les Latins ; j'ai fait instruire des jeunes gens dans les lan-
» gues, le calcul, le dessin, l'art de dresser des tables, de cons-
» truire des instruments et dans les autres connaissances néces-
» saires. Je n'ai rien négligé ; je sais comment il faut procéder,
» avec quels auxiliaires et contre quels obstacles, mais le défaut de
» ressources m'arrête. Si pourtant chacun faisait comme moi, on
» serait bien près d'arriver à bonne fin, car, en vingt ans, j'ai dé-
» pensé plus de deux mille livres (¹). » Que n'eût pas fait un tel
homme si ses moyens avaient été à la hauteur de sa volonté ! Heureux Aristote, pensa-t-il souvent, d'avoir eu pour élève un roi
puissant qui mit à son service et ses richesses et des milliers d'auxiliaires, qui recherchèrent dans tous les pays du monde les animaux
et les plantes, et fournirent ainsi une ample moisson à sa curiosité
et à ses études ! (²). Sa vie s'est consumée à chercher un protecteur, quelque puissant de la terre, quelque prélat, quelque prince ;
comme un de ses successeurs, il est prêt à dire au souverain :
« Défends-moi avec le glaive, je te défendrai par parole et par
écrit. »

Il se préoccupe aussi de la première éducation des enfants ; on
avait rédigé pour eux la Bible en mauvais vers latins qui la défigu-
raient, et on y joignait les métamorphoses d'Ovide. Ne vaudrait-il
pas mieux leur mettre en main l'Évangile, les épîtres, les livres de
Salomon, et surtout les livres de Sénèque ? A quoi bon leur apprendre qu'il y a plusieurs dieux ; que les hommes et les étoiles sont
des dieux, et leur inculquer des idées superstitieuses et des maximes
corrompues. Qu'on leur enseigne plutôt la morale ancienne, si
belle et si pure, et dont l'oubli est une des causes de l'affaiblisse-
ment des esprits ! Il faudrait aussi, pour l'éducation, des hommes

---

(¹) *Op. tert.*, cap. XVII.
(²) *Comm. nat.*, cap. III, et ailleurs encore.

sérieux qu'on ne déciderait pas à cette tâche ingrate sans leur assurer de grands avantages (¹). En proscrivant Ovide, il ne donne pas l'appui de son opinion à ceux qui voudraient exiler l'antiquité païenne de nos écoles et lui enlever l'éducation des esprits; s'il bannit Ovide, il appelle Sénèque, l'un des hommes qu'il a le plus admiré et qui a eu sur son génie l'influence la plus visible.

Malgré son orgueil et sa confiance en lui-même, Bacon ne s'est pas fait illusion sur les haines et les oppositions qu'il soulèverait de toutes parts. Il a prévu et réfuté d'avance les objections de ses ennemis. Il faut l'entendre, dans l'*Opus tertium* (²), se demander à lui-même compte de sa hardiesse. Attaquer l'autorité, n'est-ce pas une nouveauté dangereuse? non; les sages savent que la foule a toujours eu tort. Mais les saints ne réprouvent-ils pas ses doctrines, les sciences qu'il préconise ne sont-elles pas couvertes de mépris? C'est que les saints les ont mal connues, c'est que les contemporains ne possèdent que des parties de la physique, de la logique et de la métaphysique, des sciences inférieures, ose-t-il dire, *sciencioe minores* (³). Mais enfin, Gratien et les saints le condamnent formellement. « Je réponds, s'écrie-t-il, qu'il n'y a jamais
» eu de temps où les nouvelles idées n'aient soulevé des contra-
» dictions, même de la part des saints et des gens de bien, sages
» sous d'autres rapports, mais non pas à l'égard des vérités qu'ils
» désapprouvent. Ce sont des saints, Aaron et Marie, qui se sont
» opposés à Moïse; ce sont des saints qui se sont soulevés contre
» saint Jérôme, à propos de sa traduction de la Bible, l'ont appelé
» faussaire, corrupteur, et, comme saint Augustin, l'ont chargé
» d'injures. Après lui, sa traduction en a-t-elle moins prévalu et
» n'est-ce pas celle dont toute la chrétienté fait usage? Après la
» mort de saint Grégoire, on a voulu brûler ses livres, modèles
» de sainteté et de sagesse. Il y a environ quarante ans, les théo-
» logiens et l'évêque de Paris et tous les sages ont condamné et
» excommunié les livres de physique et de métaphysique d'Aris-

---

(¹) *Op. tert.,* cap. XV.
(²) Cap. IX et sq.
(³) *Op. tert.,* cap. IX : « Hæ sunt minores et viliores scientiæ (logica et metaphysica). »

» tote, qui maintenant sont approuvés de tout le monde, et loués
» pour la pureté de leurs doctrines. N'y avait-il pas aussi des
» sages et des saints parmi les Juifs, lorsque Notre-Seigneur a été
» crucifié, et pourtant tout le monde l'abandonna, à l'exception
» de sa mère et de saint Jean, et encore sa mère seule lui resta-t-
» elle fidèle! Tant est grande la fragilité humaine! Les saints n'en
» ont pas été exempts; plus d'un a renié le Christ en face des sup-
» plices. Le peuple a encensé les idoles, et la crainte a été plus
» forte que la foi. Faut-il s'étonner qu'ils condamnent quelques
» parties de la philosophie qu'ils ne connaissent pas, ou qu'ils
» tiennent en suspicion pour des motifs qui n'existent plus. Som-
» mes-nous encore au temps où ils vivaient ([1])?

§ VII.

Nous avons longuement insisté sur les idées générales de Bacon, sur ses rapports avec les choses et les hommes de son temps, sur les traits qui pouvaient le mieux nous peindre son caractère. Il y a des hommes pour qui cette enquête est inutile; ils sont tout entiers dans un système qu'il suffit d'analyser et d'exposer. Notre philosophe n'est pas de ceux-là; la meilleure partie de sa gloire n'est pas dans une doctrine, mais plutôt dans une méthode, ou pour mieux dire dans une critique. Il vaut moins par ce qu'il a fondé que par ce qu'il a tenté de détruire. Sa plus grande découverte, c'est celle des faiblesses et des défauts de la scolastique; son originalité, c'est d'appartenir le moins possible à son temps.

Il est certain qu'en plein XIIIe siècle, la scolastique a rencontré un adversaire intraitable, qui, servi autant peut-être par son orgueil que par son génie, en a signalé les principaux défauts. Veut-on résumer en quelques mots les reproches que, depuis le XVIe siècle, on a adressés à cette philosophie aujourd'hui moins dédaignée

---

([1]) *Op. tert.*, cap. IX.

parce qu'elle est mieux connue? Respect exagéré de l'autorité, subordination de la philosophie à la théologie, ignorance des systèmes qu'elle croit continuer, abus de la logique et des distinctions verbales, dédain des vérités pratiques, négligence de l'observation, discussions interminables sur des questions oiseuses ou insolubles, discrédit de certaines sciences, oubli des grands monuments de l'antiquité, formes repoussantes des ouvrages, voilà les principales idées que réveille, pour tout homme instruit, le seul mot de scolastique. Ces défauts ont frappé Bacon comme s'il les avait contemplés à distance; pas un n'a trompé sa sagacité ni échappé à son ironie. En face de l'autorité, il a posé, aussi hardiment qu'on l'ait jamais fait, le principe de la liberté de penser; et, obligé d'indiquer le mal qui depuis longtemps tarissait la science dans sa source, il l'a montré du doigt et n'a pas craint de l'appeler par tous ses noms : l'autorité, l'exemple, l'habitude, la routine. Chrétien convaincu, rien n'autorise à le contester; s'il ne sépare pas la théologie de la philosophie, c'est une alliance et non pas un esclavage qu'il propose à la dernière; il les regarde comme les deux rayons séparés d'une même clarté, et voit une vérité révélée partout où un grand philosophe a parlé. Respectueux pour Aristote, il finit, comme Ramus plus tard (¹), par désespérer de lui; il se réserve le droit de l'apprécier et de le contredire; et convaincu qu'on le comprend mal, il croit que, tout balancé, il vaudrait mieux jeter au feu tous ses ouvrages. Il a pour la logique un goût très-modéré et ne la sépare pas de la rhétorique; il prononce le premier ce mot *expérimentation* qui, à quelques siècles de là, va devenir le mot d'ordre de tous les physiciens. Il rêve pour les sciences ce que Socrate réalisa pour la philosophie; il les fait descendre du ciel et se mêler, pour le bien-être des sociétés, aux besoins les plus ordinaires de la vie commune; il ridiculise les longs traités et les trouve abominables; il exalte à l'excès la morale et la science des anciens, pour avoir le droit de reprocher à ses contemporains leur corruption et leur

---

(¹) Il y a quelque ressemblance entre les idées et les destinées de ces deux hommes et leur tournure d'esprit. La grande originalité de Ramus n'est-elle pas d'avoir préféré la rhétorique à la logique, et Bacon n'est-il pas aussi de cet avis?

barbarie (¹). Et parfois aussi, concevant par l'imagination les progrès possibles de la science, il dédaigne le passé, s'écrie que l'édifice est à peine commencé, et répète avec Sénèque que nos petits-fils s'étonneront de notre ignorance et qu'un jour le vulgaire saura les vérités que cherchent vainement de grands philosophes. Il prend en pitié cette ignorance qui s'admire (²), et, rabaissant à l'excès l'orgueil naïf des savants, il leur répète sur tous les tons que la sagesse est morte, que le démon a répandu ses ténèbres sur le monde; il se fait fort d'apprendre à un enfant tout le savoir des docteurs les plus renommés. Tout ce qui est méconnu l'attire ; tout ce qui est vanté l'indispose et l'irrite ; il met l'optique au-dessus de la logique, quelque inconnu, comme Guillaume de Shirwood, au-dessus du grand Albert, et enfin, le bon sens d'un homme simple et sans instruction au-dessus du savoir des maîtres les plus fameux (³). Avant les lettrés de la Renaissance, il recommande l'étude de la grammaire et celle des mathématiques ; avant Luther, il signale les erreurs de la Vulgate; avant les physiciens modernes, il ridiculise les causes occultes (⁴); avant Guillaume d'Ockam, il résout, on le verra bientôt, par une fin de non-recevoir, les grandes questions du temps, celle de l'universel, celle du principe d'individuation, et aspire à clore ce grand débat stérile qui s'agite. Il sent déjà passer le souffle de la Renaissance; il pressent, il appelle ce siècle réparateur, il indique les moyens d'en hâter la venue; il n'a pas tenu à lui que le réveil ne fût plus précoce. Au milieu des misères du présent dont il est la victime, il a conscience des destinées de l'intelligence humaine, et du fond de l'obscurité il salue la lumière qui doit éclairer l'avenir. Le progrès n'a pas d'apôtre plus convaincu. L'esprit moderne ne doit-il pas quelque piété à l'un de ses précurseurs et de ses martyrs?

(¹) *Op. tert.*, cap. XV : « Mirum est enim de nobis christianis qui sine comparatione sumus imperfectiores in moribus quam philosophi infideles... »

(²) *De mirabili Potestate*, fol. 47.

(³) *Op. maj.*, p. 16.

(⁴) *Op. tert.*, cap. XXXI.

TROISIÈME PARTIE

DES DOCTRINES PHILOSOPHIQUES DE ROGER BACON

CHAPITRE I.

LA MATIÈRE ET LA FORME.

§ I. Des débats philosophiques au XIIIe siècle. Théorie de la matière et de la forme; origine de ce problème; graves questions qu'il enveloppe. — § II. Doctrine de Roger Bacon comparée à celles de ses contemporains. — § III Principes de sa physique.

§ I.

Sans doute la gloire la plus solide de Bacon, son originalité la plus profonde, c'est d'avoir pressenti et appelé de ses vœux et de ses efforts la grande révolution littéraire et scientifique dont la Renaissance a donné le signal; mais il y a chez lui plus que des tendances et des aspirations, il y a des doctrines philosophiques, inconnues jusqu'à présent, qui lui restituent sa place parmi les grands docteurs du moyen âge.

On croit généralement aujourd'hui que Bacon, tout entier à ses études favorites, a dédaigné les spéculations purement philosophiques, et l'on est prêt à le féliciter d'un mépris qu'il n'a jamais exprimé et d'une ignorance qui l'eût fait rougir. Plus d'un historien, depuis Brucker jusqu'aux plus récents, lui en fait honneur, comme si le dédain pour ces belles études, même à une époque où il serait excusable, pouvait devenir un titre de gloire. Quand on se croit appelé à régénérer son siècle, qu'on élève la voix pour le décrier ou l'avertir, un tel orgueil a besoin de se justifier par une science profonde de ce qu'on prétend juger. Mépriser ce qu'on ne connaît pas, c'est le dernier degré de la vanité et la forme la plus brutale de l'erreur. Bacon est un philosophe de l'école, c'est un métaphysicien, et il ne lui serait jamais venu à l'idée d'aborder la physique et les sciences naturelles sans en avoir étudié les principes, qui alors étaient contenus dans la métaphysique. Il est vrai qu'il y a peu de philosophie dans l'*Opus majus*, surtout pour des regards distraits; il y en a moins encore dans les fragments connus de l'*Opus tertium;* mais les manuscrits offrent des documents considérables qui permettent au moins de tracer une esquisse de la doctrine de Roger et de l'interroger sur un bon nombre de questions de métaphysique, de psychologie et de morale. La puissance de son esprit se trahira plus d'une fois dans ses solutions; souvent aussi il nous montrera qu'il a subi l'influence des vices qu'il reproche à la science contemporaine, et commis les fautes qu'il blâme chez les autres.

Au fond, les problèmes de la philosophie ne changent guère; mais la forme sous laquelle ils se présentent aux méditations de l'esprit est très-variable, et il serait par exemple impossible de comprendre notre docteur si l'on ne se rappelait de quelle manière le XIIIe siècle s'est posé ces questions et quelles écoles avaient entrepris d'y répondre.

Au début de ce siècle, rien ne faisait présager qu'il dût être pour l'esprit humain un temps de réveil et de progrès; l'effort des âges précédents avait surtout porté sur la logique, et pendant deux cents ans, la science avait vécu de l'interprétation des parties connues de l'*organum*, sans s'emprisonner pourtant dans ces limites étroites, et sans se défendre de nombreuses excursions sur le terrain alors mal exploré et plein de ténèbres de la métaphysique et de la physique. Périlleuses tentatives, où l'inexpérience rendait vaines les meilleures intentions, où Roscelin ébranlait, sans le savoir peut-être, les fondements de la foi et de la science, et où Abailard, mieux inspiré, compromettait pourtant sa gloire et rendait son orthodoxie suspecte. Aussi, dès la fin du XIIe siècle, la dialectique, décriée par ses propres excès, odieuse à la religion, accusée par l'école elle-même, ne suffit plus à exercer l'activité des esprits; il y a comme un temps d'arrêt et de découragement; de grands problèmes ont été agités sans être résolus, mais non sans avoir révélé les périls qu'il y a à les poser. La pensée, hésitante et lassée, ne sachant où se reposer, désespère d'elle-même et cherche le calme dans le dédain de la science et dans la paix des croyances religieuses. La théologie, un moment menacée, triomphe de l'impuissance ou des excès de sa rivale. L'école mystique de Saint-Victor conviait à la fin du XIIe siècle, par l'organe de l'Écossais Richard, les âmes à laisser « dans la plaine Aristote et Platon et tout le » troupeau des philosophes, et à s'élever sur cette montagne de la » contemplation qui domine de bien haut toutes les sciences, toute » philosophie. » Pierre Lombard, malgré sa prudence et l'autorité des Pères de l'Église, n'échappait pas à la défiance d'une orthodoxie soupçonneuse, ni aux accusations des sceptiques et des mystiques. Jean de Salisbury lui-même, cet esprit judicieux et mesuré pour son temps, mettait la sagesse à la place de la philosophie, la charité au lieu de la science, et la pratique d'un cloître des Chartreux au-dessus des vaines spéculations du lycée.

La scolastique va-t-elle finir et mourir d'épuisement? Non, elle va subitement renaître, donner une nouvelle forme à des questions rebattues, en poser d'autres plus redoutables, quitter la logique pour la métaphysique, et encore alarmer la théologie par la liberté et parfois l'audace de ses doctrines. Et quel est le promoteur de ce nouveau mouvement? Celui-là même qui, deux siècles auparavant, a aidé l'esprit humain à se retrouver lui-même: c'est Aristote; cette fois il ne lui apporte plus simplement les *Catégories*, mais la *Logique* tout entière, la *Physique*, la *Métaphysique*, l'*Ethique*, le *Traité de l'âme*, les *Parva naturalia*, et même des ouvrages qui se couvrent frauduleusement de son nom, comme le *Livre des Causes* et celui des *Secrets*. Il n'est plus accompagné seulement de Boèce et de Porphyre, mais amène à sa suite la plupart des disciples qui ont vécu de sa pensée et qu'il protége de sa gloire : Théophraste, Simplicius, Alexandre d'Aphrodise, Philopon ; et ces trésors n'arrivent pas seulement de la Grèce du bas empire, ils viennent encore de ce monde mystérieux de l'Orient, défigurés par une triple traduction, altérés par une série de transformations qui du grec les a fait passer en syriaque, du syriaque en arabe, de l'arabe en latin, souvent encore en traversant l'intermédiaire de l'hébreu (¹). Ceux qui rendent à la curiosité avide des docteurs ces ouvrages qui ont fait un si long détour pour leur arriver, qui les leur rendent enrichis ou altérés, comme on voudra, par d'immenses et ingénieux commentaires, ce sont des païens, des infidèles voués au culte de Mahom, des philosophes dont la gloire nouvelle va désormais égaler, dans l'admiration des savants, celle des plus beaux génies de l'antiquité, des pères les plus illustres de l'Église ; et faire lire les noms étranges et méconnaissables d'Avicenne, d'Avicebron, d'Avempace et d'Averroës, à côté de ceux d'Aristote, de Platon et de saint Augustin.

L'esprit humain ne peut se manquer à lui-même, et quand cette bonne fortune inattendue lui eût fait défaut, il aurait trouvé dans son propre fonds assez d'énergie pour y suppléer ; mais la connaissance d'Aristote et des travaux arabes vint fort à propos rajeunir la scolastique épuisée, et donner à toutes les sciences, même aux plus négligées jusqu'alors, une impulsion féconde à laquelle le XIIIᵉ siècle doit une bonne partie de sa renommée et ses trois plus grands esprits, Albert le Grand, saint Thomas et Roger Bacon, l'élève du philosophe grec et des docteurs mahométans (²). La philosophie semble brusquement renouvelée dans sa forme ; jusque-là, en effet, le grand problème, c'est la réalité des idées universelles, leur manière d'être en elles-mêmes dans les choses et

---

(¹) Voy. Renan, *Averroès*, chap. I, *passim*.

(²) On a essayé de contester cette influence dans un récent ouvrage (V. *Dictionnaire de Théologie scolastique,* par M. F. Morin). D'un autre côté, on a prétendu que ce fut un malheur pour le moyen âge de connaître Aristote plutôt que Platon (V. *saint Bonaventure ;* par M. de Margerie). Les faits contredisent la première opinion ; la réflexion confirmerait difficilement la seconde.

dans l'intelligence ; question qui, par sa gravité réelle, devait séduire des esprits pleins de confiance, et par ses difficultés, plaire au génie subtil et disputeur des scolastiques. Dès lors, ce problème n'est pas supprimé; mais il n'apparaît plus qu'en deuxième ordre parmi les spéculations les plus ordinaires de la science. Il cède le premier rang à une question très-générale de métaphysique, celle de la nature de la substance, qui intéresse toutes les sciences, touche aux dogmes les plus respectés, est pendant trois siècles l'aliment des esprits, et serait vraiment digne de tant d'efforts, si elle ne s'était enveloppée et comme dissimulée sous une apparence repoussante, en devenant la question de la matière et de la forme. Elle a valu aux scolastiques les insultes du XVIe siècle, les dédains de Descartes et jusqu'aux sarcasmes de Molière et de Mme de Sévigné.

Elle est obscure en elle-même, et, il faut le dire, ne s'est guère éclaircie par le long travail de raffinement que lui ont fait subir le XIIIe et le XIVe siècle. Il est pourtant impossible d'apprécier un philosophe de cette époque sans se rendre compte de la difficulté principale que la métaphysique se proposait alors. Les objets que l'entendement peut connaître sont, ou des êtres, des substances, ou des manières d'être, des phénomènes, des accidents. La question de la nature de la substance est surtout celle qui préoccupe la scolastique. Or, ce problème posé comme il le fut alors est gros de difficultés les plus épineuses et peut-être les plus insolubles, qui ne découragèrent pas l'inexpérience des docteurs. A coup sûr, l'idée de substance est une des plus simples et des plus irréductibles de l'entendement. Pourtant, elle n'a pas résisté à l'analyse d'Aristote, qui a cru y apercevoir deux éléments qu'il a nommés la *forme* et la *matière*. Il y était conduit par ce principe qui domine toute sa doctrine et qui distingue entre la puissance et l'acte, entre la simple possibilité des choses et leur réalité. Dans tout être, l'esprit peut, à la rigueur, distinguer un fonds, une matière indéterminée qui aurait pu devenir une autre chose aussi bien que celle-là; et d'autre part, la forme, l'élément déterminant qui la fait être ce qu'elle est et non pas autre. Dans une sphère d'airain, il y a l'airain, c'est-à-dire la matière, puis la forme, qui la fait passer à l'acte et la constitue sphère. Cette distinction est purement logique et n'exprime qu'une simple vue de l'esprit sans répondre hors de lui à rien de réel. Sans doute l'esprit peut concevoir la simple possibilité des êtres et les êtres eux-mêmes séparément, comme séparément il conçoit l'une des dimensions du corps sans les autres; sans doute l'idée de substance dans l'intelligence enveloppe à la rigueur ces deux éléments; mais vouloir les retrouver au dehors de l'esprit dans la substance elle-même, c'est une vaine illusion. Tout ce qu'on peut admettre dans cette proposition, c'est qu'une chose, pour être, doit avoir la possibilité de l'être, et, sous ce rapport, si elle est incontestable, elle n'est pas plus neuve ni plus instructive. Les scolastiques ne l'ont pas ainsi comprise. Attribuer l'existence à des conceptions de l'esprit, c'est ce qu'on appelle réaliser des abstractions, et ce penchant à peupler le monde d'êtres imaginaires est une des grandes infirmités de la réflexion en général et de la scolastique en particulier.

Est-ce à dire pour cela qu'il n'y ait dans ce grand débat, où plusieurs générations d'esprits ardents se sont épuisées, qu'une dispute de mots? Si des hommes comme saint Thomas, Henri de Gand, Duns Scot, ont consacré des travaux immenses à des études que notre âge peut biffer d'un coup de plume dédaigneux, il faudrait désespérer du génie humain. La question de la matière et de la forme n'est qu'un prétexte; ce n'est, si l'on peut dire ainsi, que l'enveloppe d'un grand nombre de problèmes vraiment sérieux. D'abord, on peut en faire sortir le dualisme ou le panthéisme : le dualisme, si à côté de Dieu l'on pose une matière éternelle, informe, qui sans être rien, peut devenir tout; et à qui Dieu, qui n'est plus alors, comme on le dira, que le donateur des formes, *dator formarum*, communique une existence actuelle et distincte; le panthéisme, si on identifie cette matière infinie avec la divinité elle-même, et qu'on en fasse le fonds commun de toutes les existences, à la surface duquel viennent se jouer, comme de simples phénomènes, les vaines apparences que l'esprit, dans son illusion, prend pour des réalités individuelles. Ainsi, d'une part, deux principes à l'univers; de l'autre, un principe unique, dont les évolutions seules constituent l'ensemble des choses, un système qui explique le mystère de la création, en le réduisant à un simple changement; la multiplicité des êtres, en les ramenant à l'unité; les rapports de Dieu avec le monde, en supprimant l'un des deux termes, et peut aboutir par diverses routes au mysticisme alexandrin, au panthéisme d'Averroès, ou à l'athéisme matérialiste des partisans d'Amaury de Bène. Les questions les plus vitales se cachent donc sous cette forme en apparence purement logique, et les espérances du genre humain sont engagées dans ces froides spéculations. Et plus bas encore, que de difficultés surgissent! Y a-t-il des formes séparées existant indépendamment de toute matière? S'il y en a, quels rapports soutiennent-elles avec le temps et avec l'espace? Existent-elles par elles-mêmes, ou bien ne subsistent-elles qu'en la cause suprême? Y en a-t-il plusieurs ou une seule? Ont-elles commencé d'être, doivent-elles finir? Si on considère ces deux principes non plus isolés, mais réunis, et constituant la substance, quelle est la part qui revient à chacun d'eux dans la formation de l'individu? Ce qui distingue un être de tous les autres, est-ce la forme, est-ce la matière? De là un nouveau problème plus épineux encore, celui de l'individuation. Puisque la matière est purement indéterminée, la distinction des êtres résulte de la forme; la matière, c'est le genre; l'espèce est la forme, et il y a un genre universel qui embrasse toute la réalité et en est la définition. Si, pour échapper à ce danger, on admet que la matière a en elle-même son principe inhérent de distinction, *materia signata,* comme le dira saint Thomas, dans quel abime de contradictions ne se jette-t-on pas? N'est-ce pas donner une forme à ce qui n'en a pas, et compromettre jusqu'à la personnalité humaine, puisque l'homme n'est un individu que grâce à cette matière, c'est-à-dire au corps, et que l'âme, simple forme, ne reçoit l'empreinte de l'individualité que par son alliance avec elle? Aristote n'avait pas prévu combien de systèmes opposés sortiraient un jour de cette théorie, sur l'interprétation de laquelle des philosophes plus savants que les scolastiques ne sont pas encore d'accord (1).

---

(1) Cf. Hauréau; *De la Philos. scolast.,* t. II, p. 116. — Renan; *Averroès,* p. 82.

Sur ces questions qui les transportent en pleine métaphysique, les scolastiques se partagent comme précédemment; la lutte s'engage, la mêlée devient générale, et, malgré l'autorité incontestable du dogme, on discute avec une grande hardiesse les sujets les plus délicats. On a déjà fait remarquer (¹) qu'au milieu de ce siècle en apparence si orthodoxe, la raison se donna carrière avec ses droits imprescriptibles, mais aussi avec de singuliers égarements. Les doctrines les plus audacieuses et tous les excès qu'on croirait nés de la liberté de penser, se produisent au moment où les croisades entraînent les croyants en Orient, où un saint occupe le trône de France (²). Il y a un pêle-mêle d'opinions de toute nature au-dessus desquelles se fait entendre quelque grande voix comme celle d'Albert ou de saint Thomas. A peine le xiiie siècle est-il ouvert, dès 1209, que déjà l'on doit sévir contre de dangereuses hérésies ; la doctrine de la matière indéterminée et commune à tous les êtres conduit certains philosophes à un panthéisme déclaré ; d'autres arrivent au même résultat en faisant de Dieu le principe formel de l'univers ; et, les unissant dans une même réprobation, l'arrêt condamne David de Dinant, Amaury de Bène et leurs sectateurs. Ce réalisme intempérant, entretenu par les doctrines du Commentateur, propagé par quelques livres d'origine alors douteuse, comme le *Fons vitæ* d'Avicebron, et le livre des causes, attribué à Aristote, subsiste pendant tout le siècle, se répand dans l'Université de Paris, tient école dans la rue du Fouarre, et attire sur lui les foudres de l'Église et les condamnations méritées qui enveloppent dans un anathème commun les partisans des rêveries néo-platoniciennes ou arabes, et leur adversaire le plus déclaré, Aristote lui-même. Depuis Michel Scot, dont le livre intitulé : *Quæstiones Nicolai peripatetici*, excite l'indignation d'Albert, qui y voit des monstruosités, *fœda dicta*, jusqu'à Duns Scot, qui paraît à la fin du siècle, et relève la cause du réalisme vaincue par saint Thomas, ces doctrines ont des défenseurs plus ou moins sages, mais tous enclins au panthéisme et à ses erreurs. Dans la période pré-

---

(¹) Renan, p. 213, sq.
(²) Voy. les erreurs condamnées en 1277 par Étienne Tempier, ci-dessus.

cédente, c'est le réalisme qui semble le défenseur de l'orthodoxie, et dans celle-ci c'est lui qui, poussé à l'excès, produit les systèmes les plus mal sonnants et compte les docteurs les plus suspects. Il ne semble multiplier les êtres, peupler l'air et les espaces intermédiaires, comme le faux Denys, d'abstractions réalisées, que pour précipiter toute cette création chimérique dans le gouffre muet de l'existence une et absolue de la substance universelle. Le nominalisme exagéré ne se relève pas pourtant de l'opprobre qui flétrit Roscelin; il ne redressera la tête qu'après Duns Scot, et trouvera dans Guillaume d'Ockam, son interprète le plus résolu, sa forme définitive. Mais un autre nominalisme moins décidé, une sorte de parti intermédiaire, éclectique, se forme et revendique les deux grands génies du siècle, saint Thomas et Albert, chefs de l'école Dominicaine, opposée sous tous les rapports à l'école Franciscaine, qui a eu son docteur le plus éminent dans la personne d'Alexandre de Halès, et qui va susciter aux thomistes de rudes adversaires, les disciples du Docteur subtil.

§ II.

La doctrine de Bacon est certainement la plus originale du temps, et bien qu'il subisse encore le joug de la théorie péripatéticienne, il fait un puissant effort pour s'en débarrasser, et conserve plutôt les mots que les choses. En premier lieu, il établit qu'en remontant aussi haut que possible les degrés des idées générales, il faut s'arrêter à un genre suprême, qui est la substance, au-delà duquel il n'y a plus rien d'intelligible; que la matière et la forme ne peuvent s'isoler de la substance qu'elles constituent. Ensuite, contre les panthéistes de toutes les espèces, il détruit la chimère d'une matière universelle dans tous les êtres; et, contre tous les autres philosophes il conteste que la forme soit l'élément spécifique. Ce sont là les deux points essentiels de sa doctrine. Voici comment il démontre le premier :

Oui, la matière et la forme existent en quelque manière, mais non pas indépendamment de la substance même dont elles sont les éléments. On peut les distinguer par l'abstraction, comme dans un tableau on peut isoler par la pensée, et la toile, et les couleurs, et le tableau lui-même ([1]). En dehors de la pensée, il n'y a pas trois réalités qui correspondent à ce triple point de vue. Il n'y a dans la catégorie de la substance qu'un seul genre suprême : c'est la substance composée de matière et de forme, et non pas trois sortes de substances, trois espèces dont la substance serait le *generalissime*. Le composé n'existe pas sans les parties, ni les parties sans le composé, ni une des parties sans l'autre ; elles sont indivisiblement unies. En veut-on la preuve ? La logique apprend que tout genre se divise en espèces distinctes par leur essence, et ayant chacune leur différence propre ; mais l'essence de la matière et celle de la forme ne diffèrent nullement de celle du composé et ne peuvent s'en distinguer ([2]). D'ailleurs, quand on divise un genre en ses espèces et que l'on continue sa division, on arrive à une ou plusieurs espèces les moins générales possible, complètes dans l'ordre des créatures, et occupant un lieu défini ; mais ce ne peut être le cas de la matière et de la forme ([3]). On parle beaucoup de substances séparées, mais cette dénomination est le résultat d'une simple équivoque, qui réunit sous un même nom le tout et les parties, qui à ce titre n'existent pas en dehors du tout ; c'est par une équivoque du même genre qu'on appelle *substances* et la matière qui est sous la forme, et la forme ou l'acte qui la porte à la perfection et en fait une réalité complète. Mais, dira-t-on, l'accident s'oppose à la matière et à la forme comme à la substance elle-même ; ces trois objets sont donc de même nature ; autrement les deux premiers seraient eux-mêmes des accidents, puisqu'il n'y a pas de milieu ? Non, les parties constituantes de la substance participent à sa nature, et c'est comme telles qu'elles se distinguent de l'accident. Sans être absolument la même chose que le tout,

---

([1]) *Comm. nat.*, 1ᵃ Pars., distinct. 2ᵃ.

([2]) *Idem*, 2ᵃ Pars., cap. I : « Sed materia et forma non possunt distingui a composito per essentiam. »

([3]) *Id., ibid.* : « Sed tales non possunt esse materia et forma. »

elles n'en sont pas séparées, elles ne sont qu'une manière de le considérer, *quamdam rationem*. On en peut exclure tout ce qui répugne à la substance elle-même, parce qu'elles n'en diffèrent pas, *habent ipsæ quodam modo naturam substantiæ et privationem accidentis;* on peut les opposer à l'accident sans que pour cela on soit obligé de reconnaître trois genres de substances. Et, comme si ce n'était pas assez positif, il insiste et répète qu'il n'y a qu'un seul de ces trois éléments auquel on puisse rapporter les attributions, dont on puisse affirmer quelque chose; que les deux autres n'en sont pas distincts numériquement, *non ponunt in numero;* qu'il n'y a enfin qu'un seul et même genre de substance, le composé; que lui seul peut être considéré comme existant par lui-même dans l'ordre des êtres, ce qui répugne à la matière et à la forme ([1]). Si l'on veut bien accepter ce langage, étranger à la science moderne, et qu'on ne pourrait changer sans courir risque de dénaturer la pensée de l'auteur, on trouvera au fond des déclarations nettes, exprimées avec une décision peu ordinaire aux scolastiques, et une opinion sans incertitude. Quand on a vu de près les efforts et les tourments d'Albert, aux prises avec la même difficulté ([2]), son indécision, ses contradictions; quand on a tâché de suivre sur ce sujet la pensée, ordinairement plus nette, de saint Thomas lui-même, on apprécie la clarté et la brièveté de cette discussion. Mais cette substance, ce *genus generalissimum,* qu'est-elle par elle-même? Un composé de matière et de forme, sans doute; mais existe-t-elle hors de l'esprit, ou bien n'est-ce qu'un simple attribut qui exprime et résume ce qu'il y a de général dans toutes les substances réelles? La substance à ce degré d'universalité n'existe pas par elle-même, car alors il y aurait un être qui serait la substance universelle, ce qui répugne à la foi et à la raison, et ce serait con-

---

([1]) *Comm. nat.*, 2ª Pars., cap. I : « Insuper compositum habet rationem per se existendi, in ordine entium, non sic materia et forma; quapropter vero generis generalissimum, et prædicamenti composito attribuitur, et non materiæ et formæ. »

([2]) Alberti *Opp.*, t. III : *Metaphys.*, lib. V, cap. IV, p. 179 et 199. Cf. *Phys tractatus*, VII, cap. XI. Albert y discute l'opinion d'Avicebron, qu'il conjecture être un stoïcien (p. 12), et ne sait trop s'il doit le réfuter.

tradiction, car tout déterminé deviendrait l'indéterminé. La substance universelle existe en ce sens que tout est une substance. Bacon ne songe jamais à réaliser les *généralissimes*, à les poser, *ponere*, comme disent les réalistes. Le général n'existe jamais par lui seul et séparé de l'individuel. C'est un de ses principes : la substance, ce genre suprême, ne se trouve que partout où il y a des substances particulières et individuelles. C'est là d'ailleurs, suivant un bon juge, l'opinion même d'Aristote (¹). Si l'on va plus loin, si l'on chancelle sur ce point décisif, comme Albert, on n'a pas le droit de se séparer d'Avicebron ou des sectaires frappés par le concile de 1209.

Jusques-là Bacon ne s'écarte pas sensiblement de la doctrine dominicaine; ses assertions sont plus décidées; mais au fond, et malgré quelques tergiversations, Albert, et surtout saint Thomas pensent, comme lui et comme Aristote, qu'il n'existe pas de matière avant la forme, que c'est là une contradiction, et qu'avant l'acte il n'y a qu'une simple possibilité conçue par l'esprit, mais qui ne peut être admise comme réalisée. Seulement, les Thomistes ne sont pas du même avis pour la forme, et ils admettent au-dessus des substances composées, des formes séparées, comme les anges, les démons, les intelligences, et une forme séparable, l'âme humaine. Sur ce second point, conséquent avec ses prémisses, Bacon soutient qu'il n'y a pas de substances séparées, que les anges et l'âme humaine sont constitués par la forme et la matière. Tout ce qui existe par soi est une substance; hors de là, il n'y a que des accidents passagers; mais la substance, c'est le composé; donc tout être est composé, et l'esprit lui-même (²) comme le corps. Il y a une matière spirituelle comme il y a une forme corporelle : en effet, le simple ne peut recevoir comme attribution le composé; mais on dit que l'esprit est une substance, c'est dire qu'il est composé. De plus, quand on prétend qu'il n'y a pas de formes générales, parce que le propre de la forme c'est de diviser et de spécifier, on com-

---

(¹) De Rémusat; *Abailard*, t. I, p. 334.

(²) Il ne faut pas se méprendre au sens de ce mot *compositum*, qui marque une complexité logique, et non pas une composition effective.

met un sophisme. La forme se distribue en genres comme la matière ; il y a une forme commune, comme une matière commune. La cause de cette erreur, c'est qu'on attribue à la seule forme le principe de la distinction et de la division ; mais une matière est tout aussi distincte d'une autre, qu'une forme d'une autre forme ; elle a aussi ses différences spécifiques, et l'âne n'est pas différent du cheval par la forme seule, mais par la matière spécifique (¹). Comment se divise le genre substance ? D'abord en esprit et en corps ; les corps comprennent la matière du ciel et celle des êtres terrestres, et ces derniers à leur tour sont ou des éléments ou des mixtes ; donc, il y aura des formes de toute nature, les unes spirituelles, les autres corporelles, et parmi celles-ci, les unes pour le ciel, les autres en dehors du ciel et dans les éléments et dans les mixtes, car sans cela on ne peut rendre compte de la diversité des êtres. Quelle peut être, en effet, la cause de cette diversité ? La matière ou la forme ? Si c'est la matière, à plus forte raison ce sera la forme qui seule détermine la matière et la fait passer à l'acte ; si ce n'est pas la matière et non plus la forme, où prendre un principe de distinction : « Nulla diversitas compositorum erit (²) ! » De même la matière est un genre très-général qui se subdivise en espèces, et il n'y a pas d'être qui n'y participe, aussi bien les esprits que les corps. En un mot, partout où il y a un être, il y a une substance, il y a une matière, il y a une forme.

Ces discussions semblent bien abstraites et bien oiseuses, et pourtant, Bacon s'y arrête avec complaisance. C'est qu'elles ne vont à rien moins qu'à saper par la base la métaphysique des Thomistes, et pour mieux dire de toute l'école. La matière et la forme n'en sortent que mutilées et ayant perdu leurs propriétés, et toutes les spéculations auxquelles elles donnent lieu sont compromises. Ce divorce contre nature imposé aux deux éléments de la substance, s'atténue et ne subsiste que dans les mots. La matière et la forme ne sont plus que des idées très-générales contenues dans

---

(¹) *Comm. nat.*, 2ᵃ Pars., distinct. 2ᵃ, cap. VI.
(²) *Comm. nat.*, 2ᵃ Pars., dist. 2ᵃ, cap. II.

la compréhension de l'idée de substance, mais qui cessent d'avoir un sens dès qu'on les isole. Pourquoi s'évertuer à prouver que la forme n'a pas la force déterminative qu'on lui attribue, et qu'elle se distribue en genres comme la matière, de sorte qu'il reste entre toutes les formes quelques rapports communs? Par ce que le plus grand malheur de la théorie des formes substantielles, c'est d'avoir vicié la science dans sa source en lui ôtant toute possibilité de concevoir des lois générales. Ce qui détermine une espèce et les phénomènes qui s'y produisent, c'est la forme, c'est-à-dire l'essence même. Les conditions d'existence et d'activité dérivent d'elle seule; et comme elle répugne par sa nature à l'universalité générique, chaque espèce se trouve par cela même isolée et sans rapport avec les autres. Les phénomènes divers qu'étudient les sciences, dépendant de l'essence spécifique, se trouvaient ainsi isolés, séparés, et rien d'universel ne pouvait surgir des explications qu'on en essayait; explications inutiles d'ailleurs, puisque l'essence rend compte de tout. Cette fausse conception est une des causes les plus actives de l'imperfection des méthodes et de la vanité des résultats. Pourquoi, d'un autre côté, professer que la matière existe partout dans la substance et a en elle-même ses différences spécifiques? D'abord, pour faire disparaître ces formes séparées qui tiennent une si grande place dans la métaphysique thomiste, ces anges où chaque individu est une espèce, ces intelligences qui meuvent les cieux; et ensuite pour rendre à la notion de l'âme humaine son véritable caractère substantiel, profondément altéré par la doctrine de saint Thomas, qui en fait une simple forme. D'autres conséquences non moins graves ressortent encore de ces principes, et nous les retrouverons dans le cours de cette étude.

Les idées de Bacon n'ont qu'un mérite à nos yeux, c'est d'être le plus négatives possible; la meilleure théorie de la matière et de la forme, c'est celle de Descartes, qui supprime le problème. Mais prétendre qu'il y a de la matière dans l'âme (¹), n'est-ce pas du

---

(¹) Albert lui-même reconnaît parfois une matière spirituelle (V. *De Physico auditu,* 1ª Pars., cap. II). Saint Thomas, le premier, a fait de l'assertion contraire une doctrine dominicaine.

matérialisme? Si on est tenté de le croire, qu'on réfléchisse au sens que le docteur attache au mot *matière*, et on suspendra son jugement. Gilles de Rome s'élèvera plus tard contre cette doctrine d'une matière spirituelle; il prétendra que la matière, sans différence en elle-même, pur indéterminé, ne peut être ici d'un genre infime, là d'un genre plus élevé : ici l'âme, et là le corps. Si donc il y a une matière dans les êtres spirituels, elle est la même que celle des corps; critique qui ne peut convaincre Bacon de matérialisme, car le pur indéterminé peut aussi bien devenir l'âme que le corps, et d'ailleurs Bacon ne considère la matière pure que comme un des deux éléments qui constituent la substance ([1]), et dont on ne peut avoir aucune idée sans y joindre la forme, c'est-à-dire sans le réaliser. N'est-ce pas au contraire du réalisme à la manière d'Avicebron ou de Duns Scot, qui, énonçant à peu près la même assertion, s'écrie : « Ego autem redeo ad positionem Avicebronis? » Sans doute, ce sont bien là, il faut l'avouer, les idées d'Avicebron, telles que nous les connaissons par saint Thomas et par un moderne interprète ([2]). Cette association indissoluble entre la matière et la forme, cette classification des êtres, tout cela revient jusqu'à un certain point au juif platonisant. Mais où tendent ces assertions chez lui? Elles sont renforcées de cette autre proposition que, dans toute substance, le genre c'est la matière, et la différence, la forme; et, par suite, il n'y a de distinctions entre les êtres que sous l'unique rapport de la forme; il y a identité sous le rapport de la matière même, considérée comme sujet commun de toutes les formes, de toutes les qualités, de tous les accidents. Le monde est donc ramené à une unité absolue où se confondent toutes les existences : c'est la thèse de Parménide sous une forme nouvelle. Bacon, au contraire, soutient que, dans l'espèce, la matière a en elle-même sa différence essentielle, qu'elle est spécifique tout comme la forme; et, loin de méconnaître la distinction des êtres, il

---

([1]) *Ægidii in secundum librum sententiarum quæstiones.* Venetiis, 1581. 2 vol. dist. 17, q. 1, art. 3; t. II, p. 38.

([2]) S. Munck; *Mélanges de Philosophie juive et arabe,* traduction du *Fons vitæ,* 1re livraison.

est près de l'exagérer. Que Duns Scot, combattant le thomisme, renouvelle cette théorie, ce ne sera pas non plus dans la même intention et en s'arrêtant au même point. S'il y a une substance commune à toutes, une matière et une forme qui se retrouvent dans toutes les autres, cela revient à dire que toutes les substances ont cela de commun qu'elles sont des substances; que toutes les matières et les formes se ressemblent par cela qu'elles sont des formes et des matières. Il y a communauté de nature, il n'y a pas nature commune; et pour qu'on ne s'y trompe pas, Bacon insiste sur ce dernier point et attaque vivement cette théorie d'une matière une et identique, *una numero,* et se retrouvant chez tous les êtres, fonds permanent et invariable de toutes les existences.

La matière existe-t-elle comme une unité numérique ou bien comme un genre *généralissime?* Est-ce un être ou une abstraction? Si c'est un être, comme dans toutes les substances il y a de la matière, comme avant elle il n'y a rien, et rien qui soit après elle, elle constitue la seule, l'unique réalité; si ce n'est qu'un genre qui se divise en espèces diverses, la pluralité devient possible. En un mot, est-elle *una numero* ou *communissima?* On a déjà répondu à cette question, mais on n'y saurait trop insister. Avicebron et David de Dinant ont plus d'un disciple; et peut-être, au moment même où Bacon écrit, Henri de Gand soutient-il la première thèse dans le collège que Robert de Sorbon venait de fonder à Paris [1]. Cette opinion, si abstraite et si peu importante en apparence, a cependant des conséquences graves et qu'on peut facilement apercevoir; elle contient en germe l'Averroïsme tout entier. Et veut-on se convaincre que des problèmes capitaux se cachent sous ces discussions dialectiques, et que les croyances les plus saintes de l'humanité se trouvent en jeu dans ces élucubrations dédaignées?

---

[1] Albert déclare lui-même que la matière première est une en nombre, parce qu'elle est indivise, mais qu'elle se diversifie aussitôt que la forme s'y ajoute. Cette unité numérique n'est donc qu'apparente : « Quid attribuit ei unitatem numeri? Dicendum quod nihil nisi indivisio sui esse. » Henri de Gand va plus loin : il admet jusqu'à un certain point l'existence séparée des éléments de la substance; la matière peut exister sans forme : « Ipsa est susceptibilis esse per se » (*Quodlibeta,* I, quest. IX).

Qu'on écoute Averroès : il n'y a qu'une seule matière indéterminée, et, par conséquent, une, éternelle, et infinie comme la possibilité, source de toute chose. L'agent n'a d'autre rôle que d'amener à l'acte ce qui était en puissance dans cette matière, et encore cet agent qu'Avicenne distinguait au moins de la matière, Averroès le confond avec elle, et résout l'univers dans un Dieu indistinct, dénué de toute qualité positive, ne pouvant être nommé, ni défini; la création, dans une simple évolution nécessaire de cette divinité aveugle; la vie et la mort, dans un pur accident; l'individualité, dans une chimère, et l'immortalité, dans une réabsorption au sein du tout primitif (1). Toutes ces erreurs ont une source commune, l'infinité et l'éternité de la matière. Toutes sont présentées comme des conséquences inévitables de la distinction d'Aristote, qui, dans tout être, discerne l'élément indéterminé et l'élément déterminatif (2). Aristote n'enseigne-t-il pas l'éternité du monde et de la matière? Bacon s'élève avec force contre une pareille impiété et la combat dans son principe. « On prétend, dit-il, que la matière ne
» peut recevoir de différences essentielles; qu'elle est la même dans
» tous les composés, sans qu'elle change jamais; que de la forme
» seule, différente dans les diverses espèces, résulte la différence
» même de ces espèces; et comme cette proposition révolte le bon
» sens et la foi, on en dissimule l'énormité au moyen de ces dis-
» tinctions verbales si commodes pour faire illusion et déguiser
» sous les mots des erreurs trop reconnaissables. On ne soutient
» pas que la matière soit une en être, qu'il n'y ait qu'un seul être,
» *una in esse,* mais on prétend qu'elle est une en essence, sophisme
» qu'il est facile de dévoiler. Si l'on peut, à la rigueur, distinguer
» l'être de l'essence, toujours est-il que le propre de l'essence,
» c'est d'être (3). Il y a autant d'êtres qu'il y a d'essences, et réci-
» proquement. Si donc la matière varie dans les êtres, on ne peut

---

(1) Voy. Renan, *Averroès,* p. 85; *Averrois in Metaphys.,* XII, textus XIV, p. 141 adde 1550.

(2) *Idem,* p. 88.

(3) *Comm. nat.,* 2ª Pars., cap. III : « Esse vel est propria passio entis, vel magis essentiæ. »

» pas dire que son essence y reste la même, et il y a autant de
» matières qu'il y a de substances ; ou bien si la matière est une
» en essence, elle est une en être. Qu'on choisisse ! On n'ose avan-
» cer qu'en être, la matière soit une, *sit una in esse;* il est donc
» impossible qu'elle soit une en essence. Vainement on se dérobe-
» rait à cette conclusion en ne prêtant à la matière qu'un être
» accidentel, car alors la forme serait accidentelle aussi, et il n'y
» aurait nulle forme substantielle, il n'y aurait plus que des acci-
» dents. D'ailleurs, qu'on presse un peu cette opinion : qu'en
» sortira-t il ? La matière est la même dans ce composé et dans cet
» autre ; elle le sera aussi dans ce troisième, et ainsi de suite à
» l'infini, si les êtres sont infinis. Elle serait égale à Dieu, et la
» matière serait Dieu lui-même (¹), ce qui est absurde. »

Ici on arrête notre docteur : jusqu'à présent il est d'accord avec l'école thomiste, avec Albert et saint Thomas, pour repousser cette monstrueuse conséquence ; mais Albert, s'il répugne à la conclusion, s'il la flétrit comme une détestable erreur (²), *pessimus error*, est loin d'être aussi ferme quand il s'agit du principe. Il a eu le malheur de n'être pas assez décidément nominaliste au sujet de la matière, de lui assigner une sorte d'existence trop réelle, et il ne sait plus que faire de cette matière intelligible, simple sans l'être, *simplex non in fine simplicitatis;* simple et cependant susceptible d'entrer en composition, *componibilis;* éternelle sans l'être comme Dieu, infinie en puissance seulement (³). Qu'on lui accorde qu'elle n'est pas Dieu, *propter bonitatem doctrinæ*, dit-il, et il ne sera pas éloigné d'accepter la thèse d'Avicebron, que tous les êtres ont une seule et même matière. Bacon, plus résolu, ne s'arrête pas à moitié chemin et ne veut rien laisser debout de cette chimérique entité. Il ne sert de rien, dit-il, « de se défendre en
» alléguant que le raisonnement précédent prouve seulement que

---

(¹) « Et ita esset materia Deus. » *(Ubi supra.)*

(²) Alberti magn. opp. Lugduni, 1551, t. II. *Physica*, lib. I, tract. III, cap. XIII, p. 44. L'éditeur s'écrie en marge : « Pondera subtilem modum loquendi doctoris de potentia materiæ ! »

(³) *Comm. nat.*, 2ª Pars, cap. III.

» la puissance de la matière et non la matière elle-même est infi-
» nie ; que cette puissance est passive et celle de Dieu active, et
» qu'il n'est pas impossible que la même essence, comme puis-
» sance passive, soit en plusieurs et même à l'infini, comme le
» continu, par exemple. D'abord l'infinité du continu est une sim-
» ple possibilité ; celle qu'on accorde à la matière est telle, que si
» le nombre des substances était actuellement infini, elle serait in-
» finie elle-même en acte, *actualiter*. Le continu serait infini en
» puissance, qu'il ne serait pour cela en rien semblable à Dieu ; la
» matière existant en acte à la fois dans plusieurs, participerait au
» contraire à la puissance divine. Ecartons donc cette comparaison.
» Et quant au fond, la puissance ne dépasse pas l'essence, et si
» la puissance de la matière est infinie, son essence l'est au même
» titre ; la puissance est un accident substantiel, l'accident peut-il
» être plus parfait que son sujet ? Comme le dit l'avant-dernière
» proposition du *Livre des causes*, l'action d'une substance ne
» peut excéder, dépasser cette substance elle-même. Il résulte
» donc de leur thèse, que la puissance de la matière est réellement
» infinie, et par conséquent que sa substance est infinie. La ma-
» tière est donc égale à Dieu', ce qui est du délire, *quod est in-
» sanum* » (¹).

Ainsi, dans la doctrine de la matière, Bacon semble décidément nominaliste. Hâtons-nous de dire que dans d'autres questions il défendra au contraire des solutions réalistes, et que, se mettant à part dans ce grand débat, il a voulu le dominer et se tenir en dehors des deux principaux partis, tout en inclinant toujours vers le premier (²). Les principes de sa métaphysique attaquent la doctrine thomiste, comme le réalisme ; ils vont plus loin, jusqu'à compromettre la scolastique tout entière, et à répondre à ses plus importants problèmes par une fin de non recevoir. Non pas qu'on

---

(¹) *Comm. nat.*, 2ᵃ Pars., lib. I, cap. III.

(²) Il ne faut pas s'obstiner à faire rentrer tous les systèmes scolastiques dans ces deux catégories, nominalisme ou réalisme. Quelques propositions de Bacon seraient qualifiées de réalistes au premier chef, et pourtant, s'il faut, pour mériter ce titre, professer toutes les erreurs que M. Hauréau met à la charge du réalisme, Bacon ne saurait l'accepter.

veuille avancer que Bacon, comme métaphysicien, eût plus de profondeur que saint Thomas ou Albert; au contraire, le peu que nous connaissons de sa doctrine est singulièrement incomplet; les grandes questions de l'existence, de la nature de Dieu, de ses rapports avec le monde, n'y sont pas même posées; sa théorie a avant tout un caractère négatif très-prononcé. Il semble moins préoccupé du désir d'édifier que de celui de détruire; il affirme beaucoup moins qu'il ne nie, et critique beaucoup plus qu'il ne dogmatise. C'était la trempe de son génie et de son caractère; il s'était donné pour mission de détruire l'erreur, regardant comme plus facile la tâche de trouver la vérité. Ainsi, à propos de cette théorie de la matière, il attaque dans leur source et détruit dans leur principe même un grand nombre des problèmes alors creusés avec le plus d'ardeur, et qui, ses idées adoptées, ne peuvent plus subsister dans leur forme actuelle. La matière n'étant plus qu'une qualité commune à tous les êtres, un genre généralissime, *communissimum genus*, inséparable de la forme, inséparable elle-même de la substance, variant à tous les degrés de l'être, susceptible de changements essentiels, se trouvant également et dans le monde des esprits et dans celui des corps; d'un autre côté, la forme étant considérée de la même manière, introduite partout où il y a de la matière, partout où il y a un être, et ne pouvant jamais subsister seule, que deviennent ces longues spéculations sur les substances séparées, sur cet intermonde où flottent comme d'indécises images, les entités de l'Aréopagite, cette matière non formée, cette forme qui n'est la forme de rien, ces intelligences pures qui meuvent les sphères, le ciel qui n'est lui-même qu'une forme, les anges où l'individu constitue à lui seul l'espèce, cette âme simple forme du corps si difficile à sauver de la destruction du corps, cette difficulté d'introduire la diversité dans le monde et de décider ce qui fait l'individu, de la matière ou de la forme? Il n'y a pas une de ces questions, où le génie de saint Thomas s'est épuisé, qui ne se trouve, non pas résolue, mais niée par les principes de Bacon, et ceci nous explique qu'il y ait insisté avec complaisance, et qu'après avoir réfuté l'unité de la matière, il prouve directement qu'à chaque degré de l'être il y a une matière nouvelle, différente de celle du degré précédent.

C'est une opinion répandue au moyen âge, que ce qui constitue les espèces, c'est la forme, les différences spécifiques résultant seulement de l'addition de formes nouvelles. Suivant Bacon, il y a là une erreur très-grave, et la matière tout comme la forme varie en essence, c'est-à-dire est soumise à des changements qui en affectent la nature. Elle reçoit les mêmes modifications, non pas grâce à la forme qui la fait passer à l'acte, mais en elle-même, et elle se distribue en espèces réellement distinctes : ses différences, en un mot, ne sont pas seulement extrinsèques, mais intrinsèques [1]; c'est la logique qui prouve cette proposition. En effet, dans le genre supérieur, la puissance de la forme est au moins égale à celle de la matière, et la fait passer tout entière à l'existence complète et actuelle, car autrement la puissance de la matière excèderait la sienne. Si l'on admet que dans les changements successifs qui se produisent dans la substance entre le *généralissime* et le *spécialissime*, il n'y ait que des différences formelles, ces différences, ces formes substantielles, pour les appeler par leur nom, que trouveront-elles à réaliser? Sur quelle matière s'exerceront-elles? Toute matière ayant été parfaite dans le genre, ces formes ne seront les formes de rien, ne serviront à rien, et auront été créées et engendrées en vain; elles seront des êtres inutiles, inexplicables, des différences qui n'auront pas de sujet. Toutes les différences ajoutées au genre seront donc composées, ce seront de véritables substances, c'est-à-dire qu'entre elles et le genre dont elles constituent les espèces, il n'y aura de commun que le genre lui-même. Si elles n'affectaient que la forme, on serait forcé d'avouer un résultat contraire à toute logique, à savoir que le simple et le composé ont les mêmes différences distinctives. En effet, le genre de la substance se divise en deux espèces : les corps et les esprits; mais si la forme seule constitue ces deux espèces, il s'ensuit que les corps et les esprits ne sont que des formes spirituelles ou corpo-

---

[1] *Comm. nat.*, 2ª Pars., lib. I, cap. IV.

relles, ce qui ne se peut, puisque le composé (la substance) et le simple ne peuvent avoir les mêmes différences distinctives (¹). D'ailleurs, n'est-ce pas un principe, que dans la génération le complet et l'incomplet sont de même essence; la matière du genre est donc en puissance, non pas à l'égard d'une forme spécifique, mais aussi d'une matière. Ensuite, on prétend que le corps dans l'homme est la matière, et l'âme la forme. Si l'âme de Socrate n'est pas celle de l'animal en général, soutiendra-t-on que son corps, c'est-à-dire la matière, soit la même que celle du genre animal, etc.?

Mais, dernière difficulté : il y a de graves autorités en faveur de l'unité de la matière et de son identité dans toutes les substances déterminées par la forme. Ne peut-on pas alléguer pour la défendre Aristote et Averroès? Aristote ne paraît pas coupable de cette erreur, dont Averroès aurait plus de peine à se disculper. Ces deux maîtres s'expriment parfois de manière à laisser quelque nuage sur leur pensée; mais Bacon prouve, en discutant les textes, que dans ces occasions ils ne parlent pas de la matière simple, intelligible, élément de la substance, mais d'une autre matière, celle qui est l'objet de l'étude du naturaliste, la matière sensible, qui est elle-même une substance composée. Il y a donc diverses sortes de matières; Bacon en compte six : 1° l'objet sur lequel s'exerce une action, comme l'intelligible, est la matière de l'intellect; 2° une essence différente de la forme, qui constitue avec elle le composé et se retrouve dans toute substance créée; 3° le sujet de la génération pour les naturalistes; 4° le sujet de l'altération, c'est-à-dire ce qui peut recevoir les contraires, comme l'eau par rapport au froid et au chaud; 5° la matière est encore le particulier par rapport à l'universel, parce que l'universel a son principe matériel dans l'individu; 6° tout ce qui est vil et grossier se nomme *matière,* comme la terre à l'égard du feu. Le mot *forme* désigne à son tour plus d'un objet : c'est à la fois l'un des éléments de la substance, tout ce qui peut donner à une chose sa réalité parfaite en y ajoutant la différence spécifique; l'acte du sujet de l'altéra-

---

(¹) *Comm. nat.,* cap. IV, 2ª Pars., 2ª dist.

tion, comme la science par rapport à l'âme, l'universel à l'égard des individus, et ce qu'il y a de plus noble dans un être. « Ces » distinctions, dit Bacon, sont utiles pour répondre à certains au- » teurs qu'on peut alléguer contre moi ; la confusion des mots a » empêché de les comprendre, et il en est de même de beaucoup » d'opinions ayant cours dans les écoles, *sermones magistrales et* » *vulgati.*

§ III.

Jusqu'ici nous sommes dans la sphère de l'intelligible ; en suivant Bacon, nous arrivons sur le terrain de la physique générale, qui n'en n'était séparée que par un fil très-léger : il s'agit encore de la matière et de la forme, mais au point de vue naturel, physique, et sous le rapport de leur rôle dans la génération. Il n'y a de sujet au changement et par suite d'appréciable pour le naturaliste, dit notre auteur, que ce qui s'engendre ; car les substances, incorruptibles, permanentes, éternelles même, mais seulement d'une éternité créée (¹), ne peuvent être étudiées que par le métaphysicien.

Dans le monde naturel, il faut donc encore déterminer la matière, c'est-à-dire ce qui peut devenir tous les corps, et la forme, c'est-à-dire ce qui spécifie et distingue chaque espèce de corps ; non plus la matière intelligible, indéterminée (²), mais associée à une forme, se retrouvant, malgré leurs différences, dans tous les êtres physiques, et servant de sujet à la génération. Cette matière

---

(¹) Voici comment Bacon entend l'éternité du monde : Avant la génération, il n'y a pas de temps, ni de mouvement ; il n'y a que des substances immobiles permanentes dont l'existence n'est pas mesurée par le temps. Le temps ne commence qu'avec la génération ; avant lui, c'est l'*œvum* qui dure, l'*œvum*, qui est l'éternité créée, et qui suppose avant elle l'éternité incréée. En d'autres termes, avant les choses, il n'y a que leur possibilité qui est éternelle. C'est la doctrine qu'il a à cœur de mettre sur le compte d'Aristote, en le disculpant ainsi du principal reproche qu'on lui adresse et d'un des considérants de la sentence portée contre lui en 1209. (V. le Manuscrit de la Biblioth. Imp. 7440).

(²) *Idem*, 2ᵃ dist., cap. I : « De materia verificatur quod non est una numero in rebus omnibus, nec una specie nec genere subalterno sed generalissimo. »

c'est la substance corporelle, non pas tout entière, car elle comporte deux espèces, l'une incorruptible et étrangère à toute génération, c'est celle du Ciel; l'autre dont il s'agit est tout-à-fait terrestre (¹); elle est créée, car le principe de la génération ne peut être lui-même soumis à la génération; et il faut une base immobile à la mobilité; mais elle est en même temps l'origine de tout mouvement et de tout changement. De cette source sortent tous les individus et tous les genres, bien qu'il n'y ait à proprement parler de génération que pour l'individu, et que l'universel ne soit engendré qu'accidentellement, c'est-à-dire avec le particulier. Mais pour cela il faut un second principe, c'est-à-dire la forme. Où sont les formes, les essences des choses de l'univers matériel? « La forme, le principe formel ne peut se trouver dans le même
» genre que la matière, comme on l'enseigne, comme je l'ai cru
» longtemps, car à ce compte il n'y aurait pas de génération; la
» privation ne peut avoir pour objet une forme présente, mais une
» forme qui manque encore à la matière; celle qui existe dans le
» principe matériel n'est donc pas le principe formel. Il faut la
» chercher hors de ce principe, car telle qu'elle y est, elle doit
» périr, puisque la matière en désire une autre. » Si on met dans un seul genre, matière, forme et privation, on immobilise la création; on rend la génération éternellement impossible. Il faut chercher ailleurs le principe de la distinction des êtres; car dans la substance corporelle, les éléments matière et forme persistent tout entiers dans toute transformation, et constituent réunis le principe matériel. « Le premier sujet de la génération dont nous parlons
» ici est le genre qui peut être immédiatement commun à tout ce
» qui peut s'engendrer, et c'est la substance corporelle non céleste
» et non-seulement sa matière. De même, le principe formel n'est
» pas non plus la simple forme de la substance corporelle, mais
» un composé. Cependant, on appelle l'un *matière* et l'autre *forme*,
» parce que le premier est en puissance à l'acte et à la perfection,
» et que le second est l'acte et la perfection même. » Cette forme,

---

(¹) *Id., ibid.* : « Substantia corporea non cœlestis. »

où la trouverons-nous? Dans une des différences que peut revêtir le principe matériel. Un genre n'est en puissance qu'à deux différences spécifiques, qui sont pour la substance corporelle l'élément et le mixte. Où est le principe formel? « Bien qu'il n'ait pas un
» être spécial et propre, *licet non habet unum esse speciale et*
» *proprium*, on peut cependant l'appeler la *forme*, c'est-à-dire ce
» qui peut être renouvelé dans la matière, *forma renovabilis*. Ce
» sera donc à la fois l'élément et le mixte. Mais le mixte, voilà le
» but définitif de la génération, et il est plus noble que l'élément
» qui n'existe que pour lui. » Solution singulièrement naturaliste et bien éloignée des idées platoniciennes qui règnent à ce sujet dans l'école thomiste. Pour Albert, la forme, le principe formel n'existe pas sans doute en acte hors des choses : « La raison d'être
» des choses n'existe pour nous que dans les choses mêmes ; mais
» hors de nous elle existe dans l'intellect divin. Si l'on cherche
» l'origine de cette essence que possède la forme prise en elle-
» même, la forme pure, on ne peut l'expliquer qu'en la regardant
» comme un rayon et un reflet de la forme première, qui est l'in-
» tellect divin.... Même dans les objets matériels, cette forme est
» intelligible par elle-même, et elle n'aurait pas ce caractère si elle
» ne renfermait en elle-même cette lumière de la première intelli-
» gence, son origine. La connaissance de la forme d'un objet sen-
» sible implique donc la connaissance de la cause première for-
» melle ([1]). » Ainsi, le monde sensible lui-même n'est, pour ainsi dire, qu'une émanation de la pensée divine ; et en poussant à l'extrême les propositions d'Albert sur la quiddité, on pourrait les convertir en celle-ci : que l'univers matériel lui-même est une idée de Dieu. Mais Bacon, par une espèce de réalisme naturaliste, dont nous ne connaissons pas d'autre exemple, ne va point aller chercher au-delà de cette terre la forme des êtres naturels, ni reporter à l'intelligence divine les idées des choses. Sans doute la forme existe, sans doute elle est distincte de la matière ; mais ne la cherchez pas si haut ; la voici sous vos pieds dans l'ordre des créatures :

([1]) Alberti opp. *Metaphys.*, lib. VII, t. I, cap. IV.

ce sont les éléments et surtout les mixtes avec leurs différentes manières d'être, c'est-à-dire des êtres déjà formés, déjà complets, et non plus de simples abstractions, que l'on fait remonter de l'esprit humain à l'intellect divin (1).

Pourtant, ajoute Bacon : « Aristote dit que la considération du
» principe formel revient au métaphysicien, et qu'un principe doit
» toujours subsister. Le principe formel, dans ce sens, est éternel,
» comme le premier efficient et la cause dernière. Ce ne peut être
» un ange, ce ne peuvent être les idées subsistant en dehors de
» l'intelligence divine, comme le dit Platon; car il est impossible
» que des idées de cette nature soient en dehors de l'essence divine, comme Aristote le prouve en maint passage, et en ce cas
» même elles ne seraient pas les principes formels des choses, et
» on ne saurait à laquelle donner le premier rang, puisque toutes
» seraient comme des individus de la même espèce. Ce ne peut
» être que la cause première, qui est le principe formel et efficient et
» la fin dernière de toutes les choses naturelles ou non, sans doute;
» mais cette cause n'est pas la forme de la matière naturelle, ni
» une partie de la nature : elle est la forme exemplaire dirigeant la
» nature dans son opération, parce que l'essence divine idéale,
» non-seulement est l'exemplaire, mais l'artisan de tout l'univers,
» et la nature n'en est que l'instrument. Elle se propose une fin et
» n'agit que pour la fin proposée... Mais le Créateur seul la connaît; elle ne sait ce qu'elle fait... Beaucoup d'hommes fameux et
» grands, disent que la première forme naturelle, le troisième des
» principes, est la cause première : c'est la plus grande des erreurs,
» parce que ce principe qui fait passer la matière à l'acte, qui est
» corruptible et l'une des deux parties du composé, ne peut être
» la cause première, ces trois caractères répugnant à sa dignité (2). »
Bacon tient de son maître Aristote ce besoin de séparer profondément le monde de son auteur, et ne peut admettre qu'un être

---

(1) Cf. Hauréau, t. II, p. 100 et suiv.

(2) L'erreur fondamentale du panthéisme d'Amaury de Bène, c'est cette proposition : que Dieu est le principe formel de toutes choses. — Cf. Saint Thomas, *Summ. Theol.*, 2ª Pars., quest. III, art. 8.

naturel participe même imparfaitement à quelque chose de divin. Il y a là comme une tendance à affranchir la physique de l'esclavage où la tient la métaphysique. Aristote pourtant assigne à cette dernière science la recherche du principe formel. C'est, dit Bacon, qu'il est obligé de suivre Platon et Pythagore, qui ont placé la question sur ce terrain (1). Sans doute, ajoute-t-il, « la cause pre-
» mière est pourtant le principe formel exemplaire et idéal, en
» donnant au mot *idée* son sens propre et véritable; car son es-
» sence est l'exemplaire et l'idée de tout ce qui existe, comme le
» reconnaissent les saints et les philosophes bien pensants, et, à
» ce titre, le principe formel est un même avec le premier efficient
» et la fin dernière; mais cela ne peut être vrai de la forme consi-
» dérée comme l'un des éléments de la substance, et à l'égard de
» laquelle la matière est en puissance. » Bacon se débat ici contre une inextricable difficulté. Son bon sens lui fait un devoir de ne pas confondre le principe formel des êtres physiques avec la divinité, et, d'un autre côté, la distinction qui subjugue tous les esprits et qu'il accepte doit se maintenir. Les êtres naturels se composent donc de matière et de forme. Mais que faut-il entendre ici par ces mots? La matière, le principe matériel, n'est pas une vaine possibilité, c'est une substance composée, c'est-à-dire réalisée; la forme, ce seront les éléments et les mixtes, c'est-à-dire les corps eux-mêmes dans lesquels il y a quelque chose de commun, à savoir qu'ils sont des corps; et quelque chose qui les spécifie, à savoir qu'ils sont tels éléments ou tels mixtes.

Mais voici un nouveau problème : Quelle est la force qui détermine l'union de la matière et de la forme, c'est-à-dire le mouvement,

(1) Aristote, dit-il, se trouve embarrassé entre les opinions des Platoniciens : « Qui posuerunt ideas separabiles a materia generabili et corruptibili et stantes per se, et intelligibiles et spirituales et incorruptibiles, » et celle des Pythagoriciens : « Qui posuerunt formas rerum naturalium esse mathematicas et numeros et figuras. Ideo oportet quod sit aliqua scientia communis ad naturalia et mathematicalia, et ad omnia, et hæc est metaphysica, et ideo Aristoteles dicit quod metaphysici est considerare de principio formali, scilicet quantum ad completam cognitionem, ut subtilitates platonicorum evacuentur, et non propter hoc quod hoc principium esset solum causa prima. » (*Comm. nat.*, 2ᵃ Pars., distinct. 2ᵃ, cap. III.)

c'est-à-dire la génération? Les scolastiques en général répondent que c'est l'influence du ciel : ce sont les plus modérés ; d'autres ont supprimé la difficulté en identifiant la forme avec l'essence divine qui se distribue ainsi dans toute la nature. Le moindre inconvénient de la première opinion, c'est de rendre la physique impossible en rattachant tous les phénomènes à des influences sidérales. Bacon, qui se défendrait avec peine des rêveries astrologiques, semble avoir compris pourtant le défaut de cette notion commune, qui enlève toute énergie aux substances secondes, dans l'ordre moral comme dans l'ordre physique. Entre la matière simple puissance, et la forme qui est l'acte même, il faut un intermédiaire; Bacon le cherche et il emprunte à Aristote le nom de ce pouvoir. C'est le troisième principe dont le maître a rarement parlé, mais enfin qu'il a nommé la *privation*, et que les philosophes scolastiques ont aussi recueilli, sans cependant y attacher beaucoup d'importance. Il prouve que la privation est l'essence même de la matière : « La privation est le prin-
» cipe d'où jaillit l'acte du désir, ou la simple puissance de désirer.
» Dans un sens, c'est l'essence même de la matière; dans l'autre,
» c'est son accident propre ; par elle-même, elle n'est rien. Ces mots,
» *essence, substance, nature, puissance, vertu, pouvoir, force,*
» sont, quant au fonds, absolument une seule et même chose; mais
» puissance et privation sont synonymes. Donc la privation est
» l'essence même de la matière privée et manquant de son complé-
» ment et le désirant; la matière, en tant que privée, et en puis-
» sance, est dite privation. C'est donc l'activité propre de la ma-
» tière qui est désignée par ce mot *privation* (¹). » Bacon semble parfois vouloir définir la substance comme on l'a fait depuis : *omnis substantia est activa,* dit-il; il se sert même presque des mots que Leibnitz emploiera plus tard, parle sans cesse d'activité, d'effort, d'action; et pourtant, par une explication qui amoindrit la portée de ses premières paroles, il restreint cette activité au simple désir, à la tendance, à l'appétit, *appetitus*. Il proteste contre les erreurs répandues à ce sujet : « Le vulgaire des théologiens

---

(¹) *Comm. nat.,* 2ᵃ Pars., dist. 2ᵃ, cap. IV.

» et des philosophes place dans la matière un principe actif intrin-
» sèque, qui serait une cause efficiente, et dit que la puissance
» active de la matière, excitée par la vertu de l'agent extérieur, se
» produit en acte et devient forme (¹). » Cette opinion est vivement
combattue par notre docteur. Cette activité intrinsèque, c'est l'agent
seul qui la possède ; mais quel est cet agent ? Il nomme ici pour
exemple le feu ; ailleurs il parle de la lumière et de la chaleur (²).
Il reconnaît donc, d'une part, à la matière une tendance, un désir;
et, d'autre part, transporte à certaines forces, à certains agents mal
définis, l'activité de la nature et les phénomènes qui s'y produisent.
Un de ses axiomes favoris, c'est que les agents n'ont qu'une seule
et même manière d'agir, quelle que soit la nature de l'être qui subit
leur action ; ils lui donnent le moyen de se passer du Ciel pour
expliquer la production des faits d'ici-bas, et c'est à notre connaissance le seul physicien de cette époque qui ait affirmé que quand
le Ciel viendrait à s'arrêter, tout mouvement ne s'arrêterait pas
dans la sphère terrestre.

Il est pénible à un esprit nourri des idées et du langage moderne, de suivre la pensée de Bacon dans ce dédale d'abstractions
logiques, et l'on ne nous pardonnera de nous y être arrêtés, qu'en
songeant qu'elles restituent à notre auteur un de ses titres perdus,
celui de métaphysicien. Sans oser prétendre que de cette métaphysique obscure de l'école découle le moyen âge tout entier, avec
ses systèmes philosophiques, ses hérésies, ses sectes étranges, son
astronomie fantastique, sa physique et sa chimie, ses discussions
théologiques, ses théories psychologiques ; sans admettre, avec un
écrivain érudit, que la différence entre ces siècles et les nôtres
tient uniquement à une nouvelle notion de la substance qui leur a
manqué et qui nous dirige (³), il faut bien avouer pourtant qu'à
une époque où la philosophie embrassait l'universalité du savoir,
la raison a dû porter dans les sciences religieuses et profanes l'empreinte qu'elle avait reçue de la plus rationnelle des sciences. La

---

(¹) *Comm. nat.*, 2ᵃ Pars, dist. 2ᵃ, cap. IV.
(²) V. le traité *De multiplicatione specierum* (*Op. maj.*, Vᵉ partie).
(³) Fréd. Morin ; *Dict. de Théol. scol.*, t. I. Préface.

physique, par exemple, est définie par les Thomistes la science de l'être en tant que mobile. Or, le mouvement est un rapport entre la puissance et l'acte, entre la matière et la forme. Il varie à l'infini avec l'essence des êtres, et échappe fatalement à tout essai d'explication générale. Sans doute il eût été glorieux pour Bacon d'aborder de front la difficulté et de rompre en ce point avec la doctrine du péripatétisme ; mais s'il n'a pas eu ce mérite, s'il n'a pas fait au XIIIe siècle ce que Descartes accomplira au XVIIe, il a du moins tenté de substituer aux idées reçues sur la matière et la forme des opinions nouvelles. Il accepte les formes substantielles, mais que deviennent-elles entre ses mains ? Qu'on recueille les solutions des Thomistes, celle de Scot, celle même d'Ockam, elles n'ont de commun avec la sienne que les mots qu'il répète, comme eux trop souvent. Il n'y a pas de découvertes métaphysiques à admirer dans ces pages subtiles que nous publions pour la première fois à la fin de ce volume ; les grandes questions sont plutôt écartées que résolues. Puissantes comme critique, faibles comme système, ses idées méritent la louange si elles n'ont pour but que de changer la forme de la discussion, et le blâme, si elles doivent la supprimer. Il sera toujours meilleur d'agiter ces grands problèmes, et de parler de l'infini, même sous les noms décriés de *matière* et de *forme*, que de laisser la raison insouciante de ces mystères ou volontairement résolue à les dédaigner.

CHAPITRE II.

L'UNIVERSEL ET LE PRINCIPE D'INDIVIDUATION.

§ I. Théorie de l'universel. — § II. Réfutation des opinions contemporaines. — § III. Solution négative du problème de l'individuation.

§ I.

La matière et la forme sont des idées universelles; ce que dans le langage de l'école on appelle des *généralissimes* et la substance en général n'est pas autre chose. Qu'est-ce donc que l'universel, et quels sont ses rapports avec le particulier? Bacon a déjà dit en passant que les universaux n'ont qu'une unité générique et non pas numérique; il est d'accord en cela avec son maître Aristote, qui déclare dans sa métaphysique que *l'un* en nombre, c'est l'individu ([1]); il importe de lui demander des déclarations plus positives. La question, on le sait, est décisive pour un philosophe du XIIIe siècle, et Bacon y a fait une réponse qui est restée ensevelie dans ses manuscrits et mérite d'être recueillie ([2]).

L'universel existe-t-il avant le particulier? Voilà sous quelle forme il pose d'abord le problème, dont il fait ressortir toute l'importance pour la métaphysique, la logique, la physique, toutes les difficultés et les incertitudes en présence de solutions si diverses et d'autorités si contraires. « Aristote ne semble pas toujours d'ac-
» cord avec lui-même; au premier livre du traité de l'*Ame*, il dit

---

([1]) *Metaphys.*, lib. XII, cap. IV.

([2]) Les sources où l'on a puisé cette exposition sont, avant tout, le manuscrit de la Mazarine *De communibus naturalium* (IIIe partie de l'*Opus tertium*). On y lit sur ce sujet plusieurs chapitres qui sont parmi les meilleurs et les plus intéressants que Bacon ait écrits. Nous les avons reproduits à la fin de cet Essai (V[e] partie, chap. IV). Il faut y joindre quelques passages du Manuscrit d'Amiens et de l'*Opus majus*.

» que l'universel ou n'est rien ou est postérieur au singulier. Au
» seizième livre de l'*Histoire des animaux,* il dit le contraire, et
» au premier livre de la *Physique* et en beaucoup d'autres pas-
» sages, il hésite sur cette difficulté. Il en est de même d'Avicenne
» dans le premier livre de la *Physique,* mais dans le sixième de sa
» *Métaphysique,* il donne une solution dont on peut profiter tout
» en la modifiant. Il distingue, en effet, l'opération de la nature
» et son intention, son but, et il déclare que sous le premier rap-
» port, l'universel passe avant le particulier (¹). Ainsi, par exemple,
» l'embryon dans le sein de sa mère reçoit d'abord l'être universel,
» les caractères généraux qui conviennent à toute son espèce ;
» mais ce que la nature a en vue, ce n'est pas la production d'un
» animal quelconque, mais de tel ou tel animal déterminé ; ce qui
» le prouve, c'est qu'elle ne cesse pas d'agir après avoir réalisé
» seulement les caractères généraux ; elle ne s'arrête qu'après avoir
» individualisé l'être ; le but de la nature, c'est donc le particu-
» lier. » Bacon accepte cette solution en partie, mais il va plus
loin qu'Avicenne, et prétend que dans l'exécution comme dans le
but, le particulier précède le général, et que l'homme en soi n'est
engendré qu'après tel ou tel homme. « En effet, dit-il, un seul in-
» dividu est au-dessus de tous les universaux du monde, car l'uni-
» versel n'est rien que le rapport entre plusieurs individus. L'indi-
» vidu enferme en lui deux sortes de caractères : les uns absolus,
» qui le constituent et sont le fonds même de son essence, comme
» cette âme et ce corps qui constituent cet homme ; les autres sont
» relatifs et résultent de sa ressemblance avec les autres êtres de
» même espèce, par exemple des qualités communes de l'homme
» avec tous ses semblables, et non pas avec l'âne ou le porc. Voilà
» son universel ; mais la nature propre, absolue d'un être, est bien
» plus importante que ces rapports avec d'autres, parce que seule
» elle a une existence fixe par elle-même et indépendante, *quia*
» *habet esse fixum per se et absolutum.* Le singulier l'emporte

---

(¹) La proposition contraire se trouve soutenue par saint Thomas : *De universalibus tractatus,* 1. — Cf. Hauréau, t. II, p. 172.

» donc en dignité sur l'universel, qui y est joint. L'expérience le
» prouve, et puisque j'ai toujours en vue dans mes recherches la
» théologie, cette science ne montre-t-elle pas qu'on ne peut com-
» parer l'universel au particulier ? Est-ce pour l'homme universel
» que Dieu a fait ce monde, ou pour des personnes particulières ?
» Est-ce pour l'homme universel qu'il a créé le genre humain et l'a
» racheté ? Enfin, est-ce aussi à l'universel, et non pas à un certain
» nombre d'élus, qu'est réservée la gloire à venir ? L'universel n'est
» donc presque rien en comparaison du particulier, et comme la
» nature a toujours en vue le meilleur, il en résulte que dans son
» plan comme dans ses œuvres, l'individu passe avant le genre ;
» disons donc en termes simples et précis, que dans l'ordre naturel,
» l'individu vient avant le général, et que l'un est un être exis-
» tant en lui-même et fixe, et l'autre le simple rapport d'un indi-
» vidu avec un autre (¹). » Cette doctrine, jusqu'à présent, est nominaliste; elle touche à celle de saint Thomas, non toutefois sans
différence; en effet, saint Thomas aussi a lu dans Avicenne la
théorie dont parle Bacon, et il l'a modifiée en sens contraire. Il distingue aussi le plan, *intentio*, et l'action de la nature ; quant à l'action, l'homme individuel, Socrate précède nécessairement l'homme universel, qui devient toujours, sans être jamais entièrement réalisé ; quant au plan, l'universel a le pas sur le particulier (²).

Bacon insiste sur son opinion, conforme, dit-il, au véritable péripatétisme, et « cependant, le vulgaire tout entier est d'un avis
» contraire et s'appuie sur des autorités qu'il faut expliquer. Ce
» qui précède est fondé sur la dignité de l'individu, *super digni-*
» *tatem individui* (³). Mais les hommes sans expérience adorent
» les universaux, parce qu'Aristote a dit, au premier livre des

---

(¹) *Comm. nat.*, 2ª Pars., dist. 2ª, cap. VII. — Cf. *Op. maj.*, p. 372. — Bacon avait varié sur ce point. On lit, en effet, dans le Manuscrit d'Amiens (folio 29) l'exposition de cette doctrine, et l'auteur conclut : « Respectu operationis particulare prius est quam universale... hoc modo est prius, primo modo posterius, quia prius generatur Socrates quam homo. »

(²) Saint Thomas. Opp. *De universalibus,* tract. 1.

(³) *Comm. nat.*, 2ª Pars., dist. 2ª, cap. VIII.

» *Seconds analytiques,* que l'universel est toujours et partout, et
» le singulier ici et maintenant; et au deuxième livre de l'*Ame,* que
» l'être de l'universel est un être perpétuel et divin, et celui de
» l'individu, corruptible et passager. Mais que veut-il dire? D'où
» cet universel tient-il sa perpétuité et son ubiquité? Non de lui-
» même, mais des individus, qui se succèdent et se multiplient en
» tout temps et en tous lieux. Aristote veut dire que la nature ne
» tend pas à réaliser un seul individu, mais un plus grand nombre,
» dans lesquels l'universel se conserve (¹). En somme, ce sont les
individus qui sont les seuls sujets de l'universel, et c'est en eux
qu'il existe partout et toujours. Ainsi se trouve résolue l'une des
questions de Porphyre, la dernière, à savoir : si les idées universelles
existent séparées des objets sensibles ou dans ces objets, l'universel séparé des choses n'est rien, mais il est dans les choses. Cette
déclaration était prévue, elle n'est qu'une conséquence de la théorie
de la matière et de la forme.

Mais on peut être réaliste et professer que l'universel existe
dans le particulier, à condition qu'il y existera comme l'essence
même des individus. Duns Scot ne dira pas autrement. Bacon
craint sans doute qu'on ne le confonde avec les Platoniciens, et il
a soin de déterminer quel est le mode de cette inhérence : c'est le
même que celui de l'accident dans la substance ou à peu près.
L'universel n'est rien d'absolu (²). « L'universel ressemble à l'acci-
» dent, bien qu'il ne soit pas l'accident lui-même; mais il y a entre
» eux cette similitude, que tous deux sont en dehors de l'essence
» de la chose à laquelle ils appartiennent, *extra essentiam rei
» cujus est;* il y a cette différence que, dans l'universel, plusieurs
» individus sont réunis en essence et non pas dans l'accident. »
C'est à peu près l'envers de la proposition attribuée à Guillaume
de Champeaux par Abailard (³). Guillaume veut que l'universel se

---

(¹) Arist.; *Derniers Analytiques,* liv. I, chap. XXIV. Il n'y est question que de l'universalité des propositions.

(²) « Non est aliquid absolutum, nec per se potest existere sed in individuis. » *(Ubi supra.)*

(³) V. Cousin; Introduction aux *OEuvres inédites d'Abailard,* p. 134.

trouve en essence dans le particulier; Bacon, que le particulier se trouve en essence dans l'universel; l'un fait du singulier un simple accident, l'autre de l'universel quelque chose d'analogue à l'accident. Si l'un est un réaliste exagéré, l'autre semble un nominaliste excessif. Écoutons l'un, toute réalité sera générale, et en remontant les degrés métaphysiques, on arrivera à la seule unité réelle, à l'être universel; prêtons l'oreille à l'autre, et il n'y a rien d'universel, et nous sommes enfermés dans le multiple sans pouvoir en sortir, sans pouvoir trouver un objet réel à la science; le dernier mot du premier système, c'est le panthéisme; celui du second, c'est, semble-t-il, le scepticisme.

Malgré les éloges de Leibnitz et les apologies plus modernes au fond d'un nominalisme absolu, on peut difficilement trouver autre chose qu'un sensualisme dont la conclusion est le scepticisme et l'impossibilité de la science. Assurément, Bacon a vu le danger, et il faut lui tenir compte des efforts qu'il fait pour l'éviter. Y réussit-il? Qu'on juge, et pour cela qu'on écoute sa réponse à une autre question de Porphyre, la première, à savoir si le général consiste dans de pures pensées, *in nudis intellectibus*. La prétention de Bacon a été de tenir ici un certain milieu entre les deux extrêmes, entre le réalisme dont il vient de se séparer, et le nominalisme dont il voit les périls : « Il y a des sophistes, dit-il [2],
» qui veulent montrer que l'universel n'est rien, ni dans l'âme, ni
» dans les choses, et s'appuient sur des visions comme celle-ci :
» que tout ce qu'il y a dans le singulier est singulier. Suivant eux,
» l'universel n'est rien dans les choses, et le seul rapport entre les
» objets individuels consiste dans l'imitation et non la participation
» à une nature commune; entre un homme et un autre, il n'y a
» d'autre rapport qu'une imitation. Mais cette assertion détruit les
» fondements de la vérité et de la philosophie, et il faut avant tout
» faire justice des sophismes dont ils s'autorisent, et rendre leur
» thèse suspecte et vaine et la détruire par les armes mêmes dont

---

[1] Hauréau; *De la Philosophie scolastique*.
[2] *Comm. nat.*, 2ª Pars., dist. 3ª, cap. IX-X.

» ils se servent. Je dis donc que cette proposition, dans le singu-
» lier tout est singulier, est fausse. Aristote, en effet, au quatrième
» livre de la physique, distingue huit modes d'inhérence, et l'un
» d'eux, c'est celui du singulier dans l'universel, et un autre, de
» l'universel dans le singulier; donc, ils sont en contradiction avec
» Aristote lui-même. D'ailleurs, il faut se rappeler qu'il y a deux
» sortes de caractères dans l'individu : les uns sont absolus et
» constitués par ses principes mêmes, comme Socrate est formé de
» cette âme et de ce corps; les autres sont relatifs et résultent de
» ses rapports avec un autre individu, qui lui est uni par une nature
» spécifique commune, comme par exemple l'humanité. Les pre-
» miers sont singuliers; les autres, réels aussi, sont universels;
» s'il en était autrement, toute attribution serait synonyme et ne
» ferait que répéter le sujet : Socrate est un homme, Platon est un
» homme; cela reviendrait à dire : Socrate est Socrate et Platon
» est Platon. » Ainsi, l'universel en soi est quelque chose; s'il n'est
pas séparé de l'individuel, il existe à côté de lui; et ici Bacon, que
nous ne faisons que résumer et expliquer, expose quelles sont les
thèses, *positiones,* les plus célèbres à cet égard. Il y en a cinq
suivant lui, sans compter celle de Platon, qu'il traite avec grand
dédain. « Platon a dit que les universaux sont les idées; Aristote a
» fait justice de cette opinion, et comme elle est insensée et que
» personne aujourd'hui ne la soutient, je passe aux systèmes des
» modernes. »

§ II.

Quels sont ces systèmes que Bacon nous signale comme ayant
encore des partisans de son temps? En voici l'énumération : 1° l'universel n'existe que dans l'âme [1]; 2° l'universel est dans les choses
par le moyen de l'âme; 3° l'universel, en tant qu'universel, est

[1] Le Manuscrit de Paris dit *in rebus;* celui de Londres, *in anima.* La réfutation de Bacon prouve surabondamment que cette dernière leçon est la vraie.

dans l'âme ; mais considéré dans sa nature, *secundum id quod est*, il est dans l'individuel ; 4° l'universel n'existe que quand l'intellect le connaît ; 5° l'universel est seulement dans l'individuel et ne dépend en rien de l'âme.

Le docteur entreprend de réfuter quatre de ces thèses, et se déclare pour la cinquième. Voici à quoi se réduit cette longue discussion : 1° quand l'âme raisonnable n'existerait pas, une pierre et une pierre auraient quelque chose de commun, et cette communauté constitue l'universel ; de plus, l'universel sert de prédicat au particulier, et ce qui est hors d'une chose ne peut lui être attribué comme inhérent. Enfin, dans l'âme il n'y a que des idées ; ces idées représentent des êtres particuliers déterminés, et ne peuvent s'attribuer à plusieurs ; l'universel n'est donc pas dans l'âme ; 2° il résulte de là que la deuxième thèse est fausse, puisque l'âme ne fait rien pour l'universalité. L'être des individus est double : l'un est absolu, l'autre relatif, etc. ; mais ces deux manières d'être existent indépendamment de l'âme ; l'universalité est donc bien dans les choses et non par le moyen de l'âme ; 3° la troisième opinion se soutient encore moins que les deux précédentes, et Bacon la réfute avec une vivacité qui nous en révèle l'origine ; c'est une doctrine thomiste : « Dire que l'universel, en tant qu'universel, est » quelque part où ne se trouve pas l'universalité, c'est tout sim- » plement absurde, et c'est la plus vaine des assertions ([1]) ; » 4° il en est de même de la quatrième qui au fond ne se distingue pas de la précédente. Il est vrai que cette opinion s'autorise de certains passages d'Aristote au deuxième livre de l'*Ame*, d'Averroès au troisième, d'Avicenne dans sa *Métaphysique* et sa *Logique*, et de Boèce au cinquième livre de la *Consolation*. « Pris au pied de la » lettre, ces passages sembleraient établir que l'universel, en tant » qu'universel, n'existe que quand il est connu par l'intellect, *in-* » *telligitur*, et considéré en lui-même, *et secundum se considera-* » *tur ;* mais ces propositions, si on les prend à la rigueur, sont » insensées et contre la vérité. » Si Aristote, par exemple, dit

---

([1]) Albert. Opp., t. V, p. 247, *De intellectu et intelligibili* : « Sic universale, in eo quod est universale, non est nisi in anima. »

« que nous comprenons quand nous voulons parce que l'uni-
» versel est en nous, et que nous ne sentons pas quand nous
» voulons, parce que les choses sensibles ne nous sont pas tou-
» jours présentes, » cela veut dire tout simplement « que la sen-
» sation ne se produit qu'en face des objets sensibles, et qu'il
» suffit de la présence des idées pour que l'intellect agisse ; or, les
» idées étant conservées par la mémoire, l'intellect agit quand il le
» veut. S'il ne parle que des idées universelles, c'est par antono-
» mase et non pas pour exclure les autres ; l'universel se com-
» prend mieux, il est mieux proportionné à la débilité de l'enten-
» dement, étant lui-même une sorte d'être imparfait, *res debilis*,
» bien moins réel que le singulier ; ensuite, un objet particulier
» n'est connu que par une seule idée singulière, au lieu que chaque
» idée singulière est accompagnée d'une idée universelle, qui se
» produit ainsi bien plus fréquemment dans l'âme et s'y grave
» avec plus de force. » Albert s'est donc trompé quand il a dit :
« L'universel n'existe que quand il est connu, *non est universale
nisi dum intelligitur* (¹). » L'auteur se trouve ici en face d'une opinion de saint Thomas, et jamais il ne manque l'occasion de s'arrêter
à réfuter ce docteur sans le désigner ; il s'agit de l'intellect des anges : « Ainsi se trouve contredite la thèse fameuse, *famosa positio*,
» de l'intellect des anges. C'est une opinion commune, *solemnis*,
» qu'il n'y a chez eux que des idées universelles. Mais il est impos-
» sible que ces idées se forment sans l'intermédiaire des idées
» particulières ; les anges ne peuvent donc connaître le particulier
» par le moyen des idées générales appliquées aux individus. »
Quant à l'autorité de Boëce, qui affirme que l'intellect fait l'universel, cela veut dire qu'il crée les idées universelles, qu'il ne faut
pas confondre avec les choses universelles, rapports réels des
individus en dehors de l'âme. Reste enfin Averroès ; Bacon l'a-
journe à la métaphysique, « car on peut répondre à toutes ses
» paroles sans compromettre la vérité, et j'ai déjà posé les princi-
» pes d'une réfutation de ses assertions ; je les ai exposées en

---

(¹) Albert opp. *Metaph.*, lib. V, tract. VI, cap. VII.

» d'autres temps, et j'ai montré que tout vient de l'obscurité et de
» l'infidélité de la traduction. » 5° Toutes ces opinions réfutées, il
n'en reste qu'une seule debout qui se trouve démontrée par la
critique des autres, et Bacon conclut qu'on ne peut contester
l'existence des choses universelles « que nous plaçons dans les
» individus, sans que l'âme soit pour rien dans leur existence, *sine*
» *anima.* »

On serait tenté de voir quelque ressemblance entre ces idées et
celles qui constituent une doctrine célèbre au moyen âge, celle de
la non-différence, que M. de Rémusat d'une manière un peu hésitante, M. Cousin et M. Hauréau avec plus de décision, regardent
comme une forme mitigée et raisonnable du réalisme ([1]). Cette thèse
prétend que l'universel n'est pas réel hors de l'individu, mais qu'il
constitue à lui seul l'individu, dont les caractères particuliers ne
sont pour ainsi dire que des formes accidentelles, si bien qu'après
tout, ce qu'il y a de plus réel, c'est la non-différence. Mais Bacon
ne peut être mis au nombre des disciples de Guillaume de Champeaux et de son compatriote Adélard de Bath. Ne déclare-t-il pas
énergiquement que, tout au contraire, ce qu'il y a de réel ce sont
ces caractères qu'il appelle *absolus* et *fixes* et oppose à la manière
d'être toute relative de l'universel ?

Certes, toutes les difficultés que soulève la question de l'universel
ne sont pas résolues explicitement dans les lignes qui précèdent,
mais il est facile de prévoir les réponses que Bacon aurait faites
aux questions qu'il ne s'est pas posées. Comme on l'a déjà fait
remarquer, sa tendance bien marquée est de simplifier, de supprimer des problèmes qui lui semblent inutiles ou insolubles, plutôt
que de raffiner sur d'inextricables difficultés. Il n'examinera pas,
par exemple, si les idées universelles n'existent pas hors des choses
dans l'entendement divin : il est dispensé de suivre saint Thomas
dans cet ordre de spéculations, puisqu'il ne sépare pas l'universel
du particulier. Par la même raison, il ne se demandera pas si les
universaux sont des corps ou des esprits, suivant une troisième

---

([1]) Hauréau, t. I, p. 262.

question de Porphyre, puisque l'universel est de la nature même des êtres en qui il réside, et qu'il y a des universaux physiques et d'autres spirituels, suivant que les individus appartiennent au monde des corps ou à celui des esprits. Il n'aura pas non plus à rechercher par quelles facultés nous connaissons l'universel, puisque cette connaissance, suivant lui, ne se distingue pas de celle du particulier, et que dans chaque notion individuelle est enveloppée une notion universelle. Sa doctrine de la connaissance, que nous trouverons plus bas, nous renseignera du reste à ce sujet ([1]). Enfin, s'il se demande quelle est la cause de l'individuation des êtres, il ne sera pas obligé de tourmenter des abstractions, comme Albert et saint Thomas. Sa réponse est toute prête, et nous pouvons pressentir comment il résoudra ce dernier des problèmes sur lesquels nous nous étions proposés de l'interroger.

§ III.

Quels sont les principes propres qui constituent l'individu? Toute substance se compose de matière et de forme : dans l'individu, est-ce la forme ou la matière qui détermine cet être particulier, cet *hoc aliquid* qui se distingue de tout le reste? Question difficile qu'il valait peut-être mieux ne pas poser, et qui est née de quelque passage obscur de la Métaphysique. Saint Thomas l'a traitée avec complaisance et s'est décidé en faveur de la matière. Solution étrange, semble-t-il, puisque la matière est le pur indéterminé; solution forcée pourtant, si l'on considère que la forme constitue l'espèce, principe éminemment péripatéticien. Aussi n'est-ce pas de la matière pure que l'ange de l'école entend former l'individu, mais d'une matière déjà déterminée, *signata*, ayant le nombre et l'étendue. Duns Scot inventera, pour résoudre le problème, son *hœcceité*, cette qualité propre qui distingue un être d'un autre, à laquelle ses disciples attribueront une existence positive, et qui ira

---

([1]) Cf. *Opus majus*, p. 358 et sq.

grossir le nombre de ces êtres fantastiques que l'école réaliste a fait passer du domaine de la logique dans l'ordre de la nature. Bacon propose une solution très-originale pour son temps : c'est celle même qu'enseignera plus tard Guillaume d'Ockam, quand il viendra chasser devant lui, comme de vaines ombres, tous ces fantômes sortis de l'esprit humain, et proclamer qu'il ne faut pas multiplier les êtres sans nécessité. Quelle est la cause de l'individuation ? « C'est une très-grave question, dit Bacon, toujours
» insoluble, et à laquelle pourtant ne manquent pas les réponses
» erronées. Les uns disent que l'espèce, la forme, est l'essence
» tout entière des individus, et qu'elle seule existe en eux avec ses
» diversités; les autres, qu'une matière ajoutée à la forme univer-
» selle constitue l'individu; d'autres, enfin, qu'un caractère déter-
» miné s'ajoute à la matière, et donne à l'espèce son caractère
» individuel dans chaque individu (¹). Toutes ces opinions sont
» convaincues de fausseté par les principes qui précèdent. » L'universel et le particulier ne se séparent pas; la raison ajoutée à l'animal fait l'homme; *cette* raison ajoutée à *cet* animal fait cet homme. Ce n'est donc pas l'espèce humanité ajoutée à l'homme qui réalisera l'individu humain, l'individu existant avant l'espèce, qui est en dehors de son essence et est analogue à l'accident. C'est par accident, pour ainsi dire, que Socrate est homme; essentiellement, il est Socrate; il n'est homme que quand on le compare à d'autres hommes. Ainsi, l'individu a son être avant la naissance de son universel. « Ce n'est donc ni l'universel ni rien qu'on y puisse
» ajouter, qui pourra le constituer; mais bien ses propres prin-
» cipes, constitutifs de son essence. C'est cette âme et ce corps
» qui font cet homme; l'un autant que l'autre, la forme autant que
» la matière, et pas plus l'un que l'autre; la matière n'est pas
» plus le principe de l'individuation que la forme, malgré le succès
» d'une thèse fameuse (celle de saint Thomas) qui veut que des
» matières diverses multiplient la forme, l'individualisent en plu-

---

(¹) *Comm. nat.*, cap. IX. Il n'est pas facile de traduire ces mots : « Alii dicunt quod potentiæ aliquid significatum additur, et sic significatur species significanda in diversis. »

» sieurs singuliers, comme un miroir brisé multiplie l'image en
» tous ses fragments. » On s'autorise, pour soutenir ce système,
des paroles d'Aristote au premier livre *Du ciel et du monde* : « Le
ciel c'est la forme seule, et ce ciel c'est la forme dans la matière (1); »
ou de ces mots, au septième livre de la *Métaphysique* : « L'être
qui engendre, n'engendre rien qu'à cause de la matière. » C'est
les interpréter en sophiste, que d'en conclure que la matière ajoutée à la forme spécifique fait l'individu.

La matière dont parle ici Aristote n'est pas l'un des deux éléments de la substance, ce n'est pas non plus le sujet de la génération; elle est prise dans un troisième sens, comme on dit que le sujet est la matière de l'accident; ici l'individuel est la matière du général, son sujet d'inhérence.

On allègue encore que Boèce a dit que l'espèce est tout l'être des individus. Boèce se trompe; l'être des individus est double, suivant qu'on considère les principes de leur essence, ou qu'on les compare à un autre individu. L'espèce ne constitue que cette deuxième partie des êtres et non pas la première, la plus importante, la vraie substance. Mais alors, quelle est la cause de l'individuation, si elle ne réside ni dans la forme, ni dans rien qu'on puisse ajouter à la forme, ni dans la matière? « S'ils font cette de-
» mande, s'écrie le docteur, il faut leur demander quelle est la
» cause de l'universalité, si ni l'individu, ni rien qu'on puisse
» ajouter à l'individu ne fait l'universel. Cette question est absurde :
» elle suppose qu'on ne peut rendre compte de l'individu qu'avec
» l'espèce et un caractère ajouté à l'espèce, comme si l'individu
» n'avait pas ses principes singuliers, propres, comme l'universel
» a les siens. Vouloir déterminer quelle est la cause de l'indivi-
» duation, c'est rechercher les principes du premier individu.
» Qu'on leur demande ce qui fait l'universalité de leurs universels,
» *quid facit universalia eorum esse universalia?* Et ils ne peuvent
» répondre, si ce n'est que le Créateur fait chaque chose suivant sa
» nature; qu'il a fait universelle, la nature commune à un grand

---

(1) *Du Ciel*, liv. I, ch. IX.

» nombre d'êtres ; singulière, celle qui se distingue de toute autre,
» parce que sa condition d'être l'exigeait ainsi. S'il a fait univer-
» selle la forme commune à deux formes, universelle la matière
» commune à deux matières, c'est pour la même raison ; n'a-t-il
» pas fait l'âme d'une certaine nature, et l'homme d'une autre, et
» ainsi de suite. Voilà pourquoi il n'y a que de l'absurdité dans
» cette question qu'ils soulèvent à propos de l'individuation (1). »
Qui parle ainsi ? Est-ce un contemporain de saint Thomas, un
prédécesseur de Duns Scot ? N'est-ce pas plutôt quelque détracteur moderne de la scolastique, ou du moins le grand nominaliste, le docteur invincible, Guillaume d'Ockam ? Le franciscain d'Oxford, le novateur hardi, l'ennemi des entités scolastiques, ne se rappelle-t-il pas ces paroles, lorsque, sur la même question, il répond à peu près dans les mêmes termes, traite les longues dissertations du docteur subtil, comme Bacon celles de l'ange de l'école, les repousse par une fin de non-recevoir toute brève et toute dédaigneuse, et laisse tomber sur la question, qui ne s'en relèvera pas, cette sentence que l'avenir n'a pas cassée : « Il ne faut pas chercher la cause de l'individuation, *et ideo non est quærenda causa individuationis* » (2). Pendant cent cinquante ans cette question va passionner l'école ; dédaignée par Bacon, elle va se relever avec Duns Scot, et ne cédera pas même à la critique du sceptique Ockam. Ce n'est pas ici le lieu de faire ressortir les incertitudes et les angoisses du docteur angélique, aux prises avec cette terrible difficulté ; la manière contradictoire dont il la résout, les périls de sa solution pour l'immortalité de l'âme, les hypothèses étranges qu'y substituent les Scotistes et l'invention de l'hæcceité

---

(1) Henri de Gand, sur la doctrine de l'individuation, se rapproche de Bacon ; il fait voir que le problème de l'individuation n'est pas autre que celui de l'existence même, et ne peut être résolu qu'en le rattachant à la cause efficiente (*Aurea quodlibeta*, vol. II, p. 56. Venetiis, 1613).

(2) Durand de Saint-Pourçain a dit aussi : « Dicendum ergo quod nihil est principium individuationis. *In sententias....* (Lyon, 1563, fol. 116). Durand s'écarte, du reste, de Bacon dans la théorie de l'universel, dans celle de l'intellect agent et de la substance de l'âme ; mais il a plus d'une idée commune avec notre docteur.

qui explique ce mystère, par un mystère plus inintelligible (¹).
Cette recherche, Bacon la supprime à la fois en elle-même et dans
les antécédents qui l'ont tout-à-coup produite au milieu du xiiie siècle, sans qu'elle ait jamais préoccupé les âges précédents, c'est-à-
dire dans la division de l'être en forme et matière. Par une réserve
dont il faut lui tenir compte, il ne va pas, comme Durand de
Saint-Pourçain et Ockam, jusqu'à nier la réalité de l'universel ; il
tient un milieu qui est bien près de la vérité, et, fidèle à son rôle
d'ennemi de la scolastique, il efface une discussion où tout est scolastique, la forme, l'origine et le fonds, et devance le jugement de
la philosophie moderne (²).

En somme, en métaphysique, Bacon ne relève directement d'aucune des écoles du xiiie siècle. Les opinions ont peut-être été plus
diverses en ce temps qu'on n'est tenté de le croire à première vue.
On a beau vouloir les ramener à ces deux seuls extrêmes, le réalisme et le nominalisme ; pourra-t-on jamais s'entendre à fixer avec
précision le point où l'un de ces systèmes finit, où l'autre commence ? Les docteurs scolastiques eux-mêmes se sont-ils toujours
mis en peine d'introduire une unité rigoureuse dans leurs spéculations ? Bacon, par exemple, semble aussi décidément nominaliste
que G. d'Ockam ; il a avec lui des ressemblances frappantes et
qui feraient supposer qu'il a pu être un des maîtres de ce terrible
logicien ; et pourtant, plusieurs de ses propositions le rapprochent de Duns Scot. S'il faut en croire le dernier historien de la
scolastique, le savant défenseur du nominalisme, pour classer un
système au moyen âge, il suffit de poser cette seule question :
L'universel en lui-même est-il quelque chose hors de l'âme ? Si oui,

---

(¹) M. Morin voit un progrès dans la doctrine de l'*Hæccesti* ; mais il aura de la peine
à la réhabiliter. — V. sur le principe d'individuation chez saint Thomas, les excellentes
pages de M. Jourdain (*Philosophie de saint Thomas*, t. II, p. 371).

(²) Fénelon, parlant de l'individuation, ne s'exprimera guère autrement que Bacon
(*Traité de l'existence de Dieu*, IIe partie, chap. IV). Dans sa belle étude sur saint
Thomas, M. Jourdain dit de même : « Je n'ai pas à chercher la raison de mon indivi-
dualité, je suis une personne en vertu de la même cause qui fait que j'existe... » (t. II,
p. 386). « ... Nous écartons la question elle-même, comme ayant été posée mal à propos »
(*Ibid.*, p. 389).

on est réaliste; si non, nominaliste. Nous avons vu la réponse de Bacon, et néanmoins, peut-on hésiter à reconnaître en lui un nominaliste éclairé? Nous faisons honneur à son bon sens, à son génie pratique et positif, de cette restriction ajoutée à la théorie de l'universel, *secundum se*, restriction nécessaire, si l'on ne veut détruire, comme le dit le docteur, « les fondements de la philosophie et de la vérité. »

CHAPITRE III.

PSYCHOLOGIE DE ROGER BACON.

§ I. Doctrine péripatéticienne sur la substance spirituelle; en quoi Roger Bacon s'en écarte. — § II. Les facultés de l'âme sont-elles distinctes entre elles par essence? Pluralité des formes. Production des âmes. — § III. De l'âme végétative, sensitive; de l'intellect. Doctrine de l'intellect agent. — § IV. Réfutation de l'Averroïsme par Roger Bacon. Des parties de l'intellect. — § V. Théorie des espèces. Doctrine de Roger Bacon sur la connaissance et les idées. — § VI. Comparaison de quelques doctrines scolastiques avec celles de Roger Bacon, G. de Lamarre, D. Scot, D. de Saint-Pourçain, G. d'Ockam.

§ I.

La psychologie fut, au XIIIe siècle, l'objet de recherches profondes et ingénieuses, et, pour en avoir la preuve, il suffirait d'ouvrir la somme de saint Thomas et d'y lire ces questions de la première partie qui forment un traité complet sur la science. Le génie de Bacon, universel comme celui de tous les grands docteurs scolastiques, n'en a méconnu ni l'importance ni la difficulté, bien qu'il en fît une simple division de la physique, d'accord en cela avec son maître Aristote. Ce dernier, en effet, considérait l'âme humaine non pas comme un être à part, mais comme une espèce déterminée d'un grand genre, celui des âmes, qui comprend dans son extension le principe de la vie partout où elle apparaît clairement. Pour lui, comme plus tard pour Leibnitz, il y a une loi de continuité, et l'on peut suivre, depuis son degré le plus infime, la nature spirituelle, qui s'élève, pour ainsi dire, d'organisation en organisation, et d'âme en âme, jusqu'à son point culminant, jusqu'à son épanouissement complet (1). Au-dessus de l'élément, le mixte; au-dessus des mixtes, le corps organisé, dont l'unité est la vie; la vie a pour

---

(1) *De partibus animalium*, IV, 5 : Οὕτω δ' ἐκ τῶν ἀψύχων εἰς τὰ ζῶα μεταβαίνει κατὰ μικρὸν ἡ φύσις, κ. τ. λ.

première forme la végétation, forme imparfaite où l'individualité apparaît à peine, où l'âme est divisible, unique en acte, mais multiple en puissance ([1]). Puis, en montant l'échelle de la vie, la sensation s'éveille, le mouvement et un certain degré de connaissance s'y joignent bientôt, et l'entendement avec la liberté vient former le mode le plus élevé de l'existence terrestre ([2]). Sans doute il y a quelque péril dans cette méthode, et Aristote lui-même y a compromis l'existence de l'âme comme substance réelle, et mis en danger son immortalité. Mais pour les spiritualistes les plus décidés, il ne semble y avoir aucun inconvénient à reconnaître que ce que nous appelons notre âme, n'est pas le seul être immatériel, et qu'il y a un progrès continu sans solution, depuis cette force aveugle, obscure, s'ignorant elle-même, qui sert de principe à la vie dans les plantes, jusqu'à cette substance immortelle et presque divine dont nous portons le fardeau.

Le moyen âge, fidèle à Aristote, a donc reconnu des âmes de différentes natures et douées d'énergies diverses, sans parler des intelligences des sphères, dont les Arabes et les néoplatoniciens ont fait un si étrange abus. La psychologie de saint Thomas, comme celle de Duns Scot ou de Guillaume d'Ockam, accepte cette doctrine et distingue, en dehors de l'homme, des âmes végétatives, des âmes sensibles, et, en nous, une âme intellective, qui joint à sa nature propre les deux natures inférieures. Sous ce rapport, Stahl ne dira presque rien de nouveau, et l'animisme est au fond de toutes les doctrines scolastiques; il ne faut donc pas s'étonner de le trouver dans celle de Bacon. Notre docteur est infidèle à son maître en un seul point capital, c'est sur la nature de la substance de l'âme. Aristote veut qu'elle soit une simple forme; c'est une parole que peu de philosophes, semble-t-il, contrediront au moyen âge et pourtant, elle est peu conforme à la philosophie chrétienne. Dans l'opinion d'Aristote, une pareille affirmation se

---

([1]) *De respiratione*, XVII : ὡς οὔσης τῆς ἐν τούτοις ψυχῆς ἐντελεχείᾳ μὲν μιᾶς ἐν ἑκάστῳ φυτῷ δυνάμει δὲ πλειόνων.

([2]) Cf. Ravaisson. *De la métaphys. d'Aristote*, t. I, p. 422-441.

comprend : s'il est permis de pousser à bout son système, il ne va à rien moins qu'à nier l'existence de l'âme en tant que séparée du corps. A la rigueur peut-être est-elle séparable; on ne trouvera pas chez lui de déclaration plus positive, et ses plus récents interprètes s'accordent à dire qu'il y a peu de place dans ses idées pour l'immortalité de l'esprit. En effet, l'âme est forme, le corps est matière; et c'est chez lui un principe bien établi que la forme ne s'isole que par abstraction de la matière, simple possibilité. Tout ce qui est dans la catégorie de la substance, se compose de ces deux éléments; l'âme n'est donc pas une substance; elle est la vie du corps, l'entéléchie des organes. Les péripatéticiens chrétiens auraient dû, ce semble, rejeter ces principes, et donner à l'âme une existence plus réelle; mais, effrayés par ce mot de matière, qui sonne si mal quand on parle de l'esprit, et engagés dans les voies du péripatétisme, ils l'ont proclamée la forme du corps, une forme pure, simple et séparable, se réservant ensuite de montrer qu'un être de cette nature peut exister indépendamment de la matière, et de s'écarter ainsi du vrai sens de la doctrine du maître.

Bacon a eu plus de résolution : il est entré franchement dans cette proposition d'Aristote que la matière et la forme sont nécessaires pour constituer une substance, et après Avicebron, mais dans un autre but que lui, il en a conclu que l'âme, en essence, se compose de matière et de forme : « Je tiens pour certain, dit-il, que » l'âme raisonnable est composée de forme et de matière, comme » les anges [1]. » D'abord, il y a nécessité que tout être soit constitué par le mélange des deux éléments, et se trouve dans la catégorie de la substance qui comprend tout, excepté Dieu [2]. Quant à ceux qui voudraient la placer hors de cette catégorie, ils en donnent des raisons honteuses qu'on flétrit, qu'on ne réfute pas. Ensuite, si l'esprit n'est pas une espèce du genre substance, le *généralissime* sera donc le corps, ce qui est absurde [3]. Enfin, quand un

---

[1] *Comm. nat.*, 4ª Pars., cap. XV.

[2] *Idem*, cap. XV, fol. 83.

[3] Opinion d'Averroès. L'éditeur d'Albert nous le dit : « Ponit corpus compositum ex materia et forma esse genus generalissimum prædicamenti substantiæ. »

homme se forme dans le sein de sa mère, son dernier complément, sa fin suprême, c'est l'âme raisonnable ; mais il se compose déjà de matière et de forme ; il faut donc que cette âme ait une matière qui vienne donner la perfection à celle du corps, et une forme qui en fasse de même pour sa forme ; car la puissance de la matière ne peut être satisfaite que par une autre matière, et non pas par la forme ; on l'a déjà prouvé. L'âme est donc une substance au même titre que toutes les autres. Pourtant, Bacon ne se refuse pas à l'appeler une forme, mais simplement en vue de sa dignité, de sa supériorité sur le corps, et parce qu'après tout elle est, surtout dans le composé humain, l'élément informant. C'est une forme par analogie ou équivoque (¹). Voilà pour la substance de l'âme ; parlons de ses facultés.

§ II.

L'âme a trois facultés principales : elle est à la fois le principe de trois ordres de phénomènes : ceux de la végétation, de la sensibilité et de l'intelligence ; elle est, en d'autres termes, végétative, sensitive et intellective. Ces trois puissances sont-elles des manières d'être diverses d'une seule et même subtance, ou bien sont-ce réellement, sinon des substances distinctes, au moins des parties séparées en essence ? Question fort disputée, comme toutes celles qui concernent les rapports entre les êtres de raison et les êtres réels, entre l'intelligence et l'existence. D'ailleurs, Aristote avait indiqué la difficulté sans la résoudre bien positivement. Au livre troisième de l'*Ame* (²), il se demande « si chacune des facultés est
» l'âme ou seulement une partie de l'âme ; et si c'est une partie,
» est-ce de façon qu'elle soit séparée seulement pour la raison, ou
» bien aussi séparée matériellement. » Il ne répond pas avec précision ; mais, plus loin, il dit (³) : « L'intelligence semble être

(¹) *Comm. nat.*, 4ª Pars., cap. XV, fol. 83.
(²) *De l'âme*, liv. III, chap. II ; trad. Barthélemy Saint-Hilaire.
(³) *Ibid.*, 9 et 10.

» un autre genre d'âme et le seul qui puisse être isolé du reste,
» comme l'éternel s'isole du périssable. » Et si l'on ajoute à ces paroles le sens général d'autres passages, où il fait remarquer que ces âmes se trouvent séparées chez certains êtres, on comprendra l'origine de ce grand débat sur l'unité ou la pluralité des formes. La première doctrine est nominaliste, la seconde réaliste; c'est pourtant celle-là que défend Bacon, et il critique les opinions de l'école opposée. Il y en a deux principales : l'une ramène les facultés de l'âme à de simples accidents; l'autre à quelque chose d'intermédiaire entre la substance et l'accident; les œuvres de saint Thomas nous apprennent à qui il faut attribuer la seconde; c'est celle de l'Ange de l'école ([1]), et Roger les repousse toutes les deux avec énergie. « Ce n'est pas une question où soit engagée la foi; le mot
» de faculté n'est pas d'origine sacrée; il a été créé par Aristote,
» et c'est donc avec la méthode philosophique, *secundum vias*
» *philosophiæ,* qu'il faut procéder. La seconde opinion n'est pas
» soutenable, car il n'y a nul milieu entre la substance et l'acci-
» dent. La première, plus conséquente avec elle-même, ne résiste
» pas à cette simple observation que l'âme végétative et l'âme
» sensitive sont de véritables substances chez les plantes et chez les
» animaux; elles ne peuvent être des accidents dans l'homme;
» puis elles naissent par génération et avant l'intellect; elles ne
» sont donc pas des facultés d'une même substance, et encore
» moins de simples accidents. Que sont-elles ? Des parties virtuel-
» les, comme le dit Boèce. Et qu'est-ce que des parties virtuelles ?
» Le nom qu'on donne aux parties intégrantes des substances spi-
» rituelles. La tête, le cœur et les autres organes constituent le
» corps; les principes végétatif, sensitif, intellectuel, constituent
» l'âme, et sa simplicité n'est pas compromise, parce que être sim-
» ple c'est n'avoir aucune quantité corporelle, mais non pas être
» dénué de parties virtuelles. »

Les explications de Bacon sont assez embarrassées quand on lui parle de la simplicité de l'âme; elles le sont plus encore quand

---

([1]) *Summa Theologiæ quæst.,* XXVI, art. 3.

on lui demande s'il y a dans l'âme plusieurs substances : « Non,
» répond-il, une seule substance composée de plusieurs parties
» diverses par essence; une seule nature substantielle résultant de
» plusieurs parties qui ont en elles leur unité essentielle. » Bacon
a beau dire, il a beau s'emporter contre ses adversaires et déclarer
damnable l'opinion répandue à Paris, *opinio damnabilis vulgata
Parisiis*, ses réponses manquent de précision; on peut seulement
conjecturer qu'il a en vue la doctrine de l'immortalité, qu'il veut
en faire le seul privilége de l'homme, la réserver à l'âme intellective seule, et qu'il trouve que son opinion crée moins de difficultés que celle de saint Thomas.

Les trois parties de l'âme sont distinctes en essence; mais quand font-elles leur apparition dans le corps ? Y sont-elles produites par génération, ce qui a été l'opinion d'Aristote; y sont-elles infusées par création, comme le prétend l'école thomiste, ou produites par la puissance de la matière, comme c'est l'avis de quelques-uns ?
« Avant ces vingt dernières années, dit Bacon, tous les philoso-
» phes ont professé que les âmes sensitive et végétative sont natu-
» rellement produites dans l'homme et tirées de la puissance de la
» matière, et que l'intellect seul est créé... Les théologiens et les
» philosophes de l'Angleterre sont encore unanimes à ce sujet...
» Aristote, Averroès, Avicenne et la foi sont aussi d'accord sur ce
» point. La seule autorité qu'on puisse leur opposer, c'est celle de
» deux livres intitulés : *De l'esprit et de l'âme* et *Des dogmes
» ecclésiastiques*, et ils sont apocryphes. Ces livres, les théolo-
» giens habiles le savent, ne sont pas d'Augustin, malgré quelques
» avis contraires (saint Thomas), ni de Grégoire, ni de Jérôme, ni
» d'Ambroise, ni de Bède, ni d'aucun auteur renommé (¹). On y
» trouve, à la lettre, que les principes sensitif, végétatif et intelli-
» gent sont créés du même coup et ne se séparent qu'à la mort.
» Mais ces livres étant apocryphes, on ne peut s'en autoriser, sur-
» tout pour soulever des difficultés immenses et des débats sans
» fin. C'est le cas de se rappeler que d'ailleurs les saints ont

---

(¹) Le livre *De dogmatibus ecclesiasticis*, que saint Thomas croit être de saint Augustin, est, en effet, apocryphe. Il est l'œuvre de Gennadius.

» avancé beaucoup de paroles incidemment et en se conformant
» à la manière ordinaire de parler, et sans bien en vérifier la cer-
» titude. Ainsi, saint Grégoire dit, dans son *Homélie,* que les
» plantes n'ont pas d'âme, mais seulement de la verdure, et l'Église
» le répète. Mais tous les philosophes et les théologiens savent que
» les plantes ont une âme végétative sans être sensitive ; donc, ou
» saint Grégoire n'a pas saisi la vérité dans ce cas, ou il a parlé
» comme le vulgaire ; car la multitude ne pense pas qu'il y ait
» d'âme ailleurs que chez les animaux, et ne donne ce nom qu'au
» principe qui anime les hommes et les bêtes. Bien plus, la foule
» des laïques, dans bien des pays, croit encore que les hommes
» seuls ont des âmes, et tournent en dérision les clercs qui en
» attribuent aux chiens et aux autres animaux. Voilà comment,
» dans beaucoup de livres à l'usage des théologiens, se trouvent
» des assertions sans fondement, des opinions populaires qui ont
» besoin d'explication, surtout quand elles sont contraires au sen-
» timent de tous les sages. Toute la philosophie dit hautement que
» l'intellect seul est créé, témoin tous les théologiens de quelque
» valeur, tous les philosophes avant ces vingt années, et aujour-
» d'hui encore tous les Anglais qui, certes, dans le passé comme
» dans le présent, peuvent faire autorité dans ces questions. Non-
» seulement les opérations de l'âme végétative et de l'âme sensitive
» sont les mêmes, et chez l'homme, et chez les plantes, et chez les
» animaux ; mais encore, puisque la nature peut produire ces âmes
» chez les végétaux et les êtres animés, pourquoi ne le pourrait-elle
» pas chez l'homme ? » Une autre preuve vient de l'expérience.
L'embryon, avant l'infusion de l'intellect, se nourrit, croit et sent.
Saint Thomas, lui, prétend que l'embryon commence par être un
animal et n'a qu'une âme sensitive, qui disparaît devant l'arrivée
d'une autre plus parfaite qui réunit en elle la sensibilité et l'intelligence [1]. Bacon ne peut comprendre cette destruction d'une âme
par une autre. « Qu'on ne veuille pas, dit-il, échapper à cette
» difficulté en prétendant qu'il y a en nous deux âmes végétatives

---

[1] *Summa Theol.,* 1ᵃ Pars., quæst. LXXVI, art. 3 : « Qua ablata advenit per-
fectior anima, quæ est simul intellectiva et sensitiva. »

» et deux âmes sensitives : l'une produite de la puissance de la
» matière, l'autre concréée avec l'intellect. Il n'y a nul besoin de
» supposer à l'homme deux âmes sensitives ; » et puis, si ces substances ne naissent pas avec le corps, elles sont séparées. Mais toute substance séparée de la matière est l'intellect en acte ; elles auront donc la puissance intellective, et pourront se passer d'organes et seront immortelles. « Enfin, cette opinion n'a aucune
» raison qui vaille un fétu de paille, ni aucune autorité qui ne soit
» apocryphe et ne puisse être expliquée. »

L'intellect seul est créé ; les deux autres principes nés de la puissance de la matière périssent avec elle ; par eux, l'homme ne diffère pas des autres êtres animés. Albert et saint Thomas soutiennent le contraire, et veulent que, même par ce côté, la nature humaine se distingue profondément du reste de la création. Bacon repousse cette doctrine : « Depuis dix ans une opinion s'est répandue, grâce à un homme dont les erreurs égalent la renommée.
» C'est qu'avant l'âme raisonnable, il faut présupposer une diffé-
» rence substantielle spécifique, tirée de la puissance de la matière,
» qui fait déjà de l'homme une espèce du genre animal. Cette diffé-
» rence n'est pas déterminée par l'intellect, mais par une âme sensi-
» tive spéciale ajoutée à la nature sensitive commune à tous les ani-
» maux, comme l'âme sensitive spéciale de l'âne s'ajoute à l'ani-
» malité pour que l'âne devienne une espèce d'animal (¹). D'abord,
» cette opinion est contre toute la philosophie d'Aristote et de tous
» les auteurs, puisque la différence spécifique de l'homme, c'est la
» raison, et qu'elle vient de l'intellect ; ensuite, l'intellect ne ser-
» vira donc à rien, puisque la différence spécifique sera réalisée
» avant qu'il soit créé ; enfin, comme ils n'apportent aucune raison
» à leur démence qui vaille la peine d'être combattue, comme ils
» affirment plus qu'ils ne raisonnent et que je ne vois rien qu'on

(¹) C'est une doctrine d'Albert : « Tota hominis anima specie differt ab anima bruti, et nulla potentia est unius quæ non specie differat a potentia alterius. » (Opp. t. III ; De Anima, lib. 1.) « L'opinion contraire — ajoute Albert — est soutenue par quelques-uns de nos frères qui disent connaître la nature..... mais sont trompés par les erreurs de Pythagore et de Platon. »

» puisse alléguer à l'appui de leur imagination, le plus simple est
» de n'en pas parler (1). »

On ne s'inquiète plus guère de chercher l'origine de l'âme, de quelle manière elle pénètre dans le corps, et à quel moment se scelle cette indissoluble alliance qui confond deux substances dans une seule ? De grands génies n'ont pas trouvé cette question si frivole : Platon la résout par l'hypothèse de la préexistence ; Aristote, par une simple génération ; Leibnitz, par une création primitive qui l'identifie avec les germes physiques ; saint Thomas et presque tous les docteurs scolastiques, par une création particulière, qui suit la génération du corps, et fait dépendre le nombre des substances spirituelles des hasards des naissances, et condamne Dieu à créer chaque jour des âmes nouvelles pour de nouveaux corps. Ces philosophes se croyaient sincèrement péripatéticiens. Bacon a mieux compris que pas un la doctrine d'Aristote ; mais il ne l'a pas comprise tout entière. L'âme sensitive et végétative s'engendre avec le corps, dit-il, et jusques là il est en plein lycée ; mais l'âme intellective vient du dehors, ajoute-t-il, et il attribue à l'âme humaine ce qu'Aristote dit de l'intellect actif, de l'intelligence pure. Son langage offre avec celui de Leibnitz de singulières analogies : « Les âmes qui seraient un jour âmes humaines, dit ce
» grand philosophe, comme celles des autres espèces (2), ont été
» dans les semences et dans les ancêtres jusqu'à Adam, et ont
» existé par conséquent depuis le commencement des choses, tou-
» jours dans une manière de corps organisé..... Mais il me paraît
» encore convenable, pour plusieurs raisons, qu'elles n'existaient
» alors qu'en âmes sensitives ou animales, douées de perception et
» de sentiment, et destituées de raison, et qu'elles sont demeurées
» dans cet état jusqu'au temps de la génération de l'homme, à qui
» elles devaient appartenir ; mais qu'alors elles ont reçu la raison. »
Et, cette raison, elles l'ont reçue par une opération particulière, par une action immédiate de Dieu, par ce qu'il appelle une sorte de transcréation. C'est exactement l'opinion de Bacon ; ce n'est

(1) *Comm. nat.*, 4ª Pars., quæst. LXXVI.
(2) *Essais sur la bonté de Dieu, etc.*, Iʳᵉ partie, § XCI, p. 119.

pas celle de saint Thomas ; et quand on considère de quelle importance est cette recherche pour les questions de théologie et surtout pour l'Eucharistie ([1]), pour le péché originel et l'immortalité, on ne s'étonne pas de la vivacité avec laquelle Bacon repousse les assertions de ses adversaires ; il ne sauve de la destruction du corps que le principe rationnel, et condamne à mourir les autres forces, qui, nées avec lui et pour lui, ne peuvent lui survivre. Mais quoique l'opinion de Bacon se rapproche beaucoup de celle qui, depuis Descartes, semble triompher en psychologie, et qu'on lui ait donné raison en séparant la force vitale du principe de la pensée, s'il fallait demander des leçons à cet égard aux philosophes de son temps, nous aimerions mieux les recevoir de saint Thomas ; beaucoup des arguments de l'illustre Dominicain ne seraient pas sans valeur contre le réalisme moderne, et tous les partisans de la pluralité des formes n'ont pas disparu avec la scolastique.

§ III.

De ces questions générales qui forment comme la métaphysique de l'âme, il faut descendre aux détails et demander à Bacon une analyse de chacune des trois grandes facultés de l'âme, ou, si on aime mieux, des trois espèces d'âmes qu'il reconnaît à l'homme.

Le principe végétatif est commun à l'homme, aux animaux et aux plantes, et est en essence de même nature dans ces trois sortes de substances ([2]). Ses opérations se réduisent à trois principales : nourrir, augmenter, reproduire. Par la nutrition, l'âme soutient le corps et assimile à ses parties solides la substance de l'aliment : « Tous les systèmes fameux qui prétendent que pour cela l'âme » spiritualise la matière de l'aliment, sont chimériques ([3]). Elle ne

([1]) Au XVIIe siècle, la doctrine de Bacon sur la pluralité des formes s'enseignait encore à Oxford. Une des raisons qui la firent adopter, c'est que, dans l'hypothèse contraire, le corps mort et le corps vivant de Jésus-Christ ne seraient plus le même en nombre *(idem numero)*. — Cf. Twyne (Bryan) : *Antiquitatis, etc., Apologia*, p. 552.

([2]) *Comm. nat.*, 4ª Pars., cap. VI, fol. 80.

([3]) *Id., ibid.*, fol. 85.

» fait que la transformer, lui donner la nature du corps auquel
» elle se change, et de mille substances diverses former une seule
» et même substance. Il n'y a pas besoin pour cela de faire inter-
» venir le vide, ni ces vertus occultes dont on parle, *virtus expul-*
» *trix, retentiva, attractiva.* » La digestion simple ou quadruple,
voilà le mode principal de nutrition, sujet d'une immense difficulté
où les erreurs sont semées, où les physiciens et les médecins se
contredisent, et que Bacon renvoie à un autre temps et à un traité
plus complet, à un traité d'alchimie. L'augmentation est une suite
de la nutrition, ainsi que la génération, à propos de laquelle il
avance quelques vues assez ingénieuses, qui ne dépassent guère
pourtant celles d'Aristote, et qui se rattachent aux germes, aux
sexes unis chez les plantes, séparés chez les animaux, à la génération par division, à la multiplication des animaux dont les parties
sont identiques, tous sujets qui n'ont qu'un rapport éloigné avec
la psychologie.

« L'âme sensitive a été décrite au commencement de la perspec-
» tive, un de mes chapitres les plus importants, car tout le vulgaire
» ne fait qu'errer à ce sujet, médecins, naturalistes et théologiens.
» L'âme sensitive se compose d'abord des cinq sens, de la phan-
» tasia, qui comprend deux facultés, le sens commun où se réunis-
» sent les perceptions de tous les sens pour être jugées, séparées,
» et l'imagination qui retient les idées venues de chacun des cinq
» sens. Ces deux facultés sont logées dans la première cellule du
» cerveau, et en occupent, l'une le devant, l'autre le derrière ; elles
» n'en forment, pour ainsi dire, qu'une ; le sens commun reçoit
» l'idée, l'imagination la retient, et de là naît un jugement complet
» sur l'objet. Les cinq sens et la phantasia réunis, jugent des vingt-
» neuf sensibles, tels que la couleur, la lumière, le chaud, le froid,
» l'humide et le sec, le son, l'odeur, la saveur, l'éloignement, la
» position, la corporéité, la figure, la grandeur, le contenu, la sé-
» paration, le nombre, le mouvement, le repos, l'aspérité, le poli,
» la laideur, la ressemblance, la beauté, la transparence, l'opacité,
» l'ombre, l'obscurité, la diversité, etc. Il y a, en outre, des sen-
» sibles communs pour plusieurs sens et surtout pour la vue et le

» tact. Mais, de plus, nous et les animaux, nous savons encore
» juger des natures substantielles qui nous conviennent ou nous
» sont contraires, qui nous attirent ou nous repoussent. Il faut
» donc qu'il y ait une faculté plus noble et plus puissante : on l'ap-
» pelle le jugement ou *virtus œstimativa*. Mais le jugement ne
» conserve pas l'image, et il a besoin d'une autre faculté qui lui
» serve de dépôt, c'est la mémoire. Ces deux facultés sont logées
» dans la dernière cellule. Enfin, dans celle du milieu se trouve la
» réflexion ou faculté cogitative, la maîtresse de toutes les facultés
» sensitives, tenant lieu de la raison chez les bêtes ; c'est par elle
» que, dans l'homme, le principe sensitif s'unit à l'intellect; c'est
» par elle que les animaux font tant d'ouvrages merveilleux, toutes
» les autres lui obéissent, et sont pour elle comme des instruments.
» Chez l'homme, la raison vient immédiatement s'y joindre et s'en
» servir, et recevoir les idées qu'elle lui transmet. Aussi quand
» elle est blessée, le jugement de la raison est perverti ; quand
» elle est en bon état, l'intellect fait ses opérations régulièrement.
» On place ces facultés, qu'Aristote n'a pas toutes connues, dans
» le cerveau ; mais il ne faut pas croire que le cerveau sente. La
» moëlle du cerveau est insensible, c'est seulement le lieu et le
» sanctuaire des facultés sensitives ; là se trouvent des nerfs déli-
» cats où les sensations et les images sensibles viennent s'ar-
» rêter (¹). »

La troisième faculté de l'âme est l'intellect, l'intellect possible seulement; car, pour l'intellect agent, Bacon est disciple fidèle d'Aristote et d'Averroès, et ne varie jamais dans ses déclarations. L'agent ne peut être une portion de l'âme. La théorie péripatétique de l'intellect n'est pas la partie la plus claire de cette grande philosophie, et depuis l'antiquité jusqu'à nos jours, il s'est trouvé de graves autorités pour l'interpréter en deux sens opposés. Dans le *Traité de l'âme* (²), le stagyrite déclare que dans toute connais-

---

(¹) *Op. maj.*, 257-261. — *Comm. nat.*, passim. — En cela, Bacon rompt avec son maître Avicenne, qui place ce centre dans le cœur, et se rapproche de Galien. On peut remarquer aussi une sorte d'essai de phrénologie dans ses idées sur les facultés.

(²) Chap. V, liv. III.

sance il y a un principe passif et un autre actif; deux intellects, l'un qui peut devenir toutes choses en les pensant, l'autre qui rend les choses intelligibles ; l'un périssable, l'autre immortel et éternel; l'un qui est l'œil, pour ainsi dire, et l'autre la lumière. « Ce dernier seul est séparé, impassible, sans mélange avec quoi que ce soit. » Celui-là ne fait donc pas partie de l'âme; il semble être l'intelligence en soi, le νοῦς d'Anaxagore. C'est ainsi que l'ont entendu beaucoup des anciens commentateurs à partir d'Alexandre d'Aphrodisias ; c'est ainsi qu'Averroès l'interprète, et que l'historien du Commentateur le comprend (¹). D'autres péripatéticiens combattent cette interprétation au moyen âge, et de nos jours, on a voulu prouver (²) qu'il est une faculté de l'âme. Le dernier traducteur d'Aristote traduit ce passage décisif de façon à faire croire qu'il est de cet avis (³). Si donc Bacon s'est trompé sur le sens de la doctrine aristotélicienne, d'autres et de mieux renseignés que lui sont tombés dans la même erreur. Averroès a tiré de graves conclusions de cette théorie de l'intellect unique, le même pour tous, seul immortel, sans conscience; il en est arrivé à refuser la véritable immortalité à l'individu, et à concevoir, avant des rêveurs plus modernes, la chimère d'une humanité dont la permanence subsiste, malgré la destruction successive des individus. Cette conséquence est-elle forcée, et peut-on être péripatéticien sans professer l'unité des âmes? Bacon l'a pensé; mais peut-être quitte-t-il ici son maître Aristote, pour prêter un moment l'oreille à Platon et surtout à saint Augustin. Il admet la différence entre l'intellect possible, faculté de l'âme, et l'intellect agent, qui est la lumière même, à l'aide de laquelle le premier arrive à la connaissance, et qui est Dieu lui-même; mais il nie énergiquement l'unité des âmes. D'une part, il soutient que nous ne pouvons voir la vérité qu'au sein d'une intelligence, où elle soit toujours aperçue et toujours comprise; et de l'autre, il s'indigne contre Averroès, et lui

---

(¹) Renan; *Averroès*, p. 94.
(²) Denys; *Du rationalisme d'Aristote*.
(³) Page 303. (V. la note sur l'interprétation du mot séparé.)

oppose, avant saint Thomas (¹), presque tous les arguments dont ce dernier l'a poursuivi. Écoutons-le établir ces deux propositions : L'intelligence humaine est appelée possible, parce que, par elle-même, elle ne peut arriver à la science et à la vérité et les reçoit du dehors. Il y a un agent qui pénètre nos âmes et les illumine de ses clartés, leur fait contempler la vérité et le bien. Sans doute, notre propre intelligence est active aussi, puisqu'elle opère l'acte de connaître ; mais on appelle agent par excellence la lumière même qui l'illumine et la porte à la connaissance du vrai (²). Les modernes, cependant (³), « soutiennent que l'agent est une partie
» de l'âme. Non ; c'est une substance intellective séparée par es-
» sence de l'intellect possible, substance incorruptible, qui se
» comporte envers l'autre comme l'ouvrier à l'égard de la matière,
» et comme la lumière du soleil à l'égard des couleurs. Comme
» l'artiste est hors de la matière sur laquelle il travaille, et séparé
» d'elle par essence; de même que la lumière du soleil qui chasse
» les ténèbres loin des corps, est séparée d'eux et arrive du dehors;
» de même aussi l'intellect actif illumine l'intelligence humaine et
» en reste distinct ; il sait tout, est toujours en acte ; ce qui ne
» convient ni à l'ange ni à l'homme, mais à Dieu seul. Alpharabius
» et Avicenne sont de cet avis, et si on prête d'autres opinions à
» Aristote, c'est qu'on l'a mal traduit ; c'est d'ailleurs une opinion
» très-orthodoxe, *tota fidelis*, et saint Augustin a dit, dans ses
» *Soliloques* et ailleurs, que la raison a son sujet dans Dieu lui-
» même, et, bien plus, il prétend en plusieurs endroits que nous
» ne connaissons quelque vérité que dans la vérité incréée et dans
» les règles éternelles. » Bacon raconte que, par deux fois, il a entendu le respectable évêque de Paris, Guillaume d'Auvergne, en présence de toute l'Université réunie, combattre l'opinion con-

---

(¹) C'est une assertion qui aurait besoin de preuves. Disons seulement que, d'après Bernard de Rubeis, le traité de saint Thomas *(De unitate intellectus)*, dirigé contre l'Averroïsme, fut composé en 1269, et que Bacon écrivait ces lignes en 1267 (V. Sancti Thomæ opp., t. XIX, p. 237).

(²) *Op. maj.*, p. 26.

(³) C'est-à-dire les ordres enseignants.

traire et la réduire au silence. « Robert de Lincoln et Adam de
» Marisco sont du même avis, et ce sont les plus grands clercs du
» monde. Adam de Marisco, pressé par des Frères Mineurs qui,
» pour l'éprouver, lui demandaient ce qu'est enfin cet intellect,
» répondit que c'est le corbeau d'Élie, voulant dire Dieu ou un
» ange (¹). »

Quelle est l'origine de l'erreur où sont tombés les modernes? Un
passage mal traduit du traité *De anima :* « Aristote, dit Bacon,
» voulant montrer que la science résulte de deux conditions, l'a-
» gent qui l'éclaire et la matière qui reçoit la lumière, le prouve
» en s'appuyant sur cette vérité que, dans la nature et dans l'art,
» il y a toujours un élément passif et un autre actif, comme l'artisan
» par rapport à son œuvre et la lumière pour les couleurs. Dans
» l'acte de l'intelligence, il faudra donc un sujet et un principe
» actif qui l'éclaire d'une lumière intellectuelle. Le traducteur s'ex-
» prime ainsi : Dans toute action naturelle, il y a toujours un prin-
» cipe actif et un sujet passif, et il en sera de même pour l'âme.
» On en conclut que ces deux principes sont dans l'âme ; mais ceci
» est contre l'esprit général de la philosophie d'Aristote. Ce qu'il
» a voulu dire, c'est qu'il faut deux conditions pour que la science
» passe dans l'âme de la puissance à l'acte. A la fin du chapitre,
» il s'exprime clairement et déclare que l'intellect agent est séparé
» de l'intellect passif en substance et en être ; qu'il sait tout, qu'il
» est toujours en acte. Cela peut-il convenir à une créature? Non,
» à Dieu seul. Avicenne, Alpharabius, pensent de même ; Averroès
» semble dormir ici ; ses paroles sont hésitantes, il bégaie tantôt
» oui, tantôt non, mais il ne se prononce pas pour la négative, et
» Avicenne est plus grand que lui. Enfin, Aristote a prononcé ce
» mot décisif : Dans aucune créature naturelle l'agent et la matière
» ne coïncident (²). »

Il y a chez Bacon comme un écho lointain des doctrines platoniciennes, et au-dessus du sens il place l'entendement contemplant en
Dieu les vérités incréées. C'est une opinion qu'il a pu emprunter

(¹) *Op. tert.,* Introd., cap. XXIII. Manusc. de Londres.
(²) *Comm. nat.* Pars 4ᵃ.

à son maître, Robert de Lincoln, et que Duns Scot ne laissera pas tomber (¹). Il y a, semble-t-il, une certaine élévation et quelque vérité dans cette manière de comprendre la théorie de l'intellect ; nous n'oserions pas dire qu'elle ne se rapproche pas autant de Platon que d'Aristote ; on pourrait même, avec un peu d'attention, y voir quelque chose d'analogue au système de Mallebranche. Bacon n'est pas, comme on l'a dit, le disciple trop confiant d'Averroès ; il y a loin de lui (²) à un homme « peu initié aux disputes théologiques et qui ne voit pas le venin de ces doctrines suspectes. » Seulement, il croit, avec le Commentateur, que l'intellect pur existe en dehors de nous et n'est en acte que dans la divinité (³). Si l'on ne craignait de trop préciser ses idées et de les défigurer en les traduisant en langage moderne, ne pourrait-on pas dire, après ce qui précède, qu'il se borne en somme à prétendre que nous ne voyons le fini, que nous ne comprenons rien qu'à la lueur des idées infinies qui ont leur centre en Dieu, et que la doctrine de la raison impersonnelle compte un précurseur au XIIIe siècle (⁴). Bacon tient beaucoup à cette opinion péripatéticienne, bien qu'il en nie les conséquences possibles. C'est que cette théorie lui est précieuse pour établir la sainteté de la science et son origine divine, et pour réclamer dans tous les lieux et dans tous les temps les grands génies de la philosophie, comme des chrétiens avant le Christ. Il le déclare lui-même : « Si je montre que l'intellect agent

(¹) Duns Scot opp., I, 346 : « Dicit (Robertus Lincolnensis) quod... interius unus est doctor qui mentem illuminat et veritatem ostendit... propter lumen interius intelligit anima quod causatur a primo. »

(²) Renan ; *Averroès*, p. 211.

(³) On n'a jamais remarqué que saint Thomas n'est pas très-loin d'admettre la même doctrine, et qu'il ne fait de l'intellect agent une faculté qu'en haine de l'Averroïsme : « Oportet esse aliquem altiorem intellectum quo anima juvetur ad intelligendum... sed intellectus separatus secundum nostræ fidei documenta est ipse Deus » (*Summa Theol.*, quæst. LXXIX, art. 4).

(⁴) Henri de Gand exprime à peu près la même doctrine, et soutient que l'homme a besoin d'une illumination divine pour arriver à la connaissance de la vérité ; mais, moins tempéré que Bacon, il attribue à Dieu le droit de la refuser à qui bon lui semble, c'est-à-dire de placer un homme en dehors de l'humanité, et il en tire des conséquences que Bacon désavouerait (V. *Summa Theologiæ*, Ferrare 1646, t. I, p. 117).

» est surtout Dieu et ensuite les anges qui nous illuminent, c'est
» pour arriver à cette conclusion : que toute la sagesse des philo-
» sophes vient de Dieu ([1]). »

§ IV.

Mais Dieu étant l'intellect pur, la lumière au sein de laquelle nous voyons tout, on n'est pas obligé d'en conclure que l'âme intellective soit une en nombre, et Bacon va s'indigner contre cette hérésie d'Averroès. On devine, à l'énergie de ses protestations, à l'emportement de ses expressions, qu'il a à cœur de séparer sa cause de celle des Averroïstes, contre lesquels Albert ([2]) écrivait son traité de *Unitate intellectus*, où il énumère si singulièrement trente raisons pour l'unité de l'entendement et trente-six contre, réduisant à une opération d'arithmétique la réfutation de ce système dangereux. C'est, dit Bacon, la seconde de ses grandes erreurs; la première, c'est l'éternité de la matière. En effet, suivant Averroès, cet intellect toujours en acte, qui voit tout, qui est séparé et immortel, est le même en chacun de nous; il n'y en a qu'un seul, ce n'est pas une simple aptitude, comme se borne à le soutenir Alexandre; c'est un sujet, c'est un être unique; ce n'est pas Dieu, c'est un principe de l'univers, une forme séparée, une entité nouvelle qui est intermédiaire entre les esprits des sphères qui transmettent l'action divine à l'univers et l'intellect humain. La personnalité est donc détruite, l'immortalité anéantie pour l'homme. Le savant interprète d'Averroès établit bien que cette immortalité, enlevée à l'individu, est rendue au genre tout entier, mais c'est une médiocre consolation pour les misères de cette vie, et une chétive espérance pour nos cœurs. Bacon prétend que l'unité de l'intellect n'est pas une suite forcée de la théorie de l'intellect agent, qu'il conçoit comme la sphère des vérités infinies, et qu'il place en Dieu lui-même. Aussi, quand il en vient à cette doctrine impie, il ne cache pas son indi-

---

([1]) Ailleurs il déclare que Dieu seul, et non les anges, peut être l'intellect actif.
([2]) Albert mag. opp., t. V.

gnation : « Je passe, dit-il, à une opinion plus dangereuse, à une
» erreur plus détestable, à une hérésie plus perverse, que dis-je,
» la plus perverse du monde. De mon temps on ne parlait pas de
» ces sortes d'erreurs, chacun les tenait pour hérétiques, comme
» tout ce qui contredit la foi et la philosophie, et nous ne daignions
» pas soulever une question à ce sujet, tant l'absurdité est grande.
» Cette seconde proposition touche à l'unité et à la pluralité de
» l'intellect. » Si le parti que Bacon prétend tirer de l'indivisibilité
de la matière et de la forme est visible quelque part, c'est lorsqu'il
s'agit de la réfutation de l'unité des âmes. Saint Thomas, qu'on
nous présente comme l'adversaire victorieux du péripatéticien
arabe, n'est cependant pas autorisé à lui faire une si rude guerre
à ce sujet. Lui-même, en soutenant que l'âme n'est qu'une simple
forme et que la matière seule est principe de différence, a prêté le
flanc à une objection sérieuse et qui ne lui manqua pas ; c'est qu'a-
près la mort, le principe d'individuation disparaissant, il ne reste
plus que la forme une et identique, l'intellect en général, et que
toute personnalité disparaît dans la tombe (¹). Cette hérésie eut
plus d'un partisan, et comme elle viole trop audacieusement la
vérité du dogme, on avait pour la dissimuler, dès ce temps, inventé
la distinction commode entre la vérité philosophique et la vérité
religieuse. « Quand on les pousse à bout, dit Bacon, ils pallient
» leur erreur et prétendent que la philosophie ne peut parler au-
» trement, que la raison ne peut échapper à ce résultat, et que
» la foi seule peut faire croire le contraire. Ils mentent comme les
» plus vils hérétiques ! » En effet, c'est à l'âme qu'appartiennent
le mérite et le démérite, le vice et la vertu, non-seulement d'après
la foi, mais d'après la doctrine d'Aristote, dans ses éthiques et tous
les philosophes. « Mais alors, si l'âme est une dans tous les hommes,
la même âme sera à la fois souillée par le vice et remplie de vertus,
bonne et mauvaise, juste et injuste, conclusion réprouvée autant
par la philosophie que par la foi. Et pour la vie future, la même

---

(¹) Saint Thomas échappe-t-il à ces difficultés en prétendant qu'à la mort l'âme conserve la trace des caractères individuels que lui laisse son commerce avec le corps ?. . Il est permis d'en douter (V. Jourdain, ouvrage cité, t. II, p. 381).

âme sera glorifiée et damnée, car la philosophie démontre la vie future comme la règle de la foi. Cette idée est du délire, elle est contre la philosophie, la religion et toute raison, et elle détruit toutes les lois de la morale et de la nature. En effet, on arrive ainsi à une âme infinie, à une âme savante et ignorante tout à la fois. Averroès a beau dire que si l'intellect est multiplié en nombre et compte suivant le nombre des hommes, l'objet intelligible sera aussi multiple. C'est une folie, et il ne prouve même pas cette conséquence. De ses paroles dans le même chapitre et ailleurs, on tire pour la soutenir cette vaine fantaisie, à savoir : que de l'intellect et de l'intelligible se forme une unité plus réelle que de la matière et de la forme. Mais il est facile de voir que l'objet intelligible ne se confond pas avec l'intellect et que ce n'est pas cet objet qui est multiplié, mais seulement l'idée que chaque intellect peut en prendre. La science, par exemple, reste une, bien que beaucoup d'intelligences la connaissent ([1]). »

Mais s'il n'y a dans l'homme que l'intellect possible, il y a encore des difficultés infinies au sujet de ses parties; « car toutes les » questions sur le libre arbitre, qui aujourd'hui sont presque innombrables, dit Bacon, reposent sur ce problème : L'âme raisonnable a-t-elle la raison et la volonté comme des parties différentes » sous le rapport de la substance, ou seulement sous une simple » vue de l'esprit? » Non, il n'y a là qu'une substance effectuant diverses opérations, ayant divers noms, soutenant divers rapports; c'est la même qui d'abord connaît, la même qui veut ce qu'elle a connu. Aristote dit que l'intellect spéculatif devient pratique par extension; or, ce que les théologiens nomment raison et volonté, intellect ou amour, *affectus*, le Philosophe le nomme intellect pratique et spéculatif; c'est la même chose qui d'abord connaît et ensuite aime ce qu'elle a connu; la connaissance et l'amour sont faits l'un pour l'autre; connaître a pour but d'aimer; à quoi servirait la vérité si on ne pouvait l'aimer? Si l'amour différait par essence de la connaissance, comme il ne peut être mis en action

---

([1]) *Comm. nat.*, 4ᵃ Pars., cap. XIV.

que par elle, jamais il ne s'éveillerait; car deux facultés différentes par essence ne peuvent s'exciter à leurs opérations. Enfin les théologiens veulent faire une seule substance des trois principes de l'âme ; mais alors l'intellect ne se divisera pas en deux substances, puisqu'il y a moins de différence entre ses facultés qu'entre celles de l'âme tout entière. « Donc, l'intellect est une seule faculté exécu-
» tant des opérations différentes, mais en rapport l'une avec l'autre;
» et parce que les théologiens ne s'assurent pas de cette vérité,
» toutes leurs questions sur les parties de l'imagination et sur le
» libre arbitre, questions multipliées à l'infini, n'ont aucune con-
» sistance et ne reposent sur aucun fondement solide ([1]). »

§ V.

Après avoir montré les traits principaux et l'ensemble des doctrines psychologiques de Bacon, nous nous arrêterons un moment à certaines opinions sur la connaissance et sur les opérations intellectuelles et sensitives, qui touchent à une question inévitable quand on parle du moyen âge, celle des idées. On sait que pendant longtemps la philosophie a supposé, entre le monde et l'âme qui le connaît, des intermédiaires, des substituts ou des vicaires des choses, comme on dit au XIIIe siècle, qui mettaient l'une en rapport avec l'autre, et qui par conséquent étaient le terme immédiat de la connaissance. Les idées ou, pour dire le mot, les espèces, ne sont pas une invention moderne, et c'est à la physique ancienne qu'il faut en rattacher l'origine. Démocrite, au témoignage d'Aristote, en fut le principal auteur, et elles ont eu quelque crédit jusqu'à ce qu'Ockam d'abord, puis Arnauld au XVIIe siècle, et plus tard l'école écossaise, soient venus en faire une critique, contre laquelle ne prévaudront sans doute pas des essais malheureux, pour les

---

([1]) *Comm. nat.*, 4ᵃ Pars., cap. XVIII. — On voit que les opinions de Bacon sur la volonté ne diffèrent pas beaucoup de celles de saint Thomas. Bacon, comme D. de Saint-Pourçain (*Comm.*, Lugduni 1547, lib. I, p. 80), semble confondre un peu trop la pensée et la volonté. Saint Thomas confond, de son côté, la volonté et le désir.

ramener dans le domaine de la science. Seulement, cette erreur a été faussement attribuée à Aristote, comme il est inutile de le répéter après MM. Barthélemy Saint-Hilaire et Garnier. Il y a plus : il est hors de doute que beaucoup de scolastiques qu'on associe dans une commune critique avec Aristote, n'ont pas non plus adopté la théorie de Démocrite et les idées représentatives, sous la forme un peu grossière de l'ancienne physique. Ils avaient lu, dans leur maître Aristote, ces mots qui leur ont fait illusion : « Il » faut admettre pour tous les sens en général, que le sens est ce » qui reçoit les formes sensibles sans la matière, comme la cire » reçoit l'empreinte de l'anneau sans le fer ou l'or dont l'anneau » est composé, et garde cette empreinte d'airain ou d'or, mais non » pas en tant qu'or ou airain (¹). » Ces paroles peuvent s'entendre, et nous sommes prêts à souscrire à l'affirmation du traducteur, « que la théorie d'Aristote est peut-être encore la plus ingé-» nieuse et la plus profonde qu'on ait présentée sur la percep-» tion. » Mais toujours est-il que les scolastiques ont conclu de ce passage et d'autres semblables, que nous ne pouvons connaître directement les objets extérieurs. Si on y ajoute cet axiome péripatéticien, extrait du livre *des Causes* et que Bacon cite souvent : « Receptum est in recipiente per modum recipientis, » et les difficultés que soulève le sujet en lui-même, on concevra comment ils aient pu arriver à supposer des intermédiaires entre la pensée et les choses. Les choses ne sont-elles pas composées de matière et de forme, et comment l'esprit, simple forme, pourrait-il recevoir les idées de la matière? Cette terrible distinction péripatéticienne soulevait des difficultés partout où elle apparaissait. Nos docteurs, ou, pour préciser les idées, le plus grand d'entre eux, saint Thomas, arrive donc à rejeter les espèces de Démocrite; mais il y substitue d'autres êtres aussi chimériques, à savoir, de véritables idées dont le lieu est le sens ou l'entendement, ayant une existence et une réalité propre, qui ne sont pas il est vrai le terme de la connaissance, puisqu'alors toute science serait dans l'âme et n'aurait pas d'objet

---

(¹) *Traité de l'Ame*, liv. II, ch. II, trad. de M. Barth. Saint-Hilaire. — Cf. Garnier; *Traité des Facultés de l'Ame*, t. II, p. 80.

extérieur (¹) et n'en pourrait sortir, mais qui en sont le moyen (²). En un mot, il fait passer les idées de l'existence objective à l'existence subjective ; et Ockam, qui précéda Arnauld dans cette voie, est loué avec raison pour avoir le premier dit la vérité en prononçant cette sentence brève : « Pour expliquer la connaissance, il » ne faut pas poser une espèce intelligible, ni rien, excepté l'intel- » lect et l'objet connu. » Cette question compliquée, de la connaissance de la matière, était du reste si difficile, que saint Thomas pour s'en tirer est obligé d'arriver à cette étrange conclusion, que si dans l'ordre des créatures spirituelles nous connaissons les individus, dans l'ordre matériel nous ne pouvons connaître directement que l'universel, et le singulier par son moyen (³). Bacon n'a pas négligé ce problème : il n'en fait qu'un cas particulier des actions réciproques des substances les unes sur les autres ; et on peut trouver dans les pages de l'*Opus majus* (IVᵉ et Vᵉ parties), dans quelques chapitres de l'*Opus tertium*, et dans le *De Communibus naturalium*, des indications suffisantes pour une esquisse de cette théorie très-différente de celles qui nous sont restées sur ce sujet (⁴).

La perception du monde extérieur est ramenée par lui à une loi

---

(¹) Pars. 1ᵃ, quæst. LXXVI, art. 2 : « Alioquin scientiæ non essent de rebus sed de speciebus intelligibilibus. »

(²) Albert n'est pas très-explicite sur ce point : « ... similitudines rerum, — dit-il, — proprie non sunt entia, sed aliquid entis. » (Opp., t. III ; *De Anima*, lib. III, tract. V.)

(³) *Summa Theol.*, 1ᵃ Pars., quæst. LXXXVI, art. 1 : « Relinquitur quod intellectus noster, per se loquendo, singularia non cognoscit, sed universalia tantum. » — « L'entendement, — dit-il ailleurs, — ne peut connaître rien de matériel ; il ne connaît donc les corps particuliers que quand l'abstraction les a changés en de vraies idées universelles. Il ne connaît directement aucun individu, à l'exception de Dieu et des purs esprits, où il n'y a pas de matière » (*De Veritate*, quæst. XI, art. 6).

(⁴) Un Manuscrit de la Bibliothèque Impériale contient un traité *De multiplicatione specierum*, dont le début, tout à fait différent du livre édité par Jebb, promet d'examiner les espèces dans le sens et dans l'entendement ; mais, après ce préambule, le Manuscrit ne fait guère que reproduire le traité de Jebb, et on peut conjecturer qu'ils sont, l'un comme l'autre, incomplets, et que Bacon arrivait à parler expressément de cette question. On y lit, en effet : « Quapropter in primo tractatu oportet eam (multiplicationem) considerare in corporalibus agentibus et patientibus ; 2° in spiritualibus adinvicem respectu rerum corporalium. » (Manuscrit n° 2598, fol. 21.)

très-générale de la nature, par laquelle tous les êtres agissent les uns sur les autres, et tendent à changer mutuellement leur nature spécifique et à transformer celle des autres en la leur propre; toute substance est active, *omnis substantia est activa*, dit-il avant Leibnitz; or, toute substance agissant sur le sens ou l'intellect, y fait ce qu'on appelle une idée, une espèce; donc, agissant sur la matière, elle y produit aussi le même effet (¹), et il est impossible de ne pas voir ici une opinion très-semblable à celle de Leibnitz, qui doue toutes ses monades de perception, et se préoccupe beaucoup de ces actions réciproques des êtres. Pour Bacon comme pour lui, les effets divers qu'elles produisent sont dus à la différence des récipients, et non pas à celle des actions en elles-mêmes (²). Fidèle à la guerre qu'il a déclarée aux mots, Bacon montre que tous ces termes, essence, substance, pouvoir, puissance, vertu, force, ne sont au fond qu'une seule et même chose : toute substance a sa nature, et cette nature consiste dans la puissance de produire certains effets; cette puissance, à son tour, se peut appeler vertu ou force, *vis, virtus*, et s'exerce incessamment et dans tous les sens. Plus un être est haut placé dans la hiérarchie générale et plus il a d'activité, plus il exerce d'influence sur les autres. Le but de cette action, c'est de transformer les autres êtres en la nature propre à celui qui la produit; quelquefois ce but est atteint comme quand le feu exerce sa force sur un morceau de bois et le change en sa propre substance. Mais il n'en est pas toujours ainsi, et, pour sauvegarder l'ordre universel, une loi générale de la nature, qui a toujours en vue cet ordre, *bonum universale spectans*, a mis des bornes à ces actions, qui, grâce à cette loi, le plus souvent n'atteignent pas leur but entier, leur effet dernier, et ne transforment pas le patient sur lequel elles s'exercent. Il n'y a alors qu'un effet incomplet, une modification et non pas une transformation complète. Cette force extérieure, qui rayonne ainsi loin de l'être en qui elle réside, est cependant semblable à lui, puisqu'elle n'en est que l'expansion et ne s'en distingue pas en essence. La lumière

---

(¹) *Perspect.*, cap. VII, p. 121, édit. Combach.
(²) *Op. maj.*, p. 363-364.

que le soleil sème dans les airs est en tout semblable à celle qu'il retient en lui-même. Ce premier effet incomplet de la force, cette modification qu'elle fait subir à des forces étrangères à elle, étant son image réelle, on l'appelle ressemblance, image, simulacre, espèce, forme, intention, impression, etc., et quand l'objet qu'elle modifie est le sens ou l'intellect, on la nomme idée; non pas qu'elle soit dans le sens autrement que dans tout objet sur lequel elle agit (¹); seulement, l'action sur les organes des sens est, grâce à la présence de l'âme et à celle des nerfs, soumise à d'autres lois que les lois mathématiques qui régissent les autres (²). Mais l'effet produit ne peut être différent de la force qui le produit, surtout quand il s'agit de ces causes aveugles qui n'ont ni intelligence ni liberté, et qui ne peuvent varier leurs effets; l'idée que nous avons de la chaleur, c'est donc l'effet de la chaleur sur nos sens, et l'expression de la nature propre à cet agent (³).

Quels sont les objets qui peuvent agir sur les sens et y produire cet effet qu'on appelle *espèce?* En premier lieu, ce sont toutes les qualités sensibles : la couleur, l'odeur, la saveur, la solidité, etc.; il y a une sorte d'exception pour le son; nous ne le percevons pas directement, mais nous en saisissons seulement l'écho. Les premières vibrations *(tremor)* se sont produites dans l'objet sonore et le premier son; mais ces vibrations en ont amené d'autres dans les parties voisines, et ainsi de suite; ce que nous percevons, ce sont les dernières qui viennent aboutir à nos organes, et ne sont, par conséquent, que des images, des échos de la première (⁴). Quant aux substances, le vulgaire est d'avis qu'elles ne produisent en nous aucune modification sensible. Telle n'est pas la vérité; en effet, les qualités peuvent rayonner, agir et modifier nos sens, et la substance, plus noble qu'elles, ne le pourrait pas? Et ensuite, qui peut comprendre ce que c'est qu'une qualité sans substance, et

---

(¹) *Perspect.*, édit. de Combach, p. 121 : « Agens si in sensum et intellectum agat, fit species, ut omnes sciunt, ergo in contrarium et in materia fit species. »

(²) *Op. maj.*, p. 283.

(³) *Id., ibid.*

(⁴) *Op. maj.*, p. 364.

par conséquent l'idée d'une qualité sans l'idée d'une substance (¹)?
Tout au plus peut-on dire que cette idée ne nous est donnée directement par aucun de nos cinq sens; qu'ils ne la perçoivent pas par eux-mêmes, mais servent seulement d'intermédiaire pour la transmettre à une faculté supérieure qui pourtant fait partie de l'âme sensitive, et cette faculté, c'est le jugement et la réflexion. Si Aristote semble contraire à cette opinion, c'est qu'on l'a mal traduit, et par suite, mal expliqué, *perverse translatus et ideo male expositus* (²). L'âme sensitive connaît donc la substance corporelle; les animaux mêmes ont cette connaissance, et quand on dit la substance, il s'agit de la substance tout entière, non pas de la matière ou de la forme séparées, mais du composé lui-même. Les docteurs prétendent qu'on ne peut connaître par l'intelligence que les formes, et ils en donnent deux raisons : c'est que la matière est inactive et ne peut, par conséquent, agir sur rien; qu'ensuite, un agent borné et fini ne peut créer une idée composée de matière et de forme, c'est-à-dire un être véritable. Bacon se moque de cette erreur, qui n'a pour elle que son antiquité, *habens solam consuetudinem falsitatis* (³). Il n'a pas de peine à répondre à la première raison, que ce n'est pas la matière seule qui agit, la matière évidemment inactive, puisqu'elle est une simple possibilité; mais l'être réel, la substance douée d'énergie; et à la seconde, qu'il n'y a nulle création, mais seulement l'action d'une force, son effet qui n'est, pour parler comme lui, qu'une génération incomplète (⁴). L'idée ou l'espèce n'étant que l'acte de la force, est son image et son expression, *similitudo totius compositi*. Les choses particulières et les choses universelles agissent-elles de même à cet égard? exercent-elles ce genre d'action qu'on appelle espèce? Certainement, elles donnent lieu à des idées générales et à des idées particulières. Chaque individu enferme en lui un universel qui y est tout à fait

---

(¹) *Op. maj.*, p. 365 : « Sicut accidens non potest esse sine substantia, sic nec species accidentis sine specie substantiæ. »

(²) *Ibid.*

(³) *Op. maj.*, p. 367.

(⁴) *Ibid.*, p. 368.

contenu, *natura specifica tota et totaliter in quolibet singulari;* de même toute idée particulière enveloppe une idée générale, sans qu'on puisse affirmer la réciproque. Voilà pourquoi les idées universelles nous sont plus présentes et mieux connues, et pourquoi nous les conservons plus fidèlement, car elles nous arrivent toujours les mêmes sous la variété des idées individuelles, et se répètent ainsi d'une manière incessante. Dans toute intelligence qui a des idées universelles, il y a donc des idées particulières correspondantes, « et je ne puis comprendre qu'une intelligence créée
» ait seulement des idées universelles fixes, sans idées individuel-
» les, et que, par l'application des premières qui répondent à des
» qualités universelles existant dans un individu, elle connaisse cet
» individu. Je ne saurais d'ailleurs concevoir ce que veut dire
» cette application. Demander si l'idée est substance ou accident,
» c'est puéril ; si elle est composée ou simple, universelle ou singu-
» lière, autre puérilité. L'idée d'une substance est substance ; d'un
» accident, accident ; d'un composé, composé ; d'un simple, sim-
» ple ; de la matière, matière ; de la forme, forme ; de l'universel,
» universel ; du singulier, singulier ; ce que l'accident est à la
» substance, la forme à la matière, l'universel au singulier, l'idée
» de la substance l'est à l'idée de l'accident, l'idée de la matière à
» celle de la forme, de l'universel à celle du singulier. Les pre-
» miers de ces objets n'existent pas l'un sans l'autre ; de même
» les idées que nous en avons ne peuvent non plus aller séparé-
» ment (¹).

Ainsi se trouvent résolues quelques-unes des difficultés qui occupaient alors l'école. Les solutions sont-elles heureuses ? Il est peut-être un peu hardi de dire que la perception extérieure va plus loin que les qualités, et qu'elle atteint par delà cette enveloppe mobile, la substance permanente. Cette hardiesse pourtant peut s'expliquer, semble-t-il. Par le sens, je perçois directement des qualités, des forces qui s'opposent à la mienne, qui s'en distinguent et me limitent moi-même. La réflexion, comme le dit Bacon, ne peut

---

(¹) *Op. maj.;* p. 372.

un seul moment connaître ces qualités, sans avoir l'idée de la substance qu'elles manifestent. Quant à l'acquisition des idées universelles, sans doute on ne peut l'attribuer aux sens proprement dits ; mais l'universel n'existe, pour notre docteur, que dans le particulier ; l'individu, à côté de ses caractères propres, en a d'autres qui se retrouvent les mêmes chez d'autres individus. Nous percevons aussi bien ces derniers que les premiers ; nous percevons donc l'universel ; nous ne le séparons pas, il est vrai, du particulier par le sens proprement dit, mais par les facultés sensitives d'un degré plus élevé, par le jugement, *virtus œstimativa*, et par la réflexion, *virtus cogitativa*

L'idée n'est donc que l'effet sur nos sens des forces qui agissent en dehors de nous ; mais comment cet effet se produit-il ? Il y a cinq manières possibles de l'expliquer. En premier lieu, et c'est l'explication vulgaire, l'agent émet l'espèce de lui-même, *speciem a se emittit,* explication inadmissible et qui suppose une corruption incessante et un changement perpétuel de tous les êtres, puisque cette espèce sera ou une substance ou un accident et qu'il est impossible de prendre un troisième parti. Or, ces deux-là sont également absurdes (¹). On est conduit à cette fausse idée par l'analogie avec ce qui se passe dans la propagation des odeurs ; et l'on ne remarque pas que le corps odorant, loin d'avoir le rôle actif qu'on lui prête, n'émet les particules odorantes que par suite de l'action d'un autre agent qui le décompose et le détruit. En second lieu, il peut la créer de rien, au lieu de la tirer de lui-même, ce qu'on ne comprend pas mieux. Troisièmement, il peut aller la chercher hors de lui-même et hors du sujet, pour la placer, si on peut dire ainsi, dans le sujet lui-même, ce qui est tout-à-fait ridicule. Si l'idée ne se produit pas par émission, elle ne se produit pas plus par immission ou par influx (²). Enfin, se fait-elle par impression, et, comme on le répète à chaque instant après Aristote, ainsi qu'une empreinte s'imprime sur la cire ? Mais ce n'est là

(¹) *Op. maj.*, p. 372.

(²) *Op. maj..*, p. 373 : « Quapropter improprie et male dicitur, quod agens immittit aliquid in patiens, et quod influit. »

qu'une métaphore inexacte : l'impression, en résumé, n'est qu'un simple changement de position des parties à la surface, par lequel les unes s'abaissent et les autres s'élèvent ([1]), et n'a rien de commun avec l'acte de sentir qui modifie le patient jusqu'au fond de son être. Si Aristote s'est servi de cette comparaison de la cire et du cachet, elle n'en repose pas moins sur une ressemblance fort incomplète, *quodam modo enim est similitudo sed non plena;* et du reste, il ne l'a pas entendue au pied de la lettre ; il a voulu dire seulement que l'action de l'agent transformait le patient. Il reste une dernière manière d'expliquer le fait : c'est de regarder la formation de l'idée comme un résultat d'une véritable transformation du sujet connaissant ([2]), de son activité propre : activité sollicitée par une action extérieure qui la fait passer à l'acte ; l'action de l'objet a donc son contre-coup à l'extérieur et va éveiller au-dehors une force qui sommeillait. Et ici l'auteur se trouve enfin en face de l'espèce scolastique que jusqu'alors il n'avait vue que de loin ; il la prend ou plutôt essaie de la prendre corps à corps, et montre qu'elle échappe comme une ombre et un pur néant. L'idée est le produit immédiat de l'action de l'objet sur le sujet ; mais ce sujet ne reste pas passif ; il n'est pas réduit à une pure capacité de subir les actions extérieures. Si on veut ne lui accorder qu'une simple puissance réceptive, il faut admettre en dehors de lui un créateur des idées, *creator, dator formarum,* et faire agir Dieu à propos de la connaissance du monde extérieur. L'auteur pressent ici, pour ainsi dire, le parti extrême où sera poussé Malebranche ([3]), et réfute d'avance l'intervention de Dieu, occupé à susciter dans l'âme inerte et stérile les images du monde extérieur.—Mais, dira-t-on, l'agent et le patient doivent être en contact immédiat, *sine medio,* ce qui ne peut arriver que de deux manières : ou ce contact, *con-*

---

[1] *Op. maj.* : « Per elevationem quarumdam partium superficiei et depressionem aliarum. »

[2] *Id., ibid.* : « Per veram immutationem et eductionem de potentia activa materiæ patientis. »

[3] *Op. maj.*, p. 374 : « Potentiæ receptivæ respondet dator formæ, si in materia esset potentia solum receptiva specierum tum poneremus in rebus naturalibus datorem formarum..... ergo non fiet species in potentia receptiva, sed de potentia activa patientis. »

junctio, est substantiel, ou il est purement virtuel. — Substantiel, l'expérience montre qu'il ne l'est pas, et l'objet n'est certainement pas présent en substance au fond du sujet. C'est donc un contact virtuel, *secundum virtutem,* et, par suite, il y a là autre chose qu'un simple rapport entre le patient et l'agent : il y a une force agissante, distincte d'eux-mêmes et infuse dans le sujet, créée par l'agent, *virtus est data et infusa in profundum patientis.* Ainsi on est ramené de force à l'entité scolastique, et on voit reparaître ce fantôme de l'idée? Bacon ne saurait l'admettre, et il a exposé avec soin la difficulté pour avoir le droit de repousser la solution qu'on prétend en donner : prétendue solution, en effet, et qui ne fait que reculer le mystère à expliquer, en créant de plus un autre mystère. Par une critique résolument nominaliste, il montre que cette explication laisse le problème tout entier. « Cette fiction d'un agent différent de la simple action des objets, n'échappe pas à l'objection qu'elle veut résoudre : s'il est vrai que l'agent ne puisse accomplir son action principale au fond du patient sans un tiers qui le remplace, pour ainsi dire, dans ces profondeurs, où il n'est pas par lui-même ; s'il est vrai que ce tiers c'est l'idée, il en résulte qu'il ne peut non plus créer cette idée au fond du sujet sans un autre tiers, puisqu'au moment où il la produit, il n'est pas réellement présent, *in profundo patientis,* et l'on sera ainsi conduit jusqu'à l'infini [1]. Donc cet intermédiaire ne fait que reculer la difficulté sans la détruire ; car lui-même ne pourra agir non plus sans un ministre, et ainsi de suite, et on sera obligé de multiplier à l'infini ces médiateurs sans jamais arriver au point où l'agent et le patient se trouveront vraiment en contact. Et cet intermédiaire, qu'en fera-t-on ? Le patient ne l'a pas produit, il ne pourra le détruire ; créé de rien, rien ne pourra le supprimer. Il subsistera éternellement en lui.. »

Il est certain que Bacon n'a rien à nous apprendre sur la per-

[1] *Op. maj.,* p. 374 : « Quapropter fictio illius virtutis, præter effectum principalem, non evadet hanc objectionem, quia, qua ratione agens non potest generare effectum principalem in profundo patientis, sine tertio ab eis, sequitur, quod nec generabit virtutem in profundo illo, sine aliquo tertio, et sic ibitur in infinitum. »

ception extérieure, et que, malgré ses mérites, sa théorie laisse subsister plus d'une erreur et plus d'une obscurité ; mais il serait injuste de ne pas lui tenir compte de quelques vues originales et vraies. D'abord, c'est la première fois que toute idée intermédiaire entre l'âme et l'objet se trouve vigoureusement attaquée, et c'est à Bacon qu'il faut rapporter l'honneur de cette guerre, que Saint-Pourçain, qu'Ockam, Arnauld continueront, et que Reid achèvera heureusement ; ensuite, à côté du phénomène de l'impression, il place une sorte de réaction de l'âme ; il rend à l'homme la connaissance du particulier que les thomistes lui enlèvent d'une façon si bizarre ; celle de la substance tout entière et non pas de la simple forme, opinion jusque-là incontestée, grâce au patronage d'Aristote, et singulièrement féconde en erreurs ; il indique, le premier, que la perception des impressions causées par les corps n'est pas séparée d'une perception directe de notre corps lui-même (1). Il signale la différence entre les perceptions naturelles et acquises, les unes infaillibles, les autres sujettes à l'erreur, comme tout ce qui résulte des opérations secondaires de l'entendement ; refuse à la vue les notions primitives de la distance, de la grandeur et de la forme ; les rattache à la réflexion, aidée du jugement et de la mémoire, *mediante æstimatione et memoria* (2).

Les doctrines dont on vient de voir l'exposé, et qui, malgré les lacunes qu'elles présentent, suffisent pour marquer à leur auteur une place honorable parmi les grands philosophes du XIIIe siècle, sont donc un mélange assez judicieux de réalisme et de nominalisme ; elles s'écartent également de l'un et de l'autre, sans pour cela s'arrêter à ce point intermédiaire qu'on a appelé *conceptualisme*. Nous avons essayé, en les esquissant, de les rapprocher le

---

(1) *Op. maj.*, p. 374 : « Instrumenta tactus, gustus, auditus, cum sint corpora sensibilia naturalia, possunt per suos colores et odores et sapores et quatuor qualitates tangibiles facere species, sicut res aliæ, et sensum immutare. Sed an hæ species ab eis factæ cooperentur ad actus sentiendi, dubium esset aliquibus, non tamen illis, qui bene examinant veritatem. »

(2) *Id., ibid.*, p. 369. Il serait injuste de ne pas remarquer que beaucoup des idées de Bacon lui ont été inspirées par l'arabe Alacen, dans son *Traité d'Optique*.

plus souvent possible des idées de l'école thomiste, et de montrer en quoi elles s'en distinguent. Il serait intéressant d'étudier quelle influence elles purent avoir sur cette génération et sur ces philosophes qui, placés à la fin du XIIIe siècle et au commencement du XIVe, ont protesté contre le système dominicain, au nom de deux principes opposés, et battu en brèche cette école illustre qu'on hésite à placer dans l'un ou dans l'autre parti. Mais aucune lumière ne vient éclaircir cette question obscure, et si l'enseignement de Bacon a laissé des souvenirs et des disciples, il est fort difficile de retrouver les uns et de nommer les autres. L'on rencontre dans l'histoire après Bacon quelques théories qui, avant lui, n'y étaient pas signalées; faut-il lui en faire honneur? Nous n'oserions l'assurer, et nous nous bornons à citer quelques philosophes qui, par leur âge, par leur origine ou par leur éducation faite à Oxford au moment où Bacon devait y enseigner, par la conformité de leurs idées avec les siennes, nous ont paru lui devoir quelque partie de leur système. Mais nous n'attachons pas à ces analogies, trop faciles à trouver quand on les cherche de parti pris, d'autre valeur que celle d'une ressemblance peut-être fortuite.

§ VI.

La plupart des objections de Bacon contre le thomisme furent reprises, en 1284, par un Franciscain d'Oxford qui avait pu connaître et peut-être entendre Roger, et retenir de son œuvre la critique des idées dominicaines; alors parut, en effet, un manifeste intitulé : *Correctorium operum fratris Thomæ*, où sont réfutées une centaine de propositions du saint docteur; l'auteur est Guillaume de Lamarre, qu'on a surnommé plus tard le Porte-Drapeau des Anti-thomistes; il ne reste rien de son ouvrage, et il ne nous est connu que par une réfutation du parti attaqué, qu'on attribue à Gilles de Rome [1], et qui suffit pour apprécier le caractère de cette

---

[1] *Defensorium seu correctorium, etc.*, in *Guillelmi Lamarensis Thomæ corruptorium*. Cologne, 1624.

attaque. A côté de puérilités indignes, de chicanes frivoles, il y a trois ou quatre arguments solides qui portent sur les côtés faibles du thomisme. Cette partie sérieuse de l'œuvre de Guillaume de Lamarre semble directement inspirée par Bacon : la doctrine de la connaissance, suivant laquelle nous ne serions en relation qu'avec le général et indirectement avec le particulier ; les idées qui concernent les anges, où chaque espèce est un individu ; le problème de l'individuation résolu par la matière et, par conséquent, ouvrant la voie toute large à l'averroïsme ; l'unité substantielle de l'âme, sont successivement critiquées, et parfois les réponses du défenseur de saint Thomas sont loin d'être victorieuses de l'attaque (¹).

Duns Scot peut être l'élève de Roger ; il étudiait à Oxford dans la seconde partie du XIII⁰ siècle ; comme Roger, il fut profond mathématicien, et ce qui est plus significatif, il reproduisit une partie de ses doctrines : l'utilité des mathématiques pour la théologie ; la nécessité de s'arrêter à certains principes directement connus (²) ; la doctrine d'Avicebron sur la matière spirituelle ; la nature des universaux ; la pluralité des formes dans l'âme. Duns Scot penche vers le réalisme, sans que pourtant il soit impossible de prouver que souvent il le combat : mais il n'adopte pas moins plusieurs des arguments de Bacon contre le réalisme même (³) ; il explique autrement le principe d'individuation, mais s'il se sépare de Bacon dans sa théorie, il est d'accord avec lui dans la critique ; il ne désespère pas du problème, mais il le déclare mal résolu jusqu'alors. Sur la pluralité des formes substantielles, il distingue entre l'unité et la simplicité, mais il n'admet pas pour cela trois âmes distinctes (⁴), pas plus que Bacon ; il attribue aussi à l'intel-

---

(¹) Sans doute, la doctrine de la pluralité des formes n'est pas propre à Bacon seulement ; mais les raisons par lesquelles il la soutient sont bien à lui, et G. de Lamarre ne fait que les reproduire.

(²) *Comm. in sent. opp.*, t. V, p, 108. Le maître de Duns Scot fut, dit-on, Guillaume Varron, qui lui-même a dû vivre du temps de Bacon.

(³) Opp., t. IV, p. 722.

(⁴) *Id.*, t. VIII, p. 649, 653.

lect plusieurs puissances qui diffèrent tout à la fois les unes des autres et de la substance même de l'âme (¹). Enfin, par une contradiction qui étonne moins quand on connaît les hésitations et les brusques revirements de sa pensée, on trouve chez lui, en qui se personnifie le réalisme le plus déclaré, la critique des sages concessions que Bacon avait faites à l'existence des universaux en dehors de l'esprit, et ces trois propositions auxquelles notre docteur a d'avance répondu : 1° Ce qui est dans un sujet ne peut se retrouver en un autre et co-exister ainsi en plusieurs en même temps ; 2° si l'universel est une nature existante, comme le dit Bacon, *tota et totaliter,* dans l'individu, Socrate est un universel, et l'on en a autant que d'individus ; 3° si l'universel co-existe au particulier, le sens pourrait le percevoir, ce qui est impossible. On voit en somme qu'il n'y a de commun entre le Docteur subtil et le Docteur admirable que quelques principes très-généraux.

Un autre philosophe du commencement du xive siècle a plus de similitudes avec Roger : c'est Pierre Oriol, *Petrus Aureolus,* que Oudin croit être le même que Pierre de Verberie, et dont les œuvres ont été imprimées à Rome, 1596-1605, en quatre volumes. Lui aussi combat d'une part le réalisme et de l'autre le thomisme. Sa conclusion de la question de l'individuation est celle de Bacon, celle d'Hervé, celle que soutiendra bientôt Ockam. L'individuation ne résulte pas de l'addition d'un élément qui s'ajoute à l'espèce, mais l'individu est par lui-même ce qu'il est : chercher l'élément déterminant qui constitue en dehors de l'intellect l'individu, c'est ne rien chercher (²).

La vraie postérité de Bacon, s'il en avait une, se retrouverait chez les deux nominalistes les plus célèbres du commencement du xive siècle, Durand de Saint-Pourçain et Guillaume Ockam. Tous les deux ont son caractère, son esprit indocile et indépendant, et ne font qu'exagérer ses doctrines. Faut-il citer la profession de foi

---

(¹) Opp., t. V, p. 772.

(²) *Sentent.,* lib. II, dist. 19, art. 3. « Quærere aliquid per quid res extra intellectum est singularis, nihil est quærere. — Cf. Jourdain, *Saint-Thomas,* t. II, p. 42.

qui se trouve en tête des commentaires du premier (¹), où il établit les droits de la libre pensée, s'élève contre les fausses autorités et même celle des Pères et d'Aristote, presque dans les mêmes termes dont Bacon s'était servi; la distinction de la substance de l'âme et de ses facultés, qui chez lui, comme chez Bacon, se concilie mal avec le nominalisme; la confusion de la volonté et de l'intelligence; la doctrine de l'universel, où, partant des mêmes principes, il est plus résolu que notre docteur; celle de l'individuation; celle des idées représentatives? Il n'y a, sous tous ces rapports, presque rien chez Durand qui ne soit déjà chez Bacon. Seulement, le nominalisme du second est moins discret que celui du premier. La théorie de l'intellect agent, celle de la matière spirituelle, répugnent à Saint-Pourçain, et par la négation absolue de l'universel en dehors de l'esprit, il dépasse, contre toute vérité, les limites où Bacon s'était renfermé (²).

Le second va plus loin encore : Bacon conserve à l'universel une sorte d'existence dans les objets; Ockam n'y voit plus qu'un mot, le signe d'une conception, une vaine imagination. Comme Bacon, il avoue que l'idée universelle représente plusieurs objets particuliers et en exprime les ressemblances; mais ces ressemblances sont le pur résultat d'une opération de l'esprit, « d'une abstraction qui est une sorte de fiction (³). » Sous d'autres rapports, il s'éloigne moins du moine d'Oxford; sa réfutation des idées représentatives offre les analogies les plus frappantes avec celle que nous avons exposée. Quant à la trempe de son caractère, on la connaît; on sait quelle lutte obstinée il soutint contre la papauté. Si on ouvre ses dialogues (⁴), dès les premiers mots, le mépris de l'autorité et

---

(¹) V. Touron, *Hist. des hommes illustres de l'ordre de saint Dominique*, lib. II, p. 142. — Jourdain, ouv. cité, t. II, p. 155.

(²) Durand se sépare encore de Bacon sur la doctrine de l'intellect agent. Nous avons pu remarquer, à ce sujet, qu'il copie presque textuellement l'argumentation de Guillaume d'Auvergne.

(³) *Sent.*, I, dist. 2, q. 8.

(⁴) V. *Super potestate et dignitate papali*. Lyon, 1456, p. 1. Ockam débute par maudire la foule, le *vulgus*, dans les termes mêmes où Bacon l'a fait si souvent.

surtout le dédain du vulgaire éclatent. On y retrouve les anathèmes de Bacon contre la multitude : mais ce sont là de bien faibles indices pour établir un rapport de filiation entre ces deux génies [1]. Ce qu'on ne peut contester, c'est un rapport de ressemblance sur lequel nous ne voulons pas insister [2].

[1] Les ressemblances qu'offrent Saint-Pourçain et Ockam frappent tous les esprits, mais on ne sait pas au juste quel est celui qui a imité l'autre. La question se trouverait tranchée si on pouvait croire que tous deux ont puisé à la même source, chez Bacon.

[2] Pierre d'Ailly a beaucoup emprunté à Roger Bacon, et, avant lui, Jean Baconthorpe, le prince des averroïstes, et surtout Richard Suisset, le Calculateur (Brucker, t. III, p. 849), qui appliqua les mathématiques à la physique et même à la philosophie (V. aussi, dans Brucker, quelques pages curieuses sur un docteur du xve siècle, Hermann Wessel, qui paraît avoir eu, deux siècles environ après Bacon, une partie des tendances et des opinions de notre philosophe; t. III, p. 859); enfin, on cite Arnauld de Villeneuve et Raymond Lulle comme les disciples de Bacon : ce qui n'a rien d'invraisemblable, mais n'est pas démontré.

CHAPITRE IV.

MORALE DE ROGER BACON

§ I. Ses idées sur la supériorité de la morale ancienne. Importance accordée à la morale. Analyse de la morale de Roger Bacon. Première partie : morale religieuse. — § II. Deuxième partie : morale politique. — § III. Troisième partie : morale individuelle. Des vertus. Plan des trois autres parties.

§ I.

On a démontré plus haut que la morale tenait une place importante dans les ouvrages de Roger Bacon; qu'elle formait à l'*Opus majus* une dernière partie que Jabb a omise, sans doute parce qu'il l'a trouvée incomplète dans les manuscrits. Nos recherches n'ont pas été tout à fait stériles à cet égard, et nous avons trouvé au Musée Britannique ([1]) les trois premières parties de la morale du docteur admirable. En y joignant d'autres passages et des renseignements épars, surtout dans l'*Opus tertium*, on peut arriver à connaître la doctrine morale de notre docteur, sinon dans tout son ensemble, au moins d'une manière assez complète pour en apprécier les tendances et la valeur ([1]). En songeant au génie de Bacon, au caractère pratique de son esprit; en se rappelant quelques mots de l'*Opus majus* pleins d'enthousiasme pour la morale, on pouvait s'attendre à trouver un ouvrage qui pût rivaliser avec

---

([1]) *Royal library*, 8 F. II; *De philosophia morali Rogeri Bacon*, fol. 167.

([2]) Un manuscrit de Dublin contient quatre parties du même ouvrage. Voyez un dernier article de M. V. Cousin, dans le *Journal des Savants*, où l'illustre écrivain rend compte d'un opuscule publié à Dublin : *On the opus majus*, by Kells Ingram. Il est impossible que l'appel répété et éloquent adressé par une autorité si considérable à l'érudition anglaise ne soit pas entendu.

ceux de saint Thomas. Il faut bien l'avouer, cette attente n'a pas été entièrement satisfaite, et le franciscain d'Oxford ne peut en rien être comparé sous ce rapport à son rival [1]. Sa morale est plutôt un recueil de préceptes empiriques, de citations empruntées à l'antiquité, qu'une œuvre vraiment scientifique. Mais elle n'est pas dépourvue d'intérêt; on y trouve à chaque ligne les qualités de son génie; ce n'est pas une froide et abstraite dissertation : c'est un plaidoyer éloquent, ému; une apologie de la science, un hymne perpétuel à la louange de la vérité, qui ne se sépare jamais de la vertu. Parfois les idées, malgré le pêle-mêle où l'auteur les jette, si elles n'ont pas entre elles de lien assez apparent, étonnent au moins par leur hardiesse et par leur grandeur. La faiblesse de la doctrine est compensée par la chaleur de la conviction, et les défauts du système par l'amour ardent du bien. D'ailleurs, il faut être indulgent pour un premier essai. Bacon n'a pas de modèle; il écrit en 1267, alors que suivant lui les *Éthiques* d'Aristote étaient mal connues, la *Politique* tout à fait ignorée, et que la voie n'avait encore été frayée par aucun de ses prédécesseurs [2].

On connaît la prédilection de Bacon pour la Grammaire, les Mathématiques, la Perspective et la science expérimentale; mais il met au-dessus d'elles la morale, « la meilleure et la plus noble de toutes, la seule qui soit vraiment pratique et ait pour objet les actions nécessaires à la vie présente. Il y a bien quelques sciences qui enseignent à agir, mais seulement dans la sphère de l'art ou de la physique; leurs vérités concernent l'intellect spéculatif et non pas l'intellect pratique, qui n'est autre que la volonté libre et pouvant choisir entre le bien et le mal [3]. » L'acte moral seul nous rend bons ou mauvais; lui seul concerne la vertu et le bon-

---

[1] Il s'agit surtout ici de la *Somme de Théologie*, qui renferme un vrai traité de morale. Voyez *Summ. Theol.*, prima secundæ, quæst. I et sqq. — Quant au livre *De regimine principum*, il n'est pas sûr qu'il appartienne à l'*Ange de l'école*; et ses commentaires sur la morale et la politique d'Aristote n'ont guère d'intérêt.

[2] Il faut se rappeler que les commentaires d'Albert et de saint Thomas sur les *Éthiques* et la *Politique* sont postérieurs à 1267, ainsi que la partie de la *Somme de Théologie* qui traite de la morale. (Voy. A. Jourdain, *Recherches*, p. 354.)

[3] *Comm. nat.*, cap. I.

heur, ou les misères de l'autre vie, et les autres modes d'activité ne sont rien en comparaison. La morale seule détermine les rapports de l'homme avec Dieu, avec son prochain, et lui-même; seule aussi elle s'occupe du salut, dans lequel se réunissent la vertu et le bonheur; elle y aspire dans la mesure où peut le faire la philosophie, et pour tous ces motifs elle est la fin suprême de la sagesse. Mais la théologie? « La théologie et la morale ont le même
» objet, bien que leurs méthodes soient différentes; la morale
» donne à la foi de précieux témoignages; elle est comme un loin-
» tain écho de ses principales vérités, et un auxiliaire puissant de
» la religion; elle participe donc à la noblesse de cette reine de
» toutes les sciences; elle se sert de toutes les autres, leur com-
» mande dans l'intérêt des cités et des royaumes; le droit civil,
» dont on fait tant de bruit, ne peut se séparer d'elle, et ses pré-
» ceptes ont encore cette influence souveraine qu'ils ordonnent de
» choisir des hommes instruits et capables pour cultiver en tous
» sens le domaine de l'intelligence, et perfectionner les arts pour
» la plus grande utilité de l'humanité (1). » D'où vient donc, se demande ailleurs Bacon, que les chrétiens soient si dédaigneux de cette science, et qu'elle paraisse même suspecte à plus d'un théologien? D'où vient cette ignorance profonde des chefs-d'œuvre de l'antiquité? Et pourquoi ces défenseurs de la foi, qui souvent vont chercher contre toute raison des armes dans la philosophie païenne, se refusent-ils à puiser à cette source, quand il s'agit de morale, et qu'ils trouveraient les doctrines d'autrefois conformes à celles de la croyance chrétienne. « C'est là un terrain commun, une théologie
» profane, où Grecs, Latins et Musulmans peuvent se rencontrer, et
» les vérités dues au génie des anciens seraient l'éclatante confirma-
» tion des vérités religieuses; car nulle religion n'est plus d'accord
» que la nôtre avec les belles maximes de la sagesse païenne (2). Nous
» pensons, nous, que toute science est inutile si elle n'a pas pour
» règle la foi en Jésus-Christ. Les philosophes pensent que toute
» spéculation est dans les mêmes rapports avec la morale, qui est

(1) *Op. tert.*, cap. XIV.
(2) Bibl. imp., 7440, cap. II.

» leur théologie, et que c'est la seule qui puisse les sauver (¹). »

Ce qui a manqué à Bacon, ce n'est donc pas la croyance au pouvoir et à la dignité de la morale un peu dédaignée par ses contemporains; cette science, dont il ne sépare pas la politique, n'était-elle pas un auxiliaire puissant pour la propagation de ses idées? Ne lui donnait-elle pas, comme il le dit, un remède à l'ignorance, en prescrivant de choisir des hommes instruits et capables pour cultiver en tout sens le domaine de l'intelligence? Il ne perd donc jamais de vue son projet de réforme, et l'on peut être sûr que s'il lui arrive de rêver une république, les savants et les sciences y tiendront la place la plus honorable. Dans sa ferveur, il va plus loin qu'il ne convient peut-être à un chrétien, et se prononce avec la plus grande énergie pour la supériorité de la morale antique. Nous avons déjà fait ressortir ce trait assez singulier chez un moine du XIIIᵉ siècle. Ecoutons-le encore, au moment même où le docteur séraphique, son général, était rigoureux jusqu'à l'injustice pour cette morale et refusait aux anciens l'idée même de la vertu, proposer la sagesse païenne comme un modèle aux chrétiens de son temps : « Il est étrange, dit-il, que nous, chrétiens, nous soyons
» sans comparaison inférieurs en moralité aux philosophes anciens.
» Qu'on lise les dix livres de l'*Éthique* d'Aristote, les traités innom-
» brables de Sénèque, de Tullius et de tant d'autres, et nous ver-
» rons que nous sommes dans l'abîme des vices, et que la grâce
» de Dieu peut seule nous sauver. Le zèle de la chasteté, de la
» douceur, de la paix, de la constance et de toutes les vertus fut
» grand chez les philosophes; et il n'y a pas un homme assez ab-
» surdement entiché de ses vices qui n'y renonçât sur-le-champ
» s'il lisait leurs ouvrages, tant sont éloquents leurs éloges de la
» vertu et leurs invectives contre le vice! Le pire de tous les vices,
» c'est la colère, qui détruit tous les hommes et l'univers entier;
» eh bien! l'homme le plus emporté, s'il lisait avec soin les trois
» livres de Sénèque, rougirait de s'irriter. Une merveilleuse sagesse
» brille dans ces livres et dans d'autres (²).

(¹) *Op. tert.*, cap. XV.
(²) *Id.*, cap. XIV.

Les conclusions des autres sciences servent de principes à cette science supérieure qui prend son bien partout où elle le trouve. Si ces principes sont consignés ailleurs, ce n'est qu'en vue de la morale, et elle peut les revendiquer. Il faut les recueillir et les rassembler partout où ils sont épars, et ne pas s'étonner que les philosophes aient écrit plus d'une vérité morale dans des ouvrages spéculatifs, et inséré de tous côtés de belles sentences, afin d'exciter l'homme à son salut et de lui rappeler que la culture des autres sciences n'a d'autre but que la morale, le dernier mot de la sagesse humaine. « Si donc j'allègue des autorités empruntées à des ou-
» vrages qui ne touchent pas à la morale, je ne fais que les mettre
» à leur place. D'ailleurs, comment les trouver dans des livres de
» morale? Nous n'avons en latin que des parties de la philosophie
» d'Aristote, d'Avicenne et d'Averroès, qui tiennent le premier
» rang parmi les moralistes. La théologie ne s'approprie-t-elle pas
» toute vérité salutaire, en quelque lieu qu'elle la trouve? Que la
» morale ait le même droit, et s'empare de toutes les richesses
» qu'elle peut rencontrer en dehors de son domaine (¹). » Tel est l'objet général de la morale. Bacon n'en sépare pas la politique, qui est, dit-il, un autre nom de la même science; et même les questions politiques semblent singulièrement l'emporter dans son esprit sur celles qui sont plus purement morales. Il y a dans cette science deux grandes parties : la première enseigne les lois et les institutions qui règlent la vie; la seconde donne les moyens de les faire accepter et pratiquer par les hommes. La première renferme trois subdivisions, à savoir : les rapports de l'homme avec Dieu et les anges, avec son prochain et avec lui-même.

Si toutes les sciences ont leur couronnement dans la morale, celle qui lui est le plus étroitement unie et dont on ne peut la séparer, c'est la métaphysique. Les racines de la morale sont dans la métaphysique, et, de ce côté, la plus pratique des sciences dépend de la plus théorique, et sans elle n'aurait aucune base solide. C'est là qu'elle trouve ses principes, et son objet propre, d'ailleurs, ne

---

(¹) *De morali philosophia,* cap. I.

diffère pas de celui de la métaphysique. « Il faut savoir que la mé-
» taphysique et la morale ont les plus grands rapports ; elles s'oc-
» cupent l'une et l'autre de Dieu, des anges, de la vie éternelle, et
» ne diffèrent que par leur méthode. » Les principes de la morale
sont, en effet, de deux sortes : les premiers sont purement métaphysiques, les autres ne sont que les premières conclusions de la
métaphysique et ont besoin d'être nettement exprimés, tant à
cause des débats qu'ils soulèvent, que pour la gravité de leurs
conséquences dans le reste de la morale. Pour ne pas confondre
deux sciences distinctes, il faut donc commencer par poser ces
principes (1).

Voici ceux dont Bacon nous donne la liste : 1° Il y a nécessairement un Dieu. 2° L'existence de Dieu est connue de tout homme
par les moyens naturels. 3° Dieu est d'une puissance et d'une
bonté infinies, comme il est aussi infini en substance et en essence.
4° Il n'y a qu'un seul Dieu en essence. 5° Il est un en essence, et
sous un autre rapport triple malgré son unité. 6° Il a créé et gouverne toute la nature. 7° Outre les corps, il a formé des substances
célestes que nous appelons des intelligences ou des anges, suivant
que nous désignons leur nature ou leurs fonctions, et dont le nombre et les opérations concernent la métaphysique, en ce que la
raison humaine peut en savoir. 8° Il a créé, en outre, des substances spirituelles, qui sont les âmes raisonnables. 9° Il y a une vie
future. 10° Dieu gouverne le genre humain par rapport aux mœurs,
comme tous les êtres dans leur essence. 11° Il y a des peines
et des récompenses après la vie. 12° Dieu a droit à un culte.
13° Comme les rapports de l'homme avec Dieu consistent dans le
respect, ceux de l'homme avec son prochain consistent dans la
justice et la paix, et avec lui-même, dans l'honnêteté de sa vie.
14° Quel est ce culte, quels sont ces rapports, l'homme ne peut le
savoir que par la révélation. 15° Le vicaire de Dieu sur la terre est
le médiateur de la révélation ; l'univers doit lui obéir dès qu'il est
prouvé que son pouvoir est légitime ; c'est le législateur et le pré-

---

(1) *De morali philosophia*, cap. I.

tre suprême ; à lui toute la puissance dans l'ordre spirituel et temporel ; c'est un dieu humain, et on peut l'adorer après Dieu !

Cette métaphysique, on le voit, ressemble beaucoup à de la théologie. Bacon n'en voudrait pas convenir ; tous ces principes, celui même qui proclame la toute-puissance du pape, dans l'ordre politique comme dans celui de la foi, sont à ses yeux des vérités de la raison, et ne figurent ici qu'à ce seul titre. Aussi, pour les rendre incontestables, quel témoignage va-t-il invoquer ? Les livres saints ou les Pères de l'Église ? Non, mais tous les moralistes anciens qu'il a pu connaître et tous les sages de l'Arabie. On ne s'étonne pas de voir Bacon incliner vers la prépondérance théocratique ; son livre est dédié à un pape, et on retrouve chez les politiques les plus hardis du moyen âge, cette alliance entre des idées qui depuis ont passé pour être inconciliables, les tendances démocratiques et le dogme de la suprématie temporelle de l'Église (¹). Mais, quel autre a été, comme lui, chercher des preuves à l'appui dans la *Métaphysique* d'Avicenne ? On retrouve ici, avec de nouveaux développements, cette pensée que tous les philosophes ont été favorisés d'une révélation particulière (²). « De telles vérités » sont nécessaires au genre humain, et l'homme ne peut se sauver » sans les connaître ; aussi, pour sauver tous les hommes dès le » commencement du monde, il a fallu qu'elles fussent suffisamment » connues, surtout par les philosophes. » Dieu les a donc révélées aux patriarches et aux prophètes, qui les ont enseignées aux philosophes (³). Ainsi, Platon parle clairement de la Sainte-Trinité ; Porphyre, au témoignage de saint Augustin, nomme le Saint-Esprit ; Aristote est aussi explicite à ce sujet, et surtout Avicenne et Eutychus (⁴) le philosophe ; ce qui leur manque, c'est une démonstration des rapports de ces trois personnes, et surtout de la

---

(¹) Il faut peut-être faire une exception pour Ockam ; mais il conteste plutôt le pouvoir du pape que celui de l'Église.

(²) V. ci-dessus, IIᵉ partie, ch. II, p. 151.

(³) Mss. cité, ch. II et III.

(⁴) Eutychus ou Éthicus. Sur ce personnage, souvent cité par Roger Bacon, voyez la IVᵉ partie de cet Essai, ch. IV.

procession du Saint-Esprit. Bacon établit par le raisonnement que le Saint-Esprit procède également du Père et du Fils; et sur les autres vérités, il se contente de citer des auteurs et de faire appel aux philosophes. Tous ont connu le Dieu fait homme; n'a-t-on pas trouvé dans le tombeau de Platon, et posés même sur son cœur, ces mots : « Je crois au Christ qui naîtra d'une vierge, souffrira pour le genre humain et ressuscitera le troisième jour? » Albumazar ne parle-t-il pas de la vierge qui portera un fils? Eutychus le philosophe n'a-t-il pas prédit le règne de l'Antechrist, et les Tartares, entraînant à leur suite des nations entières, ne sont-ils pas en train de réaliser la prophétie? Aristote n'a-t-il pas cité Adam et Enoch dans son livre *De Regimine regnorum* (1) ? Et Hercule Trismégiste, et Apulée, et Cicéron, n'expriment-ils pas mille vérités purement chrétiennes? Il n'a sans doute pas besoin d'autres preuves, car il se borne à exposer et à commenter ces passages, et c'est ce qu'il appelle procéder moralement. C'est au milieu de cette histoire imaginaire, de ces récits étranges, que tout le premier livre de la morale se déroule. Bacon n'y paraît pas; il s'abrite sous les noms les plus respectés, et toute sa morale religieuse, qui devait être contenue dans ce premier livre, a pour docteurs des Grecs, des Romains, des Arabes, qui viennent servir de témoins aux mystères les plus inexplicables du dogme. Avicenne surtout se retrouve cité à chaque ligne; c'est à lui qu'il emprunte le peu de paroles qui aient une apparence de doctrine sur la vie future et le culte divin. Il y a quatre causes qui nous empêchent de songer à la vie éternelle, à savoir : le péché, la préoccupation du corps, l'attachement au monde matériel et l'absence de révélation; il y a, par opposition, d'autres causes qui peuvent nous aider à connaître, à aimer et à goûter la délectation de la félicité future : c'est la purification de l'âme, la résistance à son attachement pour le corps, et une troisième condition qu'il ne prend pas le soin de définir, mais qui sent de loin le mysticisme et qu'il appelle *suspensio mentis;* c'est, ajoute-t-il, la seule manière possible de s'attacher à l'intelligible

---

(1) Manuscrit cité, ch. IV.

pur. En quatrième ligne arrive la certitude que donne la révélation. Les anciens sages ont connu les vertus, voilà pourquoi ils ont pu recevoir, au lieu de la révélation, une illumination intérieure. La conclusion de tout ce livre, c'est que Dieu a droit à un culte, qui consiste en l'obéissance à ses lois et la reconnaissance envers ses bienfaits, et « le culte le meilleur, le plus pur, le plus saint et le » plus pieux, c'est de le vénérer de cœur et de bouche, par la » pensée et par la parole! Telles sont les premières racines de la » philosophie morale. »

§ II.

La seconde partie de la morale traite des rapports de l'homme avec ses semblables; mais il ne faut pas s'attendre à y trouver une théorie régulière des droits et des devoirs : pour les raisons que nous avons déjà touchées en passant, pour d'autres sans doute qui tiennent à l'esprit de l'auteur, sa morale n'est guère qu'un recueil d'aphorismes sans grands liens et sans unité rigoureuse. Les questions qui sont résolues dans ce deuxième livre sont purement politiques, et il n'est pas sans intérêt de connaître les opinions d'un docteur du moyen âge sur la constitution de l'État et les institutions sociales. On s'étonne de trouver, sous la robe d'un Franciscain du XIII° siècle, des vues aussi hasardées, qui rappellent, moins le génie de l'expression et la hardiesse des conceptions, quelques parties de la *République* de Platon. Laissons parler notre docteur :

« La seconde partie concerne les lois et les institutions des hommes en société. Le premier objet à considérer, c'est la conservation de l'espèce humaine et sa multiplication par le moyen de la génération; il faut donc d'abord établir les lois du mariage, en régler le mode, écarter ce qui pourrait en gêner l'exercice, et avant tout bannir de l'État tous les hommes impurs qui pourraient le compromettre en détournant les citoyens de la pratique la plus salutaire, c'est-à-dire du mariage. Viennent ensuite les lois qui règlent les rapports entre les peuples, les prélats et les princes, entre les esclaves et les maîtres, le père et la famille, le maître et les élèves. Les sciences et les arts doivent occuper une large place dans l'État; chaque science doit avoir ses docteurs, chaque art ses artistes. Parmi les jeunes gens on choisira les plus intelligents pour ces carrières, et le reste on le destinera au service militaire, à l'administration de la justice, à la répression des malfaiteurs. La première condition d'une législation, c'est la division du pouvoir en trois catégories, représentées par trois classes de magistrats, chargés, les uns de gouverner, *dispositores;* les autres d'enseigner, *magistri;* les troisièmes d'interpréter les lois, *legis periti* (¹). Sous ces hauts magistrats se rangent d'autres fonctionnaires inférieurs, puis d'autres encore, jusqu'à ce qu'on parvienne aux simples particuliers; car de cette manière il n'y aura dans l'État nul citoyen inutile; tous vivront honorablement et travailleront à l'intérêt commun. Le chef de la société doit interdire l'oisiveté et l'inaction, et chasser ceux qui ne veulent pas travailler, à moins qu'ils n'aient pour excuse la maladie ou la vieillesse. Pour ceux-là, il faut fonder un asile qui les reçoive et désigner un magistrat chargé de leurs intérêts, *procurator*. Il doit y avoir aussi dans l'État, des finances dont les sources seront, et les droits imposés aux contrats, et les amendes qui servent de correction, et les bénéfices de la guerre et d'autres ressources; ces finances serviront à soutenir ceux qui, par maladie ou vieillesse, ne peuvent gagner leur vie, à payer les docteurs de la loi et à d'autres usages utiles.

» La législation doit régler ce qui concerne les propriétés, les héritages et les testaments; car les patrimoines, les legs et les donations constituent le fonds de la richesse, qui peut s'accroître aussi par des ventes et des achats. De là, de nouvelles prescriptions à l'égard des contrats qui concernent la vente, l'achat, la location, les gages, les emprunts, les prêts, la dépense, l'économie, etc., de façon que ces contrats soient exempts de toute fraude. Enfin, il faut des lois fixes qui établissent d'avance, pour toute

---

(¹) Cf. Platon, *Lois*, liv. VI.

cause et en tout cas, un droit régulier, garantie de la paix et de la justice entre tous les citoyens. Par contre, il faut empêcher, par tous les moyens, que la fortune se perde, que la paix et la concorde des citoyens soient troublées, et par conséquent sévir contre tous ceux qui portent atteinte à ces droits, et qui, par amour du lucre, peuvent être nuisibles, comme ceux par exemple qui se livrent aux jeux de hasard ou au vol et au rapt. Les violations de la loi seront punies par des corrections dont le but est le repentir. Ceux qui ne veulent pas s'amender doivent être frappés par la peine capitale.

» Le magistrat chargé de faire exécuter les lois, *legislator,* doit se choisir un successeur. Il le fera avec l'avis des grands et du peuple, afin que son choix tombe sur un homme capable de gouverner, prudent, vertueux, plein de courage et de clémence, instruit et avant tout le plus habile possible dans la science des lois. Si, malgré cela, il y a des discordes, si on lui refuse l'obéissance et qu'on veuille en choisir un autre, il faut que la loi prévienne ce désordre. Si un ambitieux emploie la violence ou la corruption, que toute la société se précipite sur lui comme un seul homme et le mette à mort. Ne pas le faire, c'est désobéir à Dieu même, et on n'est pas responsable du sang que l'on verse ainsi. Si cependant on a choisi un chef indigne et que son indignité soit bien constatée, qu'on le dépose et qu'on en institue un autre. Voilà les racines du droit civil, que les modernes ne connaissent pas. Les peuples latins ont tenu leurs lois d'Aristote et de Théophraste, son successeur, outre les lois des dix tables, qu'ils ont empruntées à la législation de l'athénien Solon (1). »

Tels sont, dans toute leur naïveté, les principes de la politique de Bacon; il est possible qu'ils n'ajoutent rien à la gloire du philosophe : trouver dans les fragments que nous venons de traduire ou d'analyser rien qui ressemble à une théorie politique, assigner un rang à l'auteur parmi les écrivains qui se sont illustrés dans

---

(1) Mss. cité. — On trouve des idées analogues dans le manuscrit de la Bibliothèque impériale 7140.

cet ordre de recherches, il n'y faut pas songer. Le compter parmi les utopistes, l'écouter comme un interprète lointain des rêveries platoniciennes, ou un précurseur des spéculations hasardées de Campanella ou de Thomas Morus, ce serait prendre trop au sérieux quelques vagues affirmations. Ces pages tiennent de l'utopie, en ce qu'elles proposent des idées impraticables ; elles s'en éloignent parce qu'elles n'en ont ni la hardiesse ni l'unité systématique. Mais elles ne sont pas à dédaigner pour achever une image fidèle de la figure de Bacon. Elles montrent encore une fois combien il a su vivre en dehors des idées de son temps ; rien ne saurait indiquer, à part le langage, la date d'une pareille œuvre ; elle ne rappelle ni le pays ni le temps où elle a été composée ; elle reste dans une région fantastique, loin de la terre ; on l'attribuerait moins à la froide raison d'un moine d'Occident qu'à l'imagination d'un poète oriental. L'auteur vit en France, sous un pouvoir monarchique et aristocratique tout à la fois, et pas un trait de sa politique ne reflète les institutions qu'il a sous les yeux. En face d'une royauté héréditaire, il rêve un gouvernement électif, temporaire, révocable en cas d'indignité ; au moment où l'épée est toute-puissante, il réclame pour la culture des sciences les intelligences les mieux douées, et laisse dédaigneusement le reste à la carrière des armes ; il fait du travail une nécessité, de l'oisiveté une cause d'exil, met la science au-dessus de toute noblesse, et remplace, par ce nouveau droit, le droit divin du trône.

§ III.

« La troisième partie traite des devoirs de l'homme considéré en lui-même, et des moyens de mener une vie honnête, exempte de mauvaises mœurs, en vue du bonheur futur et en crainte des châtiments éternels. Elle ne vient que la troisième, parce que, avant tout, le premier rang appartient au culte divin, le second au bien général, et le troisième enfin au bien particulier. La charité, la première des vertus, concerne le bien général, et, avec elle, marchent la concorde, la paix, la justice, qui dépassent la sphère des individus. Car l'homme est un animal sociable, et il est dans sa nature qu'il ne vive pas seul, comme l'animal, puisqu'il ne peut se suffire à soi-même. Les lois qui règlent les rapports de l'homme avec son semblable sont donc les plus importantes, et c'est pour cela qu'Aristote dit, au septième livre de la *Métaphysique*, que le bien public est plus important et meilleur que le bien général. Aussi l'ermite, qui ne fait pas partie de l'État, mais ne s'occupe que de lui-même, n'est ni bon ni méchant. Le deuxième rang appartient donc aux lois générales, et le troisième aux règles de la conduite privée. Ce n'est pas là l'ordre qu'Aristote a suivi, parce qu'employant une méthode d'analyse, il passe du plus connu à ce qui l'est moins. Mais nous qui avons été instruits et par lui et par d'autres, nous pouvons donner un autre ordre aux parties de la science, et suivre l'importance des questions. Les philosophes ont parlé d'une manière admirable de la vertu et des vices, et tout chrétien peut être confondu en voyant des païens se faire une idée si sublime de la vertu, dont nous semblons nous éloigner si honteusement, nous qui recevons de la grâce de Dieu des secours bien plus efficaces. On citera donc d'abord quelques vérités générales sur les vertus, et on descendra ensuite au détail. »

C'est à Aristote surtout que sont empruntées la plupart des idées de Bacon sur la vertu, qui est une sorte de milieu entre deux extrêmes; comme lui aussi il en compte douze : le courage, la chasteté dans l'exercice de tous les sens, la libéralité, la magnificence, la probité, la clémence, l'amitié, la sincérité, l'honnêteté dans les jeux, la crainte du mal, la justice. Ces vertus ont toutes cela de commun, qu'elles appartiennent à la partie sensitive de l'âme, en tant qu'elle obéit à la raison. Les suivantes, au contraire, sont absolument dans la raison, et peuvent s'appeler vertus intellectuelles, telles sont : l'intelligence, la science, l'art, la prudence et la sagesse. Si on les considère dans l'ordre spéculatif, ce ne sont pas là des vertus, mais de simples dispositions de l'entendement, ayant leur but dans la pure vérité; si on les prend par leur côté pratique, elles ont en vue le bien, elles tendent au salut de

l'âme, au culte de Dieu, au bien public, à l'honnêteté de la conduite et des mœurs et à la vie future, et alors elles sont des vertus. L'intelligence c'est la possession des principes d'action, et la science celle des conclusions ; l'art c'est la connaissance des bonnes œuvres dans leur effet, et la prudence l'habileté à les diriger. « La sagesse
» c'est la connaissance parfaite des biens spirituels, jointe au
» charme de l'amour ; c'est en elle que se trouve la paix de l'âme
» humaine autant qu'elle peut exister ici-bas : aussi est-elle le prin-
» cipe du bonheur futur et presque ce bonheur lui-même. » A un autre point de vue, et encore d'après Aristote, les vertus peuvent se diviser en naturelles, qui ne viennent pas de nous, mais sont l'objet de la grâce divine; et en vertus d'habitude, *consuetudinales,* qui sont en notre pouvoir et dépendent de notre activité La difficulté vaincue est l'essence de la vertu; le bonheur en est souvent la récompense, « et, comme le dit Algazel, dans sa logique, cette sorte de bonheur dépend du perfectionnement de l'âme ; or, cette perfection consiste en deux qualités, la pureté et l'ornement ; la pureté, si elle est exempte de toute souillure morale et de toute imagination terrestre ; l'ornement, si en elle se reflète la certitude de la vérité divine et l'être de l'univers tout entier. » Telles sont les considérations générales ; elles n'ont rien de neuf, comme on le voit. Nous n'y ferons remarquer que le blâme infligé à la vie anachorétique et l'exubérance des citations ; car à chaque ligne apparaissent avec Aristote et Avicenne, Sénèque, Cicéron, Platon, Valère Maxime, Apulée et même le mystique Algazel, auquel Bacon emprunte, par un singulier éclectisme, quelques principes peu en harmonie avec les siens ; comme, par exemple, le bonheur résultant de la contemplation par laquelle l'homme devient comme le miroir de l'univers tout entier.

Quant aux considérations plus particulières, elles touchent surtout aux sept péchés capitaux, contre lesquels, de tout temps, les philosophes se sont élevés et par leurs paroles et par leurs actions. Contre l'avarice, ils ont protesté par le mépris des richesses; contre l'orgueil, par le dédain des honneurs ; contre la luxure et la gourmandise, par la fuite des plaisirs ; contre l'envie, par l'ab-

sence des passions, etc. Cette partie se termine par des réflexions sur l'infimité de la créature perdue dans cet univers immense :
« La terre n'est rien auprès du Ciel ; la science seule donne déjà des
» ailes à l'âme et la prépare à la connaissance du monde céleste et
» la rend digne de s'associer à l'existence divine. C'est la science
» qui est la fin, la destinée suprême de la condition humaine ; elle
» foule aux pieds le mal, s'élève dans les sphères supérieures, pé-
» nètre dans le sein mystérieux de la nature, et erre au milieu des
» astres. Sénèque l'a dit : C'est un point que le théâtre de vos
» guerres, de vos voyages, de vos royautés ; votre vie, ce n'est
» que l'espace de quelques jours. Méprisons donc les biens du
» corps ; imitons Cicéron, qui, dans ses paradoxes, se vante de
» n'avoir jamais désiré ni honneurs ni richesses ; fuyons tous les
» vices, la colère, l'ambition, l'ivresse, et sachons, comme le dit
» Avicenne, que l'homme ne sera pas délivré de cette terre et de
» ses attraits s'il n'a su suspendre son être tout entier au monde
» céleste, désirer les trésors de cet autre univers, et, grâce à cet
» amour divin, négliger et dédaigner les biens qui l'environnent. »

Nous n'avons pas les trois autres parties de la morale ; mais on peut au moins dire quel en était le sujet, et Bacon lui-même nous en a tracé le plan. La quatrième était consacrée à combattre les sectes religieuses, et à prouver la foi chrétienne ; c'est non-seulement la partie la plus importante de la morale, mais même de la sagesse humaine tout entière. « En effet, elle a pour objet de préparer
» l'homme à la vie éternelle selon les moyens de la raison ; elle
» prouve que la loi doit être révélée par Dieu à un seul législateur
» infaillible, qui est son vicaire sur la terre ; qui doit dominer sur
» le monde, disposer de tous les royaumes, promulguer les lois
» et désigner son successeur. » La cinquième partie consiste à prêcher l'observation des pratiques et des devoirs de la vraie religion. C'est ici surtout et dans la précédente que les beautés oratoires trouvent leur place ; qu'elles doivent briller non-seulement dans les mots, mais encore dans les pensées, dans les gestes du corps, dans les mouvements de l'âme. Enfin, la sixième traite de l'administration de la justice et du jugement des procès.

Bacon n'avait fait, dit-il, qu'effleurer ce sujet, pour certaines raisons qu'il exprimait dans ce passage (¹). Il est à regretter que le manuscrit du musée Britannique soit incomplet ; peut-être celui de Dublin contient-il les trois dernières parties ; nous n'avons pu nous en assurer, et l'analyse qui précède suffit pour apprécier Bacon comme moraliste. Si on lit les fragments que nous publions à la fin de cet essai, on sera sans doute frappé de ce fait, que Bacon, ici comme dans ses autres ouvrages, est loin de reproduire ou de suivre Aristote ; qu'il ne lui emprunte guère que sa division des vertus ; et que si son œuvre est bien imparfaite, elle ne manque pas d'une certaine originalité (²).

(¹) Ces détails sont extraits de l'*Opus tertium,* cap. XIV.
(²) Le manuscrit de Dublin contient une quatrième partie ; il y est question des sacrements, et surtout de l'Eucharistie. En somme, les trois premiers livres, dont nous publions de longs fragments (Vᵉ partie), renferment la morale proprement dite ; le reste a plutôt rapport à la théologie ou au droit.

QUATRIÈME PARTIE

TRAVAUX SCIENTIFIQUES ET DÉCOUVERTES DE ROGER BACON

CHAPITRE I.

ROGER BACON GRAMMAIRIEN ET MATHÉMATICIEN.

§ I. — Bacon s'élève à l'idée de la grammaire générale; il est l'un des fondateurs de la critique sacrée. — § II. Ses travaux en Mathématiques, Astronomie, Chronologie. — § III. Idée d'une réforme du calendrier. Géographie.

§ I.

Pour achever cette étude, qui eût pu être moins longue, si les œuvres de Roger Bacon, au lieu d'être enfouies dans de vieux manuscrits qu'on ne peut lire sans beaucoup de patience, étaient plus accessibles aux recherches, il resterait à apprécier les travaux scientifiques du Docteur merveilleux, qui ont fait à juste titre une bonne part de sa renommée. Mais cette œuvre offre de grandes difficultés et serait hors de propos, en supposant même qu'elle ne fût pas au-dessus de nos forces. Il faudrait à chaque instant remettre ses idées dans le milieu même où elles se sont produites, le comparer avec ses prédécesseurs et ses contemporains, marquer avec précision les emprunts qu'il fait à l'antiquité et encore plus aux Arabes, ses maîtres de prédilection. Aussi nous y eussions renoncé, si nous n'avions regardé comme un devoir de piété envers sa mémoire, de recueillir quelques renseignements qui resteraient sans doute longtemps encore oubliés, et ne sont pas sans intérêt pour sa gloire ni pour l'histoire du xiiie siècle. Le motif qui nous a empêché de reculer devant cette esquisse, doit être une excuse pour les imperfections qu'on y remarquera. On a pu lire plus haut ses opinions générales sur les sciences, leurs méthodes, leurs divisions, leurs objets; il reste maintenant à constater les résultats positifs de ses travaux sur la grammaire, les mathématiques, la physique, à examiner ses découvertes réelles ou prétendues, et enfin à reconnaître à quelles sources il a puisé son instruction.

La grammaire est surtout pour Bacon le moyen le plus efficace de rendre à ses contemporains la connaissance des chefs-d'œuvre anciens, des ouvrages arabes et le goût littéraire, mais il n'en a pas méconnu les autres avantages. L'étude des langues mettra tous les peuples en rapport, permettra la prédication de l'Évangile, assurera le succès des missions, cimentera de nouvelles alliances, développera le commerce avec les nations lointaines ([1]). Il s'élève plus haut encore, et donne la définition d'une science qu'il déclare toute nouvelle et qui remplacerait utilement la logique. Cette grammaire, qu'il faut bien distinguer de la grammaire vulgaire, étudierait l'origine du langage, rechercherait la langue primitive, examinerait si Adam a nommé lui-même les objets, si des enfants abandonnés dans un désert en viendraient à se parler, et d'autres questions « qui peuvent servir à résoudre de graves difficultés en théologie et en logique ([2]). » Elle trouverait des principes qui mettraient fin aux subtilités qui déshonorent la philosophie et dont Richard de Cornouailles a été le premier auteur. Lui-même essaie de la constituer; il étudie les signes par rapport à la pensée, et, comme saint Augustin dans son livre de la *Doctrine chrétienne,* mais sans en avoir eu alors connaissance, il les divise en signes

---

([1]) *Op. tert.,* cap. XXVI.
([2]) *Id.,* cap. XXVII.

naturels, qui sont joints aux choses ou les rappellent par ressemblance, et signes d'institution humaine, qui sont les uns involontaires, les autres conventionnels. Puis il étudie surtout l'équivoque et l'analogie ; prouve que le même mot ne peut, toujours dans le même sens, s'attribuer à des sujets divers ; que de l'identité de ce mot on ne peut conclure à l'identité du sujet, ni confondre l'être et le non-être, le créateur et la créature, le présent et le passé, et arriver à des propositions révoltantes, comme celle-ci : César mort est encore vivant ; que de plus les mots peuvent changer de sens, prêtent à l'ambiguïté et qu'il faut les définir avec grand soin (¹). « Enfin, dit-il, il y a une grammaire universelle ; la grammaire en substance est la même dans toutes les langues, les différences n'en sont que purement accidentelles (²). » Cette tentative pour arriver à la grammaire générale, pour chercher dans cette science un remède contre les subtilités de la scolastique ne manquait pas d'à-propos.

Un autre mérite de Bacon, c'est d'avoir été l'un des fondateurs de la critique sacrée. Ses ouvrages fourmillent de dissertations sur l'origine des versions des livres saints, sur les traductions dont se sert l'Église. Il professe pour saint Jérôme un grand respect ; il trouve que sa traduction vaut mieux que toute autre version grecque ou latine, mais il déclare et établit par des exemples nombreux, que souvent il s'est trompé ou n'a pas osé traduire de peur de s'attirer les injures et le nom de faussaire que les ignorants lui ont cependant prodigué. On doit donc réviser cette traduction. Puis, il y a un grand désordre dans l'Église ; les textes se multiplient, et de plus en plus deviennent différents les uns des autres. « Les
» anciennes Bibles qui sont dans les monastères, dit-il, ont été
» épargnées et n'ont pas reçu de gloses ; elles renferment inaltérée la traduction que la sainte Église romaine a adoptée dès le
» principe et qu'elle a imposée à toutes les Églises ; mais l'exemplaire de Paris ne leur ressemble en rien ; il faut donc le corriger

---

(¹) *Compendium Theologiæ*, manusc. cité, Pars 2ª, cap. I, IV.
(²) « Grammatica una et eadem est secundum substantiam in omnibus linguis, licet accidentaliter varietur. » (*Grammatica græca*, manusc. d'Oxford, 2ª Pars, cap. I.)

» en le conformant aux anciens textes (¹). Il y a un scandale infini
» à ce sujet ; les deux ordres, les Prêcheurs et les Mineurs, ont
» écrit plus que la valeur de la Bible tout entière pour la corriger ;
» ils rivalisent d'efforts, mais se contredisent, et dans le même
» ordre les correcteurs qui se succèdent biffent mutuellement leurs
» travaux. Il y a vingt ans que les Dominicains ont fait une pre-
» mière tentative, et aujourd'hui ils ont établi un statut portant
» défense d'adopter cette révision ; ils en ont fait une autre qui
» est encore plus vicieuse (²). » Bacon supplie instamment le Saint
Père d'évoquer l'affaire ; il n'y a qu'un homme parmi les Latins
qui puisse entreprendre ce travail avec fruit ; il a passé quarante
années de sa vie à l'étude de la lettre et de l'esprit des textes
saints ; il n'a pas eu son pareil depuis le temps des saints ; les
autres sont des idiots auprès de lui (³) ; un concile ou l'autorité
du Saint-Siége peuvent seuls porter remède à cette confusion.
C'est, avec le calendrier, une des œuvres qui doivent immortaliser
un pape. Si Clément IV avait vécu, il eut donc pu avant Grégoire
réformer le calendrier, et avant le concile de Trente fixer les incertitudes en adoptant définitivement un texte des Écritures saintes.

§ II.

Quand les biographes anglais, et d'autres avec eux, nous parlent
de Roger, ils ne manquent pas de le saluer de ce titre : *le grand
mathématicien*, et sa renommée, sous ce rapport, s'est perpétuée
jusqu'au XVIᵉ siècle (⁴). Au contraire, s'il faut en croire un illustre
savant moderne, M. de Humboldt, ce qui a surtout manqué à Roger

---

(¹) *Op. tert.*, cap. XXV. Cf. *Op. maj.*, p. 49.

(²) *Op. tert.*, cap. X et XX. Cf. *Op. maj.*, p. 50. — Dans l'*Opus majus*, Bacon dit : « il y a douze ans, » et non pas vingt.

(³) « Omnes sunt idiotæ respectu illius et nil sciunt in hac parte. » (*Op. tert.*, cap. XXV.) Ce personnage n'est pas nommé, mais l'auteur renvoie à l'*Opus minus*, où, en effet, il parle du même savant, et semble désigner maître Pierre.

(⁴) Dechalle le cite encore parmi les plus grands mathématiciens.

ce sont les connaissances mathématiques (¹). Sur quels fondements porte-t-on des jugements si opposés? Ses traités de mathématiques sont perdus ou du moins ignorés, et le seul que nous ayons pu retrouver est ce grand ouvrage intitulé : *De communibus mathematicæ*, qui ne traite que des notions générales. On y voit seulement que Bacon avait écrit sur l'arithmétique, sur la géométrie, l'astronomie et la musique, considérées sous le rapport théorique et pratique, et commenté Euclide, comme tous les mathématiciens de son temps. Il est donc difficile d'apprécier sa science en géométrie et en arithmétique ; toutefois, son livre se distingue par une critique éclairée, par des discussions exactes, des définitions précises, que Pierre d'Ailly lui empruntera mot à mot sans le nommer (²). Il reprend au besoin Euclide, lui reproche des omissions, le complète; fait peu de cas de Jourdain le forestier, et quand on le compare à son compatriote Sacrobosco, qui fut commenté jusqu'au XIVe siècle (³), on reste convaincu qu'il a raison de s'estimer au-dessus de ses contemporains. Les Arabes surtout lui ont appris l'algèbre naissante, l'astronomie, et les noms des Musulmans espagnols emplissent ses œuvres. Quand il n'aurait à revendiquer que cette grande idée d'asseoir les sciences physiques sur la base des mathématiques, il serait en ce genre le premier homme de son siècle (⁴). Ses illusions sur la portée des mathématiques comme méthode, sur leurs résultats merveilleux, ne sont que l'exagération d'une vérité alors méconnue ; ses plaidoyers répétés en leur faveur ne sont qu'une protestation contre un détestable préjugé, qui les confond avec les pratiques occultes (⁵); enfin, ses affirmations téméraires sur des problèmes insolubles, tels que la quadrature du

---

(¹) *Cosmos*, trad. Faye, t. II, p. 398. — M. de Humboldt lui rend pourtant une éclatante justice, et l'appelle « la plus grande apparition du moyen âge. »

(²) V. un commentaire de Pierre d'Ailly sur *la sphère*. Venise, 1518, p. 116.

(³) *Sphœra cum commentis.* Venetiis, 1518. — Michel Scot avait commenté Sacrobosco.

(⁴) *Op. maj.*, p. 64 : « Per vias mathematicæ verificare omnia quæ in naturalibus scientiis sunt necessaria.

(⁵) Delrio confond encore, quelques années avant le XVIIe siècle, les mathémathiques et la magie.

cercle, qu'il déclare connaître, lui sont communes avec des savants plus modernes, comme Nicolas de Cusa au XVIᵉ siècle. Il reste des débris plus considérables de ses travaux sur l'astronomie. Les historiens de la science ne les ont pas connus. Delambre lui consacre à peine quelques lignes, et déclare qu'on ne peut le mettre au rang des promoteurs de l'astronomie ; Montucla est plus sévère encore, et Bailly ne voit guère en lui qu'un alchimiste [1]. Pourtant il est facile de montrer qu'il est le disciple intelligent des astronomes grecs, de Ptolémée et d'Hipparque, et surtout des savants arabes Alphraganus, Albategni, Thébith, Arzachel, Averroès, Alpetragius, dont il expose avec clarté les systèmes, non sans les reprendre et les critiquer les uns par les autres. Sous ce rapport, le traité *De cœlestibus* ne manque pas d'intérêt.

Le monde se compose de corps divers et non pas d'un seul tout, comme le voulait la physique de Parménide et de Melissus ; de corps finis et divisibles et non pas d'atomes indivisibles et infinis en nombre, comme le voulait celle de Démocrite. C'est par des considérations mathématiques que Bacon établit ces deux vérités ; la dernière avait déjà été soutenue par Aristote au premier livre de *la Génération,* mais on ne pouvait alors en comprendre la traduction [2]. Ces parties finies et dissemblables de l'univers se partagent en deux classes par rapport au mouvement. Les unes sont animées du mouvement en ligne droite, ce sont les quatre éléments ; les autres d'un mouvement circulaire, c'est le ciel, qu'on peut considérer comme un cinquième élément ; ces cinq corps n'ont pas la forme que les platoniciens leur ont imposée, forme qui ne remplirait pas l'espace et laisserait pénétrer le vide dans les interstices du monde. Le ciel est sphérique et tous ses points équidistants de la terre ; le feu s'emboîte dans le ciel, convexe de ce côté et concave du côté de l'air ; puis vient la sphère de l'eau et de la terre, qui est au centre du monde ; elle est ronde, comme le prouve Bacon par

---

[1]. Montucla, si consciencieux d'ordinaire, admire surtout, dans l'*Opus majus*, « la partie qui concerne l'histoire naturelle ; » il n'y a pas un mot de cette science dans cet ouvrage.

[2] *De cœlestibus,* Pars 2ᵃ. Mss. de la Mazarine.

la vue d'un navire qui s'éloigne et dont on voit le mât décroître, jusqu'à ce qu'on n'en aperçoive plus que l'extrémité; ses parties sont pesantes et d'autant plus pesantes qu'elles sont plus voisines du centre (¹). L'univers ainsi formé est fini ; car l'infini n'existe pas dans le monde des corps; le ciel, sans doute, a une certaine infinité potentielle, puisqu'il est éternel; mais c'est l'éternité et l'infinité du temps et du mouvement, et elle n'a rien d'actuel. Il n'y a qu'un monde, il n'y a rien au-delà du monde. Tels sont les principes généraux, et, on le voit, purement abstraits et métaphysiques de l'astronomie.

Pour le nombre des cieux, l'auteur hésite entre Pythagore, Aristote et Ptolémée. Si Aristote n'était si opposé au nombre dix des Pythagoriciens, il se déciderait pour lui; et d'ailleurs le philosophe a moins combattu le nombre en lui-même que les raisons sur lesquelles on s'est fondé pour l'adopter. Les orbes de ces cieux sont différents en espèces comme en nombre. C'est le mouvement du premier qui détermine celui des autres, et agit sur eux comme l'aimant sur le fer; les étoiles n'ont pas un cours indépendant de celui du ciel; elles y sont attachées. Il y a 1022 étoiles fixes (²), distribuées en un grand nombre de constellations que l'auteur décrit. Pour connaître la grandeur, la hauteur et la densité des corps célestes, il faut énoncer la valeur d'un arc terrestre correspondant à un degré dans le ciel, ce qu'on peut faire facilement par la hauteur du pôle au-dessus de l'horizon; les quadrans et l'astrolabe servent à prendre cette hauteur; la quantité de l'arc terrestre est de 56 milles et deux tiers (environ 114 kilomètres), qui, multipliés par 360, donnent 20400 milles (4000 myr. 800 kil.), c'est-à-dire l'étendue de la circonférence totale, ce qui fait un diamètre de 6491 milles (1298 myr.), et un rayon de 3245 milles (649 myr.) (³). La surface sera donc de 13260000 milles (environ 5370000 myriam. carrés). Dans tous ces calculs, Bacon s'appuie sur les nom-

---

(¹) *De cœlestibus*, Pars 2ª. Mss. de la Mazarine, cap. IV.

(²) Chiffre emprunté à Ptolémée, qui en compte 1025.

(³) On voit que cette estimation est trop forte de 80 myriamètres pour la circonférence, de 25 en moyenne pour le diamètre, et de 12,5 pour le rayon.

bres donnés par Alphraganus ; il les rectifie et les corrige, pourtant sans s'en éloigner beaucoup (¹), mais en en diminuant les erreurs.

Quant aux mouvements des corps célestes, Bacon se fait l'historien des systèmes avant de se décider. Celui de Ptolémée est exposé avec une grande clarté, et l'auteur insiste sur la complication qu'y introduisent les excentriques et les epicycles ; il cherche l'origine de ces hypothèses, trouve celle des excentriques dans le temps inégal employé par le soleil à parcourir des distances égales. Ptolémée a eu pour disciples : Thébith, qui inventa un nouveau mouvement de la sphère des étoiles ; Arzachel, l'auteur des *Tables de Tolède* et l'imitateur de Thébith, que Bacon veut être un philosophe chrétien, *summus christianorum philosophus ;* et enfin parut Alpetragius, qui renonce aux théories de Ptolémée, n'admet ni les excentriques, ni les épicycles, ni les deux mouvements, simplifie cette astronomie compliquée, et explique tout par un seul mouvement. Bacon exprime à son tour son avis, et n'hésite pas, par diverses considérations dont quelques-unes ne sont pas sans valeur, à se prononcer contre Ptolémée, qui a été trompé en se fiant aux sens, *sensum imitando decipiebatur*. Il ne le fait pas sans scrupule ; il lui paraît grave de détruire l'astronomie de Ptolémée, *astronomiam Ptolemæi destruere ;* mais enfin il vaut mieux sauver l'ordre de la nature et contredire les sens, *melius est salvare ordinem naturæ et contradicere sensui, qui multoties deficit, et præcipue in magna distantia* (²). Certes on ne réclamera pas pour Bacon la gloire d'avoir devancé Copernic ; il ne fallait pas seulement comprendre les défauts de l'astronomie de Ptolémée, mais en trouver une autre. Mais il était déjà hardi, au xiiiᵉ siècle, d'élever des doutes sur cet inviolable système que Copernic et Galilée eurent tant de peine à détruire.

Sur d'autres points particuliers, Bacon exprime des idées dont

---

(¹) Ainsi, Alphraganus arrive à 13418254 milles ; Bacon est donc plus près de la vérité, quoique son estimation soit encore exagérée de 270000 myriamètres carrés.

(²) *De cœlestibus*, Pars 5ᵃ.

il faut tenir compte : il ne craint pas de combattre Aristote et de prouver contre lui que la lumière des étoiles leur est propre et celle de la lune due aux rayons du soleil ([1]). Il affirme que la voie lactée est formée par l'agrégation d'un nombre infini de très-petites étoiles que nous ne distinguons pas ([2]); il donne des étoiles filantes une explication presque satisfaisante, et ce sont, pour lui, de très-petits corps, *corpora parvæ quantitatis*, qui, en réalité, traversent notre atmosphère, paraissent lumineux par la rapidité de leurs mouvements, et laissent derrière eux une longue traînée de feu, grâce à la persistance de la sensation de lumière quand l'objet se meut rapidement ([3]). La scintillation l'occupe beaucoup; et, à coup sûr, il n'explique pas un phénomène que l'astronomie moderne n'a pas encore parfaitement éclairci. M. Arago se sert de son témoignage pour exposer à ce sujet l'opinion d'Averroès ; mais ne remarque pas, qu'en disciple indépendant, Bacon ajoute à son maître et fait résulter ce fait d'une triple condition : l'effort de l'œil en face d'un objet très-distant, le grand éclat de l'astre, et enfin et surtout la trépidation du milieu ([4]). Notre astronome connaît positivement le phénomène des réfractions astronomiques et la déviation des rayons lumineux en pénétrant dans le milieu atmosphérique, idée qu'on ne retrouverait nulle part au xiiie siècle ([5]); il explique, après Ptolémée, et en faisant d'ingénieuses corrections, comment les astres nous apparaissent plus grands à l'horizon qu'au zénith, et attribue cet effet à l'illusion par laquelle ils nous semblent plus éloignés dans le second cas ([6]). La distance n'est perçue que par la grandeur de l'angle et par la comparaison des corps sensibles interposés entre la vue et l'objet : un éloignement démesuré et l'absence d'intermédiaire ôtent la perception de la distance ; c'est encore ainsi

---

([1]) *Op. tert.*, cap. XXXVI. — Il faut dire que Bacon compromet son assertion en niant que la lumière lunaire soit simplement réfléchie.

([2]) *Op. maj.*, p. 318. — Aristote, croyons-nous, l'avait déjà indiqué.

([3]) *Op. maj.*, p. 321.

([4]) *Idem*, p. 330. — L'idée d'une trépidation appartient à Thebith.

([5]) *Idem*, p. 79, 80.

([6]) *Idem*, p. 329.

que les planètes ne nous paraissent pas moins éloignées que les étoiles fixes (¹). Mais la plus grande originalité de Bacon considéré comme astronome, consiste dans les applications qu'il fait de cette science à la chronologie, au calendrier et à la géographie, et nous devons nous y arrêter plus longuement.

§ III.

« La chronologie, à partir de la création du monde, est fort obscure; historiens, chroniqueurs, pères de l'Église, tous se contredisent. L'astronomie seule peut mettre fin à ces divergences; elle seule peut dire combien d'années se sont écoulées avant le Christ, à quelle époque le monde a commencé. Les Hébreux en cela nous offrent de grandes ressources; eux seuls connaissent à peu près exactement le mois lunaire, qu'ils évaluent à quatre tierces et six quartes près, tandis que les Arabes sont au-dessous de l'estimation juste que Bacon connaît, et qui est, dit-il, de vingt-neuf jours douze heures quarante-quatre minutes (²). Il faudrait aussi fixer la date de la naissance et de la passion du Christ, sur laquelle on se trompe. Bacon penche vers l'opinion des Hébreux et des Grecs, mais il a soin de se montrer prudent et de laisser au Saint Père seul le soin de décider. » De là à la correction du calendrier il n'y a qu'un pas.

Tous les biographes de Bacon rapportent, sans en donner de preuves et sans autres explications, que le premier il eut l'idée d'une réforme du calendrier. N'était-ce là qu'une vue indécise, qu'une vague intuition? C'est l'opinion de Montucla, qui traite très-dédaigneusement la tentative de Bacon, en avouant qu'il juge sans avoir pu connaître les pièces du procès. L'*Opus majus*, l'*Opus tertium* et un ouvrage manuscrit du Musée Britannique, intitulé : *Computus naturalium*, nous ont donné à ce sujet les renseigne-

---

(¹) *Opus maj.*, p. 323.

(²) $29^j,530585$. — Les Arabes le comptaient de 29,5. Aussi, en 1757, les Turcs durent-ils faire des corrections, en intercalant 9 jours au bout de 30 ans.

ments les plus complets, et il est certain que dès le XIIIe siècle ce puissant esprit avait conçu le plan de cette réforme, qui ne fut réalisée que trois siècles plus tard, en 1582, et est restée comme l'œuvre la plus utile et la gloire la plus solide du pontificat de Grégoire XIII. Il n'a pas tenu à Bacon que Clément IV n'enlevât cet honneur à son lointain successeur. Et pourtant, quand Paul de Middlebourg et Copernic reprennent, presque dans les mêmes termes, ses raisonnements et son exposition (¹), ils oublient de prononcer son nom.

« Les défauts du calendrier, dit Bacon, sont devenus intolérables au sage et font horreur à l'astronome. Depuis le temps de Jules César, et malgré les corrections qu'ont essayées le concile de Nicée, Eusèbe, Victorinus, Cyrillus, Bède, les erreurs n'ont fait que s'aggraver, et ont leur origine dans l'évaluation de l'année, que César estime être de trois cent soixante-cinq jours et un quart, ce qui tous les quatre ans amène l'intercalation d'un jour entier. Mais cette évaluation est exagérée, et l'astronomie nous donne le moyen de savoir que la longueur de l'année solaire est moindre de 1/130 de jour (environ onze minutes); de là vient qu'au bout de cent trente années (²), on a compté un jour de trop, et cette erreur se trouverait redressée si on retranchait un jour après cette période. »

« L'Église avait d'abord fixé l'équinoxe du printemps au 25 mars, et maintenant au 21. » Mais l'équinoxe n'arrive pas à cette date. « Cette année l'équinoxe du printemps a eu lieu le 13 mars, et tous les 125 ans environ il avancera d'un jour. L'Église se trompa d'ailleurs dès le principe. 140 ans après l'incarnation, Ptolémée trouvait que l'équinoxe du printemps avait lieu le 22 mars. Il y a de cela 1127 ans (Bacon écrivait en 1267). Aujourd'hui il a lieu le 13, c'est-à-dire neuf jours plus tôt, et en divisant 1267 par 9, on obtient 124, qui est le nombre d'années au bout duquel les équinoxes avancent d'un jour. L'Église prétend que le

---

(¹) Copernic, *Astronomia instaurata*. Amstelodami, 1617. Præf. ad dominum Paulum.
(²) Rigoureusement 128.

solstice d'hiver tombait le jour de la nativité de Jésus-Christ, le 25 décembre ; c'est une erreur, la vérification de Ptolémée l'ayant fixée au 22 en 140, l'an premier, il ne pouvait être qu'un peu plus d'un jour en retard, c'est-à-dire du 23 au 24. L'équinoxe du printemps ne pouvait être non plus en l'an 1 le 25 mars, puisque Ptolémée l'a fixé pour l'an 140 au 22 de ce mois ; encore moins peut-il être, comme on le compte aujourd'hui, le 21, d'après l'usage de l'Église, mais bien le 13 à peu près, puisqu'en 124 ans il avance d'un jour. Donc les équinoxes, d'abord ne sont pas fixes, et ensuite n'arrivent pas aux jours indiqués par l'Église. » Ces paroles semblent coûter à Bacon ; il a si peur de ses propres affirmations, qu'il se hâte d'ajouter : « Je proteste pourtant que dans une telle difficulté, je ne parle pas avec précision, mais approximativement. » Puis il fait voir les conséquences de ces erreurs. Pâques est célébré hors de son temps ; les fidèles mangent de la viande en temps défendu !

« C'est le comble de l'horreur et du ridicule, et le diable lui-même
» a préparé ce malheur à l'Église de Dieu, en profitant de son
» ignorance et de son insouciance. Car le remède serait facile ; il
» faudrait évaluer la longueur exacte de l'année, et déterminer l'é-
» poque fixe des équinoxes. On pourrait ainsi faire un calendrier
» pour le reste des siècles, dresser des tables et des canons, les
» répandre dans toute l'Église du Seigneur et faire disparaître toute
» trace d'erreur (¹). »

Les erreurs qui concernent les lunaisons sont aussi relevées longuement par Bacon. « Le calendrier actuel indique mal les nouvelles lunes ; en 76 ans la nouvelle lune avance, sur l'époque fixée par le calendrier, de $6^h 40^m$ (²) ; au bout de 356 ans, il y aura une erreur d'un jour entier. Le cycle de 19 ans n'égale donc pas 19 années solaires équivalant à 235 lunaisons. L'année lunaire finit onze jours plus tôt que l'année solaire, et ces 11 jours font un mois lunaire au

---

(¹) En 1517, le concile de Latran ajourne encore la réforme, sous prétexte qu'on ne connaît ni la durée des mois, ni celle des jours. (Voy. Copernic, *Astronomia instaurata*.)

(²) 235 lunaisons sont moins longues que 19 années juliennes de 1 heure 32 minutes. En 76 ans, c'est-à-dire après quatre fois 235 lunaisons, l'année julienne a donc retardé sur l'année lunaire de 6 heures 8 minutes, et non pas de 6 heures 40 minutes.

bout de trois ans. Chaque troisième année du cycle a donc un mois supplémentaire; mais ces calculs manquent d'une base fixe, parce qu'on prend pour nouvelle lune l'instant où elle commence à être visible. Il faudrait prendre pour origine la conjonction du soleil et de la lune, considérée par rapport à leur cours moyen, qui serait un temps uniforme. Ptolémée a fixé le mois lunaire à 29 jours 31^m de jours et 44^s et 8^t et 9^q (^{1}). Le temps moyen d'une lunaison est donc égal à 29 jours 31^m 4^s de jours, qui font au bout d'une année 354 jours 22^m de jour, c'est-à-dire 354 jours 8^h, 48^m si on ne tient pas compte des tierces et des quartes. Le temps le plus court qui ramène les lunaisons à leur point de départ, est donc de 360 lunaisons, c'est-à-dire de 30 années arabes, et il faudrait que ces 30 années fussent égales à 29 des autres; mais 30 années arabes contiennent 29 années solaires, 1 mois et 8 jours; 19 années solaires ne peuvent donc être égales au vrai cycle des pleines lunes, et par conséquent le cycle de 19 ans est inexact. »

« De plus, chaque collection de 19 années solaires n'égale pas nécessairement une autre collection. Si on en prend quatre, on trouvera par exemple que la première contenant 4 bissextiles, les trois autres en auront 5; d'où il résulte que la première a 6939 jours et et 235 lunaisons; mais 235 lunaisons régulières font 6939 jours 40^m 50^s (^{2}), c'est-à-dire plus des 2/3 d'un jour en plus; donc, dans les cycles qui n'ont que 4 bissextiles, le cycle fini, il s'en faut des 2/3 d'un jour que les 235 lunaisons soient finies. Quant à ceux qui ont 5 bissextiles, ils ont 6940 jours, et dépassent par conséquent 235 lunaisons de 19^m et 10^s, près du tiers d'un jour. Qu'arrive-t-il au bout de 4 cycles de 19 ans, c'est-à-dire de 76 années : on aura, en plus des lunaisons régulières, trois fois 19^m et 10^s = 57^m et 30^s, d'où il faut retrancher 40^m 50^s provenant du cycle à 4 bissextiles; il reste 16^m et 40^s. Au bout de 76 ans, loin que les choses soient ramenées à leur état véritable, il y a donc une erreur de 16^m 40^s

---

(^{1}) En réalité, 29,1.
(^{2}) Il s'agit de minutes de jour.

en trop. Si l'on multiplie 76 par 4, on a 304 ans, temps au bout duquel on sera en retard de plus d'un jour $6^m 40^s$, et après 4266 ans la lune sera nouvelle au calendrier et pleine au ciel. De là résulte aussi une erreur dans le cycle des épactes ; quel est le remède ? » Bacon ne propose pas moins que de recourir à la division mensuelle des Arabes, dont les mois commencent toujours avec la conjonction du soleil et de la lune, suivant le cours moyen des deux astres, ou, si on y répugne, de faire correspondre ces époques avec les jours de nos mois. Le travail est fait, dit-il, et il ne faut que recourir aux tables et aux canons des mois et des années arabes (¹).

« Une réforme est donc nécessaire ; toutes les personnes instrui-
» tes dans le comput et l'astronomie le savent et se raillent de l'igno-
» rance des prélats qui maintiennent l'état actuel. Les philosophes
» infidèles, Arabes et Hébreux, les Grecs qui habitent parmi les
» chrétiens, comme en Espagne, en Egypte et dans les contrées de
» l'Orient et ailleurs encore, ont horreur de la stupidité dont font
» preuve les chrétiens dans leur chronologie et la célébration de
» leurs solennités. Et cependant, les chrétiens ont maintenant assez
» de connaissances astronomiques pour s'appuyer sur une base
» certaine. Que Votre Révérence donne des ordres, et vous trou-
» verez des hommes qui sauront remédier à ces défauts, à ceux
» dont j'ai parlé et à d'autres encore, car il y en a treize en tout,
» sans compter leurs ramifications infinies. Si cette œuvre glo-
» rieuse s'accomplissait du temps de Votre Sainteté, on verrait
» s'achever une des entreprises les plus grandes, les meilleures
» et les plus belles qui jamais aient été tentées dans l'Église de
» Dieu (²). » Ainsi, l'homme qui tout à l'heure énonçait des doutes

---

(¹) Montucla juge donc Bacon avec trop de dédain en décidant *à priori* qu'il n'a pu que réclamer le rétablissement des équinoxes aux 25 mars, juin, septembre, décembre. (Voy. t. I, p. 42, sqq.)

(²) V. *Computus*, manusc. cité ; — *Opus majus*, p. 170 à 182 ; — *Opus tertium*, cap. LV et sq. C'est surtout à l'*Opus tertium* qu'il faut s'en rapporter : « Multo plura scripsi in opere majore, quæ hic non tango ; sed certius scribo hic, et ideo magis est huic scripturæ adhærendum. » Cap. LVII. Ce passage a fait croire à M. Cousin que les chapitres de l'*Opus tertium* avaient une grande importance ; pourtant, en les comparant aux pages de l'*Opus majus*, on les trouve littéralement conformes.

sur l'astronomie de Ptolémée, signale avec une précision presque parfaite les erreurs du calendrier civil et ecclésiastique, et déplore que les chrétiens donnent aux infidèles l'exemple d'une si scandaleuse ignorance ([1]). N'est-ce pas ici le lieu de répéter, dût-on se lasser de l'entendre, que les idées de la Renaissance font presque toutes chez Bacon une apparition prématurée? Ce n'est pas que les imperfections du comput fussent alors méconnues. Vincent de Beauvais en parle déjà ([2]); les Arabes reprennent à ce sujet les chrétiens ([3]); Robert Grosse-Tête en dit quelques mots dans un écrit sur la sphère ([4]). Mais il y a loin de quelques remarques jetées en passant, à une critique raisonnée et complète, qui n'est pas moins qu'une solution de la difficulté ([5]).

« La géographie, comme l'astronomie et la chronologie, a ses racines dans les mathématiques, puisqu'elle devrait reposer sur la mesure et la figure de la terre habitée, et la détermination exacte des latitudes et des longitudes. Mais l'incurie des chrétiens les laisse dans l'ignorance de ce quart même du globe qu'ils habitent et dont ils ne connaissent pas la moitié. Le premier travail auquel ils devraient s'appliquer, c'est de mesurer la terre, de déterminer exactement la position des villes et des contrées, et pour cela de s'entendre sur un point à adopter comme origine commune des longitudes. On pourrait prendre l'extrémité occidentale de l'Es-

---

([1]) Pierre d'Ailly proposa au concile de Constance la réforme du calendrier. Il est bien certain que les ouvrages de Bacon ne lui étaient pas inconnus.

([2]) Opp., 1624, t. IV, p. 140-150. — Dès le IXe siècle, des calculs avaient été essayés à ce sujet à Florence. (Voy. M. Delescluze, *Revue française*, 1838, p. 212.)

([3]) V. dans l'*Histoire des Mathématiques* de M. Libri, t. II, p. 392, un calendrier arabe composé vers 1227.

([4]) Episcopi Roberti Lincolnensis, *Sphœræ Compendium*, f° 131. Venetiis, 1518.

([5]) Il faut dire qu'un des hommes les plus admirés de Bacon, Campano, a laissé un traité intitulé : *Computus major*, et que la réforme du calendrier y est assez nettement indiquée, et presque dans les mêmes termes; la date de cet ouvrage nous est inconnue. Le *Comput* de Bacon est de 1263; en 1267, Campano vit encore, au témoignage de notre docteur. Il est difficile de décider lequel a emprunté à l'autre. (V. *Computus major*, Campani Navariensis *(sic)*, Venetiis, 1518, p. 149-174.) — Maurolyce, en 1575, cite comme autorité dans ses recherches : Robert Lingoniensis *(sic)*, Sacrobosco et Campanus; de Bacon, pas un mot. (V. *Opuscula mathematica*. Venetiis, 1578.)

pagne pour l'ouest et celle de l'Inde pour l'Orient. C'est une œuvre immense, que seule peut accomplir l'autorité apostolique, ou un empereur, ou un roi prêtant son assistance aux philosophes, *præbentis auxilium philosophantibus*. On ne peut d'ailleurs connaître les hommes, sans savoir sous quel climat ils vivent; les productions des règnes végétal et animal dépendent de cette influence, et plus encore les mœurs, le caractère, les institutions. Les diverses zones ont des températures très-différentes, et la chaleur dépend à la fois de la latitude du lieu et de la hauteur du sol; vers l'équateur, la terre, bien que brûlante, est peuplée; au pôle, le climat n'est pas tempéré, comme le prétendent Pline et Martianus Capella. Les démonstrations mathématiques le prouvent; seulement, comme le jour y dure six mois, comme les rayons solaires peuvent se trouver réfléchis sur la surface polie des montagnes de pierre et de sel, en certains temps et en certains endroits il peut y faire très-chaud.

Nous ne pouvons suivre Bacon dans sa longue description de la terre, qu'on peut lire d'ailleurs à la quatrième partie de l'*Opus majus;* il relève les erreurs des auteurs, critique Ptolémée et Pline, prend Salluste pour guide à propos de l'Afrique, Hégésippe pour la géographie de la Palestine; Guillaume de Rubruquis et Jean de Plano Carpini pour celle des régions orientales et septentrionales de l'Europe, donne une description remarquable de la mer Caspienne; soutient que la terre est plus habitée qu'on ne le croit, que l'Afrique s'étend très loin vers le sud, est peuplée par delà l'équateur, et que la mer baigne le sud des Indes; il s'informe partout, confère avec les voyageurs, recherche leurs relations. On ne peut s'empêcher de le mettre bien au-dessus d'Albert, en comparant ces pages à celles que le Dominicain a consacrées au même sujet dans son livre *De natura locorum,* et l'on comprend que Hackluit ait inséré son essai dans sa Bibliothèque des voyages.

CHAPITRE II.

PHYSIQUE DE ROGER BACON.

§ I. Caractères généraux de sa physique. Application des Mathématiques à la Physique. Première conception des lois universelles. — § II. Histoire naturelle et Alchimie. Première idée de la Chimie. — § III. Optique. Analyse de la Perspective.

§ I.

La scolastique tout entière a péri; mais, de tout ce qui la constituait, rien, semble-t-il, n'est aussi définitivement mort que sa physique. Si l'on peut encore rencontrer des philosophes qui suivent, assurent-ils, la bannière de saint Thomas, il n'est pas donné à notre siècle de voir un physicien jurer par Albert ou Guillaume de Conches. A quoi faut-il attribuer la nullité de cette science au moyen âge, et l'oubli profond et mérité où sont restés ensevelis tant de travaux considérables? A l'idée fausse qu'on se faisait de l'objet de la science, ou à l'imperfection de la méthode? Ces deux causes au fond n'en sont qu'une seule et même, et la seconde est une conséquence de la première. L'idée moderne de la physique, la recherche des lois, c'est-à-dire des conditions invariables suivant lesquelles les phénomènes se produisent, a fait défaut au moyen âge; il devenait dès lors superflu de s'enquérir d'un instrumemt propre à une œuvre qu'on ne concevait même pas; on n'invente l'outil qu'en vue du travail qu'il doit faciliter. Le dédain pour l'observation est alors au moins autant un effet qu'une cause; et si la physique a pour but des spéculations sur la nature du temps, du mouvement, de l'espace, de l'infini, du vide, des formes substantielles, l'expérience est à peu près inutile, et la vraie méthode c'est le raisonnement. Une réforme dans les moyens ne peut avoir de sens et de portée que si elle correspond à un changement dans l'idée de la fin qu'on veut atteindre. Bacon, en substituant l'observation au syllogisme, a-t-il aussi remplacé la physique de ses contemporains par une autre science? Au moins est-il permis d'assurer que, sur trois ou quatre points capitaux, il a voulu rompre plus ou moins décidément avec la tradition scolastique.

En premier lieu, il se préoccupe surtout des lois, *leges, canones,* fixes, universelles, qui doivent être l'objet définitif d'une science à laquelle il consacre dix ans de travaux ([1]); il ne veut pas qu'on cherche la raison des phénomènes dans la forme, dans la vertu spécifique des êtres, qui varie avec leur essence, mais dans les agents dont l'action est uniforme et peut être ramenée à des règles générales, quelle que soit la nature des substances où elle se manifeste.

Ensuite il conteste que le mouvement dérive des formes substantielles, varie avec elles, et qu'il y ait entre celui des corps pesants et des corps légers, celui de la terre et du ciel, cette barrière imaginaire que Copernic et Galilée ont commencé à ébranler, que Descartes et Newton ont à jamais détruite. Il combat sans relâche l'opinion d'Averroès que le mouvement est de la même nature que l'objet mobile ([2]), et cette autre invention malheureuse qui imaginait à côté du mouvement naturel, dépendant de l'essence des corps, celui qu'on appelait alors violent; il démontre qu'il se trouve souvent réuni au premier, et que la chute des graves est loin de s'expliquer par la nature de ces corps ([3]); il ajoute que tout mouvement naturel se fait en ligne droite, et touche, pour ainsi dire, sans s'y arrêter pourtant, à cet axiome fécond de la mécanique et de l'astronomie moderne, que tout corps mû par une seule force se meut en ligne droite ([4]).

([1]) V. *Op. maj.*, Ve Partie : *Tractatus de multiplicatione specierum.*

([2]) *Comm. nat.*, f° 40. — Albert, au contraire, adopte la théorie d'Averroès. (*Opp. phys.*, t. I, p. 109.)

([3]) *Op. maj.*, p. 103-104.

([4]) Ce qui arrête Bacon, c'est le mouvement du ciel; pour se tirer d'embarras, il le déclare volontaire.

Une autre conséquence des principes péripatéticiens, c'est l'intervention du ciel dans tous les phénomènes physiques. Dans toute substance, l'activité de la forme est épuisée par son union avec la matière, et tout changement, toute génération semble impossible. Le monde physique est condamné à l'immobilité, et, pour y introduire quelque activité, Aristote recourt tantôt à la privation comme à un troisième principe, tantôt à une action intermédiaire qu'il attribue au ciel. La conclusion, c'est que tous les phénomènes d'ici-bas ont leur cause efficiente là-haut, et que toute activité est enlevée à la création sublunaire, pour être reportée au monde des sphères (¹). Bacon commence par identifier tous ces mots : essence, substance, pouvoir, puissance, vertu, force (²), puis il montre que toutes les substances agissent les unes sur les autres; que tout mouvement ne vient pas du ciel, à qui d'ailleurs il laisse encore une trop large place dans les choses terrestres.

De plus, la physique est alors abstraite, générale, vouée à d'interminables discussions sur les principes, et les docteurs ne la conçoivent pas autrement qu'Aristote l'a laissée. Ce défaut n'échappe pas à Bacon, et il est le seul à le signaler dans son siècle : Aristote, répète-t-il maintes fois, ne nous a légué que l'introduction, les généralités, la partie philosophique de la science ; il a voulu seulement définir, diviser, philosopher sur les éléments. Il avait sans doute traité à part les questions de détail, à savoir : l'alchimie, la médecine, la science des graves, l'optique, l'astronomie, la zoologie, la botanique, la science expérimentale. C'est là la vraie physique qu'il faut refaire (³).

Enfin, que dire encore de la physique scolastique? Qu'elle recherche trop les causes et oublie les faits? Bacon le lui a reproché, *non oportet causas investigare,* s'écrie-t-il, en recommandant de se borner à l'expérience (⁴). Qu'elle explique tout par les causes

---

(¹) « Sol et homo generant hominem. » C'est un axiome scolastique.

(²) Voyez un passage remarquable de l'*Opus majus,* p. 358. Cf. *Comm. nat.,* Pars 2ᵃ, dist. 2ᵃ.

(³) Voir l'introduction du *Comm. nat.,* Vᵉ Partie de cet Essai.

(⁴) *Op. maj.,* p. 68.

occultes? Bacon s'en est moqué, en se riant du même coup de ceux qui font de la physique par raison démonstrative, *rationaliter* (¹). N'est-ce pas assez prouver que la conception d'une méthode nouvelle correspondait chez lui à des idées plus justes sur l'objet de la physique?

Il a même tenté de donner l'exemple. Il est une science qu'il se vante d'avoir inventée, que les plus savants ignorent, qu'il ne sait comment nommer lui-même, et qu'il appelle tantôt *de multiplicatione specierum*, tantôt *de influentia agentis*. Nul ne l'a encore enseignée à Paris, et sans elle on ne peut rien savoir de la nature. De quoi traite-t-elle? De tous les phénomènes sensibles, c'est-à-dire de l'action de toutes les forces naturelles, aussi bien ici-bas que dans les sphères célestes, premier et mémorable essai d'une vraie physique. Essai incomplet, obscur, mélangé de graves erreurs, que les historiens n'ont pas daigné lire ni comprendre, et qui doit être pourtant une des gloires incontestables de Bacon (²). On comprend donc qu'il s'écrie avec orgueil : Cette science vaut cent fois plus que tout ce qu'ils savent. Ce n'est certes pas par les résultats particuliers ni par de grands progrès dans les connaissances positives que Bacon doit prendre à cet égard la première place parmi les physiciens du XIIIe siècle, mais par la justesse des vues et la conception d'une grande idée, celle de la recherche des lois et de l'universalité des phénomènes. Entre lui et le cardinal de Cuza et les savants du XVIe siècle, il y a près de trois cents ans; pour les idées, il ne semble pas y avoir plus d'une génération, et ils parais-

---

(¹) « Nam si vos quæratis a quocumque philosophante rationaliter, causam hujus combustionis, nil posset respondere, sed dicet sic esse ex occulta causa.

(²) Voyez ci-dessus, 2e partie, ch. II, § II. « Leges multiplicationis nondum sunt alibi traditæ adhuc, cum tamen non solum sunt communes actioni in visum, sed in omnem sensum, et in tota mundi machina, et in cœlestibus et inferioribus. Hæc autem scientia non est adhuc lecta Parisiis, nec apud Latinos, nisi bis Oxoniæ in Anglia, et non sunt tres qui sciunt ejus potestatem, ut apparet in libris istius, qui nec fecit libros de hac scientia, nec aliquid de philosophia potest sciri sine hac... et ideo hoc solum valet centies plus, quam quicquid sciunt : nullus vero de authoribus, de magistris antiquis aut modernis scripsit de his. Sed laboravi per decem annos, quantumcumque potui vacare, et discussi omnia, ut potui, redigens in scriptum a tempore mandati vestri. » (*Op. tert.*, cap. XI. Voy. aussi les chap. XXXI et XXXVI.)

sent ses disciples immédiats. Quant à l'application des mathématiques à la physique, on en a parlé plus haut et nous ne la rappelons que pour mémoire.

Le détail de sa physique serait fastidieux, et il suffit d'en faire voir le principal caractère. Quel intérêt y aurait-il à enregistrer ses déclarations sur le vide ou l'infini, sur la génération et le temps indivisible ou mesurable où elle se produit, et sur son résultat ? Ces questions sont très-utiles, assure-t-il, pour la théologie, la transsubstantiation du pain, la chute des anges, etc. Ce n'est pas précisément ce qui préoccupe la physique actuelle. Voici néanmoins, pour fixer les idées, quelques exemples des résultats où le conduit l'application des mathématiques à la physique. Il a reconnu que l'air a une densité différente de celle des espaces célestes, qu'il appelle avec l'ancienne physique la sphère du feu ; car il y a une réfraction des rayons des astres, réfraction entre le rayon prolongé et la normale ; donc, l'air est plus dense ([1]). Il a donné du flux et du reflux une explication très-erronée et incomplète, mais qui est déjà un progrès. La cause qui soulève les marées, c'est, suivant lui, l'influence des rayons lunaires, tantôt obliques, tantôt perpendiculaires ; quand ces rayons font des angles très-aigus avec la surface des flots, ils n'ont presque aucune action sur eux ; à mesure qu'elle monte dans le ciel et que ses rayons se rapprochent plus de la normale, elle agit plus puissamment, et son action est au maximum quand elle est au zénith, pour décroître de suite. Ces rayons, qu'on ne s'y trompe pas, ne causent pas une ébullition des flots comme celle d'un liquide échauffé ; ce sont des rayons de lumière ou plutôt de la nature substantielle de la lune ([2]). On peut prédire et mesurer d'avance le soulèvement des flots, et l'expliquer par la géométrie.

Des considérations géométriques lui servent aussi à montrer que l'hypothèse d'une matière infinie est absurde, car on est obligé, pour la soutenir, d'avancer que l'infinité de la matière est seulement

---

([1]) *Op. maj.*. p. 79, 80.
([2]) *Id.*, p. 85.

celle de la puissance et non pas celle de la substance. Or, avec des lignes, on peut prouver que, dans ce cas, on arrive à une puissance plus grande que la puissance infinie, ce qui est absurde. L'atomisme, qui, suivant lui, a arrêté et embarrassé Aristote et tous les naturalistes, est réfuté sans réplique par une proposition d'Euclide. Si les atomes existent, si les corps en sont réellement composés, la diagonale d'un carré sera commensurable et même égale aux côtés, malgré la 7ᵉ proposition du xᵉ livre (¹). Il essaie, par la même méthode, de déterminer la forme du monde, et conclut qu'elle est sphérique ; il en donne mille motifs, qu'il déduit par syllogismes avec un grand luxe de causes finales : le ciel doit avoir la forme la plus noble, la plus simple, la plus apte au mouvement, la moins exposée aux obstacles ; donc, il est sphérique. Les corps contenus dans le ciel ont la même forme ; l'eau par exemple, car si l'on mène du centre de la terre des lignes à la surface des eaux, si elle n'était sphérique, il y en aurait une plus courte, et l'eau, en vertu de sa pesanteur, s'y précipiterait. D'ailleurs, si la mer était plane, on verrait le port plus vite du pied du grand mât que du sommet. Les autres éléments ont aussi cette figure sphérique. L'auteur en tire une ingénieuse conséquence, c'est que le même vase, à la surface de la terre et au sommet d'un édifice, ne contiendra pas le même volume de liquide. L'eau, en effet, est attirée vers le centre de la terre, et toutes ses parties subissent cette action. Elle aura donc toujours la forme d'une sphère à décrire autour de ce centre, et si elle est placée sur un édifice élevé, la sphère aura un rayon plus grand et une courbure moins prononcée ; il y tiendra donc moins d'eau que dans une position inférieure ; et cependant, le vulgaire n'en sait rien, ni les sages ! Bacon est enthousiaste de cette découverte, qui lui semble merveilleuse ; et en effet, quoiqu'elle n'ait qu'une valeur théorique, elle ne serait pas désavouée par un savant moderne (²).

(¹) La *Logique* de Port-Royal, 4ᵉ partie, chap. Iᵉʳ, donne la même preuve que Bacon de la divisibilité absolue de la matière, à savoir l'incommensurabilité de la diagonale avec les côtés, et attache une grande certitude à cette sorte de preuve.

(²) Voy. Faye, *Leçons de Cosmographie*, p. 85.

Enfin, l'un des problèmes de physique où Bacon s'est complu et qu'il nous présente comme une preuve de l'excellence de sa méthode, c'est la théorie de l'arc-en-ciel, où les mathématiques doivent s'aider de l'expérience ([1]). On peut observer, dit-il, beaucoup de phénomènes analogues à celui-là, où les mêmes couleurs se représentent dans le même ordre ; par exemple, qu'on prenne des pierres hexagonales d'Écosse *(spalh)*, qu'on fasse passer au travers les rayons du soleil, et on verra toutes les couleurs de l'iris ; le cristal taillé à propos, *recte figurata ;* l'eau soulevée par les rames, par les roues d'un moulin, la rosée, la pluie, présentent le même fait. C'est donc ici un phénomène général et qui se retrouve souvent ([2]). Bacon l'a beaucoup étudié ; il a observé que plus le soleil est haut sur l'horizon, plus l'arc-en-ciel est bas ; qu'il lui est toujours opposé, et qu'une ligne droite, menée du centre du soleil à son nadir, passera par le centre de l'iris ; que la hauteur maximum du cercle est de 42 degrés, et alors le soleil est à l'horizon sensible ; qu'il n'y a pas d'arc-en-ciel lorsque le soleil dépasse 42 degrés ; que la grandeur dépend de l'élévation du soleil ; que l'arc-en-ciel n'est rien par lui-même, n'est qu'une apparence, et qu'il est produit par la réflexion des rayons à travers les petites gouttes d'eau des nuages pluvieux. Il ne craint pas de critiquer Aristote ; sa théorie est sans valeur, *nil est ;* et Sénèque n'est pas plus heureux. Dans cette longue dissertation, à côté de quelques observations bien faites, on retrouve des assertions étranges, et dans des pages à l'honneur de l'expérience, on lit qu'il y a cinq couleurs à l'iris, parce que le nombre cinq est le plus parfait de tous, et que d'ailleurs il y a cinq corps dans l'œil ([3]).

§ II.

Les sciences particulières qui touchent à l'étude de la nature

---

([1]) Il emprunte beaucoup à Sénèque, *Quæst. nat.*, cap. IV–IX, lib. 1.
([2]) *Op. maj.*, p. 448, 463.
([3]) Maurolyce, en 1554, n'est pas plus avancé que Bacon ; il se flatte d'être le premier

n'ont pas été négligées par Bacon. Pour parler d'abord de l'histoire naturelle, on trouverait des aperçus sur la physiologie des plantes et des animaux, qui sont assez imprévus de la part d'un écrivain du XIIIe siècle ([1]). L'auteur a des notions assez justes des sexes; il accorde une âme aux plantes, examine curieusement si elles n'ont pas certains sens et surtout la sensibilité tactile, leur accorde un mouvement d'inspiration et de respiration, les croit susceptibles d'alternatives de veille et de sommeil; connaît l'importance de la sève, de certains liquides qu'elles secrètent, en distingue les parties essentielles, la tige, la racine, l'écorce; essaie de déterminer le rôle que jouent dans la végétation les feuilles, les fleurs et les fruits, et recherche si les végétaux n'ont pas quelque organe essentiel qui serait le siège de la vie et leur tiendrait lieu de cœur. Suivant lui, il y a en eux des vaisseaux qu'on peut comparer aux canaux qui contiennent le sang chez les animaux. Il étudie le développement de la graine, la propagation par séparation, la greffe, son influence sur le sujet et la manière dont elle s'y identifie, les conditions d'identité d'espèce qui doivent être réalisées pour qu'elle réussisse. Sans doute, sur ce dernier point, il tombe dans quelques erreurs que l'expérience aurait dissipées; mais faut-il s'en étonner lorsqu'on les retrouve dans des ouvrages presque contemporains. On a fait du traité d'Albert sur les végétaux un éloge à notre avis excessif et hyperbolique ([2]). Albert ne s'écarte guère d'Aristote, et c'est le philosophe grec qui a droit de recevoir les louanges adressées au Dominicain. Bacon doit aussi beaucoup à ce grand maître, on peut le vérifier; et aux travaux arabes, on peut le conjecturer. Mais il a sur Albert une grande supériorité, présente des vues plus justes qui ne se retrouvent pas chez son rival, et surtout évite beaucoup des erreurs grossières qui déparent les travaux scientifiques de l'évêque de Ratisbonne. Est-il besoin d'ajouter qu'il lui en reste encore un grand nombre, et que si on peut désirer que

qui ait fixé la quantité de l'angle sous lequel on voit l'arc-en-ciel; il copie Bacon et ne le cite guère. (*Phatismi de lumine*. Naples, 1511 (*sic*, pour 1611?), p. 49 à 68.)

([1]) Mss. d'Amiens, f° 57-63. *De vegetabilibus*.

([2]) *Opp.*, t. V, p. 342. — Cf. Pouchet, *Hist. des sciences nat. au moyen âge*.

ce petit traité soit publié, ce n'est pas dans l'espoir qu'il puisse offrir des modèles ou des leçons à la science du xixe siècle.

Nous n'avons pas de renseignements précis pour apprécier le savoir de Bacon en zoologie; mais seulement, dans son grand traité de physique, on trouve quelques détails de physiologie. Il y combat cette idée alors généralement répandue que, grâce à l'âme, l'aliment se change en substance spirituelle ([1]). Il se moque des idées de ses contemporains, du vide, des forces occultes, expulsives, rétentives, attractives qu'on avait imaginées, et s'excuse de n'en pas dire plus, parce qu'il n'a pas ses écrits sous la main à ce moment, et que Jean a avec lui un traité d'alchimie où toutes ces difficultés sont résolues ([2]). Dans ses explications sur la génération, il suit Aristote et Avicenne, mais pourtant donne une preuve nouvelle de la liberté de son esprit : il n'hésite pas à regarder le cerveau comme l'origine des nerfs, contrairement à ces deux philosophes, malgré la condamnation qu'Avicenne a prononcée contre Galien : « Je me suis étonné de l'audace de cet homme, qui a contredit Aristote ([3]) ! » il attribue les phénomènes nerveux à un fluide, hypothèse qui n'est pas plus neuve que bien d'autres ([4]). Il propose sur les monstruosités une explication imparfaite sans doute, mais qui tend à les faire rentrer dans des effets particuliers des forces naturelles, trouvant dans leurs opérations la matière tantôt en excès, tantôt au contraire insuffisante ; il attribue la propriété que certains animaux ont de se propager par division, à la constitution de leur corps composé de parties semblables, qui à elles seules sont complètes. Ce sont, dit-il, comme des anneaux, et chacune de ces parties arrondies est semblable à une autre et peut vivre et se développer ([5]). Enfin, il admet la génération spontanée de certains animaux qui naissent dans la putréfaction des matières organisées, erreur excu-

---

([1]) *Comm. nat.*, fol. 49.

([2]) *Idem*, fol. 54.

([3]) Fol. 47 : « Mirati sumus super homine illo qui contradixit Aristoteli. »

([4]) « Medium animatum quod est humor in nervo sensitivo, » etc. (*Opus tertium*, c. XXXIV.)

([5]) *Comm. nat.*, fol. 54.

sable, on le sait, si c'est une erreur. Seulement il ajoute que c'est l'action du ciel ou plutôt l'intelligence qui les meut, *virtus angelica*, qui fait naître ces productions, et cette idée n'a pas chance de terminer le débat qui divise à ce sujet les savants modernes.

L'alchimie a peut-être plus contribué à elle seule que toutes les autres sciences ensemble à sauver le nom de Bacon de l'oubli. Tous les adeptes du grand œuvre le comptent comme l'un de ceux qui ont opéré la transmutation et sont arrivés à cette perfection de l'art, si rarement atteinte. Il suffit d'ouvrir le Théâtre chimique et les Bibliothèques d'alchimie, pour y trouver le nom de Bacon en tête d'ouvrages qu'on met à son compte, et souvent répété dans d'autres œuvres. Son *Miroir d'alchimie* a eu une foule d'éditions, ainsi que le traité *Du pouvoir admirable de la nature*. Le second ne contient que quelques brefs chapitres énigmatiques, qui peut-être même, d'après certaines dates, ne sont pas de Bacon; le premier est un résumé très-vague, contenant en sept petits paragraphes un manuel d'alchimie où ne se trouvent ni beaucoup d'erreurs ni beaucoup de vérités. On en jugera d'après cette courte analyse : L'alchimie est une science qui apprend à faire et à composer une certaine médecine qu'on appelle *Élixir*, qui, lorsqu'on la projette sur les métaux ou les corps imparfaits, les rend parfaits au moment de la projection. Qu'est-ce qu'un corps imparfait ? Il faut savoir que tous les métaux sont composés de soufre et de mercure; mais ces deux éléments sont plus ou moins purs, et ne se trouvent sans mélange que dans l'or. Tout l'art d'alchimie consiste à trouver le moyen de purifier ces métaux, et cela se fait au moyen d'un élixir dont Bacon donne la composition. Il serait difficile de le former d'après ses indications, et, prenant soin de nous décrire le vase, le fourneau, les couleurs que présente la liqueur de projection, il semble oublier de dire au juste en quoi elle consiste. Il y a, de plus, des axiomes mystérieux de ce genre : « Natura naturam continet, natura naturam superat, et natura obvians suæ naturæ lætatur et in alienas transmutatur naturas » [1]. Les historiens attri-

---

[1] *Theatrum chemicum*. Argentorati, 1613, t. II, p. 409, 439.

buent à Bacon la découverte du phosphore, du manganèse, du bismuth, des propriétés de l'antimoine (¹), ainsi qu'une foule d'ouvrages dont on peut voir le détail peu authentique dans la bibliothèque de Pierre Borel (²).

On sait que pendant tout le moyen âge et jusqu'en plein XVIIe siècle, l'unique but des recherches chimiques, ce fut la transmutation des métaux ; Bacon a cru à la possibilité du grand œuvre, croyance erronée, mais qui n'a rien d'absurde et a encore aujourd'hui quelques partisans. Tant qu'elle domine la science entière, il n'y a pas de progrès possible, et la chimie commence le jour où l'on renonce à cette préoccupation, pour étudier l'action réciproque des corps dans le cas où ils s'altèrent en se combinant. Bacon ne supprime pas le problème de la transmutation, mais il le relègue dans une partie inférieure de l'alchimie, qu'il appelle pratique, dont le but, dit-il, est d'opérer des travaux utiles à l'état et aux individus en transformant les métaux vils en or et en argent (³). Au-dessus de cette science, il place l'alchimie spéculative, dont le but, tout à fait général, est d'étudier la formation des corps, les combinaisons des éléments, et, ajoute-t-il, la nature intime des végétaux et des animaux. Cette science spéculative est, à ses yeux, bien plus importante que l'autre, et a des résultats plus utiles ; voici comment il en parle : « Il y a une autre science qui traite des
» combinaisons des éléments et de tous les corps inaminés, à sa-
» voir, des corps simples, des liquides simples ou composés, des
» pierres communes, des pierres précieuses, des marbres, de l'or,
» des autres métaux, des soufres, des sels, des teintures, du bleu,
» du minium, des couleurs, des huiles, des bitumes combustibles, et
» d'une infinité d'autres sujets dont Aristote n'a pas parlé, dont
» les physiciens ne savent rien, pas plus que tout le vulgaire des
» Latins. L'ignorance où l'on est sur ces matières entraîne le néant

---

(¹) Cette dernière découverte appartient à Basile Valentin, dans son ouvrage : *In curru triumphali antimonii*, qu'on a faussement attribué à Bacon.

(²) Il attribue à Bacon trente-trois ouvrages d'alchimie, parmi lesquels : *De sapientia veterum*, œuvre de l'autre Bacon.

(³) *Thesaurus chemicus*, p. 7.

» de toutes les sciences naturelles.... La composition des corps
» animés, des végétaux et des animaux résulte des mêmes combi-
» naisons d'éléments et d'humeurs, et n'est qu'un cas particulier
» de celle des corps inorganisés (¹)... Il n'y a pas trois hommes au
» monde qui connaissent cette science en ce qu'elle a de distinct
» de l'alchimie pratique, *sine operibus alchimiæ praticæ*. Un seul
» savant (²) est instruit de toutes ces questions, et comme si peu
» de gens peuvent le comprendre, il ne daigne pas communiquer
» sa science aux autres ni les fréquenter, parce qu'il les regarde
» tous comme des sots (³) et des fous livrés aux arguties du droit
» et aux sophismes des charlatans qui déshonorent la philosophie,
» la médecine et la théologie..... J'ai posé les principes de cette
» science, surtout en développant le 6ᵉ défaut de la théologie dans
» l'*Opus minus* (⁴). » Ce traité de chimie spéculative lui semble,
après la *Multiplication,* son plus bel ouvrage, et il s'écrie naï-
vement : « A mon avis, mes idées sur ces principes et sur leur
» application aux métaux, valent beaucoup plus que le prétendu
» savoir de tous les physiciens du monde (⁵) ! » Nous craindrions,
en insistant sur ces vues de notre auteur et en montrant ce qu'elles
ont de neuf, de paraître céder à un parti pris de trouver en lui les
premiers essais de l'esprit moderne.

§ III.

On ne peut passer sous silence les travaux de Roger sur l'optique. Jusqu'au XVIᵉ siècle, il a fait autorité dans ces questions, et
alors que tout souvenir de ses autres ouvrages semble perdu, son

---

(¹) *Op. tert.*, cap. XII.

(²) Maître Pierre.

(³) *Asinos,* dit Bacon avec plus d'énergie que de politesse.

(⁴) *Id., ibid.* C'est en effet là que se trouve un Traité d'alchimie spéculative dont nous parlons ailleurs : 1ʳᵉ Part., ch. II.

(⁵) *Id., ibid.* — V. tout le chap. IX de la IVᵉ Partie du *Comm. nat.* — Cf. *The-saurus chemicus,* p. 7.

nom se retrouve dans tous les traités d'optique. A partir de Képler on le néglige, et c'est une ingratitude ; il a le droit de conserver sa place ; du xiiie siècle à la fin du xvie, cette science est restée à peu près ce qu'il l'avait faite. Avant lui, elle n'existe pas pour les Latins ; après lui elle ne fait plus de progrès pendant le moyen âge, et les historiens, qui exagèrent ses mérites sous d'autres rapports, ne lui ont pas rendu justice à cet égard.

La théorie de la vision, de la nature de la lumière, a occupé les grands génies de l'antiquité, depuis Pythagore et Platon jusqu'à Aristote ; géomètres, physiciens, philosophes, sont également intéressés dans ce problème sur lequel on dispute encore. Outre les traces de ces recherches générales, il restait au xiiie siècle deux anciens traités d'optique, sous les noms d'Euclide, qui, paraît-il, ne serait pas le géomètre, et de Ptolémée, l'illustre astronome [1]. Bacon les connaît, et joint à ces deux auteurs quelques ouvrages grecs et arabes que nous citons ailleurs, Archimède, Tidée, Alkindi, etc. ; mais son maître le plus écouté, c'est sans contredit, l'arabe Alhazen [2], et si l'imitation, du reste assez indépendante qu'en fait Bacon, lui ôte tout droit à l'originalité, le choix d'une pareille autorité fait honneur à son jugement. Alhazen peut passer pour le père de l'optique moderne ; il réunit tous les travaux anciens, les complète, les enrichit de nouvelles expériences, et il faut arriver à Képler pour lui trouver un égal [3]. Bacon ne dissimule pas ses emprunts ; cette loyauté ne se retrouve pas chez un physicien du même temps qui, par une singulière fatalité, s'est trouvé, avec bien moins de titres, jouir d'une gloire beaucoup plus éclatante : c'est le polonais Vitellion [4]. Il copie Alhazen sans critique, sans

[1] On a imprimé à Venise, en 1518, une traduction du traité de Ptolémée intitulé : *De speculis*, en deux livres. La traduction, d'après une note, en fut faite le 31 décembre 1269. (V. *Sphera cum commentis*, Venise, 1518.) L'Optique que Bacon cite a disparu depuis.

[2] *Opticæ Thesaurus*, Basiliæ, 1572, traduit en latin par Reiner, sous la direction de P. Ramus. Le titre que cite Bacon, traduit littéralement de l'arabe, est *De aspectibus*. Il cite aussi le Traité *De crepusculis*, que Reiner a joint au premier.

[3] V. *Recherches sur quelques phénomènes de la vision*, 1854, par M. Trouessart.

[4] V. *Mémoires de l'Académie des Inscriptions*, etc., t. XIII, p. 408, sqq.

le nommer une seule fois ; se montre moins géomètre et aussi moins physiologiste que Bacon, et grâce à son silence déloyal, il passe pour inventeur dans la postérité ; on lui attribue les premières vues un peu nettes sur la réfraction ; le génie de Képler ne dédaigne pas de le commenter, et le premier livre de l'optique moderne se nomme *Paralipomènes à Vitellion*. Cependant il a écrit après Bacon ; son ouvrage est dédié à Guillaume de Morbeke, alors pénitencier du pape, comme nous l'apprend la dédicace ([1]). Or, ce ne fut qu'en 1268 que Guillaume occupa cette dignité, qu'il garda jusqu'en 1274, et la *Perspective* fut composée au plus tard en 1267. Bacon est donc le vrai fondateur de l'optique en Occident ; il faut lui rendre, en les amplifiant, les éloges accordés à Vitellion, et c'est lui que Képler aurait commenté s'il l'avait connu ([2]). Au premier abord, la *Perspective* est une compilation diffuse et indigeste, embrouillée par des arguments métaphysiques, et souvent d'une obscurité décourageante. Mais si on la compare aux œuvres de Vitellion et de Jean Peckam, on y trouve un ordre assez régulier, quelque critique, quelques expériences, de grandes idées et de grands pressentiments. Elle se divise en trois parties, subdivisées en distinctions et en chapitres.

Dans la première, il est question des facultés de l'âme sensitive en général, de la physiologie et de la psychologie de la vision ; l'auteur signale d'abord que la vue nous fait connaître seulement la couleur et la lumière, et que tous les jugements sur la distance, la grandeur, la forme, appartiennent à d'autres facultés et surtout

---

([1]) Vitellionis Thuringipolini, *libri* X. Bâle, 1572, p. 1.

([2]) J. Kepleri, *Ad Vitellionem paralipomena*. Francfort, 1604. — Du reste, l'ouvrage de Bacon ne resta pas ignoré : nous le trouvons cité comme une autorité dans beaucoup d'ouvrages du xve au xvie siècle, dans la *Margarita philosophica*, espèce d'encyclopédie qui eut une grande influence au moyen âge. (*Tract. II*, cap. XIII.) Maurolyce, qui n'est guère plus avancé que lui, nous donne les noms de ses auteurs dans sa préface datée de 1540 ; on y voit Thébith, Jourdain le Forestier, Euclide, Ptolémée, Archimède, Jean Petsan (Peckam), et enfin « la très-utile Perspective de Roger Bacchon. » (V. *Cosmographia*. Venise, 1543.) Scheiner lui-même en fait le plus grand éloge, et croit qu'au fond il a reconnu, comme Képler, que la rétine est l'organe où se forment les images. (V. *Oculus*, auctore Christ. Scheiner. Œnipont., 1615, p. 119 et 120.)

à la réflexion. Puis il aborde la description de l'œil et du nerf optique ; il essaie d'expliquer le mécanisme de la vision. L'énumération qu'il donne des parties constituantes de l'œil est complète, et suppose une main passablement exercée aux recherches anatomiques, et lui-même déclare avoir étudié souvent l'appareil visuel des animaux ; mais quand il veut expliquer les rapports de ces parties et leur côté physiologique, il tombe dans des erreurs qui furent longtemps celles de tous les physiciens. Comme Alhazen, il attribue au cristallin le rôle principal dans la vision, et ajoute que c'est là que se forment les images. Mais pourtant il donne à entendre que la rétine a une grande importance ; qu'en résumé, le dernier sujet sentant, c'est le nerf ; et touche de près à la vérité, que Képler a rendue indubitable. Il termine par l'analyse des conditions physiques de la vision et des erreurs qui peuvent l'affecter.

La seconde partie, la plus courte et la moins importante, traite du mécanisme de la vision en ligne droite, de l'unité de sensation malgré la production de deux images, dont il ne sait pas plus que son maître rendre compte ; du renversement de ces images qui l'embarrasse beaucoup et qu'il ne croit pas possible, ce qui lui fait inventer plusieurs réfractions compliquées destinées à les redresser ; du mode d'appréciation des distances et des grandeurs. Les erreurs y abondent : ainsi, prétend-il, ceux qui ont les yeux enfoncés y voient plus loin que ceux qui les ont saillants, parce que chez les premiers l'œil est plus près du nerf optique. Ainsi encore le cristallin doit être très-net dans une bonne vue, parce que les images sont comme les taches qui apparaissent mieux sur les étoffes propres.

La troisième partie est consacrée à l'étude des deux phénomènes de la réflexion et de la réfraction. Pour le premier, Bacon connaît, et ce n'était pas nouveau, la loi de l'égalité des angles d'incidence et de réflexion ; mais, au lieu de la vérifier par l'expérience, il la déduit de considérations rationnelles sur la nature et la marche de la lumière, dont quelques-unes n'ont absolument aucune valeur scientifique [1]. C'est le défaut radical qui le frappe d'impuissance

---

[1] Il connaît cependant un instrument destiné à vérifier cette loi.

dans ses recherches ultérieures; aussi la notion des foyers lui est complétement inconnue, et quoique en possession des lois de la réflexion, il ne sait pas en tirer cette conséquence essentielle que les directions de tous les rayons partis d'un point lumineux, viennent après réflexion, par une surface plane, converger en un même point symétrique du premier; et pourtant, par une suite de tâtonnements et sans preuves, il assigne exactement la position des images produites par les miroirs plans; mais quand il passe aux miroirs sphériques, concaves et convexes, il s'égare à plaisir, et ne se préoccupe pas de rectifier par l'expérience la fausseté de ses déductions. On le voit, par exemple, attribuer aux miroirs sphériques convexes le pouvoir de former en avant, en arrière de la surface réfléchissante, et sur cette surface même, des images tantôt plus grandes, tantôt plus petites que les objets, alors que l'observation la plus simple lui aurait montré que ces images sont toujours situées derrière le miroir, toujours droites et toujours plus petites. Ses erreurs sont moins radicales en ce qui concerne les miroirs concaves, et cependant là encore il admet que les images peuvent se former sur la surface réfléchissante; et pour celles qui se forment devant ou derrière, il ne sait ni en expliquer le mode de formation ni en assigner exactement les positions.

Quant aux lois de la réfraction, sans les ignorer absolument, il les devine plutôt qu'il ne les vérifie. Il a à sa disposition un appareil pour mesurer les angles d'incidence et de réfraction dans les milieux réfringents ([1]), et il adopte pour la construction des rayons réfractés, une règle dont il serait difficile de dire où il prend les éléments, et qui ne peut se justifier ([2]). Cette règle, qui ne ressemble guère à celles des sinus, et qui conduirait à de singulières

---

([1]) Il en doit le principe à Alhazen. (Ouv. cité, liv. VII, p. 221).

([2]) Voici comment Bacon entend cette construction : quand un rayon L I tombe au point I sur une surface réfringente plane M N, on obtient la direction du rayon réfracté en menant au point I la normale I H, en prolongeant I L dans le nouveau milieu; et la direction I R, qui fait avec L K un angle égal à celui de I K avec la normale, est la direction du rayon réfracté.

conséquences, donne des résultats à peu près exacts lorsqu'on ne
s'écarte pas de certaines limites, dans lesquelles R. Bacon s'est
prudemment renfermé. Aussi, malgré cette erreur originelle, il
parvient à construire avec assez de justesse et à placer presque
convenablement ses images dans les cas les plus élémentaires de la
réfraction par des milieux indéfinis à surfaces plane et sphérique,
concave ou convexe. Et ici il n'a pas pour guide Alhazen, et se
montre vraiment original. Il se trompe cependant très-gravement
en plus d'un cas : lorsque, par exemple, il affirme que la position
des images dépend de celle de l'œil, et qu'elles peuvent parfois se
former sur les surfaces réfringentes elles-mêmes. De l'étude de la
réfraction par les milieux indéfinis à surfaces courbes, il n'avait
qu'un pas à faire pour arriver aux lentilles : l'a-t-il fait? Une opinion généralement répandue répond affirmativement. Lui-même s'exprime parfois de manière à le faire soupçonner, non pas tant dans
ce traité que dans l'opuscule intitulé *De speculis* (¹). Il parle, en
effet, de la concentration opérée sur les rayons solaires par un vase
hémisphérique rempli d'eau; mais cette observation est très-ancienne,
il l'explique mal, n'en tire pas parti, et il est certain qu'il n'a pas
connu les propriétés des lentilles, pas plus qu'il n'a inventé les lunettes (²). Son traité se termine par des considérations destinées à
rehausser cette science inconnue aux Latins. Il prétend qu'elle est
très-utile à la théologie, et on ne peut s'empêcher de le plaindre
d'être forcé d'inventer de puérils arguments à l'appui d'une thèse
que les nécessités du temps lui ont imposée. Il réussit mieux quand
il décrit les avantages qu'on en peut retirer pour l'utilité publique,
et ce sont ces aperçus un peu vagues qui ont donné prétexte à lui
attribuer l'invention des lunettes, du microscope et même du télescope à réflexion. Les merveilles que Bacon soupçonne appartiennent non pas au présent, mais à l'avenir de la science ; il en parle
avec enthousiasme, mais n'indique pas les moyens de les réaliser;
il mélange les pressentiments sublimes avec les rêveries d'un vi-

(¹) Publié par Combach avec la *Perspective*.
(²) Voir ci-après les découvertes.

sionnaire. Qu'on en juge : « Puisqu'on voit parfois dans le ciel deux soleils et deux lunes, puisque les démons font apparaître aux regards terrifiés, des camps, des armées et d'autres prodiges, il n'est pas impossible de faire autant et mieux que la nature ou les esprits infernaux. On peut donc disposer des miroirs en face des villes assiégées et des camps ennemis pour apercevoir tout ce qui se passe dans leur enceinte; c'est ainsi que César, sur le point d'aborder en Angleterre, fit dresser sur le rivage des Gaules de gigantesques miroirs qui lui permirent de reconnaître les positions des villes et du camp des Bretons. Ces appareils pourraient encore servir à produire des images multiples des objets, de telle sorte qu'au lieu d'un homme ou d'une armée on en verrait apparaître plusieurs, avec une telle apparence de vérité, que l'épreuve seule du toucher serait capable de détruire l'illusion. On peut utiliser ces apparitions à la guerre, et épouvanter les infidèles. On pourrait même arriver à condenser l'air atmosphérique de manière à lui communiquer la propriété de réfléchir la lumière, car ce sont des vapeurs faisant l'office de miroirs qui donnent naissance aux images multiples du soleil et de la lune. Enfin, ces miracles de la science auraient encore une conséquence qui réjouirait la saine philosophie : ils mettraient à néant les prétentions des jongleurs et des magiciens, et les hommes, désabusés de ces arts menteurs, ne seraient plus charmés que par la vérité. »

La réfraction permet aussi d'espérer des résultats plus admirables encore. Nous pouvons tailler *(figurare)* des milieux transparents et les disposer par rapport à nos yeux et aux objets extérieurs, de manière à faire converger les rayons par des réflexions et des réfractions successives, en tel point et sous tel angle que nous voudrons, ce qui donnera à volonté des images rapprochées ou éloignées. On lirait ainsi à d'incroyables distances les lettres les plus petites; on compterait les grains de sable et de poussière; un enfant apparaîtrait grand comme un géant, un homme comme une montagne, une petite armée comme une multitude innombrable. On ferait descendre le soleil et la lune sur la tête des ennemis, et on produirait d'autres prodiges dont les ignorants n'ont pas la moindre idée. »

Ce résumé vaut mieux que toute discussion pour faire ressortir ce qu'il y a de grand dans l'imagination de Bacon, ce qu'il y a de faible dans son savoir. Ces résultats grandioses qu'il pressent sont des illusions; les principes sur lesquels il les fonde sont presque tous faux. Mais ses contemporains n'en savent pas autant et n'ont pas, pour compenser la faiblesse de leur science, la grandeur d'esprit qu'on ne peut refuser à Bacon. En voici une dernière marque : « La vitesse ou du moins la pensée que la lumière doit employer un temps quelconque pour se propager, se trouve indiquée pour la première fois dans le 2º livre du *Novum organum,* dit un illustre savant ([1]). » Cette notion importante revient bien à un Bacon, mais c'est au premier des deux ; voici ce qu'on lit dans l'*Opus majus :*
« Tous les auteurs, y compris Aristote, prétendent que la propa-
» gation de la lumière est instantanée; la vérité est qu'elle s'ef-
» fectue dans un temps très-court, mais appréciable. On prouve par
» l'expérience qu'un rayon perpendiculaire arrive plus vite qu'un
» rayon oblique. La lumière se propage plus vite que le son; si
» l'on aperçoit de loin un homme frapper du bâton ou du marteau
» sur un corps sonore, les yeux sont affectés avant que l'oreille ait
» rien perçu. On voit l'éclair avant d'entendre le tonnerre, bien
» qu'en réalité le bruit précède la lumière dans le nuage. Mais il
» n'en est pas moins vrai que la marche de la lumière est mesu-
» rable ([2]). »

([1]) Humbolt, *Cosmos,* t. III, p. 86.
([2]) *Op. maj.,* p. 298 et 300.

CHAPITRE III.

DÉCOUVERTES ATTRIBUÉES A ROGER BACON.

§ I. Nombreuses inventions attribuées à Roger Bacon ; exagérations à ce sujet. Bacon est-il l'inventeur du Télescope? — § II. Exemple de quelques erreurs et préjugés de Roger Bacon.

§ I.

Quand on ouvre les histoires des sciences, les biographies, les dictionnaires, on reste frappé d'admiration pour la foule de découvertes importantes dont Bacon peut se faire gloire, et on comprend que Voltaire lui-même, après avoir déclaré ses livres un tissu d'absurdités et de chimères, ait trouvé de l'or encroûté sous ce fumier. Il n'y a pas une partie des sciences où le nom de notre philosophe ne se trouve cité parmi celui des inventeurs, et il a eu ce privilége de trouver une sorte de superstition, là où il y en a le moins, et jusque dans les colonnes de l'Encyclopédie. La chimie l'honore comme un de ses fondateurs, comme le premier écrivain chimique que nous ayons eu en Europe [1], et lui attribue la découverte du phosphore [2], du bismuth, du manganèse, la composition de la poudre à canon; en mécanique et en physique, outre son androïde et ses oiseaux volants, on peut citer de lui, suivant les auteurs, l'idée de voitures qui se meuvent sans chevaux avec une incroyable vitesse, et qu'on pourrait supposer avoir été ani-

---

[1] Dumas, *Philos. chimiq.*, p. 16. — Pouchet, p. 360.

[2] Jourdan, *Biographie médicale*, t. III, p. 479. — Suard, *Biograph. univers.* — Dumas, *Philos. chimiq.* — Hœfer, *Hist. de la chimie.* — Etc.

mées par la vapeur ; celle d'instruments pour s'élancer dans les airs, ressemblant à nos aérostats ; la mention formelle de la cloche à plongeur et de ponts suspendus sans arches ni colonnes (¹). Il paraît avoir entrevu les forces de la vapeur et des gaz, les locomotives et les ballons (²), et il faut y ajouter l'application de la vapeur à la marine. En optique, sa part est immense et suffirait à la gloire de plusieurs hommes célèbres : ce n'est pas moins que les lunettes, la chambre obscure, les propriétés des lentilles, les miroirs incendiaires, la lanterne magique, et enfin le télescope et les lunettes astronomiques, c'est-à-dire en somme les plus grandes inventions de cette science depuis son origine. Faut-il ajouter à tout cela qu'il a connu le magnétisme, deviné l'attraction, décrit la boussole, et même, suivant un éminent historien, deviné l'Amérique ! Avant tout examen, une si longue liste de découvertes à une époque où elles sont rares, tant de titres de gloire accumulés sur un seul homme doivent mettre en défiance. Nous les avons cherchés pourtant dans les œuvres de Bacon, avec le vif désir de les trouver. L'étude patiente et parfois difficile d'un auteur ne prédispose pas à être sévère pour lui, on le sait, ni à lui marchander sa gloire. Mais malgré la vive sympathie qu'inspire ce génie infortuné, il est impossible d'accepter, sans bénéfice d'inventaire, toutes les richesses qu'on porte à sa succession. Reculer dans le passé l'avénement des idées ou des faits qui ont fondé la civilisation moderne, est un paradoxe sans excuse ; dépouiller la Renaissance ou même les siècles suivants au profit du moyen âge, ce serait de l'ingratitude, si ce n'était de la folie. Bacon est assez riche pour qu'on soit tenté de lui prêter, mais il l'est trop pour avoir besoin d'emprunts : parmi les découvertes qu'on lui impute, les unes lui sont tout à fait étrangères et n'ont pas même pour elles la moindre apparence ; les autres ne reposent que sur certains textes vagues ou obscurs qu'on interprète avec trop d'intelligence ; d'autres enfin,

---

(¹) Pouchet, *Conf. Encyclop. nouv.*, art. *Bacon*, p. 350. — Rousselot, *Hist. de la Philos. scolast.*, t. III.

(²) Cuvier, *Hist. des sciences naturelles*, t. I, p. 417.

en petit nombre, doivent être maintenues parmi ses titres auprès de la postérité; et même en retranchant quelques fleurons équivoques à sa couronne, on peut en ajouter de nouveaux, d'un meilleur aloi et d'un éclat tout aussi vif.

Il n'y a pas de raison pour croire aux découvertes chimiques de Bacon, qui ne paraît pas avoir par lui-même beaucoup cultivé l'alchimie, mais l'avoir plutôt étudiée dans les œuvres de Geber et d'Avicenne. Pour trouver une mention du phosphore, du bismuth ou du manganèse dans ses œuvres, il faut une perspicacité qui n'est pas donnée à tout le monde ([1]). Nulle part non plus on ne peut remarquer, sans parti pris, une mention expresse de la boussole, bien connue alors, comme le prouve le traité de Pierre de Maricourt, ni l'indication d'un continent occidental, qui serait l'Amérique ([2]). Tout cela semble tout aussi chimérique que la tête d'airain et les sorcelleries du Faust anglais. Mais, tout en laissant de côté ces assertions sans fondement, il en reste d'autres qui valent la peine d'être discutées, et qui nous montreront, non pas un homme qui s'élève au-dessus de l'humanité et aperçoit des vérités capitales à un moment où on ne pouvait les soupçonner, mais au moins un esprit à qui la contemplation de la science communique une sorte d'ivresse, qui ressemble à l'inspiration et à la prophétie.

La composition de la poudre à canon se trouve deux fois indiquée dans ses œuvres. Dans l'*Opus majus*, il vante les ressources de l'expérience pour fabriquer certaines substances qui peuvent agir sur les sens; il y en a une, entre autres, qui peut faire, dit-il, un tel fracas qu'une armée ne pourrait le soutenir et que le bruit du tonnerre ne s'y peut comparer; elle agit sur la vue et dépasse en éclat les éclairs des nuages ; elle se compose avec du salpêtre ([3]). Dans le *De mirabili potestate,* au milieu d'énigmes, il enseigne en ces termes un moyen d'imiter le tonnerre et les éclairs : « Salis

---

([1]) M. Hœfer voit déjà le phosphore chez un alchimiste allemand du XIIe siècle.

([2]) Cela n'aurait du reste rien d'étonnant : le fait de la découverte de l'Amérique dès le Xe siècle est aujourd'hui hors de doute.

([3]) *Op. maj.,* p. 474.

petræ luru vo po vir can utriet sulphuris (¹) ; » ce qui veut dire, à ce qu'il paraît : *Salispetræ carbonum pulvere et sulphuris,* et donne par conséquent la recette de la poudre à canon. Mais chacun sait aujourd'hui que cette découverte est antérieure à Bacon, et qu'avant ce temps la poudre était en usage chez diverses nations. Bacon se l'attribue si peu, qu'il ajoute que les enfants s'amusent ainsi, dans beaucoup de pays, à produire de violentes détonations au moyen de petits tubes de parchemin (²). En décrivant quelques effets de la poudre, il a donc rappelé un fait déjà connu et des propriétés qu'il n'avait pas découvertes lui-même. Ce qui lui reste, c'est l'honneur d'avoir pressenti qu'on pourrait en tirer un grand parti pour la guerre, pour la défense et l'attaque des forteresses, et la destruction des armées ennemies.

Mais voici des assertions d'un tout autre intérêt, qui sont sans exemple au moyen âge, et ont vivement frappé tous les biographes. Elles sont contenues dans un petit traité souvent imprimé sous divers titres, et dont l'objet, déjà remarquable en lui-même, est la puissance de l'art, c'est-à-dire de la pensée humaine, lorsqu'elle s'applique à diriger les forces de la nature, et à créer des merveilles autrement étonnantes que les vains prestiges de la magie. Dans ces pages, l'auteur dresse comme un catalogue de tous les prodiges qui sont réservés à l'esprit humain, et il le fait, comme toujours, avec une foi chaleureuse dans les destinées de la science et une prévision lointaine des progrès à venir : « Je raconterai, » s'écrie-t-il, les merveilles de l'art conspirant avec la nature sans » l'intervention de la magie, et l'on devra convenir que toute puis» sance occulte ne vaut pas ces œuvres et en est indigne. » Puis, en mots un peu vagues et par suite commodes à l'interprétation, il décrit ces merveilles à peu près comme les anciens oracles prophétisaient l'avenir, c'est-à-dire en des termes tels qu'on peut y voir tout ce qu'on veut. Dans le grand traité inédit *De communibus mathematicæ,* les mêmes affirmations se retrouvent avec la même incer-

---

(¹) Fol. 52.
(²) *Op. maj.*, p. 474.

titude et le même mélange d'erreurs et de vérités (¹). C'est un tableau éblouissant et à confondre la science moderne, qui se croit née d'hier : « Des instruments pour naviguer sans le secours des rameurs et faire voguer les plus grands vaisseaux avec un seul homme pour les conduire, plus vite que s'ils étaient pleins de matelots; des voitures qui rouleraient avec une vitesse inimaginable, sans aucun attelage; des instruments pour voler, au milieu desquels l'homme assis ferait mouvoir quelque ressort qui mettrait en branle des ailes artificielles, battant l'air comme celles des oiseaux; un petit instrument de la longueur de trois doigts et d'une hauteur égale, pouvant servir à élever ou abaisser sans fatigue des poids incroyables, et qui serait très-utile à l'occasion : on pourrait, avec son aide, s'enlever avec ses amis du fond d'un cachot au plus haut des airs (²) et descendre à terre à son gré; un autre pour traîner tout objet résistant sur un terrain uni, et permettre à un seul homme d'en entraîner mille contre leur volonté; un appareil pour marcher au fond de la mer et des fleuves sans aucun danger; des instruments pour nager et rester sous l'eau, dit-il ailleurs; des ponts sur les fleuves, sans colonnes, sans pilés, et des mécaniques et des appareils merveilleux. « Sont-ce là des découvertes propres à Bacon? Y a-t-il là même une seule découverte réelle? ou bien n'est-ce qu'une prévision très-vague de l'avenir? Que Bacon lui-même nous réponde. Il nous dira d'abord, pour l'instrument qui doit servir à voler : « Je ne l'ai pas vu, je ne sais personne qui l'ait vu, mais je connais parfaitement le sage qui a inventé ce procédé (³). » Pour celui qui doit permettre de descendre au fond des eaux, il ajoute qu'Alexandre le Grand s'en est servi pour explorer les mystères de l'Océan. Ces voitures qui doivent rouler sans chevaux, il rappelle que les anciens les connaissaient et que leurs chars à faulx étaient de ce genre. Est-il bien venu après cela à nous dire : « Gar-

---

(¹) Tout ce tableau est extrait littéralement du *De mirabili* et d'un fragment curieux du traité de Mathématiques. Mss. cité. Nous avons complété l'un par l'autre.

(²) « De carcere se erigere in sublime », dit le manuscrit. — Le *De mirabili* est un peu plus réservé : « Se ab omni periculo carceris eripere, » dit-il.

(³) *De mirabili, etc.*, 42.

» dez-vous de sourire ou de vous étonner, tout cela a été réalisé de
» nos jours. » Et que croire de cet instrument de trois doigts qui
peut arracher un prisonnier à ses fers et le transporter dans l'air,
talisman qui aurait sa place dans les *Mille et une nuits;* de ces
ailes pour voler, comme si une machine pouvait créer la force et
ne se bornait pas à l'utiliser? Prenons donc ces anticipations audacieuses pour les rêveries d'une imagination puissante, mais souvent
égarée, qui mêle le vrai avec le faux, l'impossible avec le réel, le
présent avec l'avenir, et nous laisse incertains si nous devons accuser sa crédulité ou sa mauvaise foi. Cuvier reconnaît en tout
cela la connaissance des gaz, l'idée des inventions modernes, cloche à plongeur, locomotives, bateaux à vapeur, ponts suspendus,
aérostats, que sais-je? toute l'industrie actuelle. Mais, dès le XVIIe
siècle, Borrich (¹) trouvait déjà autour de lui la réalisation de ces
rêves. « Les vaisseaux sans rameurs, on vient d'en faire en Bel-
gique; les chars merveilleux, ce sont des voitures à voile que le
duc d'Orange vient d'essayer dans le Schleswig; l'instrument qui
doit traîner mille hommes malgré eux, c'est l'application d'une
théorie de statique, et Wilkins, dans son livre *Mechanical power*,
montre que c'est possible; la prétendue cloche à plongeur, Drebbel
vient de l'essayer; les ponts suspendus, j'en ai vu en Angleterre,
etc. » Quant à nous, malgré la grandeur apparente de ces prévisions de Bacon, nous n'y voyons que des chimères indignes de la
science et propres à l'égarer, une sorte de charlatanisme qui sur-
faisait la puissance de l'esprit humain. On peut l'absoudre en vue du
but qu'il se propose, à savoir : la glorification du génie de l'homme
et de son pouvoir; il mérite l'indulgence, il n'a pas droit à l'admiration. Nous pourrions encore grossir cette liste des découvertes
qu'on espérait ou qu'on croyait avoir faites au XIIIe siècle : cette
huile qui brûle dans l'eau, ces bains qui sont chauffés sans feu,
ces flambeaux qui brûlent toujours sans se consumer, qui empê-
cherait d'y voir des progrès tout modernes et des perfection-
nements contemporains, et d'assurer, par exemple, que Bacon a

---

(¹) *De ortu et progressu chimiæ*. Hafniæ, 1668, p. 122-127.

connu le chauffage par la vapeur d'eau, et l'éclairage par le gaz hydrogène (¹)?

La plupart des découvertes de Bacon en optique ne sont pas plus réelles que les précédentes, malgré les autorités qui nous les recommandent (²). Il a connu les verres grossissants, c'est certain, mais ils étaient connus avant lui; il a remarqué qu'en plaçant un objet en cristal ou en verre, ou un autre corps transparent sur des lettres ou de menus objets, et en donnant à cet objectif la forme d'un *segment* de sphère dont la convexité soit tournée vers l'œil, on verra mieux les lettres et elles paraîtront plus grandes; c'est un fait d'expérience qui n'autorise pas à lui attribuer l'invention des lunettes, puisqu'il place le verre grossissant sur l'objet (³). En outre, il dépare même son explication en prétendant qu'il faut un petit *segment* de sphère parce qu'autrement il y aurait diminution. Si par microscope simple on veut désigner le pouvoir grossissant d'une surface réfringente, Bacon peut passer, comme le veut Cuvier, pour l'inventeur du microscope. De la chambre obscure, il n'y a pas un mot dans ses œuvres; il connaît seulement le phénomène des rayons lumineux passant à travers une ouverture circulaire, et encore il ne sait pas l'expliquer d'une manière satisfaisante. Voici sur quel passage on se fonde pour lui attribuer la lanterne magique : « On peut donner à des milieux transparents » une forme telle, que tout homme entrant dans une maison y ver- » rait en réalité de l'or, de l'argent et des pierres précieuses, et » que tout disparaîtrait quand il s'en approcherait (⁴). » C'est-à-dire qu'on a pris une illusion, une erreur de Bacon sur les propriétés de la réfraction, pour une découverte.

(¹) *Op. maj.*, Vᵉ Partie.
(²) Il serait long de citer tous les auteurs qui ont exagéré le génie inventif de Bacon. On peut voir surtout : Wood, *Hist. univ.*, liv. I, ann. 1286 ; — Jebb, préf. de l'*Op. maj.*; — Borrich, ouv. cité; — Lenglet Dufrénoy, *Hist. de la Philos. hermét.*, 1742, t. I, p. 110; — Gilbert, *Dict. de Phys. et de Chim.*; — Pierre Leroux, *Encyclop. nouv.*; — Bégin, *Moyen âge et Renaissance*; — Pouchet, *Hist. des Sciences nat.*
(³) Les lunettes paraissent avoir été inventées en 1295. (Humboldt, *Cosmos*, t. II, p. 352.)
(⁴) *De mirabili*, etc., fol. 43.

Une invention d'une tout autre importance serait celle du télescope à réflexion, que beaucoup d'historiens, et des plus autorisés, attribuent à Bacon. Cuvier prétend que sans cet instrument il n'aurait pu reconnaître l'inexactitude du calendrier ([1]). Or, Bacon nous raconte lui-même par quelles observations il a été amené à cette idée, déjà répandue alors et dont on trouve des traces jusques dans Vincent de Beauvais, et il ne parle nullement du télescope. Il serait sans doute consolant de penser avec M. Leroux, qu'avant Galilée, Bacon a pu diriger cet instrument vers le ciel; non-seulement rien ne l'établit, mais les preuves du contraire sont si visibles qu'il ne peut rester à ce sujet le moindre doute. Le passage le plus favorable à Bacon se trouve dans l'*Opus majus,* traité de la perspective; nous le traduisons : « On voit facilement, au moyen des règles établies ci-dessus (ces règles sont toutes fausses), que les plus grandes choses peuvent paraître très-petites, et réciproquement; que les plus éloignées peuvent sembler très-proches, et réciproquement; car nous pouvons donner à des milieux transparents telle forme et telle position par rapport à notre vue et aux objets, que les rayons viennent se réfracter dans la direction que nous voudrons; nous verrons ainsi les objets près ou loin sous tous les angles possibles. Ainsi, à une distance incroyable nous lirions les lettres les plus petites, nous compterions les grains de sable et de poussière, à cause de la grandeur de l'angle sous lequel nous les verrions, car tout dépend, non pas de la distance, mais de la quantité de l'angle. » A coup sûr il y a là une idée neuve et dont il faut faire honneur à Bacon. Ici encore son imagination a devancé sa science; il a pressenti qu'on pourrait se servir des phénomènes de la réfraction, dont il connaît mal la théorie, pour grossir les objets. Mais si l'on était tenté de croire qu'il ait par lui-même profité de ces indications, il suffirait de se rappeler les propriétés fantastiques qu'il attribue à ce milieu transparent, *perspicuum :* « Un enfant apparaîtrait un géant, un seul homme une montagne, une petite armée semblerait immense; placée très-loin, elle nous paraîtrait très-pro-

---

([1]) *Hist. des Sciences nat.*, 1841, t. I, p. 416.

che; nous ferions descendre et le soleil et la lune et les étoiles; nous les ferions apparaître sur la tête des ennemis, etc. (¹). » S'agit-il ici de télescope? Quand Bacon donne la liste des instruments dont il se sert, dans le traité *De communibus mathematicæ*, il cite les sphères, le quadrant, l'astrolabe (²), etc.; mais parle-t-il du télescope? Quand il raconte ses observations, il dit bien qu'il contemple le ciel par les ouvertures, *per foramina*, de ses instruments, mais jamais à travers un objectif de verre; chaque fois que ce sujet revient sous sa plume, il est aussi indécis, aussi inexact.

« On peut, dit-il, construire des miroirs pour faire éclater les merveilles de la nature, diminuer les objets les plus grands, abaisser les plus élevés, découvrir les plus cachés (³). » Ce qui est plus certain, c'est que le XIIIᵉ siècle a vu renouveler les fameux miroirs d'Archimède, dont plus d'un savant a révoqué en doute les puissants effets. On a essayé à plusieurs reprises des expériences pour reproduire ces appareils. Au XIIIᵉ siècle, bien avant Buffon, on y est parvenu, et cette invention appartient à Pierre de Maricourt. Bacon annonce d'abord au Saint-Père que ce savant homme est occupé à ce travail; plus tard, il est plus affirmatif : « Ce miroir incendiaire, qui vaudrait pour saint Louis une partie de son armée, grâce à Dieu il est terminé, *per Dei gratiam factum est hoc speculum per sapientissimum Latinorum* (⁴), mais il coûte bien cher. L'artiste a dépensé 100 livres et travaillé plusieurs années à l'exclusion de toute autre occupation; et pourtant, il ne voudrait pas ne pas l'avoir fait pour mille marcs, d'abord parce qu'il s'est prouvé à lui-même le pouvoir de la science, et ensuite parce qu'il pourra en faire de meilleurs et à moindres frais (⁵). » Enfin, dans un manus-

---

(¹) *Op. maj.*, 357

(²) *Comm. nat.*, manusc., fol. 86.

(³) *Id., ibid.* — Il y a eu de toute antiquité des instruments destinés à rapprocher les objets. Il y avait à Raguse un miroir pour voir les vaisseaux à 25 et 30 milles, et qu'on croyait inventé par Archimède. (Libri, t. I, p. 216.)

(⁴) *Op. tert*, cap. XXXIII.

(⁵) *Id.*, cap. XXXVI : « Artifex damnificatus est in centum libris parisiensibus et pluribus annis laboravit, dimittens studium et alias occupationes necessarias. Sed tamen pro mille marcis non vellet neglexisse laborem, » etc.

crit inédit du musée Britannique, on lit que Bacon lui-même a mis la main à l'œuvre : « Le premier miroir, dit-il, m'a coûté 60 livres de Paris ; puis, instruit par l'expérience, j'ai découvert qu'on pouvait arriver à faire mieux encore pour deux marcs ou 20 sous et même à meilleur compte ([1]). »

On a fait honneur à Bacon d'avoir connu l'attraction, d'avoir deviné quelques-uns des phénomènes de cette force ([2]). Il faut répéter ici qu'avec cette façon d'interpréter, on trouvera toute la science moderne chez les anciens et chez les scolastiques. Oui, Bacon a soupçonné non pas l'attraction mais l'affinité, mais il n'en a pas vu la portée ; il n'a même, à l'appui de son idée, que des faits pour la plupart controuvés ou ridicules. « Il y a, dit-il, des phénomènes semblables à l'attraction du fer par l'aimant et que le vulgaire ignore ; l'or et l'argent attirent tous les métaux ; les acides attirent les bases ; les plantes s'attirent les unes les autres, ainsi que les parties coupées des animaux ; les astres causent ici-bas des mouvements, comme on le voit par les comètes et les marées de l'Océan. » Il voudrait aussi que l'on profitât de cette action pour construire cette fameuse sphère qui représenterait le ciel tout entier et pourrait se mouvoir naturellement, grâce à l'influence des astres sur les étoiles qui y seraient représentées. On ne peut trop insister sur ce mélange de grandes idées et de grandes erreurs : les rêveries de l'enfant avec les conceptions de l'homme de génie, l'inexpérience de la science avec l'ardeur de l'imagination. Coupez une baguette de coudrier en deux, séparez-en les deux tronçons, et vous sentirez bientôt les deux parties isolées tendre à se rapprocher ; vous percevrez l'effort qu'elles font. C'est une expérience facile, et Bacon en parle ici d'après lui-même ; il l'a faite ([3]).

([1]) *Royal library*, 7 F. VIII, fol. 4 : « Primum enim speculum constitit 60 libris parisiensium quæ valent circiter 20 *(sic)* libras sterlingorum ; et postea feci fieri melius pro 10 libris parisiensum, scilicet pro quinque marcis sterlingorum ; et postea diligentius expertus in his, percepi quod meliora possent fieri pro duobus marcis, vel 20 soldis et adhuc pro minore, » etc.

([2]) V. *Encyclop. nouv.*, art. Bacon.

([3]) *Op. maj.*, Pars VI[a].

Si on doit se montrer peu soucieux de maintenir Bacon en possession d'une gloire qui ne lui revient pas, et de lui attribuer une divination que tout le génie possible n'expliquerait pas, il serait injuste de lui refuser une admiration raisonnée. Dans toutes les découvertes qui précèdent, ce ne sont pas les faits qu'il faut admirer, la plupart sont erronés; ce ne sont pas les théories, elles n'existent pas; c'est précisément cette singulière puissance de s'élever au-dessus d'une science chétive et pauvre, d'en remplacer par la pensée les vides et les lacunes, et de la rejoindre parfois d'un seul bond, au but où elle n'arrivera qu'après plusieurs siècles de tâtonnements et d'efforts. D'ailleurs, sa plus sérieuse invention, nous la connaissons, et elle vaut bien celles qu'on est obligé de lui contester; s'il n'a pas connu le télescope avant Galilée, et la vapeur avant Watt, il a découvert un fait plus important qu'une propriété de la nature, un instrument qui à lui seul vaut toutes les inventions et les rendra possibles, c'est-à-dire une méthode. Du reste, l'analyse de ses travaux révèle à son profit assez de découvertes réelles pour qu'on ne lui maintienne pas celles qui sont chimériques ou impossibles.

§ II.

Ce serait une tâche longue et ingrate que de relever toutes les erreurs de Roger Bacon. Cet homme, qui a eu un sens si droit, une raison si sagace, semble parfois le plus crédule des ignorants ou le plus insensé des superstitieux : il est victime même de ses qualités; son ardeur scientifique l'entraîne à l'illusion; le domaine des sciences, si vaste qu'il soit, lui paraît borné, et les limites du vrai lui semblent une barrière, qu'il croit reculer alors qu'il l'a franchie. Aussi, chaque science a-t-elle pour lui, à côté de son territoire légitime, circonscrit, en pleine lumière, de vastes régions illimitées et obscures, où son imagination en délire s'égare. A côté des questions si graves qui viennent se poser devant elle à propos des corps et de leurs actions réciproques, l'alchimie, à ses yeux, revendique une foule de problèmes impossibles. Outre le ciel qu'elle doit interroger, et les astres qu'elle doit nous faire connaître dans leurs mouvements, l'astrologie, pour lui, règne encore entre le ciel et la terre, épiant les invisibles influences de l'un sur l'autre, et y rattachant la naissance, la mort, la santé, les révolutions et même les volontés individuelles. Les mathématiques sont à l'étroit dans l'étude des nombres et des lois de l'espace; Bacon leur assigne un empire fantastique sur les choses religieuses et morales. Il cherche et trouve d'étranges subtilités, se complaît à de ridicules assimilations, et ferait douter de son génie par la petitesse de ses erreurs. Tantôt c'est la grâce qui se distribue dans le monde suivant les lois géométriques de la propagation de la lumière : rayon perpendiculaire et direct pour les bons, rayon réfracté pour les âmes faibles, réfléchi pour les méchants; tantôt c'est la Sainte-Trinité ramenée à un triangle, et ses attributs à des propriétés numériques; tantôt c'est l'arithmétique expliquant la morale, les quantités rationnelles représentant la vie sage et vertueuse, les irrationnelles celle des passions, et la fuite du péché bornée à une simple connaissance géométrique ([1]). Bacon a-t-il été sincère? ou bien a-t-il voulu parler à son siècle un langage qu'il pût entendre?

Auprès de pareilles aberrations, c'est une chimère excusable que celle de la prolongation de la vie humaine, dont Descartes, Leibnitz et d'autres plus modernes n'ont pas désespéré. Bacon croit que les hommes, par défaut de régime, par excès, meurent avant le temps, et que la race humaine dégénère. Il y a bien un terme au-delà duquel on ne peut aller, mais nous sommes loin de l'atteindre. Artéphius a vécu mille vingt-cinq ans; l'élixir alchimique ferait vivre pendant des siècles ([2]). Aristote, il est vrai, n'a pas joui d'une aussi longue existence, mais qu'y a-t-il d'étonnant? il n'en connaissait pas les moyens; il ne connaissait même pas la quadrature du cercle, si vulgaire aujourd'hui. L'auteur va jusqu'à indiquer un électuaire des plus bizarres, où entrait l'or potable,

---

([1]) *Op. maj.*, p. 134, 136.
([2]) *Id.*, p. 471.

des herbes, des fleurs, du *sperma ceti*, de l'aloès, de la chair de serpent, etc., et le philosophe éminent se trouve tout à coup rabaissé au niveau des auteurs de recettes merveilleuses et des empiriques ignorants ou fourbes (¹).

Ainsi Bacon est ramené à la crédulité par la science et à l'erreur par la passion du vrai. Ses illusions ont cela de grave, qu'il les tire de principes raisonnables, et qu'il donne au faux une sorte d'apparence scientifique qui le rend plus dangereux. On a vu que, pour rattacher tous les événements à une loi naturelle, il avait été jusqu'à faire dépendre de phénomènes astronomiques la naissance et la destruction des systèmes religieux. Entraîné par la même inclination, il a osé réduire à une explication régulière les prestiges des magiciens, les charmes, les évocations, et y joindre, ce qui est à peine croyable, les miracles et les prophéties; tout cela, pour lui, s'explique par la fascination, et la fascination elle-même n'étant que l'acte de la volonté, se transmettant par les paroles, est un art qui dépend de la grammaire. Il y a à ce sujet d'étranges détails dans l'*Opus majus* et dans l'*Opus tertium* : « L'âme, dit-il,
» agit sur le corps, et son acte principal, c'est la parole. La parole,
» proférée avec une pensée profonde, une volonté droite, un grand
» désir et une forte confiance (²), conserve en elle-même la puis-
» sance que l'âme lui a communiquée et la porte à l'extérieur; c'est
» l'âme qui agit par elle, et sur les forces physiques, et sur les au-
» tres âmes qui s'inclinent au gré de l'opérateur. La nature obéit
» à la pensée, et les actes de l'homme ont une énergie irrésistible;
» voilà en quoi consistent les caractères, les charmes et les sorti-
» léges; voilà aussi l'explication des miracles et des prophéties qui
» ne sont que des faits naturels : une âme pure et sans péché peut
» par là commander aux éléments et changer l'ordre du monde;
» c'est pourquoi les saints ont fait tant de prodiges (³). » Bien des faits que l'on attribue à Dieu, aux anges, au démon, au hasard,

---

(¹) *Op. maj.*, p. 472.
(²) *Op. tert.*, cap. XXVII.
(³) *Op. maj.*, p. 251. — *Op. tert.*, cap. XXVII.

sont dus à ces actions toutes naturelles ; c'est à ces moyens que les Tartares doivent leurs succès, par eux que l'Antechrist établira son règne et que les pastoureaux ont fasciné le peuple!

Si on veut qualifier la tendance qui domine dans ces bizarres explications, on sera obligé de les appeler un naturalisme excessif, quoique ce mot soit bien scientifique pour de pareilles chimères. Si on veut en apprécier le fonds, on trouvera qu'il y a une découverte qu'on n'a pas songé à attribuer à notre docteur et qui lui revient de droit. Cette action que l'âme exerce sur les choses et sur les personnes, cette fascination qui s'opère par la tension de la volonté et par la confiance et qui produit des miracles, c'est à coup sûr la première formule régulière de ces faits qu'on désigne sous le nom de *magnétisme*. Nous signalons donc Bacon à l'admiration des adeptes de Mesmer ; mais c'est un médiocre honneur pour lui d'avoir devancé les temps modernes, non plus dans leurs progrès et leurs lumières, mais dans une de leurs plus incroyables aberrations.

Il est affligeant de voir des hommes de génie comme Cuvier, des hommes éminents comme de Blainville, M. Pouchet et tant d'autres, prendre à tâche d'être ingrats envers la science moderne, antidater toutes les grandes découvertes, et disculper les savants du moyen âge de la plupart des erreurs qu'on leur impute trop justement (¹). Il ne faut pas craindre d'étaler les misères des meilleurs esprits du moyen âge, et ce spectacle doit consoler et rassurer ceux dont le progrès est la foi historique. Autant il est injuste de dénigrer systématiquement cette époque, autant il est salutaire de reconnaître, dans un exemple mémorable, en quelle proportion le mal s'y mélange au bien. L'humanité, depuis ce temps, s'est moins perfectionnée par les forces qu'elle a conquises que par les infirmités dont elle s'est guérie, et le plus grand génie du XIIIe

---

(¹) On ne saurait, en cela, pousser plus loin le parti pris ou peut-être l'illusion que l'auteur de l'*Histoire des Sciences naturelles au moyen âge* ; il attribue aux scolastiques, et surtout à Albert, une science inépuisable, sans s'apercevoir que le plus souvent les idées qu'il admire en ce docteur remontent bien plus haut, et jusqu'à Aristote.

siècle, s'il est loin d'égaler en savoir le plus modeste savant du xixe, est, en fait de préjugés et de superstitions, beaucoup au-dessous des intelligences les plus ordinaires de notre temps. Mesurons donc nos progrès à la fois aux vérités que nous avons gagnées et aux erreurs que nous avons perdues.

CHAPITRE IV.

DE L'ÉRUDITION DE ROGER BACON.

§ I. Ses jugements sur Aristote, Avicenne, Averroès, Sénèque. — § II. Philosophes grecs, Philosophes latins. Les deux Boèce. Bibliothèque morale de Roger Bacon. — § III. Philosophes scolastiques et arabes. Grammairiens. — § IV. Mathématiciens, Poètes, Historiens, etc.

§ I.

Bacon s'était préparé à réformer la science de son temps en l'étudiant à ses sources, et s'il veut hâter les progrès de l'avenir, il ne dédaigne pas les leçons du passé. L'antiquité grecque et latine et les travaux des Arabes lui sont connus mieux qu'à tout autre contemporain; avide de livres, sans cesse occupé à les rechercher au moyen de nombreuses relations contractées dans tous les pays, il peut passer pour l'homme le plus érudit de son temps; recueillir ses témoignages à ce sujet, l'entendre citer, apprécier les auteurs, c'est à la fois s'éclairer sur l'histoire littéraire du xiiie siècle, sur les secours dont pouvaient s'aider les savants de l'époque, et compléter l'esquisse de son propre caractère. Pénétrons donc dans la bibliothèque de notre docteur, jetons un coup d'œil sur ses manuscrits, et prêtons l'oreille à ce qu'il va nous apprendre sur les philosophes et les savants dont les ouvrages ont contribué à donner l'essor à son génie.

Voici d'abord trois noms qui, pour lui, dominent les autres : Aristote, Avicenne et Averroès, qui personnifient à ses yeux les trois seules tentatives vraiment sérieuses d'achever la philosophie [1].

---

[1] Dans l'*Opus tertium*, où il parle à un pape, il associe à ces trois philosophes le nom de Salomon.

Son respect pour Aristote éclate partout, et son admiration égale la connaissance approfondie qu'il a de ses œuvres. Mais à côté des éloges mérités qu'il prodigue à ce prince des philosophes, il fait des réserves importantes, et on voit facilement qu'il essaie d'affaiblir comme il peut l'autorité croissante de la doctrine péripatéticienne. Les prétextes ne lui manquent pas : ce sont, et l'insuffisance des traductions, et l'absence des textes grecs qu'il faudrait aller chercher en Orient, et le peu qui reste de l'œuvre immense du Stagyrite.

Tout en rabaissant Aristote et en répétant qu'on ferait bien de le brûler, Bacon ne méconnaît pas la valeur de ce grand génie. Ses critiques ne tombent que sur le faux Aristote que ses contemporains connaissent, et celui-là même il faut le traiter avec respect et ne le contredire qu'avec piété : *corrigere Aristotelem pia interpretatione et reverenda,* dit-il [1] ; il n'a pas de paroles trop dures contre ceux qui l'ont persécuté, contre les Pères qui lui ont préféré Platon, et enfin contre les théologiens qui, grâce à leur épaisse ignorance, l'ont condamné en plein XIIIe siècle. Il revient souvent avec amertume sur cet épisode curieux de l'histoire de son temps, et il n'est pas inutile d'entendre ce témoin bien renseigné à propos d'un fait que les écrivains les plus savants ne sont pas parvenus à éclaircir complétement.

La doctrine d'Aristote, on le sait, ne s'introduisit pas sans obstacle dans l'enseignement philosophique des écoles de Paris. En 1209, à l'époque où l'hérésie infectait le Midi et menaçait l'unité catholique, un procès célèbre se jugeait à Paris : un concile condamnait quatorze personnes, dont dix furent livrées au bras séculier et brûlées vives, pour avoir professé certaines opinions qui paraissent avoir été un panthéisme arrivé franchement à sa conséquence dernière, l'athéisme. Aux noms obscurs conservés dans le décret [2] se trouvent associés ceux de deux philosophes, Amaury de Bène, qui déjà mort fut exhumé et banni de la terre bénie, et

---

[1] *Op. maj.*, p. 263. — C'est presque le mot que Vivès dira plus tard : *Verecunde ab illo dissentio.*

[2] *Thesaurus novus Anecd.*, t. IV.

David de Dinant, dont les livres furent livrés au feu. La sentence enveloppe dans sa réprobation quelques ouvrages d'Aristote, dont les doctrines ne peuvent cependant être suspectes de mener au panthéisme. Sous peine d'excommunication, il est défendu d'enseigner « les livres d'Aristote sur la philosophie naturelle et les commentaires. » Guillaume le Breton, continuateur de Rigore, le chroniqueur de Philippe-Auguste, rapporte le fait sous la même date; seulement, selon lui, il s'agit de certains livres d'Aristote ou sur Aristote *(de Aristotele)*, apportés de nouveau de Constantinople et traduits du grec en latin. « Ces livres, par leurs doctrines subtiles, pouvaient donner lieu à l'hérésie précitée et à d'autres nouvelles; on les fit brûler et on défendit, sous peine d'excommunication, de les transcrire, de les lire et de les avoir en quelque façon que ce fût ([1]). » Enfin, Launoy cite le continuateur de la chronique de Robert d'Auxerre, qui, racontant les mêmes événements, avance que « on interdit pendant trois ans la lecture des livres d'Aristote qui ont pour titre : *De la philosophie naturelle*, qu'on lisait beaucoup à Paris depuis quelques années. » Cette sentence a étonné les historiens, d'abord parce qu'elle semble confondre Aristote avec des panthéistes, et ensuite parce qu'à quelques années de là, les hommes les plus pieux, comme Albert et saint Thomas, commentent et enseignent sans scrupule la doctrine réprouvée. On a fait plus d'une conjecture : les uns ont cru que le concile s'était trompé et avait condamné, sous le nom d'Aristote, quelque traité platonicien, comme le *De secretiori ægyptiorum doctrina*, ou bien le livre et les commentaires *De causis* ([2]), ou encore l'ouvrage de Scot Erigène. Les autres, et parmi eux le dernier historien de la scolastique et le savant biographe d'Averroès, inclinent à penser que la sentence a frappé les commentaires d'Averroès ([3]). Mais si on réfléchit qu'en 1215 les statuts de Robert de Courceon renouvellent la prohibition, qu'en 1231 une bulle de

---

[1] Rigordus apud Quercetanum, *Veter. scrip.*, t. II; — ou plutôt *Recueil des historiens des Gaules, etc.*, t. XVII.

[2] Jourdain, *Recherches, etc.*

[3] Haureau, t. Ier, p. 410. — F. Renan, *Averroès*.

Grégoire IX défend encore l'usage des mêmes ouvrages, on croira difficilement qu'une mention aussi expresse et trois fois renouvelée puisse être fondée sur une erreur d'attribution (¹); d'ailleurs, le témoignage de Bacon, souvent répété, ne laisse pas de doutes à cet égard et permet de résoudre entièrement cette question d'histoire littéraire. « Nous savons, dit-il, que de notre temps, à Paris la physique et la métaphysique d'Aristote ont rencontré une longue opposition, grâce aux commentaires d'Avicenne et d'Averroès; et par suite d'une épaisse ignorance, leurs livres furent excommuniés pendant assez longtemps (²). » Il y a environ quarante ans, dit-il ailleurs, l'évêque de Paris et les théologiens et tous les savants ont frappé d'interdit la physique et la métaphysique d'Aristote, qui aujourd'hui sont accueillies par tout le monde comme des œuvres salutaires et utiles (³). » Ainsi, il semblerait que l'interdit ait pesé à la fois sur Aristote et sur les commentateurs qui le présentèrent à l'Occident; mais on trouve des déclarations plus précises qui vont nous dire quels furent les ouvrages condamnés, quels reproches on leur faisait et à quelle date fut levée la prohibition. On lit, en effet, dans le *Compendium theologiæ* : « Les Latins
» n'ont connu que bien tard quelque chose de la philosophie d'A-
» ristote, parce que sa *Physique* et sa *Métaphysique,* avec les
» commentaires d'Averroès et les livres d'autres auteurs, ont été
» traduites de notre temps, et elles étaient excommuniées à Paris
» avant l'année 1237, à cause des doctrines sur l'éternité du monde
» et du temps, et du livre *De la divination des songes,* qui est le
» *traité du sommeil et de la veille,* et de plusieurs autres passages
» infidèlement traduits. » Ainsi, le jugement a porté à la fois sur Aristote et sur ses commentateurs; les propositions condamnées touchent à l'éternité du monde et à la divination, et la prohibition

---

(¹) Brucker, *Hist. phil.*, t. III, p. 791.

(²) « Theologi Parisiis et episcopus et omnes sapientes jam ab annis circiter quadraginta damnaverunt et excommunicaverunt *libros naturales et metaphysicæ Aristotelis.* » (*Op. tert.,* cap. IX, mss. de Londres.)

(³) *Compend. Theol. royal Library*, 7 F. VII, fol. 154. — V. le texte ci-dessous, Ve Partie.

fut levée en 1237, sous le pontificat de Grégoire IX ; ce qui concorde bien avec l'histoire, qui nous signale vers cette époque une connaissance plus générale des ouvrages d'Aristote. C'est le moment où Alexandre de Halès et Guillaume d'Auvergne ouvrent la voie à Albert et à saint Thomas. Enfin, dans un autre endroit, Bacon nous apprend que les ennemis du philosophe lui reprochaient surtout, à propos de l'éternité du monde, un passage qui se trouve à la fin du traité *De generatione*. Ce livre peut être, sans faire violence aux mots, appelé un traité de physique, et voilà sans doute comment la physique fut condamnée en même temps que la métaphysique ([1]).

Cette première difficulté éclaircie, demandons à Bacon quels sont les ouvrages du philosophe grec qu'il a possédés, et enregistrons quelques détails qui ne manquent pas d'intérêt.

En logique, il cite tous les traités de l'*Organon*; les *Réfutations des sophistes* ont été expliquées pour la première fois, de son temps, par Edmond de Cantorbéry, c'est-à-dire avant 1235, puisqu'à cette époque saint Edmond, nommé archevêque, quitta l'enseignement ([2]). *Les derniers analytiques* ne furent expliqués qu'assez tard par Hugues, que l'auteur a pu connaître ([3]). Il résulte de ce double témoignage, que c'est à la première moitié du XIIIe siècle qu'il faut fixer l'introduction de ces deux traités dans les études philosophiques, ce qui confirme pleinement la discussion de M. Cousin, soutenant qu'Abailard n'a pu les connaître ; joignons-y la *Poétique* et la *Rhétorique*, ignorées alors, dit Bacon, mais que pour son compte il a sûrement lues ([4]).

([1]) « Unde in fine *de Generatione* ostendit (Aristoteles) quod motus a parte ante fuerunt infiniti, per hoc quod non contingit infinita pertransire... Sed obscuritas textus Aristotelis, et difficultas sententiarum, et mala translatio occultavit a multis intentionem veritatis in hac parte. Scivit et Aristoteles bene quod omne totum est majus sua parte, quæ est conceptio ; sed si tempus et motus habuissent infinitatem, sequeretur quod pars esset æqualis toti et major toto, etc. » (*Biblioth. imp.*, 7440, cap. V.)

([2]) *Compend. Theol.*, Pars 1ª : « Opera Logicalia sunt tarde recepta et lecta ; nam Beatus Edmundus Cantuariæ archiepiscopus primus legit Oxonii librum *Elenchorum*, temporibus meis. »

([3]) *Id., ibid.* : « Vidi magistrum Hugonem qui primo legit librum posteriorum. »

([4]) *Fragments de Philosophie du moyen âge*, p. 71.

Dans la physique, Bacon connaît les huit livres des *Leçons de physique*, le *Traité du ciel* (¹), *des météores, de la génération, de l'âme*, les *Parva naturalia*, les dix-neuf livres de l'*Histoire des animaux*, en joignant aux neuf que nous connaissons, le dixième qui est suspect, et, selon la coutume arabe, les quatre livres *des parties des animaux* et les cinq *de la génération des animaux*, le *Traité des plantes*, dont il a une version faite sur l'arabe par Hermann, le *Livre des problèmes* (²), alors inconnu, dit-il, et traduit en partie et d'une manière inintelligible. On a vu qu'il prétend avoir tenu en main d'autres livres sur les animaux.

De la métaphysique, on ne connaît, en 1267, que dix livres, assure-t-il, et encore sont-ils très-incomplets dans la version qui est en usage, *in translatione quam legunt*. Ailleurs, il cite deux traductions différentes de cet ouvrage; Albert dit pourtant qu'on en a onze livres, tout en en commentant treize, et saint Thomas, douze; ce qui ferait croire que les livres de ce grand ouvrage arrivèrent les uns après les autres, comme on l'a conjecturé. Averroès n'en avait que onze, mais connaissait les autres, et ainsi que le fait remarquer M. Munck, à côté du Grand commentaire qui se borne à ce nombre, il y a un commentaire Moyen des quatorze livres (³). Dans le manuscrit d'Amiens, Bacon ne commente que neuf livres, et cela d'après une version tirée du grec (⁴).

L'*Ethique* est citée par Bacon comme une introduction récente. En 1292 il dit : « L'*Ethique* d'Aristote n'a été communiquée aux Latins que plus tard (après la Métaphysique), et il n'y a pas longtemps qu'on l'a enseignée à Paris, et encore à de rares intervalles. » La *Politique*, qu'il appelle le *Livre des lois*, n'était connue que de nom; c'est le traducteur arabe des Éthiques qui la signale

---

(¹) Il en connaît deux versions, dont l'une est tirée du grec. Il en est de même des derniers Analytiques. (*Perspect.*, éd. Combach., cap. VII, p. 121.)

(²) Albert dit, dans le traité *De somno et vigilia*, que ce livre est inconnu; mais il le cite dans sa *Politique*, qui date de la fin de sa vie. (V. *Opp. de somno et vigilia*, lib. II, cap. V.)

(³) *Compend. Phil.*, X. Averroès, in Metaphys., cité par M. Ravaisson, t. I, p. 81.

(⁴) « Omnes homines natura scire desiderant. » (Mss. d'Amiens, *Métaphys.*, liv. Ier.)

à Bacon, et d'ailleurs Aristote l'annonce lui-même à la fin de la *Morale*. Ailleurs, et sans doute plus tard, il se borne à affirmer qu'on n'a pas complétement les livres d'Aristote qui suivent immédiatement les dix livres de l'*Ethique* ([1]).

Enfin, il faut joindre à cette liste le *Livre des causes*, attribué une seule fois à Aristote; peut-être Bacon en a-t-il plus tard suspecté l'authenticité, déjà contestée par Albert; et quelques ouvrages apocryphes, *Liber de regimine vitæ, Liber de impressionibus cœlestibus*, le plus important des ouvrages des anciens, suivant Averroès, cité par Bacon ([2]); *Liber secretorum, Liber de rebus inanimatis*, et même *Liber sex principiorum*, de Gilbert de la Porrée, que Bacon semble imputer à Aristote, sans que toutefois il le dise positivement ([3]).

Bacon ne nous apprendra-t-il rien d'intéressant sur Avicenne, sur celui qu'il place au second rang, sinon au premier, qu'il appelle *dux et princeps philosophiæ*, et qu'il proclame plus grand qu'Averroès? Sans doute il lui fait de nombreux emprunts et le suit de près dans sa classification des sciences, et en physique, en médecine, en optique, en alchimie, même en métaphysique, comme le montre son commentaire. Seulement, il n'a pas pour lui le respect superstitieux d'Albert, et signale quelques-unes de ses erreurs : en physique, il s'est trompé sur l'arc-en-ciel; en médecine, sur l'origine des nerfs et le cerveau; en logique, sur les prédicaments; en métaphysique ses erreurs sont plus graves : il a faussement avancé que Dieu, en vertu de son unité infinie, n'a pu créer et mouvoir directement le monde, mais seulement l'intelligence de la première sphère, le premier ange, qui ensuite crée et connaît le second avec le premier ciel, et ainsi de suite; il a prétendu que toute faute peut se racheter dans l'autre vie et que les âmes purifiées reviendront à leur état d'innocence. Mais ce n'est pas tout, et pour ébranler la foi de ceux qui jurent par Avicenne, Bacon tient en

---

([1]) Biblioth. Impér., 7440, cap. VIII.
([2]) *Op. maj.*, p. 246.
([3]) *Comm. nat.*, 2ª, 2, 7.

réserve un dernier argument : il prétend que les philosophes arabes en général, et celui-là surtout, ne disent pas leur pensée, mais se font les interprètes des opinions communes. « Il faut dire, s'écrie-t-il, que dans le livre de *la Suffisance* (¹), Avicenne affirme qu'il suit en tout point les opinions d'autrui, et s'abstient d'énoncer les siennes; il n'est pas étonnant qu'on y trouve des erreurs. Algazel, dans le prologue de ses traités de logique, physique et métaphysique, répète pour son compte la même assertion, et avertit qu'on y trouvera des opinions qu'il ne partage pas, et qu'il discutera ailleurs, dans son livre *Des contradictions des philosophes*. Avicenne avoue dans sa préface qu'il veut composer un autre traité, intitulé *Liber dependentium,* pour servir de glose au premier (²), preuve qu'il n'en était pas content. Bien plus, il ajoute : « Outre ces deux livres, il y en a un où j'ai exposé la philosophie en elle-même, suivant la nature et la raison toutes seules, sans m'astreindre aux sentiers suivis, sans embrasser les opinions reçues des savants, et sans redouter les coups de leurs lances, ce que j'avais à craindre ailleurs : c'est mon livre de *La philosophie orientale.* » Bacon triomphe de cet aveu : « voilà bien le vulgaire ! On ne peut lui montrer la vérité toute nue. Il savait bien, cet homme, le plus sage après Aristote, que l'envie et l'orgueil de ses rivaux et la sottise du peuple le forçaient à parler, comme tout le monde, dans son édition vulgaire, et qu'il devait penser, comme le petit nombre, dans la pure doctrine de la science. Aristote n'a-t-il pas fait de même? Qu'on cesse d'argumenter d'après les œuvres d'Avicenne; lui-même les désavoue; elles sont pleines d'erreurs; mais enfin, ces fausses doctrines sont en petit nombre au milieu d'un cortège de vérités innombrables et très-belles (³), et d'une foule

---

(¹) Traduction *(liber sufficientiæ)* inexacte, paraît-il, du titre du grand ouvrage *A schefa,* la guérison.

(²) *Librum dependentium.* Nous ne savons comment traduire ce titre ; il désigne ainsi le traité *Al nadjah, la délivrance,* abrégé du premier. Ce sont les deux seuls monuments qui nous soient restés d'Avicenne. (Voy. Munck, *Mélanges de Philosophie arabe et juive,* art. *Ibn. sina.*

(³) « Dicendum est quod in prologo libri sufficientiæ... dicit (Avicenna) quod in isto

de secrets magnifiques. « Ainsi, à côté d'un Aristote incomplet et mal traduit, Avicenne, le second dictateur de la science, est convaincu de n'être qu'un simple narrateur, *recitator*, des opinions d'autrui. Et Bacon ne se trompe guère ; ce procédé attribué à Avicenne et à Algazel, l'historien d'Averroès, M. Renan le reconnaît pour familier aux philosophes arabes, et M. Munck nous assure que la *Philosophie orientale*, déjà regrettée par Bacon, et que nous n'avons pas plus que lui, renfermait la vraie doctrine, le dernier mot du système, c'est-à-dire un panthéisme formel, où Dieu est identifié avec la nature des sphères. Le moyen âge, qui fit bon accueil au péripatéticien d'Asie, eût-il été aussi indulgent si le vœu de Bacon eut été exaucé, et s'il eût découvert en Avicenne un complice ou un précurseur de Scot Erigène et d'Amaury de Bène ? Bacon cite à chaque instant Avicenne ; il mentionne la logique, la physique, la métaphysique, les mathématiques qui constituaient le livre *De sufficientia* ; l'*Histoire des animaux*, le *Liber artis medicinæ*, qui est sans doute le *Canon* ; plusieurs titres ayant rapport à la médecine et qui ne sont sans doute que des chapitres séparés du même ouvrage ; un traité intitulé *Radices moralis philosophiæ*, un autre, *De anima*, qui est un résumé d'alchimie et qu'il ne faut pas confondre avec le commentaire du même titre, et enfin un autre ouvrage d'alchimie, *magnum volumen quod in decem libris continetur*.

libro sufficientiæ sequitur opiniones aliorum per totum, et non est secundum ejus scientiam ; et ideo non est mirum si aliqua falsa contineantur, sicut in libris quos recitat Algazel de logicalibus, naturalibus et metaphysicis, ad imitationem libri Avicennæ. Sed præcipue hoc est manifestum ex eodem prologo ubi postea dicit hæc verba : « Est autem alius liber præ-
» ter hos duos in quo posui philosophiam secundum id quod ejus est in natura, et secun-
» dum id quod exigit opinio pura, non observando semitam aut partem ad quam declinant
» participes in arte, neque formidando a suarum ictibus lancearum, hoc quod fuit in aliis
» formidandum, et hic est meus liber in philosophia orientali. » Sapientissimus enim philosophorum post Aristotelem scivit quod propter invidiam et superbiam multorum et imperitiam vulgi, oportebat eum loqui ut plures, in editione vulgata, quamvis cum paucis sibi foret sentiendum in recta philosophiæ doctrina,.. quamvis pauca sunt istæ falsitates, innumerabilibus et pulcherrimis veritatibus constipatæ, et magnificis secretis philosophiæ interpositæ » (*Comm. nat.*, mss. de Paris, 4ª Pars, cap. III, fol. 71.)

L'influence d'Averroès sur Bacon a été considérable ; mais faut-il le compter parmi les partisans de cette doctrine qui, sous le nom d'*Averroïsme,* introduisit des nouveautés dangereuses dans la philosophie, et semble opposée à toute croyance religieuse? De bons juges n'ont pas hésité à l'affirmer, et le rangent, sinon parmi les Averroïstes déclarés, au moins parmi ceux qui, par aveuglement, ont accepté des idées dont ils ne voyaient pas le venin (¹) parce qu'ils étaient peu initiés aux disputes théologiques. Ce jugement sommaire ne saurait être confirmé. Il y a deux personnages dans Averroès : il y a l'auteur du *Grand commentaire,* pour lequel Bacon professe une reconnaissance bien méritée ; il y a aussi l'inventeur d'opinions contraires à la foi, et le propagateur de l'esprit d'impiété ; et Bacon, avant saint Thomas lui-même, fait une rude guerre à ses doctrines. Averroès a enseigné en métaphysique que la création est impossible et que l'agent ne peut s'exercer que sur une matière éternelle comme lui; qu'il fait passer de la puissance à l'acte ; Bacon répète à chaque page les propositions contraires, oppose la création à la simple génération, et n'accorde aucune existence à la matière indéterminée ; le ciel, dit le commentateur, est un être vivant ; il est inanimé, dit Bacon ; toutes les âmes ne font qu'une âme, dit l'un ; c'est une hérésie damnable, s'écrie l'autre. Sur un seul point les deux philosophes sont d'accord, à savoir, sur la distinction entre l'intellect agent et l'intellect possible, et la nature objective du premier. Mais, posant l'intellect agent hors de l'âme, Averroès le réalise dans une intelligence planétaire, la plus voisine de l'humanité ; Bacon le place au sein même de Dieu. Le docteur scolastique reproche encore au commentateur d'avoir identifié le mouvement avec le mobile, de l'avoir confondu avec la quantité, d'avoir refusé au temps toute existence en dehors de l'âme, de n'avoir eu que des opinions contradictoires sur l'unité de l'intellect (²), d'avoir inventé la vision d'une âme du monde, et enfin, étonné de tant d'erreurs, il dit : « Bien qu'il parle souvent d'une

---

(¹) Renan, *Averroès*, p. 211.
(²) *Comm. nat.*, Pars 3ª, dist. I, cap. V.

manière excellente, Averroès a parfois commis des erreurs honteuses; je ne manque pas de les reprendre lorsqu'il est à propos; il est un exemple de la faiblesse du génie humain, et il faut croire qu'il a emprunté à d'autres les vérités qu'il a connues, puisqu'il commet tant de grossières bévues qu'il y mêle de son propre fonds. Non certes, un esprit aussi solide que l'attestent ses écrits, ne serait pas tombé dans des fautes si humiliantes, si ces nobles ouvrages étaient dus à sa propre inspiration (1). » Ailleurs encore, Bacon traite assez durement le même philosophe, et déclare qu'Avicenne est bien au-dessus de lui. Il est donc permis d'assurer que, s'il ne reconnaît pas l'autorité tyrannique d'Aristote ni celle d'Avicenne, ce n'est pas pour abdiquer entre les mains du Commentateur.

Il cite rarement par leurs noms les ouvrages d'Averroès, dont les titres sont ceux mêmes d'Aristote; on remarque seulement la mention de ces deux livres : *De substantia orbis*, et *Liber rerum mundi*.

L'admiration de Bacon, qui, à propos de ces trois écrivains, est tempérée par quelque blâme, s'exprime sans réserve et se mêle à une sorte de tendresse lorsqu'il parle d'un autre auteur de l'antiquité, qui pour cette raison, mérite une mention à part : c'est Sénèque. L'amour de la science, le respect de la raison, l'ardeur à en propager les lumières, la foi aux destinées de l'esprit et aux progrès de l'avenir, la prédilection pour la morale, voilà les titres qui recommandent Sénèque aux préférences de notre docteur et multiplient les citations innombrables de ses sentences brèves qui se prêtent si bien à cet usage. Bacon avait fait chercher ses ouvrages, qu'il était difficile de rassembler; quand il compose l'*Opus majus*, il n'en a encore qu'un petit nombre; dans l'*Opus tertium*, il annonce au pape qu'il a pu trouver les autres, et même il en a composé pour

---

(1) « Duo sunt de erroribus suis magnis (Averrois) licet enim in multis dicat optime, tamen in quibusdam turpiter errat, ut patet de unitate intellectus in omnibus, et in quibusdam aliis, sicut ubique noto hoc, ubi opportunum. Per eum scire possumus quod nihil est perfectum in humanis inventionibus, et credendum est quod ea quæ bene scripsit accepit ab aliis, propter pingues errores quos ex sensu proprio interserit. Nam nunquam homo sic fundatus, ut scriptura sua declarat, posset ita turpiter errare, si ex suo sensu tam nobilia scripta emanarent, etc. » (*Comm. nat.*, mss. de Paris, fol. 40.)

Sa Sainteté des extraits qu'il joint à son livre sous ce titre : *Flores Senecæ*, et qui existent peut-être dans quelque bibliothèque (¹). Il n'a pour aucun homme, si célèbre qu'il soit, cette effusion et ces louanges, et il va jusqu'à proposer de le mettre dans les mains des enfants à la place de la Bible, défigurée en vers latins. Lui-même puise abondamment à cette source. Hésite-t-il à publier des vérités importunes? Sénèque lui répond : « Je ne voudrais pas de la sagesse, si on me la donnait, à condition de fermer la main qui la contient. » Lui oppose-t-on l'autorité? il en appelle à Sénèque, qui compte parmi les causes de nos malheurs l'influence de l'exemple, *inter causas malorum nostrorum est quod vivimus ad exemplum*. « Est-il, dans toute la sagesse théologique, philosophique et juridique, une aussi belle pensée? Parole excellente, digne de tout éloge et révélée par Dieu lui-même. » L'ignorance de son temps lui pèse-t-elle? il se console avec son auteur : « Le vulgaire saura un jour ce que nous ignorons, et nos descendants s'étonneront de notre aveuglement. » Veut-il opposer à la corruption présente la pureté des anciens sages? Il montre Sénèque se recueillant tous les soirs et interrogeant sa conscience (²).

Outre les *Lettres*, alors divisées en plusieurs livres, le *De beneficiis*, en sept livres; les *Questions naturelles*, en huit livres; le *De ira*, le *De clementia*, Bacon cite comme appartenant à Sénèque quatre livres de *déclamations*; le traité *De quatuor virtutibus cardinalibus* (³); *Liber de copia verborum* (⁴); *De fortuitorum remediis* (⁵); *Liber de forma mundi* (⁶).

(¹) Oudin cite le manuscrit *in codicibus Bibliothecæ jacobeæ*, cod. 878.

(²) Bacon ne songe pas à faire honneur au Christianisme de cette élévation morale, et pourtant il sait qu'il existe de prétendues lettres de saint Paul à Sénèque.

(³) Œuvre apocryphe attribuée à Martin de Prague, mort en 583, et souvent imprimée au XVIe siècle. Baluze n'est pas éloigné de croire que ce soit un abrégé d'un livre de Sénèque. Vincent de Beauvais en parle aussi : *Speculum historiale*, lib. IX, cap. CII.

(⁴) Autre écrit apocryphe, de la même origine que les lettres de Sénèque à saint Paul, dans lesquelles il est cité. (Voy. Fabricius, *Biblioth. lat.*, t. II, cap. IX.)

(⁵) Déjà cité par Tertullien, et perdu depuis, à moins que Bacon ne désigne ainsi le traité apocryphe *De fortuitis remediis*, imprimé à Leipsick, en 1500 et 1503.

(⁶) Perdu depuis. Bacon en cite des fragments; avant lui, Raban Maure, le men-

§ II.

Nous avons fait une place à part aux quatre auteurs qui précèdent ; nous nous bornerons désormais à énumérer sommairement les sources de l'érudition de Bacon, en relevant pourtant, lorsqu'il y aura lieu, les renseignements qui peuvent intéresser l'histoire littéraire.

Dans la philosophie proprement dite, Bacon ne paraît connaître parmi les Grecs que le seul Aristote ; il cite d'autres noms, mais ce sont ceux que lui indique le Stagyrite ou Cicéron : Démocrite, Xénophon, Parménide, Mélissus, Empédocle, et enfin Platon avec le Phédon et le Timée, dont il a au moins des traductions latines (1). Chez les Latins, après Sénèque il estime surtout Cicéron. S'il faut l'en croire, nous aurions perdu depuis le xiii° siècle plusieurs des ouvrages du grand orateur ; ce qui ferait penser que le moyen âge n'a pas toujours été un dépositaire très-fidèle des trésors de l'antiquité. Il mentionne les *Verrines*, le *Pro Marcello*, les *Philippiques*, *De divinatione*, *De partitionibus oratoriis*, *Les paradoxes*, *De amicitia*, *De senectute*, *De natura Deorum*, *Les tusculanes* qui sont peu connues, assure-t-il, le *De officiis* ; il fait vainement chercher dans tous les pays les livres de *la République* et quelques autres ouvrages, mais il a en main l'*Hortensius*, dont il nous reste si peu de débris, le *Timée*, dont il cite des fragments, et les *Académiques*, auxquelles il attribue cinq livres (2).

Tous les ouvrages de Boèce sont familiers à Bacon, et il lui sait un gré infini d'avoir traduit convenablement une partie des œuvres d'Aristote ; il y a deux conditions pour traduire, répète-t-il : connaître la langue du texte et la science dont il traite. « De tous les traducteurs, Boèce seul a su le grec, et seul Robert de Lincoln a

---

tionne : *De institutione clericorum*, III, p. 251. Bacon admire beaucoup cet ouvrage, où Sénèque joint à la physique, dit-il, d'admirables pensées morales.

(1) Les manuscrits écrivent toujours *in Phœdrone*.

(2) Avait-il encore les Académiques à Varron, dont il reste des fragments appartenant à trois livres, ce qui ferait le compte ?

connu les sciences. » Cet éloge qui rassemble deux hommes dont l'un vécut au vɪᵉ et l'autre au xɪɪɪᵉ siècle, a donné à penser à M. Cousin que Bacon voulait désigner un autre Boèce que le contemporain de Bacon, personnage inventé, on peut le dire, par Jourdain pour expliquer un passage d'Aventinus et de saint Thomas, et qui serait contemporain de Robert Grosse-Tête (¹). L'existence du Dominicain Boethius, de Dalmatie, exhumé par un savant critique, ne nous paraît pas très-certaine, et surtout expliquerait mal les passages dont il s'agit; mais ce qu'on doit plus formellement nier, c'est que les éloges de Bacon s'adressent à cet inconnu. Quelles raisons en donne-t-on? Bacon le rapproche de Robert? Mais qu'y a-t-il d'étonnant? ce sont les deux seuls traducteurs qu'il estime. Boèce ne mérite pas les louanges adressées à sa science dans les langues, dit-on encore, et n'a su que le grec, tandis que Bacon exige l'hébreu et l'arabe? En vérité, Bacon aurait mauvaise grâce à réclamer la connaissance de l'arabe, pour traduire Avicenne et Averroès, à une époque ou Mahomet est encore à naître. Ce jugement paraît donc douteux, malgré l'autorité du nom de M. Cousin (²); nous ajouterons que, mieux informé des œuvres de Bacon, l'éminent critique eût trouvé plus d'un passage où Boèce, l'auteur de la *Consolation,* le consciencieux traducteur de la *Logique,* est désigné par Bacon d'une manière qui ne laisse pas de place au doute ou à la confusion. Nous ne citerons, pour en finir, que ces seuls mots : « Boethius primus interpres novit plenam potestatem linguarum (³). » Il s'agit donc du premier traducteur d'Aristote.

Voilà tout ce que Bacon connaît de la philosophie ancienne. Quant à la philosophie arabe, outre Avicenne et Averroès, il invoque Algazel et Alpharabius, et jamais Avempace ou Maïmonide, si connus de ses contemporains. Il cite aussi le *Fons vitœ,* sans en nommer l'auteur, et surtout les médecins et les astronomes orientaux, comme on le verra bientôt.

Un fragment curieux, que nous traduisons, nous fait connaître les

---

(¹) Jourdain, *Recherches, etc.,* p. 57.

(²) *Journal des savants,* 1848, p. 232.

(³) Mss. de la Biblioth. imp., 7440, cap. II.

moralistes dont les œuvres sont à la disposition de notre docteur; il en fait le catalogue en ces termes : « Parler en détail des vertus et des vices serait trop long, et il vaut mieux recourir aux œuvres des moralistes, comme aux *Traités des offices*, des *Paradoxes*, de l'*Amitié*, de la *Vieillesse*, des *Questions tusculanes*, aux cinq livres des *Académiques*, aux sept livres *Contre Verrès*, à l'*Hortensius*, au livre *Des divinations*, *De la nature des Dieux*, au *Timée* de Cicéron et aux *Philippiques*; au grand livre *Des premières épîtres* et au corps même des *épîtres* de Sénèque, à ses *Lettres* à saint Paul, à ses traités du *Remède de la fortune*, des *Quatre vertus cardinales*, *De la clémence*, aux sept livres *Des bienfaits* et aux quatre livres *Des déclamations*, aux huit livres *Des questions naturelles* (¹), au traité *De la forme du monde*, où il mélange à la physique d'admirables pensées sur les vertus. D'autres philosophes font comme lui, car toute science spéculative a des rapports avec la morale. A cela il faut joindre beaucoup des livres d'Aristote, comme les dix livres de l'*Éthique* en triple traduction, et le *Commentaire* d'Averroès, et le *Commentaire* d'Eustacius chez les Latins (²); puis, les livres d'Aristote sur la *Science des secrets*, sur la *Rhétorique*, sur la *Poétique*, avec le *Commentaire* d'Alpharabius et d'Averroès. Il y a encore les livres d'Apulée sur le *Dogme de Platon*, le *Dieu de Socrate*, et les livres de Trismégiste Mercure, d'Hermès, d'Avicenne, d'Alpharabius, et de beaucoup d'autres qu'il serait trop long d'énumérer (³). »

Parmi les philosophes du moyen âge, Bacon cite peu de noms et peu d'ouvrages; saint Anselme est critiqué pour son opinion sur le temps; Hugues et Richard de Saint-Victor, pour leur haine contre les sciences profanes; Pierre Lombard, pour son ignorance profonde; Alexandre de Halès, Albert et saint Thomas, pour leurs doctrines. A ces noms il faut joindre encore: Richard de Cor-

---

(¹) Il n'y en a que sept.

(²) Eustrathe, archevêque de Nicée. (Catal. des mss. de la Biblioth. imp., n° 6458.) Le témoignage de Bacon confirme la conjecture de M. Jourdain, qu'Albert avait sous les yeux une version latine faite immédiatement du grec. (*Recherches*, p. 180, 353.)

(³) Biblioth. imp., mss. 7440, fol. 26.

nouailles, sophiste des plus subtils, dit Bacon, et qui, en 1250, a répandu à Paris, et plus tard à Oxford, les doctrines les plus pernicieuses ([1]); Edmond Rich, qui explique le premier le *Livre des réfutations;* maître Hugues, que Bacon a connu, et qui introduisit dans l'enseignement les *Seconds analytiques* ([2]); Michel Scot, qui, le premier, donna aux Latins les œuvres d'Aristote d'après les textes grecs, vers 1230, dit Bacon ([3]); Thomas de Saint-David, un des personnages les plus vénérés de Bacon, qui porte sur lui un témoignage admiratif que M. Jourdain détourne à tort au profit de Thomas Cantimpré ([4]); Alain de Lille, avec son livre intitulé *De plantu naturæ,* ou *De questu naturæ,* ou *De conquestione naturæ,* et l'*Anticlaudien;* Guillaume de Shirwood, qu'il oppose à Albert, sans en faire grand cas, puisque, jusqu'à la fin de sa vie, il ne saurait écrire ce que lui, Bacon, a composé en peu de temps ([5]); Jean de Garlande, qui vivait encore de son temps, et Alexandre Necquam, ces deux derniers à titre de grammairiens. A ces noms, il est inutile de joindre ceux de Robert Grosse-Tête, d'Adam de Marisco, de maître Pierre, de Jean de Londres, dont il a été question ci-dessus; mais nous nous arrêterons un moment à celui de Guillaume de Paris, parce que le témoignage de Bacon a été cause d'une erreur dans laquelle sont tombés deux savants critiques. Notre docteur raconte, en effet, qu'il a entendu deux fois l'évêque de Paris disserter sur la nature de l'intellect agent, et invoque son autorité contre les modernes qui veulent en faire une faculté de l'âme ([6]).

([1]) *Compend. Theol.,* Pars 2ª, cap. V. — Les auteurs parlent peu de ce personnage. Leland le confond avec Richard Rufus; Wadding lui attribue des commentaires sur le livre des sentences. (*Script. ord. mon.,* p. 305.)

([2]) *Id., ibid.* « Vidi magistrum Hugonem qui primo legit librum posteriorum. » Ce Hugues semble ne pouvoir être qu'Hugues de Saint-Cher, l'auteur des *Concordances,* mort, d'après Henri de Gand, en 1264. (Henricus Gand, *Ap. miræum,* p. 172.)

([3]) On le fait mourir en 1290; cette date se concilie à peine avec la mention de Bacon.

([4]) *Recherches,* etc., p. 65. — Cf. *Op. tert.,* cap. XXVI; — *Op. maj.,* p. 88.

([5]) C'est une date à réformer. Les historiens fixent en 1249 la mort de Shirwood (*Hist. litt. de la France,* t. XX, p. 516); Bacon affirme qu'en 1267, il vit encore. Au dire de M. Hauréau, c'est un des meilleurs logiciens du XIIIᵉ siècle.

([6]) *Op. tert.,* cap. XXIII.

M. Cousin, et après lui M. Renan, en ont conclu que Guillaume suit la doctrine d'Averroès, et ce dernier l'accuse même d'inconséquence à ce sujet (¹) ; c'est là une imputation tout-à-fait erronée. Il suffit d'ouvrir le traité *De anima*, et on y trouvera, de la page 205 à la page 210 (²), une discussion surabondante à ce sujet. L'auteur nie, il est vrai, que l'intellect soit une faculté de l'âme, mais plus énergiquement encore qu'il existe en dehors de l'âme ; il n'en veut à aucun titre. Les principes de la science, dit-il, ne sont pas aperçus dans une lumière étrangère par l'âme et n'ont pas besoin de l'aide de l'intellect actif ; cet intellect qu'on a rêvé, *quem somniant*, est tout à fait inutile. Guillaume se prononce donc autant contre Averroès que contre l'opinion des Dominicains, et en l'invoquant à l'appui de sa thèse, Bacon a voulu faire croire ou a cru lui-même, que combattre ses adversaires sur ce point, c'était faire cause commune avec lui.

§ III.

On a vu que Bacon, lorsqu'il parle d'une science, se fait un devoir d'en raconter l'histoire et ce qu'il sait des hommes et des ouvrages. On trouve donc chez lui, outre les philosophes dont nous venons de parler, les noms d'un grand nombre de grammairiens, de traducteurs, de physiciens, d'astronomes, de mathématiciens, que nous allons reproduire, en signalant parfois le parti qu'on peut tirer de ces mentions, pour corriger ou compléter certains détails d'histoire littéraire. Les traducteurs sont sévèrement appréciés par notre docteur : il n'y a d'exception que pour Boèce et Robert de Lincoln, l'un parce qu'il a su le grec, l'autre parce

---

(¹) Renan, *Averroès*, p. 183.

(²) *Opp.* Guillelmi Alvernensis, 1674. *Suppl.*, t. II, p. 205. — Rien n'est plus précis que la doctrine de l'auteur, et elle est en tout point contraire à celle de Bacon et d'Averroès : « Principia scientiarum sunt lumina per se ipsa naturaliter illuminantia potentiam cognitivam... non indigent adjutorio intellectus agentis... supervacue ponitur intellectus agens. » (P. 207-210.)

que, grâce à la longueur de sa vie et à l'excellence de sa méthode, il a approfondi toutes les sciences (¹), car pour les langues il les a peu connues; il n'était pas assez fort en grec et en hébreu pour traduire par lui-même (²). Ces assertions doivent nous mettre en défiance contre les éloges que les biographes décernent à Robert sur sa science dans les langues, et ébranlent les preuves déjà si faibles qui décident Jourdain à lui attribuer une version des *Éthiques* (³). Saint Jérôme reçoit aussi de Bacon quelques louanges pour sa traduction de la Bible; mais il est convaincu d'avoir commis bien des erreurs, qu'il n'a sans doute pas osé corriger de peur de soulever contre lui l'esprit de routine (⁴). Mais le texte en usage dans la Faculté de Paris réunit toutes les imperfections, addition, soustraction, changement, réunion, division, etc. Les œuvres de la sagesse profane ont eu pour interprètes cinq traducteurs : Gérard de Crémone, Alfred d'Angleterre, Hermann l'Allemand, Michel Scot et Guillaume de Flandre, et on a vu plus haut quel mépris notre auteur professe pour eux. Nous n'en parlons ici que parce que son témoignage peut fixer quelques incertitudes sur la date de leur existence. D'abord, « Gérard de Crémone est le plus ancien, et pourtant il a vécu, comme tous les autres, de notre temps (⁵); des personnes encore jeunes aujourd'hui, ont été ses contemporaines (⁶), » dit-il en 1272, ce qui ne se comprend guère si Gérard est mort en 1187, comme l'affirment les historiens. Quant à Hermann, il est encore vivant, et Bacon l'a parfaitement connu. Ainsi se trouve confirmée l'heureuse distinction de Jourdain entre Hermann Contract et Hermann l'Allemand, jusque-là confondus; l'un

---

(¹) « Propter longitudinem vitæ et vias mirabiles quibus usus est. » (*Comp. Phil.*, cap. X.)

(²) « Quamvis Hebræum et Græcum non scivit sufficienter, ut per se transferret sed multos habuit adjutores. » *(Id., ibid.)*

(³) *Recherches*, etc., p. 59.

(⁴) *Compend. Phil.*, cap. IX. — Bacon y relève plusieurs erreurs et discute le sens de plusieurs mots.

(⁵) « Omnes fuerunt temporibus nostris. » (*Compend. Phil.*, cap. X.)

(⁶) « Aliqui juvenes adhuc fuerunt contemporanei Gerardo Cremoniensi qui fuit antiquior inter illos. » *(Id., ibid.)*

est mort en 1054 (¹); l'autre vit encore vers 1272 (²); c'était, nous dit Bacon, un des traducteurs qu'un prince éclairé, Frédéric II, avait assemblés autour de lui (³). Au reste, il n'a su ni la logique, ni l'arabe, ni le grec; il n'a pas osé traduire la Poétique ni la Rhétorique, et s'est borné à donner une mauvaise version du *Commentaire* d'Averroès sur l'une, et des gloses d'Alpharabius sur l'autre; et encore les Sarrasins ont-ils eu le principal rôle dans ses travaux. Quant à Michel Scot, il a ignoré les mots et les choses et a tout emprunté au Juif Andréas (⁴); Bacon ne dit pas expressément que Scot fût encore en vie, pourtant il le met entre Hermann et Guillaume, tous deux vivants, ce qui semble confirmer l'opinion commune qui le fait mourir en 1290, et contredit celle de Jourdain qui recule cette date jusqu'à 1250. Alfred l'Anglais, compatriote de Bacon, n'en est pas mieux traité; il est encore vivant à l'époque où écrit Bacon, et cette affirmation paraît ruiner celle de Jourdain, qui, après Brucker, fixe sa mort à la fin du XIIe siècle (⁵) et reprend Pits de l'avoir fait vivre vers 1270. Il semble qu'il faille en croire Pits, ordinairement si peu digne de croyance. Guillaume de Flandre vient le dernier dans cette revue et reçoit les coups les plus rudes; il ne sait pas un mot de grec, chacun le reconnaît à Paris; toutes ses traductions sont fausses, et la philosophie est corrompue grâce à lui (⁶). Les prologues des traductions d'Hermann cités par Jourdain, un fragment de Scot publié par M. Renan, et enfin des passages de Guillaume insérés par M. Cousin dans son édition de Proclus, justifient et au-delà les diatribes de notre docteur, et ne sont, en effet, qu'un abominable fatras.

Parmi les grammairiens proprement dits, les deux meilleurs

(¹) Honoré d'Autun, *Apud Miræum*, p. 129.
(²) « Hermanus quidem allemannus adhuc vivit. » (*Compend. Phil.*, cap. X.)
(³) *Opus tertium.*
(⁴) « Andreas quidam judæus plus laboravit in his operibus quam ipse. » (*Compend. Phil.*, cap. X.)
(⁵) *Recherches*, etc., p. 106.
(⁶) *Compend. Phil.*, cap. X. — Cf. *Op. maj.*, ad præf.

sont, suivant Bacon, Priscien et Donat, qui ont connu le grec; il faut y joindre le commentateur de Virgile, Servius, pour ses belles remarques sur les Géorgiques et un traité de *Prosodie*. Jean de Garlande et Alexandre Necquam sont mentionnés sans commentaires ([1]); mais toute réserve est mise de côté à propos de trois grammairiens alors classiques, et dont les œuvres, Bacon nous l'apprend, servaient à l'enseignement : ce sont Papias, Hugucio et Brito ([2]). L'influence de ces hommes au moyen âge fut considérable sur la première éducation, et Bacon avait touché juste en leur déclarant la guerre. Ses critiques n'eurent du reste aucun effet; à la fin du xve siècle, on se sert encore d'un vocabulaire extrait de Papias et d'Hugucio ([3]); Vivès et Erasme, près de trois siècles après Bacon, ne font que répéter, à propos de ces deux auteurs, ce qu'en avait dit le scolastique, et Naudé lui-même attribue à leurs dictionnaires le langage grossier et incorrect du moyen âge ([4]). L'idée que l'*Histoire littéraire de la France* nous

---

([1]) Jean de Garlande fut contemporain de Bacon : « Sicut ego ab ore ejus didici, » dit-il, (*Compend. Phil.*, cap. X). Ce passage a permis à M. V. Le Clerc de corriger une erreur à propos de la vie de cet écrivain. (*Hist. litt. de la France*, t. XXI, p. 309.)

([2]) Papias, d'après Ducange, vivait vers 1063, et est l'auteur d'un Glossaire imprimé à Venise en 1496. (*Gloss.*, 1678, p xxxvi.) Fabricius l'accuse d'ineptie (*Bibl. lat.*, nov. suppl., 1712); Hugucio, auteur d'un autre Glossaire dont Ducange cite la préface, mourut vers 1212, et, s'il faut en juger par ce fragment, il méritait bien les reproches de Bacon. Quant à Brito, Ducange le cite aussi comme auteur de divers ouvrages de grammaire; Pits a eu en main un de ses livres : *de Etymologiis vocabulorum sacræ scripturæ*, ce qui s'accorde avec l'assertion de Bacon; Cave lui attribue des *Synonymes*, imprimés à Paris en 1508. Enfin, il ne serait peut-être pas impossible d'établir que les glossaires manuscrits analysés dans l'*Hist. litt. de la France* (t. XXII, p. 20) sont de cet auteur. Wadding le fait mourir en 1356; l'*Hist. litt.* le fait vivre au xive siècle (t. XVI, p. 356); le témoignage de Bacon oblige à corriger ces dates.

([3]) *Vocabularius compendiosus ex summâ januensi, Huiguicione, et Papia excerptus.* Venetiis, 1490. — Cf. Ducange, *Gloss.*, p. xl.

([4]) « Ils ne pouvaient guères faire de pièces bien polies et limées, ne prenant leurs règles que dans le Grecismus et le Barbarismus, et ne choisissant leurs mots qu'ès dictionnaires de Papias, d'Hugutio, de Januensis et de Mamotrectum. » (Naudé, *Addition à l'Hist. de Louis XI*, chap. VI, dans l'édition de Cominés. Bruxelles, 1723, t. III, p. 67.)

donne de quelques-uns de ces glossaires confirme le jugement de Bacon (¹).

Les mathématiciens connus de Bacon sont assez nombreux ; l'antiquité lui a laissé des ouvrages d'Archimède, d'Hipparque, de Ptolémée, d'Euclide ; il connaît le premier par une traduction latine ; le second par les travaux arabes, comme l'indique le nom d'Abraxis sous lequel il le désigne, et aussi par des textes d'une autre origine, puisqu'il lui donne ailleurs son nom grec (²). De Ptolémée, il avait l'*Almageste,* traduite par Gérard de Crémone ; l'*Optique,* dont il cite plusieurs livres, et qui depuis a presque entièrement disparu. Les *Éléments* d'Euclide avaient été traduits par son compatriote Adélard, dont il cite l'ouvrage, et commentés par Campano de Novarre ; l'*Optique* du même auteur et son traité *De speculis* sont souvent invoqués (³) ; il y faut joindre Théodosius, *De sphœris* (⁴) ; Boèce avec ses traités de *Géométrie,* d'*Arithmétique,* de *Musique ;* Bède, le vénérable ; Jordanus, qui est sans doute ce Jordanus Nemorarius qui, vers 1230, compose un *Traité de la sphère* et dix livres d'*Arithmétique,* et enfin un ouvrage de géométrie qu'il appelle *Liber trium fratrum.* Les Arabes viennent ensuite en grand nombre ; sans parler d'Avicenne et d'Averroès, il y a Alpharabius, dont le nom est parfois écrit Alfaragius, et son livre de *Motu cœlorum ;* Albategni, Alphraganus, Messahalac et son traité de *Causis orbis ;* Thébeth le Sabéen, que Delambre appelle le Ronsard de l'astronomie et que Bacon nomme le plus grand des philosophes chrétiens, et son traité *Introduction à l'Almageste ;* Arzachel, l'auteur des tables de Tolède, et le chrétien converti Alpétragius (⁵) ; Albumazar et ses livres *Liber conjunctionum, Liber de floribus* et le *Majus introductorium,* qui, paraît-il, ne se

---

(¹) *Hist. litt. de la France,* t. XXII, p. 9, art. de M. Littré.

(²) M. de Humboldt suppose à tort que Bacon ne connaît que le nom arabe Abraxis. Dans le *Comput* se trouve plusieurs fois le nom d'Hipparque.

(³) L'*optique* ne paraît pas l'œuvre du savant géomètre. (Voy. Montucla, t. 1er, p. 226.)

(⁴) Mathématicien qui, selon Montucla, serait du temps de César. Son traité a été imprimé à Venise, en 1759.

(⁵) Voy. Jourdain, *Recherches,* etc., p. 182.

retrouve plus aujourd'hui; Alcabitius, nommé ailleurs Alcabius, et Altavicus et son *Liber de scientia;* Haly, plus souvent cité comme médecin; Avenzoar, Aben Ragel, Abuena, Johannicius (¹), et enfin les tables d'Alfonse, celles de Tolède, celles de Pise, de Londres, de Marseille. Les opticiens proprement dits sont : Alkindi, Alhazen, Constantin l'Africain, Autolicus, Mileus et Tideus (²); les médecins, Hippocrate et Galien, et un grand nombre d'Arabes : Isaac avec son livre *Des fièvres et du régime;* le prince Abohaly, qui n'est autre qu'Avicenne, avec son grand ouvrage *De arte medicinæ;* Rasy, qui fut longtemps classique; Haly, *De regimine senum.* Il faut encore y ajouter Dioscoride et deux Salernitains, Constantin, du XIe siècle, et Platearius, du XIIe. Dans la géographie, il allègue, outre ses autorités ordinaires, Salluste, Pline l'ancien, le *commentaire* de Macrobe sur le *Songe de Scipion,* Flavius Josèphe, très-mal traduit, assure-t-il; Hégésippe, *De subversione Jerusalem* (³); saint Jérôme, Paul Orose, Martianus Capella, *De mundi descriptione;* Isidore et ses *Etymologies,* la *Cosmographie* d'Ethicus, les *Prophéties* de Merlin, les récits de Jean de Plano Carpini et de G. de Rubruquis.

A côté de ces ouvrages, il y en a quelques autres d'origine suspecte et dont Bacon ne nous a conservé que les titres; c'est ainsi qu'il cite souvent Artephius, qui a trouvé le moyen de vivre plusieurs siècles et a composé un traité *De speculis* (⁴); Hernès Mer-

---

(¹) Avenzoar est parfois écrit Abenvezer; on trouve Abentina au lieu d'Abuena; mais le texte prouve bien qu'il s'agit de l'astronome d'Alfonse : Johannicius est déjà cité par Vincent de Beauvais. Dans le manuscrit du *Computus* se trouvent aussi les noms de Mezslaniæ et de Melella (?).

(²) Ces trois derniers noms sont bien obscurs. Un manuscrit de la Bibliothèque impériale, *Suppl. lat.,* 49, contient vingt-un ouvrages fort peu connus, et qui tous sont cités par Bacon, comme si lui-même les avait rassemblés. Au folio 19, on trouve : *Liber Autolici de sphæra mota;* plus loin, *liber Miley de figuris spericis,* et enfin, *sermo de speculis,* editus a Tideo, filio Theodori. Ces trois ouvrages sont bien ceux que Bacon cite dans sa Perspective.

(³) Cet Hégésippe aurait vécu du temps de Constantin, et ne serait pas le même que le juif converti dont on lit des fragments dans Eusèbe.

(⁴) Artephius, *de Arte occulta.* Paris, 1612. — V. aussi le *Théâtre chimique.*

cure avec son livre *De divina natura ;* Trismegistus, *De divinitate ad Asclepium*, et différents ouvrages touchant sans doute à l'astrologie et à d'autres sciences défendues : *Liber novem judiciorum, Liber pulchrorum judiciorum, Liber de officiis spirituum, Liber de morte animæ, Liber de arte notoria*. Enfin ses livres sont parsemés de citations d'un personnage auquel il ajoute grande confiance, et qu'il appelle Ethicus ou Eutichus. D'après les passages que Bacon nous en fait connaître, sous ce nom étaient répandues des œuvres diverses traitant de sciences différentes, et se faisant toutes remarquer par le mélange mystique des idées chrétiennes et du platonisme ; leur auteur est successivement nommé par Bacon Ethicus Astronomus, Ethicus Alchimus, Ethicus Cosmographus, et plus souvent Ethicus Philosophus. C'est un de ces anciens, prétend Bacon, qui ont été illuminés par une révélation anticipée, et qui, avant Jésus-Christ, ont connu le christianisme ; il y a des prophéties merveilleuses sur l'Antechrist et les Tartares dans ses œuvres ; saint Jérôme n'a pas dédaigné de le traduire du grec en latin ; un de ses ouvrages était écrit dans un langage formé du mélange des trois langues, grecque, hébraïque et latine. Il est triste de penser que cet Ethicus semble placé dans l'estime de Bacon à peu près au niveau d'Aristote ou d'Avicenne, et aussi souvent nommé ([1]).

A cette liste déjà longue, nous joindrons, pour être exacts, les œuvres des historiens et des poètes et de différents écrivains purement littéraires. Pour l'histoire, Bacon possède Salluste, Tite-Live ;

([1]) On a peu de renseignements sur ce personnage. Des ouvrages cités par Bacon, il ne reste sans doute que la *Cosmographie* : *Æthici Cosmographia*, publiée entre autres fois par Gronovius, après Pomponius Méla, p. 705, Lugduni Batavorum, 1722. — V. aussi Vossius, *de Hist. lat.*, lib. I, p. 64. — Gesner, *Ep.*, p. 49. Gesner cite comme existant encore des livres d'histoire, mais sans rien préciser. Quant au Jérôme qui aurait traduit ces rêveries, il n'a avec le saint que la ressemblance du nom. — Voici un passage de Bacon : « Et Ethicus philosophus in libro *de Divinis et humanis et naturalibus* quem hebræo sermone, græco et latino, propter secretorum magnitudinem composuit ponit in Deo Patrem et verbum Patris et Spiritum Sanctum. » (*Morale*, 1ª Pars, cap. III.) Les auteurs contemporains ne citent pas cet Ethicus. (Cf. Fabricius, *Bibl. lat.*, nov. suppl. Hambourg, 1712, p. 175. C'est ce qu'il y a de plus complet sur cet écrivain.)

Trogue Pompée, dont il parle du moins comme s'il l'avait sous la main; Justin, Aulu Gelle et Les *Nuits attiques;* Apulée, *Du Dieu de Socrate et de l'opinion de Platon;* Censorinus, *De die natali;* Solinus, *De mirabilibus;* Cassiodore et ses *Lettres;* Flavius Josèphe; puis viennent Marianus Scotus et sa *Chronique* qui va jusqu'en 1083, Paul Orose et son traité *De ormesta mundi* (¹), les *Chroniques* d'Eusèbe traduites par saint Jérôme, les œuvres de Bède, la *Chronique* de Cluny, les *Gestes* des Bretons, Gerlandus, les pères de l'Église, comme saint Jérôme, saint Augustin, saint Ambroise, saint Cyprien, Jean Damascène, Origène, le plus grand des docteurs chrétiens, dit Bacon. Parmi les poètes, il connaît Homère, Virgile, Térence, Ovide, dont il cite souvent un poëme apocryphe, *De vetula seu de mutatione vitæ suæ* (²). Dans sa grammaire grecque, on trouve cette curieuse nomenclature : « Je veux suivre surtout Bède, Priscien, Donat, Servius, Lucain, Juvénal, Stace, Horace, Perse, Juvencus, Arator (³), Prudence, Paulin, Prosper, Sedulius, Isidore et Pline, parce qu'ils sont les plus anciens et les plus sûrs, et qu'ils ont su plus de grec et par suite plus de latin (⁴). »

(¹) Il cite aussi Orosius, *ad Augustinum*.

(²) Ce poëme singulier et assez rare a fourni des citations aux auteurs d'astrologie. La naissance du Christ y est prédite. Fabricius soupçonne qu'il est de Léon, protonotaire du palais de Byzance, au xiie siècle; et M. J.-V. Le Clerc, au témoignage de M. Libri, donne à cette conjecture l'autorité de son érudition.

(³) Arator a mis en vers les *Actes des Apôtres (Biblioth. Patrum);* Sedulius est l'auteur de quelques hymnes conservées par l'Église, et d'un poëme en cinq chants sur les cinq ouvrages merveilleux de Dieu.

(⁴) *Grammat. græca*, mss. du collége de l'Université d'Oxford, distinct. II, cap. III.

CINQUIÈME PARTIE

ANALYSES ET EXTRAITS DES OUVRAGES INÉDITS DE ROGER BACON.

CHAPITRE I.

COMPUTUS RERUM NATURALIUM.

Dans nos recherches à propos des ouvrages de Bacon, nous avons transcrit de ses manuscrits la valeur de plusieurs volumes, espérant alors pouvoir publier ce qu'il y a de vraiment important à conserver de ces volumineuses compositions. Obligé de renoncer à cette entreprise, nous nous bornons à donner une analyse de ses œuvres inédites, en y insérant quelques citations. Nous avons le regret de laisser de côté des textes qui nous paraissaient précieux, peut-être en raison des efforts qu'il nous en a coûté pour les réunir [1]. Ces fragments sont rangés ici par ordre chronologique, et rapportés aux œuvres collectives dont ils faisaient partie. Ils serviront à contrôler la fidélité de notre esquisse. Ils se distribuent en six classes : 1° Ouvrages antérieurs à 1267 ; 2° *Opus majus*, en ce que Jebb en a omis ; 3° *Opus minus* ; 4° *Opus tertium* ; 5° *Com-*

---

[1] Il est de nouveau question en Angleterre d'une édition des œuvres de Bacon. Nous avons en main de nombreux matériaux qui pourraient faciliter cette œuvre, que l'Angleterre doit à une de ses plus grandes renommées.

pendium philosophiæ, vers 1270; 6° *Compendium theologiæ*, 1292.

Le seul livre inédit de Roger Bacon, qui précède l'*Opus majus*, est, avec les commentaires du manuscrit d'Amiens, dont M. Cousin a donné une esquisse, le traité du *Comput*. En voici un aperçu très-sommaire d'après le manuscrit du Musée Britannique [1] :

Compotus fratris Rogeri [2].

« Omnia tempus habent, et suis spatiis transeunt universalia sub sole, ut dicit Salomon ; omnia igitur sive sint producta ex causis naturalibus, sive instituta humanis legibus, sive administrata ex occultis causis divinitus in hoc mundo, convenientiam habent cum tempore suo, ut ipse salvator tempus adventus sui sacris prophetiis, præconiisque voluerit prædicari, et ejus convenientiam existentiis rerum naturalium comparari, dicens, per Eremiam, quod nullus in cœlo cognovit tempus suum, quantum et hirundo et ciconia cognoverunt tempus adventus sui; populus autem meus non cognovit indicium Dei sui. Propter quod non potest haberi perfecta scientia rerum temporalium ab homine, cujus intellectus apprehendit cum continuo et tempore, nisi habeatur notitia ipsorum temporum. Hinc igitur astronomi et physici et medici de tempore, licet varie, considerant : ille, ut effectus superiorum motuum et ut causas naturalium inferiorum ; alter, ut mensuram et numerum omnium motuum et mutationum naturalium ; tertius ut signa qualitatum et ægritudinum et sanitatum corporum humanorum ; theologus autem non minus indiget temporis notitia............ Distinguimus autem hoc opus in tres partes : Prima continet ea quæ naturaliter sunt de scientia compoti *(sic)*; secunda, ea quæ de auctoritate et usu; tertia pars continet tabulas et rationes tabularum. »

---

[1] *Royal Library*, 7. F. VIII, fol. 99. — Le manuscrit de Douai en reproduit quelques fragments, sans titre.

[2] Le nom de Bacon est gratté.

On jugera de l'ensemble de ce traité par le sommaire des chapitres que nous reproduisons :

« Prima pars continet capitula 21 : 1° De sæculi ætate, et multiplici divisione annorum. 2° De consideratione anni solaris. 3° De causa et ratione bissexti. 4° De æquinoctiis et terminis eorum. 5° De soltitiis et terminis eorum. 6° De natura et quantitate temporum. 7° De locis initialibus. 8° De mensibus solaribus et ratione ipsorum secundum naturam. 9° De diebus et natura et distinctione ipsorum. 10° De horis et quantitate et distinctione ipsarum. 11° De signis imbrium et ventorum, de solis qualitate. 12° De anno lunari et varietate ejus et quantitate ejus. 13° De mense lunari et multiplici acceptione et quantitate ejus. 14° De natura et varietate temporum secundum naturam lunationum in quartis suis. 15° De causis diversitatis in prima apparitione novæ lunæ. 16° De signis quantitatis temporum ex consideratione situum et figuræ lunaris. 17° De arte inveniendi per resolutionem annos lunares e solaribus et e contrario. 18° De annis aliorum planetarum et quantitate ipsorum. 19° De anno stellarum fixarum et quantitate ipsius. 20° De differentia annorum diversarum gentium ab invicem et a radicibus ipsorum. »

« Secunda pars continet capitula 20 : Primum est de divisione temporis secundum computistas. 2° De cyclo solari et ratione ejus. 3° De collocatione bissextilis diei varia secundum diversas gentes in diebus anni. 4° De concurrente anni et cyclo concurrentium et ratione. 5° De regularibus ferialibus mensium et causa et utilitate ipsorum. 6° De numero et quantitate mensium solarium. 7° De divisione ipsorum per calendas, idus et numero istorum dierum. 8° De hebdomadibus. 9° De indictionibus. 10° De ratione adventus et termino ejus. 11° De ratione jejuniorum, quatuor temporum, etc. 13° De cyclo lunari et differentia ejus ad decemnovalem. 14° De ratione aurei numeri, etc. 15° De mensibus lunaribus. 16° De epactis. 17° De terminis festorum mobilium. 18° De insufficientia calendarii in cyclo decemnovali et collocatione aurei numeri ad primationes lunæ insinuandas. 19° De insufficientia cycli decemnovalis ad terminum paschalem inveniendum ([1]). »

([1]) Il y a sans doute un chapitre dont le titre a été omis, puisqu'on en annonçait vingt.

« Tertia pars continet capitula octo : Primum est de tabulis ad inveniendum annos Arabum per annos Christi et artem ipsorum. 2° De tabulis ad inveniendum annos Christi per annos Arabum. 3° De tabulis ad inveniendum ferias initiales annorum prædictorum et futurorum mensium singulorum annorum Arabum. 4° De tabulis ad inveniendum loca æquinoctiorum et solstitiorum in singulis annis. 5° De tabulis ad inveniendum incrementa dierum. 6° De tabulis ad inveniendum ætatem lunæ, secundum artem Arabum calendis mensis regulariter. 7° De tabulis ad inveniendum locum lunæ in cœlo quolibet die, secundum medium cursum suum. 8° De tabulis festorum mobilium. »

On a vu plus haut d'autres détails sur cet ouvrage ainsi que la mention expresse de l'année 1263, comme date de sa composition. Les textes qui concernent la philosophie, plus importants pour notre but principal, et moins connus que tous les autres, réclament la plus large place dans cette analyse.

CHAPITRE II.

OPUS MAJUS — LA MORALE

L'*Opus majus* se composait de sept parties; la dernière manque entièrement à l'édition de Jebb. C'était un traité de morale dont nous donnons l'analyse et des fragments d'après un manuscrit du Musée Britannique (¹).

L'ouvrage entier se divisait en six parties; le manuscrit ne renferme que les trois premières; mais nous pouvons, d'après l'*Opus tertium,* nous faire une idée des trois autres.

La première partie contient sept chapitres.

Voici le début et le premier chapitre :

De philosophia morali Rogeri Bacon. — « Manifestavi in præcedentibus quod cognitio linguarum et mathematica, atque perspectiva speculorum, et scientia experimentalis sunt maxime utiles et particulariter necessariæ in studio sapientiæ, sine quibus nullus potest in ea, ut oportet, proficere, non solum absolute scripta, sed et ad Dei ecclesiam relata, et cætera tria prænarrata. Nunc vero radices quintæ scientiæ volo revolvere, quæ melior est et nobilior omnibus prædictis, et hæc est inter omnes practica et operativa, et de operibus necessariis in hac vita et in alia. Scientiæ enim aliæ dicuntur esse speculativæ, licet quædam sint activæ et operativæ, quia sunt de operibus artificialibus et naturalibus, non de moralibus; et speculativæ veritatis rerum, vel operum scientialium quæ referuntur ad intellectum speculativum; et non sunt de his quæ pertinent ad intellectum practicum. Et ideo dicitur practicus quod practicam, id est operationem boni et mali, exercet. Scientia prac-

---

(¹) *Royal Library,* 8. F. 11.

tica hic stricte sumitur ad opera moris quibus boni et mali sumus, licet largo modo sumendo practicam, pro omni operativa scientia, multæ aliæ sunt practicæ. Sed antonomace hæc dicitur practica, propter principales operationes hominis, quæ sunt circa virtutem et felicitatem et miseriam alterius vitæ. Hæc vero practica vocatur Moralis et Civilis scientia, quia ordinat hominem in Deum, et ad proximum, et ad se ipsum, et præbet has ordinationes, et ad eas nos incitat et exercitat efficaciter. Hæc enim scientia est de salute hominis per virtutem et felicitatem complenda; aspirat hæc scientia ad illam salutem, quantum potest philosophia; ex quibus patet in universali quod hæc scientia est nobilior omnibus partibus philosophiæ. Nam cum sapientiæ sit finis necessaria, et finis est nobilissima in re qualibet, oportet quod hæc scientia sit nobilissima. Cœterum de eisdem negociatur hæc sola scientia, vel maxime, de quibus theologia considerat, licet alio modo scilicet in fide Christi, quamquam et hæc scientia multa præclara testimonia de eadem fide contineat, et a longe articulos principales olfacit, in magnum adjutorium fidei christianæ, ut sequentia declarabit. Sed theologia est scientiarum nobilissima; ergo illa quæ maxime convenit cum ea est nobilior inter cæteras. Sed ut utilitas hujus scientiæ maxima pateat, oportet ejus partes investigari; quatenus de partibus et toto quod volumus extrahatur. Et quum moralis philosophia est finis omnium partium philosophiæ necesse est quod conclusiones aliarum scientiarum sint principia in ea, secundum formam præcedentium scientiarum ad sequentes, quia conclusiones præcedentium supponuntur in sequentibus naturaliter, et ideo consequens est ut sint in præcedentibus bene probatæ et certificatæ ut mereantur accipi in usu sequentium scientiarum, secundum quod ex mathematicis (¹) patens est. Et ideo principia moralis philosophiæ verificantur in scientiis præcedentibus, et propter hoc debent hæc principia extrahi de aliis scientiis, non quia sint illarum, sed quia ea suo dominatui speraverunt (?) Unde ubicumque inveniantur, ascribenda sunt morali philosophiæ, quia secundum substantiam suam

---

(¹) *Sic.* Sans doute *metaphysicis.*

sunt moralia, et licet in aliis scientiis retinentur, hoc est propter gratiam moralis philosophiæ. Quapropter omnia hujusmodi reputanda sunt de morali philosophia, et ei imponenda, et ideo si his volumus uti, secundum jus suum, necesse est ut in morali scientia ab omnibus aliis colligantur. Nec mirum si philosophi per totam philosophiam speculativam scripserint moralia, quia sciverunt ea esse de salute hominis, et ideo in omnibus scientiis sententias pulchras inscripserunt morales, ut semper homines excitarent ad bonum salutis, et ut sciretur ab omnibus quod non coluntur scientiæ cæteræ, nisi propter istam quæ est humanæ sapientiæ dictatrix. Et ideo, si allegarem auctoritates de aliis locis, quam eas, quæ in libris moralibus continentur, considerare oportet quod in hac scientia debent magis proprie collocari; nec possumus reperire ea scripta in libris hujus scientiæ, quia non nisi secundum partes in latino habemus philosophiam Aristotelis et Avicennæ et Averrois qui sunt auctores in hujus modi principales. Si enim theologia veritates salutiferas essentiæ suæ intelligit, ubicumque eas invenit, ut à principio allegavi, et posterius tactum fuit, sic et moralis scientia in suum jus reducat quodcumque de rebus sui generis reperit alias esse scriptum. Hæc vero scientia Moralis vocatur ab Aristotele et ab aliis Civilis scientia, quia jura civium et civitatum determinat; et quum sic solebant civitates dominari regionibus, ut Roma imperabat mundo, ideo hæc scientia Civilis dictatur a civitate... Hæc autem scientia primo docet componere leges et jura vivendi; secundo docet ea credi et probari, et homines excitari ad operandum et vivendum secundum illas leges. Prima pars dividitur in tria; nam primo naturaliter venit ordinatio hominis in Deum, et respectu substantiarum angelicarum, secundo ad proximum, tertio secundum se ipsum, sicut Scriptura facit. Nam primo in libris Moysis sunt mandata et leges de Deo et cultu divino; secundo de comparatione hominis ad proximum, in eisdem libris et sequentibus; et tertio de moribus, ut in libris Salomonis; similiter in Novo Testamento hæc tria tantummodo continentur. Nam hoc non potest alias recipere comparationes. Non solum vero propter principium, sed propter omnia sequentia, necesse est quod principia ejus scientiæ in principio proponantur, per quæ cætera verificantur. Horum autem principiorum quædam sunt mere principia et solum metaphysice nata sunt declarari. Alia licet sint principia respectu consequentium, tamen vel sunt primæ conclusiones hujus scientiæ, vel licet aliqua principii gaudent privilegio, tamen propter maximas difficultates, quia eis maxime contradicitur, atque propter excellentem utilitatem respectu sequentium debent sufficienter stabiliri, secundum quod Aristoteles principio Naturalis Philosophiæ probat primum principium hujus scientiæ, scilicet quod motus est, contra eos qui posuerunt totum universum esse immobilem. Sciendum autem quod metaphysica et moralis philosophia maxime conveniunt; nam utraque de Deo negotiatur, et Angelis et vita æterna et de hujus modi multis, licet diversimodo. Nam metaphysica per communia omnium scientiarum investigat propria metaphysicæ, et per corporalia inquirit spiritualia et per creata recipit creatorem, et per vitam præsentem tunc negotiatur circa futuram, et multa præambula ad philosophiam moralem præmittit ; unde recitabo solum hic quod metaphysica propter scientiam civilem perquirit...... Ne scientias divisas ad invicem confundam,, quæ propria sunt metaphysicæ hic intendo probare.......... » Viennent ensuite dix-sept principes métaphysiques que nous avons énumérés ailleurs, et dont voici le dernier, tout à la gloire du Saint-Siége : « Quod uni tantum debet fieri revelatio, quod iste debeat esse mediator Dei et hominum, et vicarius Dei in terra, cui subjiciatur totum genus hominum, et cui credere debeat, sine contradictione... et iste est legislator, et summus sacerdos, qui in spiritualibus et temporalibus habet plenitudinem potestatis, tanquam Deus humanus, ut dicit Avicenna, in decimo Metaphysicæ, quem licet adorare post Deum. »

Dans le chapitre II Bacon montre que la morale doit exposer tout ce qui concerne Dieu, ou du moins les croyances qui sont communes à tous les sages : « Non tamen debet moralis philosophus omnia secreta Dei et Angelorum explicare, sed ea quæ sunt necessaria omnibus, in quibus conveniunt omnes, ne cadat in questiones et hæreses. » Il commence donc par expliquer la Sainte-

Trinité, car, suivant lui, tous les philosophes de quelque valeur, à commencer par Platon et Aristote, ont reconnu ce dogme : « Dico igitur quod moralis philosophia primo de Deo explicat Trinitatem, quam Trinitatem habet legislator per revelationem, magis quam per rationem. Ratio quidem unde philosophi locuti sunt in littera de divinis in particulari quæ excedunt sub revelationem, tacta prius est in metaphysica (¹). Nam ibi ostensum est qualiter potuerunt habere multas nobiles veritates de Deo, quia habitæ sunt per revelationem factam eis, secundum quod Apostolus dicit. Deus enim illa revelavit, sed magis patriarchis et prophetis, de quibus constat quod revelationem habuerunt, a quibus philosophi omnia didicerunt, ut prius est evidenter probatum. Potuit igitur metaphysicus satis docere quod Deus est et quod naturaliter cognoscitur, et quod est infinitæ potentiæ, et quod est unus, et quod est trinus ; sed quomodo sit ibi Trinitas non potuit ad plenum explicare et ideo hoc est manifestandum. »

Le chapitre III continue à développer cette idée que la philosophie a non seulement reconnu Dieu et la Trinité, mais encore a parlé du Christ : « Non solum locuti sunt philosophi de Deo absolute, sed de Deo incarnato qui est Dominus Christus et de eis quæ ad eum pertinent. Nam hujusmodi veritates sunt necessariæ humano generi, et non est salus hominis, nisi per noticiam harum veritatum. Et ideo oportuit quod omnibus salvandis a principio mundi, essent hujusmodi veritates notæ, quantum sufficit saluti. Hoc dico propter hoc, quod quidam minus noverunt veritates hujus modi. Decuit et ut philosophi sapientiæ dediti illud scirent de hac veritate, ut salvarentur et quatenus mundus præpararetur et disponeretur ad hanc veritatem perfectam, ut facilius reciperetur quando tempus daretur. Et ubivis persuasum est ad hoc in superioribus omnibus, ideo quod sufficit persuasio utilis quatenus experientia cognoscamus philosophos scivisse multa de Christo præ-

---

(¹) Il n'y a pas de métaphysique dans l'*Opus majus*; mais cette *Morale* a dû, sans autre changement que quelques mots intercalés, servir aussi à l'*Opus tertium*, où elle était précédée de la *Métaphysique*. (V. ci-dessus, p. 86.)

clara, nec non de Gloriosa Virgine. » Il atteste alors Albumazar, Porphyre, Solinus, saint Ambroise, le philosophe Ethicus.

Dans le chapitre IV il passe à la création, que les anciens sages ont expliquée conformément à la foi ; dans le chapitre V même démonstration au sujet de l'immortalité de l'âme ; Cicéron surtout lui donne des arguments : « Nam primo de Quæstionibus tusculanis Cicero loquitur de immortalitate animæ, et per totum istum librum investigat et persuasiones varias ad hoc revolvit. » Le chapitre VI traite, au même point de vue, du bonheur et des misères de la vie future : « Oportuit enim Aristotelem et Theophrastum et Avicennam et alios vere philosophantes vacare contemplationi felicitatis futuræ, quantum homini ex potestate sua est possibile, quatenus pius et misericors Deus pleniorem revelaret veritatem. Sed probatum est ipsum revelasse aliis quam eis qui in lege vetere et nova nati sunt et educati, ut in metaphysicis habet declarari. Et illi perceperunt quod ad cognitionem felicitatis futuræ necesse fuit eis separare se a peccatis, et a corporali amore superfluo, et a mundo, ut, quantum possent, a Deo reciperent illuminationem interiorem, quatenus articulos veritatum fidelium perciperent. Ideo omnibus abjectis, vacabant contemplationi sapientali futuræ felicitatis. Nam sapientia, ut Aristoteles dicit tertio Ethicorum, est nuda scientia... Et non solum de felicitate locuti sunt, sed de miseria alterius vitæ quæ malis reservatur. » Il termine cette partie par des considérations sur le culte dû à Dieu, et comme toujours, il les emprunte à des auteurs profanes. C'est Cicéron qui en a le mieux parlé, dit-il, et il cite ces belles paroles : « Cultus Dei est optimus idem castissimus atque sanctissimus, plenissimusque pietatis ut eum pura, integra, et incorrupta mente veneremur. (De nat. Deorum, lib. II, cap. XXVIII). » Et il termine ainsi : « Sic tractantur radices primæ moralis philosophiæ. » La seconde partie commence au chapitre VII. Laissons parler Bacon :

« Capitulum VII. Pars secunda descendit ad leges et statuta, hominum inter se, et consideratur primo salus humanæ speciei secundum vias generationis, pro populo multiplicando. Et ideo dantur leges conjugii, et statuunt quomodo habeant fieri, et qualia impedimenta amoveantur, et præcipue quod a civitatibus excludantur fornicatores et sodomites qui inducunt contrarium constitutioni civitatis, qui retrahunt homines ab eo quod melius est in civitate, scilicet conjugio, ut Avicenna et alii volunt. Deinde dantur leges secundum quas ordinantur traditi ad prælatos et principes, et e contrario, et servi ad dominos, secundum omne genus dominii et servitii, et secundum quas patrem familias oportet vivere in regimine familiæ, et magistri ad discipulos. Nam statuuntur doctores et magistri, et artifices in singulis scientiis et artibus, et eliguntur ex juvenibus meliores ad hujusmodi studia et officia exercenda, et peritiores juxta consilium sapientium, et reliqui ad officium militare deputantur pro justitia exsequenda, et malefactoribus compescendis. Et oportet, ut dicit Avicenna, ut instituendo legem sit hæc prima necessitudo, scilicet ordinare civitatem in tres partes, dispositores, et ministros et legis peritos, et quod in unoquoque istorum ordinentur alii prælati inferiores eo, et post hos tum alii ordinentur, quousque perveniant ad paucos, ad hoc ut nullus sit in civitate inutilis, quin habeat aliquem statum laudabilem; sed ut ab unoquoque perveniat utilitas civitati. Nam apud Platonem illa civitas, justitiæ ordinata, traditur, in qua quisque proprios noscit affectus, et ideo ut Avicenna dicit, prohibere debet princeps civitatis otiositatem et inactionem. Qui autem non possunt compesci debent expelli a civitate, nisi causa hujus sit infirmitas vel senectus. Et item illis constituendus est locus in quo permanent hujusmodi, et deputatur eis procurator. Oportet autem quod in civitate sit quidam locus reipublicæ pecuniariæ, qui partim proveniat ex jure quod instituitur a contractibus, partim ex calumniis quæ pro pœna infliguntur, partim ex prædis per bellum, partim ex aliis, ut et hæc res pecuniaria sit partim præparata illis, qui non possunt lucrari propter infirmitates et senectutem, et partim legis doctoribus, et partim communibus usibus. Et dein docet legislator regere patrimonia et hæreditates et testamenta, quia Avicenna dixit quod substantia necessaria vitæ partim est ramus, partim est radix; sed radix est patrimonium, et id quod ex testamento legatum est, et datum, ex quibus tribus radicibus firmum est patrimonium. Ramus autem substantiæ venit ex acquisitione per species venditionis. Deinde habet ostendi leges circa contractus omnium specierum negotiationum, in emendo, vendendo, locando, conducendo, mutuando, commodando, expendendo, servando, et hujusmodi; et ut removeatur in contractibus quodcumque nocere potest, sicut dixit Avicenna. Deinde habent jura statui, secundum quod in omnibus causis et casibus ostendatur, quod juris fit, et quæ possint terminari, ut pax et justitia foveantur inter omnes. Post ea, ut ait Avicenna, debent prohiberi studia propter quæ amittuntur hæreditates et census, et pax et concordia civium turbantur; et artifices horum studiorum sunt qui cupiunt nocere causa alicujus lucri, ut luctator et aleator et hujusmodi. Scilicet debent prohiberi studia quæ inducunt contraria utilibus, sicut furandi et rapiendi et in cæteris hujusmodi. Et ulterius debet ordinari, sicut dicit Avicenna, ut homines adjuvent se mutuo et defendant, et contra inimicos legis sint unanimes ad expugnandum eos. Si autem aliqua civitas vel regnum sit bonarum constitutionum et legis, hoc non adversatur ei quin debeat recipere aliam legem cujus institutio quam optima est; quare dilatanda est per totum orbem, et in hoc verbo lex christiana innuitur, ut inferius exponetur. Si aliqui sint inter eos qui a lege discordant, prius corrigantur ut resipiscant, et si facere noluerint occidantur. Et ultimum quod hic exigitur est quod legislator sibi constituat successorem. Et hoc fit secundum Avicennam per hunc modum. Debet enim facere hoc cum consensu majorum et vulgi, et talem eligat qui bene regere possit, et sit prudens et honestorum morum, et audax et mansuetus et peritus gubernandi, et peritus legis, quo nullus sit peritior, et hoc sit maximum omnibus. Si autem post hoc discordaverunt, ut alium velint eligere, jam negaverunt Deum, ut dicit, et ideo oportet interponere judicia in lege sua, ut quisquis se intrudere voluerit, potentia vel pecunia, tota civitas unanimiter irruat in eum et occidat; et si potuerunt facere et non faciunt jam contradixerunt Deo, nec est reus sanguinis qui interficit hujusmodi, ita tamen quod prius populo innotescat. Si autem ille qui debet institui non sit dignus et probatum fuerit, alius instituatur. Et sic terminatur intentio radicum quæ reduci potest cum sequentibus ad radices in summa. Et sub hac parte comprehenditur jus civile quod non est in usu Latinorum, ut manifestum ex radicibus hujus partis... Et certum est quod latinæ gentes habuerunt jura et leges, scilicet a libro Aristotelis ac Theophrasti ejus successoris, præter leges decem tabularum, quas primo transtulerunt de legibus Solonis Atheniensis. »

Nous laissons enfin Bacon nous apprendre l'objet de la troisième partie de la morale : « Tertia vero pars scientiæ moralis et civilis est de moribus cujuslibet personæ secundum se, ut honestas vitæ in quolibet habeatur et turpitudo morum relinquatur propter futuram felicitatem, et horrorem pœnæ æternæ. Et quod hæc debeat esse tertia patet evidenter, quum illa pars quæ continet cultum Dei, planum est quod est prima. Nam declaratum est quod bonum aliquod commune præponitur bono privato, ut Aristoteles dicit septimo *Metaphysicæ*. Sed pars præcedens habet bonum commune; pars ista bonum exhortatur privatum. Caritas enim maxima virtus est, et hæc ad bonum ordinatur commune, et concordia et pax et justitia eam comitantur, quæ virtutes excedunt mores singularum personarum. Nam homo est animal sociale et de sua proprietate est, ut dicit Avicenna, libro *De anima,* et in *Radicibus moralis philosophiæ,* quod non vivat solus, sicut brutum, quod sibi soli in vita sua sufficit. Et ideo leges quæ ordinant hominem ad proximum sunt majores, et propter hoc in septimo Metaphysicæ vult Aristoteles quod bonum publicum est majus et melius quam privatum. Et secundum eumdem Aristotelem, et Averroem decimo Metaphysicæ, vir heremita qui non est pars civitatis, sed sibi soli vacat, neque est bonus neque et malus. Quapropter oportet quod secunda pars principalis philosophiæ moralis sit de legibus communibus, ut assignatum est, et tertia est de vita et honestate, quam quilibet debet sectari : et hoc est verum secundum ordinem naturæ dignitatis, licet Aristoteles hunc modum non teneat in libris suis. » Bacon parle des vertus d'après ses sources habituelles : « Et philosophi mira locuti sunt circa virtutes et vitia; ita quod omnis christianus confundi potest homines infideles tam sublimem virtutum habuisse cognitionem, et nos turpiter a virtutum gloria cadere videmur. » Vient ensuite la théorie des vertus empruntées à Aristote, avec beaucoup de citations d'autres philosophes, et l'auteur finit en disant, d'après Avicenne : « Non liberabitur homo ab hoc mundo et ejus illecebris, nisi postquam homo totus suspensus ab illo mundo cœlesti, desideret illud quod est ibi, et amor eorum, quæ sunt ibi, removeat eum omnino a consideratione ejus quod est prope se. » Le manuscrit porte : *Explicit moralis philosophia Bacon.* On a dit plus haut quel était l'objet des trois autres parties.

CHAPITRE III.

OPUS MINUS.

On sait déjà quel était le plan de l'*Opus minus*, à quelle date il fut composé, et quelles parties il renfermait. Tous les auteurs se sont trompés sur cet ouvrage, dont nous avons retrouvé une grande partie dans un manuscrit d'Oxford ([1]), en très-mauvais état, souvent à demi effacé, et plein d'incorrections. L'*Opus minus* contenait d'abord une sorte d'épître dédicatoire à Clément IV, puis un traité d'alchimie pratique, l'analyse de l'*Opus majus*, un traité sur les sept défauts de l'étude de la théologie, et un traité d'alchimie spéculative. Il servait à compléter et à éclaircir le premier ouvrage. Le manuscrit dont nous parlons renferme le traité d'alchimie pratique. Nous avons peu de chose à en dire. Bacon y étudie la transmutation des métaux et la composition de l'elixir ou poudre de projection qui doit purifier les métaux imparfaits, et en outre prolonger la vie. Il se compose : « Per spiritum occultatum in partibus animalium, et sulphure et arsenico. » Il a une vertu infinie : « Una libra purgabit mille millia plumbi et convertet. Et hoc est quod corpora infirma reducet ad sanitatem et conservabit ea contra omnem occasionem, et vitam, si Deus voluerit, ultra centenarios annorum prolongabit, ut facta est mentio copiosior in scientia experimentali ([2]). » C'est un secret qu'il ne faut pas divulguer, dit-il en terminant. « Sed oculus vulgi semper excæcabitur ad omne opus sapientiæ ; quare hoc ei sufficit et proprium est. Sapientium vero

---

([1]) Bodl., 1819 (rectius Dig by 218). Le seul titre est : *Fragmenta quædam Rogeri Bacon ad Clementem papam*. C'est une copie d'un autre manuscrit. Après le traité d'Alchimie, le copiste s'arrête et indique ce qui doit venir après : « Sequitur, sicut nec potuit principale », c'est-à-dire les premiers mots de l'analyse de l'*Opus majus*.

([2]) Ces mots renvoient à la 6e partie de l'*Opus majus*.

corda atque consilia digna sunt occultari revelatione fideli. »

Alors, c'est-à-dire au folio 57, commence l'analyse de l'*Opus majus* : « Sicut non potuit scriptum principale propter impedimenta celsitudini vestræ præparari, sic, præter impedimenta, non potuit adhuc propter operis prolixitatem. Nam ea quæ scribo magna sunt et difficilia, et animo quieto et solitario indigent. Sed non solum juvenis ille (¹) potest remedia aliqua exhibere, imo operis totius prœlibationem jam digestam, et non solum hoc dico, sed cautela loquendi studium excitabit. Quum enim identitas mater satietatis, placeat tantum quamlibet partem degustare donec tædium generetur, et ad alia pertransire. Nam secundum Plinium, varietas fastidio legentis medetur, et præcipue meliora, et pulchriora, et mirabiliora sunt legenda. » L'auteur indique quels sont, dans chaque partie de l'*Opus majus*, les sujets qui lui paraissent les plus dignes de l'attention du pape. Après quelques mots sur la morale, il parle de la science expérimentale, et s'élève contre le mépris où l'on tient l'expérience ; puis il passe à la cinquième partie, qui lui a coûté beaucoup de travail : « Nam oportuit videre infinita quæ nullus habet facere per mensem ; sicut certe ea quæ de prima parte et quinta intra duos menses aliquis posset colligere, propter librorum et auctorum immensam multitudinem. Et certe longe difficilius est componere ad invicem quæ extrahuntur e libris diversis, quam ea perlegere et extrahere. Scientia vero experimentalis tota est amplectenda, nisi quod ea quæ sunt de iride et de circulis colorum habent difficultatem propter geometriam. Sed quæ sequuntur illa habent plenam narrationem cum ingenti sapientia ; certe illa quæ de iride et circulo colorato dicuntur, tenuerunt me per mensem, antequam potui per figurationes et experientias illa pertractare, et quia hoc requirit opus principale quod petitur, tamen non satisfeci mihi nec materiæ, de qua scribo, cum iris et illi circuli raro apparent, et certus sum quod nullus apud Latinos, præter unum qui est sapientissimus Latinorum, poterit satisfacere in hac parte (²)... Perspectiva vero propter sui pulchritudinem et majestatem quæ

(¹) C'est son élève Jean.

(²) C'est évidemment Pierre, et non pas Robert de Lincoln, comme le porte la marge.

omnia facit scire tota occurrit legenda... et hic sunt multæ figurationes quas nullus daret per mensem, quantumcumque esset eruditus, inter quæ figura de compositione oculi et decem ultimæ figurationes (¹) et quædam alia de reflectionibus præcipue sunt consideranda. Nam homini instructo in his est pulchritudo et sapientia infinita, sicut tractatus exponit. Sed in mathematicis sunt multa videre, quæ propter omnia scienda proponuntur, et est facilis intellectus, et maxima utilitas philosophiæ, theologiæ et ecclesiæ Dei, sicut superius tactum est. » Vient ensuite la description des lieux, qui faisait suite aux mathématiques. Bacon nous apprend où il était à ce moment : « Licet tunc fuerim in Anglia et in Francia, tamen describebam bene partes et civitates regionum trans mare et alibi per mundum. Sicut in Francia et in Anglia, exceptis illis civitatibus et locis in quibus moratus sum, etiam sicut scio, distinguo Normanniam, et Britanniam minorem, et Pictoniam, et Vasconiam, et Aquitaniam, et Tholosam, et Provinciam, et Burgundiam, et cœtera loca in quibus non fui, sicut Æthiopiam, Africam, Syriam, Græciam, terram Tartarorum, quia melius et certius auctores loquuntur de istis, quam de nostris regionibus. » Il continue son analyse, insiste sur l'utilité des mathématiques et de l'astronomie : « Hic que est unum quod quilibet debet semper habere pro manibus, quia mirandum videtur et supra humanum intellectum, et tamen certissimum est, de magnitudine, et spissitudine et altitudine cœlorum et stellarum.... et præcipue consideranda sunt ea ubi tabulæ astronomiæ tam Hebræorum quam Latinorum sunt positæ. Et hoc quod ibi tracto est unum de tribus in quibus solus Dei vicarius audet certificare quoad veritatem, quam duo tantum sciunt hic ; quorum unus est sapientissimus theologus et optimus homo : sed eam non fuit illi nisi in particulari proferre, propter violentiam vulgi ; cum tamen sit error infinitus aut saltem cauta dubietas quæ sufficit ad turbandum omnes sapientes hujus mundi (²) ; sicut ea

---

(¹) Le copiste intercale souvent ses réflexions et ses doutes ; ici il a écrit : *de comparatione circuli vel oculi.*

(²) Il s'agit d'une erreur chronologique sur la naissance du Christ. Quel est ce théologien dont Bacon fait l'éloge? Il ne paraît pas facile de le dire.

quæ scribo manifestant. Quod dico de judiciis astronomiæ pulchrum est videri............ Reliquum vero, quod infertur notandum, est secundum de tribus in quibus sola sedes apostolica potest et debet manum imponere, et est de corruptione calendarii. Sed propter statutum concilii generalis, nullus potest sine apostolicæ sedis judicio aliquid invenire. Quicquid vero est in tertia parte de cognitione secundum linguas est notabile, secundum quod mihi videtur. Sed inter omnia illud considerandum est de corruptione textus sacri... et hoc est tertium ad quod nullus apponet remedium, nisi sedes apostolica. Et cum sit utilitas in operibus alkemiæ major quam dici potest, atque saltem est ibi bonum sapientiæ, sicut in cœteris scientiis, illud quod describo de hac scientia potest in fine voluminis inter notanda numerari. Estimo igitur quæ hic nominavi esse magis perlegenda, secundum quod vestra sanctitas tempus obtineat. Et adhuc, ut certius inveniantur, proposui signa locis suis, scilicet capita humana in margine sub paginis. Licet multa signata sunt, multa præterita hic fiunt in opere magna et utilia; sed habent difficultatem propter figuras geometriæ; ut est tractatus de multiplicatione virtutum et ab agentibus hujus mundi et de tota actione naturali.... Sunt vero in singulis partibus multæ divisiones, id est capitula quæ secundum se habent dignitatem maximam, ut in prima parte versus finem de quinque radicibus, propter quas ecclesia primitiva non habuerit usum multarum scientiarum magnarum, et in secunda parte versus finem de prophetiis sybillæ; et in tertia parte, de signis et modis eorum in vocibus et sacris et aliis ([1]), et in principio quartæ partis de laude mathematicæ ([2]), ubi probatur per auctores et rationes, quod nulla scientia fieri potest sine mathematica; et sic de multis aliis quæ omnia reperiet vestra sapientia si tempus habeatis »

Après avoir ainsi essayé d'intéresser à son ouvrage le souverain de qui dépend le sort de ses idées; après lui avoir indiqué avec simplicité les sujets les plus importants qu'il propose à ses médita-

---

[1] Cette partie manque à l'*Opus majus* édité par Jebb.
[2] Le manuscrit écrit *metaphysicæ*.

tions, Bacon, comme il le rappelle dans maint passage de l'*Opus tertium*, éclairait le Saint Père sur les défauts de l'étude de la théologie. En effet, le manuscrit continue ainsi :

« His autem prælectis, quæ in hoc opere scribuntur quod mitto, cogitavi in fine concludere ex his peccata studii theologiæ, quæ sunt magna, et eorum remedia, et quomodo potuerint omnia adimpleri, quod et scio, quia in hoc est finalis utilitas et principalis. Et, ne propter viarum discrimina amitterem scripturam (¹), illud volo hic secundum finem proponere, sicut summam totius tractatus illius in hoc compendio coarctavi. Sunt vero septem peccata studii principalis quod est theologiæ. » Voici ces défauts : « Primum quod philosophia dominatur in usu theologorum, et theologia est pure philosophica. » Le droit civil aussi corrompt la théologie. — Le second défaut pour Bacon est l'ignorance de certaines sciences : « Secundum peccatum est quod scientiæ optimæ et maximæ convenientes theologiæ non sunt in usu theologorum, sicut illæ de quibus feci mentionem. » On sait quelles sont ces sciences, nous n'insisterons pas. « Tertium peccatum est quod illæ scientiæ quatuor, quæ sunt in usu theologorum, sunt ab eis ignotæ. » Ainsi ils ne savent pas même les sciences qu'ils acceptent et professent. Et ici se trouve ce portrait d'Alexandre de Halès et d'Albert, que nous avons signalé ailleurs : « De duobus doctoribus principaliter hoc possum docere; de aliis nulla vis est doceri, quia totus error studii venit per occasionem istorum duorum. Unus autem illorum duorum est mortuus, alius vivit. Qui mortuus est fuit bonus homo et dives et archidiaconus magnus et magister in studio theologiæ sui temporis. Unde, quum intravit ordinem fratrum minorum, fuit de eo maximus rumor, non solum propter conditiones suas laudabiles, sed propter quod novus fuit ordo minorum et neglectus a mundo illis temporibus ; et ille ædificavit mundum et ordinem exaltavit. Ex suo ingressu fratres et alii exultaverunt in cœlum, et ei dederunt auctoritatem totius studii et ascripserunt ei magnam summam illam, quæ est plus quam pondus unius equi, quam ipse non fecit, sed alii, et tamen propter

---

(¹) C'est bien l'objet de l'*Opus minus*, comme il le déclare dans l'*Opus tertium*.

reverentiam ei ascripta fuit, et vocatur summa fratris Alexandri. Et si ipse fecisset vel magnam partem, tamen non legit naturalia, nec metaphysicalia, nec audivit ea, quia non fuerunt libri principales harum scientiarum, nec commentarii, translati, quando se erexit in artibus; et diu postea fuerunt excommunicati et suspensi Parisiis, ubi ipse studuit (¹). Unde citius ordinem intravit ante quam fuerunt hi libri semel perlecti. Istud notum est per ejus ingressum in ordinem et per dispersionem Universitatis (²). Parum noti usque ad eam fuerunt libri philosophorum, et usquequo rediit Universitas; post quem reditum ipse introiit religionem, jam senex et magister in theologia. Unde, ut breviter dicatur, ipse ignoravit has scientias non vulgatas, scilicet naturalem philosophiam et metaphysicam, in quibus est statim gloria studii modernorum; et sine illis logica sciri non potest, ut patet omnibus, qui sciunt has scientias. Nam decem libri metaphysices sunt de eisdem, de quibus logica tractat, et naturalis philosophia in multis communicat logicæ. Ejus autem summa plures habet falsitates et vanitates philosophiæ, cujus signum est quod nullus facit eam de itero scribi; imo exemplar apud fratres putrescit et manet intactum et invisum his temporibus. Certum est etiam quod omnes illas scientias de quibus scribo ignoravit, sine quibus nil potest sciri de scientiis vulgatis. Quod enim eas ignoravit, patet, quia in tota summa ei ascripta nihil continetur de veritate harum scientiarum, et iterum hoc, quod studium Parisiis adhuc non habuit usum istarum quinque scientiarum.

Alius qui vivit, introïvit ordinem puerulus nec unquam legit philosophiam, nec audivit eam in scholis, nec fuit in studio scholari, antequam theologus; nec in ordine suo potuit edoceri, quia ipse est primus magister philosophiæ inter eos, et edocuit alios. Unde ex studio proprio habet quod scit. Et vere laudo eum plus quam omnes de vulgo studentium, quia homo studiosus est, et vidit infinita, et habuit experiri, et ideo multa potuit colligere utilia in pelago actorum infinito *(sic)*. Sed quia non habuit fundamentum, quum non

(¹) Vide supra.
(²) En l'année 1231, l'université rentre à Paris; suivant les biographes, ce serait en 1232 qu'Alexandre de Halès aurait embrassé la vie monastique.

fuit instructus, nec exercitatus audiendo, legendo, disputando, ideo necesse est eum ignorare scientias vulgatas. Dein quum ignorat linguas, non est possibile quod aliquid sciat magnificum, propter rationes, quas scribo de linguarum cognitione. Item, quum ignoret perspectivam, quia vere nil scit de ea, sicut alii de vulgo studentium, impossibile est quod sciat aliquod dignum de philosophia. Nam tractatus quem ego manifestavi de scientiis experimentalibus et aliis, non potest ignorari, quia hæc sunt majora cœteris, et si nescit minora, non potuit scire majora. Deus autem testatur quod solum exposui ignorantiam istorum hominum propter veritatem studii; nam vulgus credit quod omnia sciverunt, et eis adhæret sicut Angelis; nam illi allegantur in disputationibus et lectionibus, sicut auctores, et maxime ille qui vivit habet nomen Doctoris Parisiis... et allegatur in studio sicut auctor; quod non potest fieri sine confusione et destructione sapientiæ, quia ejus scripta plena sunt falsitatibus et vanitatibus infinitis. Nunquam talis abusio fuit in hoc mundo. Et si dico quod ignoraverunt scientias vulgatas et alias, cum hoc sit verum, non injurior eis; nec ignorantia est infamia, cum innumerabiles viri valentes et periti, tam clerici quam laici, ignorant scientias et tamen sunt valde utiles in hoc mundo. Scilicet et ipse fuit valde utilis in studio etiam, sed non fuit sicut æstimatur...... » Nous avons reproduit *in extenso* cette curieuse diatribe contre deux grands docteurs; nous serons plus brefs dans l'analyse des autres défauts de l'étude de la théologie. Les quatre derniers résultent pour Bacon des défauts de la traduction et des altérations du texte de la Bible, dont on se sert à Paris; nous analysons rapidement ces chapitres en y relevant les détails les plus intéressants : On remarquera surtout les plaintes contre la Faculté de Paris, et le livre des Sentences.

« Quartum peccatum est quod per Franciam una summa magistralis textus Facultatis theologiæ sit liber Sententiarum; nam ibi est tota gloria theologorum, et postquam illum legit quilibet, jam præsumit se de magistro theologiæ, quamvis non audiat tricesimam partem sui textus. Et baccalaureus qui legit textum, succumbit lectori Sententiarum Parisiis, et ubicumque, et in omnibus honoratur. Nam

Parisiis ille qui legit sententias habet principalem horam legendi secundum suam voluntatem; habet et socium et cameram apud religiosos, sed qui legit Bibliam caret his, et mendicat horam legendi secundum quod placet lectori Sententiarum. Et qui legit Sententias disputat ubique et pro magistro habetur; reliquus qui textum legit non potest disputare, sicut fuit hoc anno Bononiæ et in multis aliis locis, quod est absurdum. Manifestum igitur est quod textus illius Facultatis subjicitur uni summæ magistrali. » Ce n'est pas ainsi que faisaient les vieux docteurs, « Ut fuit Robertus episcopus Lincoln, et Adam de Marisco, et alii maximi viri. Vero Alexander fuit primus qui legit, et quum legebatur, aliquid sicut liber historiarum solebat legi et hodie legitur rarissime, et mirum est quod sic est exaltatus liber Sententiarum, quum liber historiarum est magis proprius theologiæ. » Enfin on abandonne le texte pour les questions : « Questiones quæ quæri deberent in textu ad expositionem textus, sicut fit in omni Facultate, sunt jam separatæ a textu, et vocatur curiosus qui in textu vult quæstiones, licet necessarias et proprias theologiæ, disputare, nec audiretur, nisi esset homo magnæ auctoritatis et potens....

» Quintum peccatum est majus omnibus prædictis. Nam textus est pro majori parte corruptus horribiliter in exemplari vulgato, hoc est Parisiensi... Quot sunt lectores per mundum, tot sunt correctores, sed magis corruptores... Duo ordines inceperunt corrigere, sed quia caput non habuerunt, quilibet correxit sicut voluit, usque in hodiernum diem. » Plusieurs chapitres traitent de cet important sujet, et Bacon y discute l'origine de la traduction dont on se sert. Puis il passe au sixième et septième défaut : « Sextum peccatum est longe gravius et posset dividi in duo peccata maxima : unum est quod sensus litteralis habet quam infinitas falsitates, et alibi dubitationes intolerabiles, ita quod non potest sciri veritas. » Il en est de même pour le sens spirituel. Trois chapitres servent de preuve à cette assertion. La conclusion de tout ce traité c'est qu'il faut enseigner aux théologiens beaucoup de sciences qu'ils ignorent : « Et si sciretur tota sapientia philosophiæ cum theologia, videretur tunc utilitas philosophiæ, quia sua utilitas consistit in quantum deservit theologiæ... Sed nullum vidi qui sciat illas scientias nisi unum a quo hæc omnia didici transactis annis 20. Sed possunt poni alia exempla quæ sunt valde necessaria theologiæ sicut innuitur. »

Là se termine ce petit traité. Après lui, s'il faut en croire Bacon lui-même dans l'*Opus tertium*, devait se trouver un traité d'alchimie spéculative, son meilleur ouvrage, assure-t-il. En effet, au folio 65 commence un long fragment (65 à 79) en huit chapitres, sur l'alchimie, avec ce titre : *De rerum germinibus*. En voici le début : « Hic autem volens ponere radicalem generationem rerum, ostendam quomodo ex elementis generantur humores; et ex humoribus omnia inanimata, vegetabilia, et animalia, et homines.... Et hoc est fundamentum naturalis philosophiæ... Et placet in hoc loco de his tractare ut secreta alkemiæ occultentur in his quæ scribo, quod tamen vestra discretio valeat contemplari... » Quoique le sujet n'ait pas beaucoup de rapport avec ce qui précède, Bacon prétend pourtant que tout cela se rattache aux défauts de l'étude de la théologie, et touche de près au sens littéral et spirituel : « Volui hic proponere aliqua exempla propter sensum litteralem et spiritualem. » Le traité est inachevé dans le manuscrit.

CHAPITRE IV.

OPUS TERTIUM.

§ I. Introduction. Grammaire grecque. — § II. Communia mathematicæ. — § III. Communia naturalium. — § IV. Metaphysica.

§ I.

L'*Opus tertium*, l'œuvre la plus considérable de Roger Bacon, est resté entièrement inédit. M. Cousin a fait connaître dans le *Journal des Savants* quelques fragments de l'introduction ; nous en avons multiplié les citations dans cet essai. Nous croyons donc devoir passer sur cette partie de l'ouvrage et publier de préférence des portions tout à fait ignorées.

Après l'introduction venait un traité de grammaire. Il en reste au moins un débris : c'est la *Grammaire grecque*, dont voici l'analyse d'après un manuscrit du collége de l'Université à Oxford. L'ouvrage se divise en trois parties. La première distinction de la première a quatre chapitres. Dans le premier, l'auteur rappelle d'abord l'introduction, qu'il appelle la préface de tout le volume : « Manifesta laude et declarata utilitate cognitionis grammaticæ et linguarum hebraicæ, græcæ et arabicæ et chaldeæ, quantum ad usum Latinorum, et hoc in prologo totius voluminis, nunc in hoc libro primo accedendum est ad grammaticam græcam, etc. » Comme on enseigne d'abord aux enfants à lire *grosso modo*, à écrire et à faire de petites constructions, avant d'arriver aux parties élevées de la grammaire, de même ici l'auteur se bornera à quelques préliminaires, pour passer ensuite à de plus grandes difficultés. Il exposera d'abord les principes nécessaires pour savoir un peu lire et écrire. Le chapitre II traite des diphtongues, le chapitre III des accents, le chapitre IV des abréviations. La seconde distinction a aussi quatre chapitres, qui traitent de la prononciation, du nom des lettres, de l'article, etc. Le chapitre III transcrit en grec l'*Oraison dominicale*, la *Salutation angélique* et le *Credo*. La prononciation y est indiquée par des lettres latines correspondantes, et l'on peut ainsi s'assurer qu'elle est celle même du grec moderne. Viennent ensuite le *Cantique* de Marie, de Zacharie; puis les figures de lettres grecques pour la numération, rapportées, dit-on, de Constantinople par Jean Basingestokes.

La seconde partie est divisée comme la première; elle traite des dialectes, qui sont, dit l'auteur, comme le picard et le normand pour le français; de l'articulation, du son des voyelles, des changements apportés à l'alphabet par Pythagore, des consonnes. On y trouve quelques vues assez générales, comme celle-ci : « Grammatica una et eadem est secundum substantiam in omnibus linguis, licet accidentaliter varietur; » ou bien encore des jugements sur les auteurs : « Cupio quidem maxime sequi istos : Bedam, Priscianum, Donatum, Servium, Lucanum, Juvenalem, Statium, Horatium, Persium, Juvencum, Aratorem, Prudentium, Paulinum, Prosperum, Sedulium, Isidorum, Plinium, quia hi sunt de antiquioribus et certioribus, et quia plus sciverunt de græco, et per consequens de grammatica latinorum. Hugucionem vero et Papiam non recipio, nisi ubi alii confirmant eos, quia in pluribus erronei sunt, quod nesciverunt græcum; et Britonem in tractatu suo *De vocabulis grammaticis* nolo sequi in aliquo, quia ubique errat, vel dubia dicit, vel vana, vel probationes legitimas non affert, sui capitis stultitia obstinatus. » Nous reproduisons une grande partie du chapitre premier de la troisième distinction, où Bacon critique amèrement un traité de grammaire qu'on attribuait à Aristote. On y reconnaîtra les habitudes de notre auteur. « Nunc volo quasdam falsitates evacuare juxta dicta, et primo descendo ad ea quæ scribuntur in tractatu grammatico qui incipit sit : « Scientia est ordinatio depicta in anima universitatis et diversitatis causatorum. » Aliqui enim nimis in ipso confidunt, et errant, et per eum alios ducunt sæpius in errorem. Non potest esse Aristotelis, ut æstimatur a pluribus, nec alicujus græci, quod nec tradit grammaticam græcam, secundum formam græcam, imo magis secundum latinam, licet aliqua græca aliquando ibi tanguntur. Sed constat grammaticam græcam more græco ab authoribus tradi, non igitur fuit hic tractatus factus in græco nec a græco translatus, sed aliquis latinus ipsum ex proprio capite compilavit... Dein non potest esse Aristotelis nec alicujus sapientis, quoniam ille qui composuit errat in substantia et in modo. Quantum enim ad modum erroneum, ipsemet dicet : « Excedo artis metas et scientiæ terminos, dicendo de » natura vocis et soni modo metaphysico. » Bacon reproche à ce traité de parler de la division des sciences, ce qui est un défaut de méthode, parce que la grammaire ne suppose aucune connaissance avant elle : « Non potest discipulus in grammatica intelligere proprietates scientiarum posteriorum, quæ adhuc ignotiores sunt quam grammatica; et ideo stultus est qui in docendo grammaticam, præmittit divisionem aliarum scientiarum, et ideo suppono quod hic tractatus non est alicujus sapientis, sed illius qui ea quæ magis æstimavit scire, quam sciverat, gloriabatur sic curiosius ostentare. » Enfin, tout ce qu'on trouve en cet ouvrage est faux ou vain :« Omnia sunt falsa, aut inania, aut absurda, ut hoc ex tractatu nostro metaphysico et aliis tractatibus distinguentibus scientias, planius lucescit, et ideo hic non disputo contra hunc tractatum, quantum ad divisionem scientiarum; sed in metaphysica et aliis elido omnia quæ hic dicuntur, tanquam stulta et erronee proposita ultra modum... » Tel est, en résumé, cet exemple d'un essai de critique, assez rare au XIIIe siècle, et dont nous avons tenu à donner une idée. L'auteur continue ensuite l'étude des questions grammaticales, dresse une longue liste des mots venus du grec, et que l'on écrit mal, explique la manière de compter au moyen des lettres : l'ignorance où l'on est de la numération grecque pèse sur les théologiens, les médecins, les astronomes, les évêques chargés de consacrer les églises : « Similiter possum ponere exemplum in his quæ facit ecclesia; nam statutum est quod episcopus consecrans ecclesiam scribat alphabetum græcum in pulvere cum cuspide baculi pastoralis ; sed omnes episcopi, qui græcum ignorant, scribunt tres notas numerorum quæ non sunt litteræ. » Souvent des chapitres entiers sont omis par le copiste, qui en avertit en ces mots : *Quæ quia sunt trita, prudens omisi*. Le reste du traité parle de l'accentuation, de la prosodie, puis des déclinaisons, que l'auteur ramène à trois, et de la conjugaison. A chaque instant, le copiste répète *omisi*.

§ II.

La troisième partie comprenait les mathématiques, c'est-à-dire un livre sur les généralités de la science, et des traités particuliers sur les huit sections qui, d'après Bacon, la constituent. Nous avons retrouvé le premier dans un manuscrit du musée Britannique, moins quelques chapitres qui se lisent dans un autre, à la Bodléienne, et complètent l'ouvrage ([1]). En voici le sommaire :

« Hic incipit volumen *Veræ mathematicæ* habens sex libros. Primus est de communibus mathematicæ et habet tres partes principales. Prima pars continet communia præambula ad ulteriora mathematicæ et habet distinctiones. Prima distinctio comparat mathematicam veram ad metaphysicam, et separat eam a falsa mathematica, et dat intentionem ejus et libros hujus scientiæ totius determinat, et causas errorum in hac scientia, sicut in aliis, excludit. Dat etiam mathematicæ laudes et utilitates per duas vias; et hæc prima distinctio habet 7 capitula. In primo sunt tria quæ in principio enumeravi. Nam primo comparatur mathematica ad physicam, secundo ad magicam, tertio replico numerum et ordinem librorum qui de integritate istius scientiæ componuntur. Sic autem per totum istud volumen, sicut in aliis meis voluminibus philosophiæ, volo observare ut partes et distinctiones et capitula, cum expressione brevi eorum, quæ in illis continentur, præscribantur, quatenus lector fa-

---

([1]) British Museum. Sloane's Collection 2156, fol. 74. Bodl., 1677, fol. 47.

cilius intelligat quæ tractantur; et ad evidentiam majorem volo in capitulis singulis illud quod principaliter tangitur, in eis inchoari capitalibus litteris, et in linearum principiis cum numero annotari. »

Le chapitre premier expose les rapports des mathématiques avec la métaphysique, et justifie ensuite la science des reproches qu'on lui adresse, en distinguant une fausse mathématique dont le nom vient, comme le dit Bacon, de *mantia* : « Et hæc mathematica dicitur a mantia, quod est divinatio, ut in tractatu meo græcæ grammaticæ ostendi ([1]) ; » et une autre qui n'a rien de répréhensible : « Dicitur a mathesi quod est disciplina, quæ habet mediam productam, ut in mea grammatica græca exposui. » Il se termine par la division des mathématiques. Nous en reproduisons le début et la fin :

« Necesse est omni tractanti de scientia quacumque speciali, ut eam alias atque sæpius comparet ad scientiam communem, quæ metaphysica nominatur. Cujus proprium est dare divisionem omnium scientiarum magnarum, et differentiam et originem, et quod est proprium cuilibet, et ordinem illarum assignare, et quis eas invenit, et quando inventæ sunt, et ubi, et verificare principia earum. Etenim omnis scientia specialis supponit sua principia esse, et non potest sua virtute propria investigare illa, ut Aristoteles docet, et hoc manifestavi in metaphysica mea. Similiter nec cætera, quæ nominavi, potest aliqua specialis scientia docere, quia communia sunt et generalia omnibus scientiis particularibus ; propter quod reservantur communi scientiæ, cujus proprium est formare et figurare alias scientias omnes, et ostendere, qualiter fieri vel sciri debeant, et doceri. Et quum homo multis modis errat, et quædam causæ sunt universales errorum, quibus impedimur nimis in omni scientia et vita et negotio, ideo hæc scientia universalis eas præcurrit, ut in omnibus scientiis particularibus evitentur... Ea autem vera mathematica debet esse de quantitate; cujusmodi sunt linea, superficies, corpus, numerus, et hujusmodi; et habet partes qua-

---

([1]) Preuve nouvelle que ces deux ouvrages se faisaient suite. On trouve, en effet, cette discussion dans le traité *De Gramm. Gr.*

tuor famosas, quæ vocantur geometria, arithmetica, astronomia, musica. Geometria est de lineis, superficiebus et corporibus; arithmetica de numeris; astronomia de quantitate astrorum et aliorum cœlestium, et quorumdam terrestrium annexorum ; musica docet de quantitate quæ est in sono vocis et instrumentorum, et in gestibus conformatis sono, motibus consimilibus et confractionibus competentibus, ut inferius elucescet. Quædam vero sunt communia omnibus istis quatuor, et nata est nobis via a communibus ad propria, ut Aristoteles dicit. Quapropter in primo libro hujus voluminis tractabo hæc omnia communia, in secundo de geometricis, in tertio de arithmeticis, in quarto et quinto de astrologicis et astronomicis, in sexto de musicis ea, quæ videntur necessaria, explicabo. Ordinem autem hunc tum circa probationem ex metaphysica mea lector requirat, et tum in isto libro primo ad expositionem.

» Capitulum secundum, tractans : 1° causas universales humani erroris ; 2° enumerat vitia et damna quæ ex illis contingunt in mathematica; 3° tangit in universali modo quæ remedia sint possibilia, cum promissione illorum in hoc tractatu. » Voici les causes des erreurs : « Prima est zelus quo quisquis nititur improbare omne quod ignorat in solatium suæ imperitiæ vilissimum et periculosissimum. Secunda est indigna et fragilis auctoritas quæ nimis abundat in singulis facultatibus, quæ non bene a nobis examinatæ capiuntur a juventute. Tertia consuetudo. Quarta sensus vulgi imperiti quo confirmamur in falso. Vulgus enim divisum est a viis sapientium ([1]). »

» Capitulum tertium in quo prima utilitas et laus mathematicæ innuitur esse qærenda, et quomodo illa tractatu universali ostensa sint in metaphysicis. Secundo descendit ad modos particulares probandi hoc in isto volumine, eligendo unum modum de illis per auctoritates elegantes; sed in hoc capitulo auctoritates pure philosophantium inducuntur. » Ce chapitre, comme le suivant ne fait guère que reproduire l'apologie des mathématiques, telle qu'on

---

([1]) Cf. *Op. maj.*, p. 2. Ces causes se retrouvent énumérées aussi dans l'Introduction, dans le *Comp. Phil.*, dans le *Comp. Theol.* et dans l'*Op. min.*

peut la lire dans l'*Opus majus* (4ᵉ partie, chap. XI). Le chapitre V est la continuation du même sujet : « Secundus modus ostendendi laudes mathematicæ oritur ex consideratione eorum quæ in singulis scientiis de mathematica requiruntur. » L'auteur y prouve qu'on ne peut savoir la logique et la grammaire, qui précèdent, rappelle-t-il, sans le secours de cette troisième science; témoin le commencement de la logique qui est le livre des prédicaments, inexplicable sans la science de la quantité, puisque la catégorie de la quantité est nécessaire à toutes les autres. Dans le chapitre VI il essaie d'établir la même vérité, par rapport au milieu de la logique, qui est le livre des démonstrations, *Liber demonstrationum*. « Sola mathematica est vere demonstrativa. » Voilà la proposition qui lui sert à prouver cette thèse. Enfin le chapitre sept montre que la fin de la logique, qui, suivant lui, est la *Poétique* et la *Rhétorique*, exige aussi la connaissance des mathématiques. Nous citons ces quelques lignes : « Certum est per Alpharabium in libro de scientiis et per *Logicam* Avicennæ, et Algazelis et per *Commentarium* Averrois super librum *De argumento poetico* translatum, et in prologo in quo translator Hermannus allemannus, se excusat quod textum Aristotelis, quem fecit de dicto argumento, non potuit transferre, quia ignoravit metra græca, quibus utitur Aristoteles in hoc libro, et scimus quod hic liber est in græco compositus, et de græco in arabicum translatus, licet in latinum non est conversus textus Aristotelis; sed Alpharabius exponit nobis intentionem illius argumenti, et Avicenna similiter et Algazel et Averroes..... » Là se termine la première distinction.

La seconde distinction a pour titre : *De divisione et diffinitione partium quantitatis. Quinque capitula* — Voici un aperçu de ces chapitres par leurs sommaires : « Capitulum primum dat rationem quare hæ divisiones inter communia competunt. Secundo ponit diffinitiones quorumdam communium, per quas dantur diffinitiones partium quantitatis. » Il y a là beaucoup de définitions très-nécessaires, dit Bacon, à l'intelligence de ce qui suit, et qu'Euclide a eu le tort d'omettre : « Capitulum secundum in quo acceditur ad describendum quantitatem et ejus tres species, scilicet lineam, superficiem et corpus. Capitulum tertium de angulo et figura et de divisione eorum propter species quantitatis continuæ magis cognoscendas. Capitulum quartum de loco et de tempore. Capitulum quintum primo describens numerum cum unitate, secundo speciem numero consequentium. » Il est bon de noter dans ce dernier ces phrases : « Ponam quidem in metaphysicis opiniones principales de hac specie; » et plus tard, « Donec in tractatu metaphysico probavero quod tenendum. » C'est une indication qui, à défaut d'autre, aiderait à fixer la place de ce traité dans l'*Opus tertium*, dont la dernière partie était la métaphysique.

Nous empruntons quelques fragments intéressants à la troisième distinction : *De divisione mathematicæ in partes novem cum ordine earum. Capitulum primum.* — Differt autem tractatus hic de communibus à libro Euclidis quia hic non ponuntur nisi communia tantum; ipse vero miscuit cum propriis communia, ut prius dictum est et infra plenius apparebit.... Mathematica habet duas partes magnas, speculativam, et practicam; et speculativa habet quatuor partes magnas, geometriam, arithmeticam, astronomiam, et musicam, quæ omnes sunt speculativæ. Similiter practica habet quatuor magnas partes, geometriam arithmeticam, astronomiam, et musicam practicas. Et universaliter differt speculativa a practica, quia practica descendit ad opera utilia in hoc mundo et instrumenta sapientiæ; sed speculativa considerat quantitatem absolutam, ab omnibus operibus, et specialibus instrumentis. Cum vero speculativa completur per suam practicam, et evidentius per eam apparet, ideo conjungam quamlibet practicam cum sua speculativa correspondente... De ordine autem earum ad invicem sic consideratur : omnia quæ considerantur in astrologia et astronomia certificantur per vias geometriæ et arithmeticæ; musica vero omnibus aliis indiget. »

Les quatre chapitres suivants traitent de la division de chacune de ces sciences en leurs parties. Au milieu de grandes idées dont ils abondent, nous choisissons quelques extraits nécessaires pour justifier le jugement qu'on a pu lire ci-dessus à propos des mathématiques : « Geometria speculativa dividitur in tres partes, de lineis, superficiebus, corporibus, nec unquam apud Latinos est tradita ab uno auctore nec in uno volumine, sed reperitur apud Euclidem, Theodosum de spheris, Jordanum, in quibus sunt multa superflua et multa quoque desunt. Geometria practica dividitur in duas partes. Dico quod geometriæ practicæ pars prima quæ est ad usum hominum, pertinet ad scientiam regendi familias et civitates, quæ vocatur agricultura, quæ omne genus agri considerat, sationarium, pascuum, arboribus sylvestribus et domesticis consitum, et hortum in quo nascuntur communia simplicium et radicum et herbarum... Licet Agricultura denominetur ab una particulari occupatione, extendit se ad ordinandum quæ pertinent ad regimen domuum et civitatum, et in his multa de practicis geometriæ requirit. Prima pars practicæ multas partes continet. Prima de figuris isoperimetris et replentibus locum; secunda mensuras docet; tertia figurationem civitatum et castrorum, domorum, turrium, etc.; quarta fabricationem canalium, et conductuum aquarum, et pontium ingeniosorum, et navium et instrumentorum natandi et permanendi sub aqua; et quinta est de fabricatione instrumentorum utilitatis mirabiliter excellentis, ut instrumenta volandi, et deferendi in curribus sine animalibus, in incomparábili velocitate, et navigandi sine remigatoribus velocius quam æstimari possit per manus hominum fieri. Hæc enim facta sunt diebus nostris, ne aliquis subrideat aut stupescat. Et hæc pars docet formare instrumenta, per quæ possunt incredibilia pondera elevari et deprimi sine difficultate et labore, ut homo possit per se seipsum et quidquid vellet elevare et deprimere, et de carcere se erigere in sublime, et erectum ab alto deprimere, sicut vellet. Cœterum docet artem trahendi omne resistens ad quemcumque locum volumus in plano, ita quod unus homo trahet mille contra sensum eorum et voluntatem, et consimilia quæ etiam nostris temporibus sunt peracta ([1]); sexta consistit in fabricatione machinarum ad tuendum ab inimicis domos et civitates, et ad eos expugnandum, cum fuerit opportunum. Et hæ practicæ omnes traduntur in libris propriis secundum numerum earum, ut notum est illis qui eas sciunt; quarum nomina sunt imposita secun-

---

([1]) Cf. *De mirabili potestate artis et naturæ*, 1542.

dum proprietates earum, ut liber de isoperimetris, et de replentibus locum, et de superficiebus arithmeticendis, et liber trium fratrum, et cœteri de altimetria, planimetria, et stereometria, et liber Vitruvii, et aliorum de architectura, et liber de conductibus aquarum, et cœteri secundum practicarum exigentiam singularum. Quorum omnium utilitates intendo sub compendio dicere et certius tractare, quia multa superflua in libris hujusmodi inveniuntur, et multa necessaria desunt. Ideo non sufficiunt hi libri ad plenam utilitatem obtinendam.

Secunda pars geometriæ practicæ est de compositione instrumentorum omnium scientiarum particularium practicarum et operaticarum in corporibus. Prima docet componere omnia instrumenta astrologiæ et astronomiæ, ut sphærarum, quadrantium, astrolabiorum planorum et sphæricorum, armillarum, et instrumentorum in quibus motus stellarum sunt æquati et certificati, ita quod non oporteat plus laborare, nec continue investigare motus per labores perpetuos... Et hoc posset fieri planum vel sphæricum sicut astrolabium... Et ad hæc omnia posset addi unum instrumentum quod hæc omnia longe excederet, quod motu naturali moveretur sicut cœlum. Sed in hoc instrumento, geometricus per suam industriam non veniet... Secunda docet componere instrumenta musicalia, ut sunt non solum citharæ, viellæ, psalteria, sed instrumenta specialia in quibus soni et harmoniæ resonent ad excitandum affectum hominum et brutorum, quocumque modo voluerimus, in quibus mirabilia contingunt, ut inferius exponetur... Tertia pars docet compositionem omnium instrumentorum perspectivæ..... Omne genus speculorum, ut sunt plana, sphærica, convexa, concava, columnaria, polita, aspera, et aliud instrumentum quo, angulos incidentiæ et reflexionis esse æquales probatur. Quarta pars docet formare omnia instrumenta ponderum; quinta docet formare omnia instrumenta scientiæ experimentalis, ut sunt specula prospicua ut mirabilia operum naturæ appareant, ut maxima appareant minima, et altissima infima, et occulta in aperto, etc.

Viennent ensuite les divisions de l'arithmétique et de l'astronomie, qui complètent cette troisième distinction.

Il y en a deux autres, dont nous nous bornons à donner le sommaire, malgré l'intérêt que pourraient offrir de longues citations : « Quarta est de divisione musicæ. Primum capitulum est de subjecto ejus declarando. Secundum in quo probatur quod nulla est musica mundana, nisi humana; ut est in usu communium. Tertium de vera divisione musices penes sui subjecti divisionem, scilicet, in musicam vocalem, instrumentalem, et metra, rythmos, prosam, pedes, etc. Quartum de instrumentis faciendis, id est de musica practica. Altera distinctio est de abstractione quantitatis et de generibus propositionum quibus utitur mathematica. Primum capitulum est de abstractione ipsa secundum modos ejus : Omnis scientia abstrahit aliquo modo et sunt quinque abstractionis modi : primo enim universale abstrahitur a singulis, secundo abstractio a motu et materia, tertio abstractio et separatio a motu corporali et materia, quarto abstractio a materia et motu. Capitulum secundum de quinto modo abstractionis, aut de abstractione quantitatis. Capitulum tertium an præter considerationes scientiarum principalium, quatuor inveniantur abstractiones in scientiis quæ sunt grammatica et logica. Capitulum quartum de generibus propositionum quibus utitur mathematica, quintum in quo ostenditur quod definitiones sunt petitiones et conceptiones. »

La seconde partie de ce premier livre (il y en avait six) manque presque tout entière dans le manuscrit de Londres, à l'exception de quelques chapitres sur les nombres entiers et les fractions, sur les proportions en géométrie, en arithmétique et en musique. Le texte s'interrompt brusquement au folio 97 ; mais si on ajoute à ces chapitres les fragments contenus dans le manuscrit de la Bodléienne cité plus haut, on aura dans son intégrité le premier des six livres annoncés par Bacon. Quant aux traités particuliers, nous n'en avons trouvé aucun vestige.

§ III.

Le traité de physique, qui faisait suite à celui que nous venons d'analyser, est une des œuvres les plus considérables et les plus complètes qui nous restent de Bacon; sous le rapport philosophique, on peut même dire qu'il suffit à marquer la place de notre docteur parmi les écoles de son temps. Nous en donnerons donc des extraits considérables (¹), d'après le manuscrit de la Mazarine.

« Incipit liber primus *Communium naturalium* Fratris Rogeri Bacon, habens quatuor partes principales, quarum prima habet distinctiones quatuor. Prima distinctio est de communibus ad omnia naturalia et habet capitula quatuor (²).

» Capitulum primum de ordine scientiæ naturalis ad alias. Postquam tradidi grammaticam secundum linguas diversas prout valent, imo et necessariæ sunt studio latinorum, et logicalia cum his expedivi, atque in secundo volumine tractavi partes mathematicæ, nunc in tertio occurrunt naturalia et in quarto metaphysicalia cum moralibus subjungentur (³). Patet enim quod grammatica et logica priores sunt in ordine doctrinæ et ordo naturalium est, testante Avicenna, primo Metaphysicæ, ut sequantur mathematica; similiterque idem docet quod metaphysicalia sequuntur naturalia; quia secundum eum quæstiones aliarum scientiarum sunt principia in metaphysicis. Et hoc certum est ex Aristotele, cum per quæstiones astrologiæ doceat veritatem esse penes Deum et multitutidines intelligentiarum, licet alia via metaphysicus habet probare principia omnium scientiarum, ut debet in illa scientia edoceri. Moralis autem philosophia est finis omnium scientiarum aliarum, et ideo finem in

---

(¹) Mss. de la Mazarine, 1271. Mss du Musée Britann. Royal Library, 7 F. VII, p. 165. Bodl., n° 1671. Collège de l'Université (Oxford), n° 48.

(²) Voici l'incipit du Manuscrit de Londres : *Liber naturalium* Roger Bacon. « Hoc est volumen naturalis philosophiæ in quo traditur scientia rerum naturalium, secundum potestatem octo scientiarum naturalium quæ enumerantur in secundo capitulo: et habet hoc volumen quatuor libros principales. Primum scilicet *De communibus ad omnia naturalia;* secundum *De Cœlestibus;* tertium *De Elementis, mixtis, inanimatis;* quartum *De vegetabilibus et generabilibus.* Primus liber habet distinctiones quatuor, etc. » Ce sommaire est inexact et contredit par le texte. Celui du Manuscrit de Paris l'est moins; la seule erreur à y relever, c'est cette mention : *Liber primus cammunium.* Il n'y a qu'un seul livre *De communibus,* et il est divisé en quatre parties.

(³) C'est le plan de l'*Opus tertium;* l'Introduction n'y est pas comptée.

consideratione philosophiæ obtinebit, quia omnes aliæ sunt speculativæ veritatis. Hæc autem est practica boni et operatica, propter quod sequitur has ordine naturali; nam veritatis cognitio ad amorem boni et ejus operationem ordinatur. Naturalia vero, sumpta specialiter et stricte, sunt in quibus est principium motus et quietis, ut in partibus elementorum, quæ sunt ignis, aer, terra, aqua et in omnibus scientiis ex illis, quæ sunt inanimata, ut metalla, lapides, sales et sulphura aliaque metalla, et colores sicut minium, et cerusa, et lazulus quod est azurum, et viride græcum, et hujusmodi quæ in ventre terræ generantur; similiterque hujusmodi sunt herbæ, arbores, caules, cannæ, frutices; sunt item animalia bruta et homines; in his enim est principium motus et quietis naturale, et ideo in eis est natura, quæ dicitur principium et motus et status. Quiescunt enim hæc omnia et moventur naturaliter, ut patet, secundum motum localem, et secundum alios motus, et secundum generationem et corruptionem, alterationem, augmentum et diminutionem. »

Le chapitre deuxième traite de la division des sciences physiques; nous le transcrivons presque intégralement :

« De his vero naturalibus multæ scientiæ sunt, sicut in metaphysica mea patet. Ibi enim demonstravi quod oportet quod quædam scientia sit de *Communibus naturalibus*. Nam præter specialia sunt quam plurima communia, quæ sufficiunt in quantitate ad scientiam magnam et sunt difficilia et utilia valde; et ideo cum ars et scientia debent esse de bono et utili, secundum Aristotelem in *Ethicis,* merito de his communibus debet constitui scientia satis magna. Unde sicut composui scientiam magnam de communibus mathematicæ, ante partes ejus speciales, eo quod communia ejus sunt multa et difficilia et utilia; sic hic facere non omittam, et sic fecit Aristoteles in scientia naturali vulgata apud latinos. Nam omnia sunt communia quæ determinat in libris naturalibus vulgatis, quum, ut notum est omnibus, de communibus naturalium tractat in libro *Physicorum,* et de principiis et motu, et infinito et loco et vacuo, et tempore et de aliis similibus; atque in aliis omnibus libris fere in sua philosophia vulgata tradidit et communia, licet ad speciales res descendat, ut ex sequentibus libris patefiet... Nihil vero docet in particulari de naturis substantialibus cœlorum et stellarum, neque de virtutibus quibus agunt in hæc inferiora... Licet maxime videretur quod liber *De animalibus* contineret particularia, tamen testante Plinio in octavo libro *Naturalis philosophiæ*, Aristoteles composuit quinquaginta volumina præclara de animalibus, et in latino non sunt nisi decem et novem libelli parvuli. Nam alienæ scientiæ illum magnum tractatum de animalibus reservavit, sicut postea exponetur. Et præterea non solum tractantur communia in illis libris Aristotelis, sed etiam adhuc quædam necessaria quæ communia sunt, tractantur imperfecte : quod pertinet ad agens et formam et efficiens omisit, quod præcipuum est, ut inferius tam in naturalibus quam in metaphysicis elucescet. Sed hæc, quæ de efficiente et materia et forma sunt scienda, sunt communia omnibus naturalibus, et ideo in scientia communi cæteris partibus naturalis philosophiæ debent certius annotari. Quapropter manifestum est quod una debet scientia esse naturalis philosophiæ, quæ omnia tractet communia naturalibus, et hæc erit prima inter scientias naturales. Sed aliæ scientiæ naturales erunt magnæ, quarum multæ habent plures sub se scientias, sicut in metaphysica planum est. Nam nobilis pars metaphysicæ, cum sit communis omnibus scientiis, est de origine, et distinctione, et numero, et ordine scientiarum omnium, ostendens propria cuilibet et demonstrans. Declaravi igitur in illa parte metaphysicæ quod, præter scientiam communem naturalibus, sunt septem speciales, videlicet perspectiva, astronomia judiciaria et operativa, scientia ponderum de gravibus et levibus, alkimia, agricultura, medicina, scientia experimentalis. Nam quum perspectiva sit de visu, quæ res naturalis est, oportet quod hæc sit scientia naturalis, et quum visus ostendit nobis rerum differentias, secundum Aristotelem, quum secus nihil dignum potest sciri de hoc mundo, oportet quod perspectiva sit prima specialis scientia inter scientias naturales. Deinde per ordinem sequuntur aliæ secundum seriem rerum naturalium, ut astronomia de cœlestibus, quæ cum doceat de naturalibus virtutibus et proprietatibus cœlorum et stellarum, doceatque de generatione et alteratione inferiorum per cœlestia, ut sic sumantur judicia naturalia de his, et rebus generabilibus, et corruptibilibus, ut fiant opera naturalia utilia in eis et mira in eis, manifestum est quod hæc est scientia naturalis. Nam, ut prius in *Mathematicis* est habitum, astronomia est triplex. Duæ sunt de quantitate cœlestium et partium habitabilis; una speculativa ut in Almagesti tradita; alia practica, ut in rationibus et tabulis et instrumentis; quæ duæ non descendunt ad naturales virtutes cœlorum et stellarum; nec ad alterationes inferiorum naturalium, neque ad judicia nec opera, quia horum consideratio pertinet ad philosophiam naturalem : et ideo est tertia astronomia, quia hæc naturalia in cœlestibus et inferioribus investigat, quam tradidit Aristoteles, in scientia *De impressionibus,* sicut docet Averroes secundo *Rerum mundi,* et liber *Novem judiciorum* et alii hoc certius attestantur. Et ea astronomia traditur perfecta in libro *Pulchrorum judiciorum* et in multis aliis libris de hac scientia, sicut sciunt qui in hac laboraverunt. Post scientiam cœlestium sequitur scientia de elementis, in quantum sunt partes mundi, et in quantum sunt gravia et levia, et ideo constituta est scientia de eis, quæ omnes gradus et proprietates gravium et levium ostendit, et hujusmodi est scientia *de ponderibus,* in quibus certificantur gravitas et levitas et motus gravium et levium, quæ apud Thebith et Euclidem, et multos alios auctores egregie ventilatur. Post hæc sequitur scientia de omnibus rebus inanimatis quæ sunt primo ex elementis, et hæc est *alkimia* quæ docet quomodo centum quadraginta quinque sunt mistiones elementorum; quomodo generantur humores et spiritus et corpora, et omnia inanimata usque ad partes animalium et plantarum inclusive, quia medicina mirabilis, quæ docet mundare metalla viliora, ut fiat aurum, argentum, extrahitur de spiritu occultato in partibus animalium et plantarum, præcipue hominum, sicut Aristoteles et Avicenna edocent evidenter. Et taceant stulti qui abutuntur auctoritate illa, in fine primæ translationis *Metheororum,* quamquam veritatem allegant, dicentes ibi scriptum esse : « Sciant artifices alkimiæ species rerum trans- » mutari non posse, » ac si esset verbum Aristotelis, cum nihil ejus sit a principio illius capituli : « Terra pura lapis non fit, » sed

additum ab Alueredo. Quod si esset, male allegant, quum sequitur :
« Nisi fiat resolutio ad materiam primam. » Nihil de alkimia reperitur in libris vulgatis Aristotelis, sed in aliis libris suis specialibus, qui *De rebus inanimatis* intitulantur, et in *Libro secretorum,* et alibi in particulari docet de practica alkimiæ ; et Avicenna in magno volumine quod in decem libris continetur. Deinceps de plantarum natura et animalium specialis scientia et maxima constituitur, scilicet de omnibus animatis, præter quam de homine, de quo propter nobilitatem suam et dignitatem, constituitur scientia propria, quæ dicitur medicina. Sed in ordine disciplinæ prima est scientia animatorum præcedentium hominem, et ejus usui necessariorum, quæ primo descendit ad omne genus agri et terræ distinguens quatuor species agrorum, propter vegetabilia e terra nascentia in eis. Est enim ager in quo serunt segetes et legumina ; est enim ager consitus arboribus, ut nemus ; est ager pascivus, ut prata et deserta ; est ager qui hortus dicitur, in quo domesticæ arbores et caules et herbæ et radices, tam nutritivæ quam medicinales, parantur. Hæc igitur scientia extendit se ad perfectam considerationem omnium vegetabilium, quorum notitia nimis imperfecta traditur in libro *De vegetabilibus* Aristotelis, et ideo necessaria est scientia sufficiens de plantis et animalibus supplens defectus librorum communium Aristotelis vulgatorum apud latinos, qui vocantur *De plantis et animalibus.* Sed cum agrorum cultura non potest fieri sine copia animalium domesticorum, neque utilitas agrorum præcipue consitorum arboribus et pascuorum, et desertorum, posset haberi, nisi nutrirentur animalia sylvestria, ideo extendit se hæc scientia ad plenam considerationem animalium omnium, et ad horum cognitionem misit Aristoteles plura millia hominum per regiones mundi, et fecit illa præclara quinquaginta volumina de animalibus prius memorata. Hæc autem scientia traditur in libris Plinii, in libro Palladii *De agricultura,* et in libro *Georgicorum* Virgilii, non ignobili cum expositione egregii commentatoris ejus. Scientia septima est de animali rationali, scilicet de homine, et præcipue de sanitate et infirmitate ejus, et ideo de ejus compositione et generatione illius, sine quibus sanitas et infirmitas ejus non possunt intelligi nec doceri. Constat vero quod

homo est res naturalis, et ideo scientia de ejus constituta naturalibus erit inter naturales comprehensa. Sed octava et ultima est scientia experimentalis, quæ non est contenta argumentis, sicut scientiæ naturales priores. Sed plenam certitudinem inducit ex perfectione experientiæ et certificat ultima certitudine omnia, quæ in hoc mundo continentur. Nam et cœlestia et cœlestium operationes et judicia rerum naturalium longe certius quam astronomia investigat, sicut Ptolomœus in libro *De dispositione sphœræ* docet, et omnes conclusiones nobiles aliarum scientiarum certius manifestat, et addit alias veritates magnificas in propria doctrina, et opera sapientiæ occulta rimatur. Unde sicut nauta præcipit carpentori ut faciat ei navem, qua utatur, sic hæc scientia præcipit aliis scientiis operaticis ut faciant ei opera et instrumenta sapientiæ, quibus utatur. Nam præcipit geometriæ ut faciat sibi speculum sic figuratum, ut omnes radii solis cadentes in illis reflectantur ad idem punctum, in omni distantia qua volumus, ut per hoc artificium experimentator comburat omne combustibile subito et omne metallum solvat, et omnem lapidem in pulverem et calcem redigat, per multitudinem et magnitudinem speculorum ad eamdem distantiam comburentium. Sed longe majora adinvenit hæc scientia quum rimatur omnem naturæ potestatem et artium magnalium, et extendit se ad considerationem magicarum artium, sicut logica considerat sophisticum argumentum, ut omnis falsitas et error in rebus et operibus destruatur, et sola naturæ et artis veritas teneatur. Sic ergo grosso modo exposui scientias octo naturales, de quarum natura et proprietatibus et aliarum scientiarum magnum composui tractatum in metaphysica, cujus proprium est distinguere omnes scientias, et dare rationem universalem de omnibus, quia est communis omnibus rebus et scientiis specialibus, et in omnes suam influit potestatem. Sed postquam ratio scientiarum patet in universali per metaphysicam, debent scientiæ octo postea poni in suis locis in particulari et in propria disciplina. »

Le chapitre troisième traite de la méthode à employer dans les sciences physiques : *De modo procedendi in tractando de naturalibus.* Nous en reproduisons la plus grande partie :

« Quod ad præsens intendo facere in scientiis naturalibus; sed prius tractatu compendioso, ne prolixitas et novitas nimie terreant auditores, medullarem tantum substantiam omnium scientiarum in hoc volumine ponam, quæ nusquam posita est adhuc in uno volumine. Nec tantum de potestate sapientiæ naturalium scriptum est adhuc in omnibus libris latinorum, quamvis latini sapientes hoc apud se experti sunt, licet nondum sripta super his componere voluerint. Sicut igitur ad compendium congregavi vim et potestatem scientiarum mathematicarum, resecatis superfluitatibus infinitis, et additis quæ omissa fuerant ab antiquis, sic in hoc libro procedam, quia non est magnum in paucis effluere, sed plurima compendio moderari. Tentabo igitur vires meas ad hoc, compendioso tractatu, ut si necesse fuerit, alias coposius tractem singula, aut quod alii per me excitati, per opera mea perveniant ad majora. Certum enim est quod non solum alii, sed ipse Aristoteles, multa rerum nostri temporis cumulavit superflua. Errant quidam moderni qui extendunt quantitatem voluminis Aristotelis, et majorem quantitatem dant uni librorum suorum quam Aristoteles dicitur omnibus exhibere. Nesciunt stare in necessariis, quamvis non solum cumulent vanissima, sed errores multiplicent infinitos, cujus causa est radicalis quod nec examinaverunt scientias quas scribunt, nec legerunt eas in studio solemni, nec etiam audiverunt; verum sunt facti magistri antequam discipuli, ut in omnibus errent penes se ipsos et errores multiplicent apud vulgum. Dein non possunt libri naturalis vulgati sciri sine aliis septem scientiis specialibus, nec etiam sine mathematicis. Sed duo moderni gloriosi sicut non audierunt scientias de quibus affirmant, sic nec alias, nec legerunt, nec experti sunt, ut apparet ex eorum scriptis. Ergo manifestum est quod ubique erroribus et vanitatibus confunduntur... Quin translationes perversæ sunt quibus utuntur, et nihil dignum posset ab illis dici, nec ab aliis per hujus modi translationes intelligi... Sunt etiam translationes falsæ in multis quia oportet translatorem scire duas linguas a qua et in quam cupit transferre; sed nullus interpretum ad hoc devenit, ut sapientibus est probatum. Dein quum bene translata fuerunt, jam corrupta sunt apud vulgum, et capita ejus propter ignorantiam linguarum. Multa enim desunt in naturalibus, et in aliis vulgatis, quæ nec translata sunt, nec, si sunt translata, sunt in usu vulgi, quod album in græco ostendit multipliciter. Sed et capitula multa et libri integri deficiunt multi, et de naturalibus maxime, et multa, licet male translata, non sunt nota vulgo, ut *Liber problematum*, quo non utitur vulgus; nec est translatus totaliter, et multa quæ sunt translata ibi sunt corrupta. Similiter in aliis quam plurimis eadem vitia innotescunt. Cæterum novitas translationis ducit vulgum necessario ad errorem, quia Logica quæ translata est a quingentis annis, vix scitur adhuc, nec bene scitur, sicut opiniones contrariæ apud omnes ostendunt, præcipue quum libri meliores desint vulgo latinorum adhuc. Quapropter naturalis philosophia Aristotelis quæ vix a triginta annis lecta est, et a paucis viris, et a quibus scripta non sunt facta, adhuc sciri non poterit apud vulgum. Qui autem audiverunt plures diligenter libros Aristotelis et diu et multoties in publico et in solemni studio legerunt, et labores suos postea diligenti et longa consideratione examinaverunt, non possunt propter malam translationem, et alias causas dictas scire veritatem philosophiæ Aristotelis, per vias ejus et suorum expositorum. Sed aliqui viri doctorum, et qui audiverunt has scientias et legerunt, et examinaverunt, videntes quod per textum Aristotelis et commentatorem suum non potuerunt scire naturalem philosophiam, convertunt se ad alias scientias naturales septem, et ad mathematicas, et ad alios auctores naturalis philosophiæ, ut ad libros Plinii et Senecæ, et multorum aliorum et sic pervenerunt ad notitiam naturalium, de quibus Aristoteles in libris vulgatis, et ejus expositor non possunt satisfacere studio naturali. Cum igitur ad res naturales sciendas oportet nos scire octo scientias dictas, seu saltem medullarem earum substantiam, decrevi in hoc opere colligere de omnibus scientiis naturalibus, quantum necessarium erit ad notitiam rerum naturalium, similiterque de auctoritatibus aliis naturalis philosophiæ... incedo per has vias magnificas... quibus factis si opus est dare scientias naturales singulas in forma propria, vel ego procedam ad hoc, vel alii per labores meos poterunt excitari... Cupio tamen tractatum compendiosum de perspectiva componere, quia hæc est pulchrior aliis, et sine hac nihil potest magnifice pertractari. Quum autem nata est nobis via a communibus ad propria, et a radicibus ad ramos, a fundamentis ad cumulum, et a fontibus ad rivulos, ideo ordinem hunc volo observare, incipiens primo a duabus radicibus totius naturalis philosophiæ, quæ sunt causa efficiens et materia quas in principio leviter notifico, ut tandem latius prosequar, quum oportebit. »

Outre ces trois chapitres, la première partie du livre contient en trois distinctions, un traité abrégé sur la matière et l'agent, ou, en d'autres termes, *de multiplicatione specierum;* c'est un résumé de celui que Jebb a inséré dans l'*Opus majus,* page 358. Nous nous dispensons pour cette raison d'en faire l'analyse. La seconde partie, où Bacon parle de questions purement philosophiques nous arrêtera plus longtemps. Elle a cinq distinctions. La première traite de la matière et de la forme en quatre chapitres :

Dans le premier, dont voici le titre : *Quomodo materia dicitur substantia, sicut forma et compositum et qualiter equivoce,* l'auteur prouve que si l'on donne le nom de substance à la matière et à la forme, c'est par équivocation ; mais qu'il n'y a de vraie substance que le composé. Voici sa conclusion : « Propter hoc non est triplex prædicamentum, nec triplex genus generalissimum in prædicamento substantiæ, quia unum eorum est principale prædicabile; cum quo duo non ponunt in numero; propter quod unum est genus generalissimum substantiæ, scilicet compositum, per quod attenditur unitas prædicamenti... Insuper compositum habet rationem per se existendi in ordine entium; non sic materia et forma. » Le chapitre II établit que la substance composée de matière et de forme, étant prise pour un genre, autant il y a d'espèces de substances autant il y en a de matières et de formes : « Sic dividitur substantia composita : alia est spiritualis, alia corporalis; et corporalis alia est cœlestis, alia non cœlestis; et non cœlestis alia elementum, alia mixtum. Sic forma alia est spiritualis, alia corporalis, et corporalis alia cœlestis, alia non cœlestis, etc. Similiter erit a parte materiæ unum caput generale omnibus materiis compositorum. . Et sicut una est forma communissima ad omnes formas substantiarum compositarum, sic erit una materia communissima ad omnes materias substantiarum compositarum, et specialis materia, sive specifica, formæ speciei. » Le chapitre III insiste sur cette proposition que la matière est un genre, qu'elle n'a qu'une unité générique et non pas numérique. C'est la réfutation des différents systèmes qui finissaient par confondre Dieu avec la matière : « Hæc communitas certius aperiri potest per reprobationem unitatis numeralis quæ ascribitur materiæ, et quod ad ejus essentiam non fit additio differentiæ alicujus et complementi, sed quod solum additio fiat in gradibus formæ, ut a generalissima eatur ad specialissimam formam, per omnes differentias medias inter specialissimam et generalissimam, et non sic a parte materiæ. Omnes enim qui negant materiam esse communem hoc dicunt, quia ponunt eam esse unam numero in omnibus compositis, et quia ejus unitas numeralis stat cum omni diversitate formarum et compositorum, et quia ejus essentiæ primæ, ut est in composito primo, nihil additur. » Bacon soutient au contraire qu'elle n'a pas cette unité numérique, « quod non est una numero, » et il prouve qu'en l'admettant il faut arriver à cette proposition que la matière est Dieu. On a vu plus haut cette discussion. En voici la conclusion contre ceux qui distinguent entre la puissance infinie et la substance finie de la matière : « Si potentia materiæ est infinita et substantia sua finita, esset sua potentia melior sua substantia et major, et potentior, quia nobilius est esse in pluribus et non limitari nec coarctari in similitudinem potentiæ divinæ. Quum igitur ex eorum positione sequitur, quod potentia materiæ est vere infinita intentione, ut probatum est, et nunc sequitur, si potentia materiæ est infinita, et substantia ejus erit infinita ; ergo materia æquabitur Deo, quod est insanum. » Le chapitre IV donne une autre forme plus originale à la réfutation de la doctrine de l'unité de la matière, en prouvant qu'elle reçoit autant que la forme, en elle-même, des différences spécifiques, « differentias substantiales specificas per quas dividitur et specificatur, sicut forma et compositum. « Il y a de nombreuses preuves logiques, et une longue suite d'*item;* en voici quelques exemples : « Item potentia formæ generis generalissimi est æqualis potentiæ materiæ ejusdem, vel nobilior ; ergo potest complere eam totaliter, ita quod potentia materiæ illius generis non excedit potentiam formæ ejusdem; quare potentia illa materiæ illius completur per potentiam formæ illius. Cum ergo adduntur ad formam generis generalissimi multæ differentiæ formales, usquequo veniatur ad formam specificam, ad nullam earum erit materia prima in potentia; nam jam est perfecta, perfectione formæ. Ergo illæ formæ non perficient aliquam materiam, et ita in vanum creabuntur et generabuntur, et erunt differentiæ formales sine materia apta ad eas.... Item sicut forma nova differentiæ additur ad formam generis, sic novum compositum specierum specialissimarum per differentias compositas additur ad genus generalissimum, usque ad ultimum compositum; hoc est, gradus compositi perfectiores et perfectiores semper adduntur. Sed si ultra materiam generalissimi non adderetur aliquis gradus materiæ, sed solum formæ, non essent substantiæ compositæ aliqua materia (¹) compositæ; necesse est igitur quod differentia et gradus materiæ addantur ad materiam generalissimam, sicut à parte formæ; et ita erit materia communis divisa et specifica per differentias sicut à parte formæ... Item Aristoteles in septimo *Metaphysicæ* dicit quod principia universalium sunt universalia, sicut singulorum singularia; ergo quum ibidem est sermo suus de materia et forma, oportet quod singularis compositi sint materia et forma singulares, et speciei specificæ, et generis generales.... Materia habebit suas species et genera, sicut forma et compositum. » Bacon termine en énumérant les sens divers de ces mots matière et forme, et explique qu'on ne peut compter Averroès ni Aristote parmi les partisans de l'unité de la matière : « Auctoritas Aristotelis et Averrois, qui dicunt materiam esse unam numero respectu contrariorum, habet veritatem in altera ratione de qua loquor, quia hæc est sensibilis, et naturalis considerat materiam sensibilem. »

La deuxième distinction est intitulée : *De quibusdam aliis quæ pertinent ad materiam, privationem, et formam, habens quatuor capitula.* Ces chapitres contiennent les principes de la physique générale; le premier recherche : « Quomodo et ubi in generatione

---

(¹) Manuscrit de Londres. Celui de Paris l'écrit *differentia*.

substantiæ inveniatur primo materia naturalis. » Le principe des corps n'est pas la matière indéterminée, qui est commune aux esprits et aux corps; ce n'est pas la substance spirituelle : « Quum illa ad angelos et ad animas rationales creatur totaliter. » Ce n'est pas même la substance corporelle en général, puisqu'elle comprend le ciel, qui est incorruptible et sans génération. C'est la substance des éléments et des mixtes qui, créée, sert ensuite de sujet à toute génération; cette matière est celle de l'individu, et non pas la substance universelle dont la génération est purement accidentelle; et elle est composée de forme et de matière, bien qu'on ne lui donne que ce dernier nom. Le chapitre II établit que la forme naturelle, qui doit être l'autre principe physique, ne peut se trouver dans un même genre avec le premier : « Æstimatum est a multis et ego diu credidi hoc quod in eodem genere inveniantur hæc tria, ut scilicet materia ejus sit pro materia naturali generationis, et potentia istius materiæ cum appetitu ad formam quam habet, sit pro privatione; et forma ejus pro tertio principio... Sed hoc esse non potest. » En effet, toute génération serait impossible, si la forme de la substance corporelle et le principe formel, qui doit spécifier cette substance, étaient un même. Le chapitre III cherche donc cette forme hors de ce genre, et la trouve dans les mixtes et les éléments, qui seuls sont la matière actualisée. Quant à la doctrine qui reporte en Dieu le principe formel, voici ce qu'il en pense : « Quum tamen Aristoteles dicit septimo Metaphysicæ, quod de principio secundum speciem metaphysici est consideratio et non physici et quod principium oportet semper manere, ideo principium formale aliter quæri potest, de quo dicit Aristoteles, primo *Metaphysicæ* quod est æternum, sicut primum efficiens et finis ultimus. Sed ista forma non est corporalis, quum metaphysicus non descendit infra corpus, sed solum stat in substantia spirituali in genere substantiæ. Hæc autem forma aliquis angelus esse non potest, nam ad imitationem naturæ angelicæ non sunt res in hoc mundo. Nec, ut posuit Plato, ideæ stantes extra mentem divinam... Impossibile enim est quod hujus modi ideæ sint extra mentem divinam, ut multipliciter patet ex Aristotele, præcipue versus finem septimi; et si essent non possent esse formalia principia rerum, ut abundanter probatur per Aristotelem; et nec possit poni aliqua prima inter cœteras, quum omnia essent tanquam individua ejusdem speciei, sicut ex libro *de Causis,* et septimo *Metaphysicæ* patet evidenter. Quapropter non potest hæc forma esse, nisi causa prima, quæ est principium formale et principium efficiens, et ultimus finis rerum omnium tam naturalium quam non naturalium; nec tamen est sub hac forma materiæ naturalis perfectiva, nec pars rerum naturalium, nec eas aliquo modo informans. Sed est forma exemplaris, dirigens naturam in sua operatione, quia essentia divina idealis omnis naturæ, non solum est exemplar omnium, sed artifex... Et tamen propter verbum istud multi viri famosi et magni dixerunt quod forma prima naturalis quæ est tertium principiorum, est causa prima, quia metaphysica vocatur scientia divina, et de Deo dicitur esse. Sed hoc est error maximus, quia illud principium ad quod materia est in potentia, et in quod privatio machinatur maleficium, ut corrumpat illud principium formale, et quod est altera pars compositi, non potest esse causa prima, quum hæc tria repugnant dignitati causæ primæ... Non igitur est causa prima principium formale de quo Aristoteles loquitur in primo *Physicorum,* ad quod materia est in potentia et privatio. Est tamen causa prima principium formale, exemplar, et ideale, sumendo veraciter et proprie ideam; nam ejus essentia est exemplar, et idea omnium, secundum sanctos et philosophos recte sentientes. Et, hoc modo sumendo principium formale, idem est cum primo efficiente, et cum ultimo fine, ut dictum est. Et sic est forma æterna et ingenita, sicut primum efficiens et ultimus finis, ut vult secundo *Metaphysicæ...* Quum autem dicit principia oportere semper manere, hoc dicit ut doceat principium materiale non esse genitum, sicut nec primum efficiens, et ultimus finis, et prima forma scilicet exemplaris, et idealis quæ est essentia divina. Sed hoc non oportet esse verum de forma quæ est altera pars compositi et ad quam materia et privatio sunt in potentia. »

Le chapitre quatrième traite de la privation, le troisième des principes, et la ramène à n'être qu'un point de vue sous lequel on peut considérer la matière; c'est l'essence même de la matière, sa puissance. Toutefois cette puissance n'est pas une vraie activité, c'est un effort, un désir, *conatus, appetitus,* pour être transformée; le pouvoir de transformer réside seulement dans l'agent. Ce que les théologiens appellent *rationes seminales,* n'est pas autre chose que cet *appetitus.* Bacon dresse ensuite trois tableaux qui résument les conditions générales de l'existence, depuis l'être pur et indéterminé jusqu'aux substances individuelles. Les autres chapitres de la distinction sont des plus importants; il s'agit surtout de l'universel et du particulier. Le chapitre VI résume assez bien ce qui précède :

« Per hanc descriptionem patet materiam non esse unam numero in specie nec genere subalterno sed generalissimo; eodem modo patet de forma, quomodo sit una, contra eos qui docent, quod una non est forma communis omnibus formis naturalibus, falsitates allegantes, scilicet quod formæ est distinguere et dividere, et ideo non ponunt formam unam generalem et communem in qua sit rerum convenientia. Sed decipiuntur propter hoc quod credunt solam formam esse causam distinctionis et divisionis. Verum una materia est alia per essentiam ab alia sicut forma, quia dividitur per differentias specificas, sicut forma; et ideo asinus non differt ab equo per solam formam, sed per materiam aliam specificam. Nec aliquis auctor appropriat differentiam rerum formis tantum. Sed magis evidenter et efficacius distinctio est per formam, quam per materiam; quia magis nobis est nota, et quia nobilior est. Item inconvenienter ponunt quum negant formam communem, quia formæ est dividere; quia ista divisio rerum per formas, est per formas specificas non per generalem, et ideo potest poni forma generalis, non obstante divisione specifica. Et patet per descriptionem factam quod eo modo descendit descriptio a capite uno a parte formarum, sicut a parte materiæ et compositi. Item substantia composita generalissima non potest componi ex sola materia prima; ergo ex forma prima, sicut ex materia. Item quum dico quod quælibet species substantiæ compositæ, est substantia composita, et ideo substantia composita est quoddam generale compositum ad omnes substantias compositas speciales ; sic potest dici quod quælibet forma specifica in substantiis compositis est forma substantialis; ergo hoc quod est substantialis forma est aliquid commune omnibus formis specificis. Item patet quod materia naturalis non est pura materia, sed compositum; quia materia non est res per se existens sed cum forma, et sic fit compositum; unde linea compositorum est vera linea generationis. Sed tamen posui divisiones formæ et materiæ, ut appareat quomodo generalissima sunt ibi et species et differentiæ sicut in composito, et qualiter singuli gradus compositi fiunt ex propriis et determinatis gradibus materiæ et formæ. »

Après ce résumé Bacon, dans les chapitres suivants, traite de l'universel. Il se demande d'abord si, dans l'ordre physique, l'universel a la priorité sur l'individu, et, après avoir exposé l'opinion d'Aristote et celle d'Avicenne, il adopte la dernière en la corrigeant : « Unum individuum excellit omnia universalia de mundo. Nam universale non est nisi convenientia plurium individuorum. Duo enim sunt necessaria individuo, unum absolute quod constituit ipsum et ingreditur ejus essentiam, ut anima et corpus faciunt hunc hominem. Aliud est in quo conveniat cum aliquo homine, et non cum asino nec porco. Et hoc est suum universale. Sed absoluta natura individui longe major et melior est quam relata, quia habet esse fixum per se et absolutum; et ideo singulare est nobilius, quam suum universale. Et nos scimus hoc per experientiam rerum...... Et quia omnia quæ tracto sunt propter theologiam, patet per rationes theologicas, quod universale non habet comparationem ad singularia : non enim Deus fecit hunc mundum propter universalem hominem, sed propter personas singulares; nec creavit humanum genus, nec redemit propter hominem universalem; sed propter personas singulares; nec gloria est parata homini universali, sed electis personis, et certis in numero. Manifestum est igitur quod singulare sine comparatione est melius quam universale... Et quum natura semper intendit quod est optimum, duæ naturæ, scilicet universalis et virtus regitiva individui, intendent et operabuntur principaliter individuum... Sed hæ duæ prævalent virtuti regitivæ speciei, seu universalis; ergo simpliciter loquendo et absolute, debemus dicere quod individuum est prius secundum naturam, tam secundum operationem, quam secundum intentionem... Oportet quod simpliciter et absolute definiendo, dicamus quod individuum est prius suo universali secundum naturam. Et hoc etiam patet manifesto per hoc quod dictum est, quod individuum est natura absoluta et fixa, habens esse per se; et universale non est nisi convenientia individui respectu alterius. »

Capitulum octavum. *De expositione auctoritatum in contrarium.* — Quum tamen totum vulgus est in contrarium propter quasdam auctoritates, exponendæ sunt. Et prius, quia ea, quæ dicuntur, fundantur super dignitatem individui, exponentur aliqua in contrarium. Nam homines imperiti adorant universalia propter hoc quod Aristoteles dicit primo *Posteriorum,* quod universale est semper et ubique, singulare est hic et nunc; et secundo *de Anima* dicit, quod esse universalis est esse perpetuum et divinum; singulare est corruptibile et non manet semper. Sed hoc et hujus modi solvuntur breviter, quod perpetuitas universalis, et quod sit ubique, non est propter ejus dignitatem, sed propter successionem singularium multiplicatorum in omni tempore et loco. »

Dans le chapitre IX, intitulé *De causa individuationis,* Bacon examine cette grave question de l'individuation, et la résout comme on l'a vu plus haut. Voici des preuves à l'appui : « Dicunt aliqui quod species est tota essentia individuorum, et habet esse solum diversa in eis. Et alii dicunt quod materia addita formæ universali facit individuum. Et alii quod potentiæ aliquid significatum additur, et sic significatur species significanda in diversis. Sed omnia hæc convincuntur falsa esse per prædicta; quia postquam linea singularium vadit de incompleto ad completum, sicut linea universalium, patet quod tum, sicut se habet animal ad hominem, sic hoc animal ad hunc hominem; et ideo sicut rationale additum animali facit hominem, sic hoc rationale additum huic animali facit hunc hominem; et ita nec homo nec aliquid additum homini faciet hunc hominem, licet hoc ponunt. Item patet ex dictis, quod hic homo est prius homine, secundum operationem et intentionem naturæ, et homo advenit extra essentiam ejus similis accidenti, et tanquam illud in quo debet comparari ad aliud quoddam individuum; ergo individuum habet prius esse individuum, in quantum est individuum, et essentiam suam naturalem antequam oriatur universale suum. Ergo tunc nec universale, nec aliquid additum ad ipsum, facit individuum; et ideo principia propria ingredientia essentiam individui, faciunt ipsum. Ut hæc anima et hoc corpus faciunt hunc hominem, sicut anima et corpus faciunt hominem; et hoc est quod Aristoteles dicit in septimo *Metaphysicæ*... Quum autem Aristoteles dicit primo *Cœli et mundi*, « qui dicit cælum dicit formam tantum, et qui dicit hoc cœlum, dicit formam in materia; » et in septimo metaphysicæ quod generans non generat aliquod a se, nisi propter materiam; ex quibus verbis argueret sophista, quia materia addita super formam specificam facit individuum, sicut est solemnis opinio, ut, specie multiplicata per diversas materias, fiant diversa individua, sicut idolum in speculo fit plura, quum frangitur speculum in partes diversas; dicendum est quod ista verba male adaptantur. Nam verum est quod generans non est generans aliud a se, nisi propter materiam individualem aliam, non propter speciem. Nam species est communis generanti et generato; verum hic materia non vocatur, prout est altera compositi pars, nec prout est subjectum in generatione, sed tertio modo, prout illud, quod est fundamentum alicujus in quo consistat, dicitur esse materia; ut subjectum est materia in qua est accidens; et certe sic est individuum materia in qua est universale, quod est simile accidenti... Dicendum quod esse individuum duplex est : unum est absolutum secundum sua principia, quæ ingrediuntur suam essentiam ; et sic species non sunt esse individui; aliud est secundum comparationem ejus ad aliud individuum, cum quo convenit naturaliter; et illud esse facit species. Et cum quærunt quid erit causa individuationis, si nec species, nec aliquid additum speciei, causat eam, quærendum est primo ab eis quid est causa universalitatis, si nec individuum, nec aliquid additum ad ipsum faciat universale. Ista quæstio est stulta, quum supponit nihil aliud posse reperiri, quod causat individuum, nisi species et aliquid cum specie. Nam habet sua principia singularia ingredientia essentiam suam, sicut universale habet universalia. Et cum quæritur de principiis illis ut materia et forma, quid est causa individuationis, ut de principiis primi individui... quærendum est ab illis quid facit universalia eorum esse universalia, et non possunt dicere, nisi quod creator facit quodlibet, secundum quod proprietas ejus exigit. Et ideo naturam, in qua multa debent convenire, facit universalem, et materiam diversam ab alia facit singularem. Verum creator hanc materiam primam fecit singularem, quia sua proprietas hoc requirit, et similiter formam in qua duæ formæ conveniunt, fecit universalem; et materiam in qua duæ materiæ participant, fecit communem; quia earum proprietas hoc exposcit, sicut fecit asinum secundum ejus proprietatem, et hominem secundum suam et omnia. Et ideo stultitia magna est in hujusmodi quæstione quam faciunt de individuatione. »

« Capitulum decimum, *De causis universalitatis*. — Sed major (stultitia) est de natura universalis prædicabilis de singularibus, quum quærunt quid faciat universale et est quintuplex positio, præter positionem Platonis. Plato vero dixit quod universalia fuerunt ideæ... sed in septimo *Metaphysicæ* et in secundo Aristoteles arguit contra hoc... et quia stulta est positio et nullus nunc dicit sicut Plato, ideo ad positiones modernorum decurrendum. Et est una solemnis quod universale non est nisi in anima. Alia est quod universale sit in rebus per animam. Tertia est quod universale sub ratione universalis est in rebus (1), licet, secundum id quod est, sit in singularibus. Quarta est quod universale sit solum in singularibus, et non dependeat ab anima aliquo modo. Sed quod prima est falsa, patet quia etsi non esset anima rationalis, duo lapides convenirent ad invicem. Sed hæc convenientia facit universale, ergo universale remanet, etsi anima non esset. Item nihil, quod est extra rem, potest de ea prædicari per inhærentiam, ut patet in omnibus; sed universale prædicatur de singularibus; ergo non potest separari ab eis. Item lapis non est in anima, sed species sola lapidis... sed hæc species non prædicatur de singularibus nec est commune eis; imo quælibet singularis facit speciem a se propriam; universale autem est commune pluribus et prædicatur de eis; ergo uni-

---

(1) Il faut lire : *in anima*, comme l'écrit le Mss de Londres.

versale non est in anima. Dein, dato quod universale non est in anima, patet quod secunda positio est falsa. Nam ostendo quod anima nil facit ad universalitatem, quia duo esse habet individuum : unum absolutum, aliud comparatum, etc.;. Sed utrumque esse habet, etsi anima non sit; ergo anima nihil facit ad universalitatem quæ est in rebus. Ex quibus sequitur quod tertia positio sit falsa; nam quum in anima non sit universale, nec anima operatur aliquid ad universalitatem, tunc universale secundum rationem universalis non est in anima. Propter hoc, hæc positio est falsior aliis, quia in omnibus, id quod est, et ratio sua simul sunt in eodem. Nam ubi est unum, ibi est reliquum, ut ubi est sol ibi est ratio solis. Ergo omnino stultum est dicere quod universale sub ratione universalis est alicubi, ubi id quod est universale, non erit... Vanissimum est dicere quod anima facit universale : sed contra ista sunt auctoritates falso translatæ, aut pro veritate interpretandæ, et quædam sophismata quæ apud aliquos inducunt quintam opinionem de universalibus (1)... universale sub ratione universalis non est nisi quum intelligitur et secundum se consideratur... sed omnia hæc si secundum litteram intelliguntur sunt stulta et contra veritatem, ut patet per ea, quæ jam tractata sunt... Si enim Aristoteles hoc dicit quod intelligimus quum volumus, quia universalia sunt in nobis; sed non sentimus quum volumus, quia res sensibiles non sunt semper nobis præsentes; significare vult quod sensus non sentit, nisi quum sunt præsentes res sensibiles; sed species apud intellectum morantur in absentia rei, et ideo possumus intelligere quum volumus... Si autem de speciebus universalibus tantum loquitur, hoc est quod universale facilius intelligitur, et ideo universalia vocantur objecta intellectus; sed hoc est per Antonomasiam, non per exclusionem singularis... ab uno enim singulari non venit, nisi sua species singularis per quam intelligitur; sed a quolibet singulari venit una species universalis cum specie singulari; et ideo multiplicatur

---

(1) Cette opinion invoque, pour se défendre, « Aristote secundo *De anima*, Averroès tertio *De anima*, Avicenne *in sua Metaphysica et in logica*, Boëtius quinto *De consolatione*.

species universalis in anima, et ideo fit fortior et potentior... insuper intellectus est debilis; propter eam debilitatem magis conformatur rei debili quæ est universale, quam rei quæ habet multum de esse, ut singulare. Sic igitur intelligenda est auctoritas Aristotelis, et non accidit aliquid contra veritatem rerum universalium quas ponimus in singularibus sine anima. Et ex hac solutione patet exclusio positionis famosæ de intellectu angelorum. Nam solemnis positio est quod species universales sunt apud eos, non singulares. Sed species universales non possunt esse sine singularibus speciebus. Ergo videtur quod singularia non cognoscuntur ab angelo per species universales ad invicem applicatas, sed per species singulares... sed hoc ex accidente dictum est... Secunda vero auctoritas quæ dicit quod intellectus facit universalitatem in rebus est intelligenda de specie universali, de qua jam dictum est, non de rebus universalibus in quibus conveniunt particularia extra animam... Averroes vero multos sermones et longos facit de ista materia in *metaphysicis* et in *logicalibus;* ideo supersedendum est nunc, donec fiant scripta principalia; nam ad omnia verba sua potest responderi, salva veritate, et jam tactæ sunt radices solvendi omnia quæ dicit, et exposui dicta sua in aliis temporibus retroactis, et ostendi quod non est, nisi difficultas et malitia translationis. Quidam autem sophistæ volunt ostendere quod universale nihil est, nec in anima, nec in rebus, et confident in hujusmodi fantasiis, scilicet quod quicquid est in singulari est singulare... et ideo dicunt quod universale nihil est secundum rem, et quod singularia non conveniunt in aliquo per participationem, sed solum per imitationem et similes sunt *(sic)* ut duo homines conveniunt per imitationem et similes sunt. Sed id destruit fundamenta veri et philosophiæ, et ideo primo evacuandæ sunt hujus modi sophisticationes, in quibus confident, ut reddatur eorum positio inanis et suspecta, quæ etiam ex propriis destruitur. Dico igitur ad primum quod falsa est hæc propositio : quicquid est in singulari est singulare. Nam Aristoteles quarto *Physicorum* distinguit modos octo essendi in, et unus est, sicut singulare in universali, et alius sicut universale in singulari; ergo contradicunt Aristoteli... in individuo duplex est esse, unum absolutum ex suis propriis principiis, ut Socrates ex corpore et anima, aliud comparatum respectu alterius individui, cum quo convenit in natura specifica, ut in humanitate... Item secundum hoc, essent sola individua sub genere et nulla species, ergo tolleretur unum de universalibus famosis, quod esse non potest... Quapropter dicendum est quod primus modus universalium, est secundum quod natura aliqua est communis solis individuis, et hoc universale non est nominatum adhuc, et reperitur in omnibus universalibus Porphyrianis, et est commune ad omnia... et quod universale dictum sit aliud præter quinque, patet per Avicennam in libro primo logicæ, ubi hanc sententiam affirmat. »

Après ces longues citations, que nous n'avons pas cru devoir abréger, puisqu'elles nous font connaître Bacon sous un jour tout nouveau, nous ne donnerons qu'un aperçu très-sommaire des deux dernières distinctions de cette seconde partie. La quatrième traite de la nature; le chapitre premier nous en décrit l'objet : « Postquam in parte secunda hujus primi libri naturalium dictum est de materia principaliter et ejus privatione et potentiis, et rationibus seminalibus et simul de forma, quæ ibi necessaria videbantur, nunc dicendum de proprietatibus omnium causarum naturalium et non naturalium, secundum quod ad naturam referuntur... » Vient ensuite la distinction entre les deux genres de causes efficientes, la nature et l'intelligence : « Omne agens sine deliberatione rationis et sine electione voluntatis dicitur agens per naturam, quia instinctu naturali agit. Sed intellectus non agit instinctu naturali, sed ex sua deliberatione et diversis modis secundum suæ bene placitum voluntatis. » Cependant, il y a des actes intellectuels qui sont purement naturels; et tout ce qui dans l'âme tient aux opérations sensitives mérite ce nom. Le chapitre II examine la définition de la nature suivant Aristote : « Naturam esse principium motus et quietis ejus in quo est per se et non per accidens. » Bacon prétend que : « In materia nihil est activum in actione transmutandi et efficiendi... » Il renvoie le lecteur au quatrième livre : « Quum pervenietur in quartum librum, ubi de his quæ certificanda sunt circa elementa patefiet. » Il cite aussi le cinquième et le troisième, qui traitait : *De cœlestibus.* Puis, dans le chapitre III, il critique la définition de la nature par Boèce. Enfin, la distinction cinquième traite de toutes les espèces de causes ; de la fameuse division en causes formelle, matérielle, efficiente et finale, et des huit modes de ces causes ; puis des causes accidentelles ou du hasard, et se termine par une comparaison entre la cause finale dans la nature et dans la science : « Finis imponit necessitatem rebus quæ sunt in fine ; non tamen sic est in doctrinis et scientialibus ; nam conclusio quæ est finis non imponit necessitatem principio. »

La troisième partie a pour objet le mouvement, le temps, le vide, le lieu ; c'est en un mot de la pure physique scolastique : « Postquam in prima parte hujus libri primi de communibus naturalium, determinatum est de efficiente naturali, et in secunda parte de materia et universaliter de causis naturalibus ; nunc in hac parte tertia dicendum de motu et his quæ pertinent ad ipsum. » Bacon s'évertue alors à éclaircir la définition d'Aristote : « Motus est actus imperfectus ; » ou bien cette autre : « Motus est actus existentis in potentia secundum quod hujus modi, id est secundum quod est in potentia ad aliud, non secundum quod aliquid est in actu proprie. » Il s'aperçoit de l'obscurité de cette définition, place le mouvement dans la catégorie de la qualité, malgré Aristote, qui l'a mis dans celle de la quantité, et surtout s'emporte contre Averroès, qui a confondu le mouvement avec la nature du mobile. Il passe ensuite au temps, et distingue l'éternité créée, qu'il appelle *ævum*, de l'éternité incréée. Il signale, chemin faisant, qu'il ne s'astreint pas à suivre Aristote : « Aristoteles propter modum prosequendi positiones philosophorum tenuit alium ordinem ; sed quia multa fuerunt rationabilia in temporibus suis propter nobilitatem positionum et præsentiam auctorum illarum, et modo absurda sunt, ideo non oportet nos quærentes mentis soliditatem imitari Aristotelem in omnibus. » Puis il relève une seconde erreur d'Averroès : « Mirum est valde quo Averroes cecidit in errore de tempore, quod sit in anima, quum ipse fuerit multum litteratus homo ; sed aut mala translatio et vitium translationis fuit causa hujus erroris apparenter, aut ipse hic erravit, sicut in aliis multis locis. » Il nous

révèle aussi que l'idée d'une âme du monde avait encore des adeptes à cette époque : « Phantastici dicunt quod hi articuli (une opinion d'Aristote opposée à celle d'Averroès) procedunt de anima hominis vel bruti, sed non de anima mundi. Sed primo non habent ab Aristotele animam mundi, sed a Platonicis quos impugnat Aristeteles; secundo secundum veritatem non est anima mundi, etc. »
Il continue ensuite en expliquant ce qu'il faut entendre par l'unité du temps, et revient à chaque instant sur cette idée qu'Aristote n'a pas tout dit, ni tout su. Tel est le résumé de la première distinction. La deuxième traite du lieu et du vide, et achève la troisième partie du livre.

La quatrième a pour titre : *De productione rerum in generali.* Il y est question de la génération, des degrés de la forme substantielle; on examine si cette forme s'engendre instantanément ou dans un temps mesurable, etc.; puis on passe en revue tous les objets soumis à la génération; d'abord les éléments, ensuite les mixtes, puis les animaux, et enfin les hommes. Au milieu de questions oiseuses, on trouve dans cette partie d'intéressants renseignements sur quelques problèmes de psychologie, dont on a vu l'exposition dans la troisième partie de cet essai.

§ IV.

On a prouvé plus haut que la quatrième partie de l'*Opus tertium* se composait d'un traité de métaphysique et de morale, et l'on a dit pour quelles raisons il était permis de reconnaître cet ouvrage dans un manuscrit de Paris, malheureusement très-incomplet. Voici un aperçu des dix chapitres qui y sont conservés [1] :

« Incipit *metaphysica* fratris Rogeri ordinis fratrum minorum de viciis contractis in studio theologiæ:

» Quum intentio principalis est vobis innuere vicia studii theo-

---

[1] Biblioth. Imp., 7440; Bodl., 1791. Le titre ici reproduit appartient au Manuscrit anglais, qui ne renferme que quelques lignes. Celui de Paris porte : « Incipit metaphysica Rogeri Baconis *De ordine prædicatorum.*

logiæ quæ contracta sunt ex curiositate philosophiæ, cum remediis istorum, præsertim in theologicis, authentica inducam philosophorum testimonia. Auctoribus enim uti, ut ait Tullius in primo *de quæstionibus tusculanis,* in omnibus causis et solet et debet valere plurimum; propter quod Plinius in libro primo *naturalis historiæ* omnes auctores enumerat pene innumerabiles quos in residuis libris 36 imitatur. Unde dicit : « Est enim benignum, ut arbitror et plenum ingenui pudoris fateri per quos profeceris. » Le chapitre premier continue sur ce ton, en accumulant les citations de Pline, Sénèque, d'Ethicus, de Cicéron, de Boèce, de Salluste, de Platearius, d'Ovide, d'Horace. Bacon prodigue à dessein ces témoignages : « Diversorum auctorum exempla et ad eamdem materiam varias auctoritates inducere curabo... ut scribentes, vel conferentes, vel quantumcumque perorantes veniamus ad varietatem temporum, differentiam testimoniorum, et ut vilis ignorantia tantæ copiæ, et sermo nugatorius animos auditorum non offendant. » Voici une preuve que ce traité faisait partie des ouvrages envoyés au pape : « Sed propter rerum inæstimabilem difficultatem de quibus loqui volo, et propter multitudinem et pondus occupationum, non potui citius transmittere quod voluistis; nec adhuc possum complere in particulari et principali disciplina. Opus tamen universale si placet intueri, poteritis ut saltem ex partibus tota, ex minoribus majora, ex paucioribus plura cogitare valeatis. » Le chapitre II commence à énumérer les signes de nos erreurs; nous le reproduisons en grande partie : « Et quia nata est nobis via a communioribus ad magis propria, ideo circa sapientiam in universali declinando, tamen magis ad humanam, ut serviat respectu divinæ, in principio tentabo signa ignorantiæ nostræ cum suis causis revolvere. Primum signum quod considerandum est, secundum vias sapientiæ, est multiplex signum errorum nostrorum, ut si non avertamus ea, credamus esse in luce veritatis, cum tamen sumus in tenebris ignorantiæ densissimis. Primum autem signum manifestum est illud, quod Aristoteles recitat primo *metaphysicæ,* secundum primam et secundam translationem,, videlicet philosophantium contradictio, quod præcipue verificatum est modernis temporibus, quum in uno vilissimo sophismate, aut in una vanissima quæstione, vix unus concordat cum alio. Aliud est signum non minus evidens. Cum enim sunt habitus cognitivi quam plures, ut dubitatio, opinio, fides, admiratio, experientia, solertia, intellectus, scientia, sapientia, etsi quidam sunt consimiles, fere in omnibus versamur per dubitationes et opiniones qui sunt habitus debilissimi, et æqualiter circa falsa sicut circa vera; in paucissimis aut nullis pertingentes ad intellectum, scientiam et sapientiam, ut quilibet novit in se et in aliis, nisi sunt aliqui antiqui qui supra seipsos et alios altius elati philosophant inter indoctos, quibus in nullo credendum est. Tertium signum est quod cum philosophi et doctores antiqui præparaverunt nobis unam sapientiam, quantum possibile fuit eis juxta tempora sua, et habemus in linguis nostris magnas et multas et pene innumerabiles partes scientiarum et artium, non est aliquis modernorum qui aliquam partem sapientiæ dignam, quæ in lingua latina habeatur, sciat supplere per inventionem, vel ab alia lingua transferre. Sunt enim quanto juniores tempore, tanto perspicaciores, ut diffinit auctoritas, et cum primi inventores, nullum adjutorium habuerunt, et posteriores solum habuerunt adjutorium priorum, semper crevit scientia; et sapientia et partes artium dignarum paulatim addebantur. Nunc vero nos qui labores omnium præcedentium habemus paratos, neque scimus addere ea ad quæ ipsi non potuerunt pertingere, neque ab eis facta quæ sunt, in lingua nostra transmutare, cum tamen deberemus quæ desunt complere et jam renovare in melius. Quod Boetius dicit libro *de disciplina scolarum* : Miserum est semper uti inventis et nunquam inveniendis. Nihil enim perfectum est in humanis inventionibus; Seneca et ait : Omnia erant nova primo tentantibus; postea illa eadem rimati sunt; sed si quid inventum est illis debetur; nulla enim res consummata est, dum incipit. Unde in quarto libro adhuc dicit : Non sunt anni mille quingenti ex quo Græcia stellis numeros et nomina fecit, multæque hodie sunt gentes quæ tantum facie noverint cœlum; veniet tempus quo ista quæ nunc latent, in lucem dies extrahat et longioris ævi diligentia. » Et ideo si posteriores proficerent in scientiis, ut oporteret, ipsi complerent, juxta sui temporis opportunitatem, ea quæ defuere prioribus. Sed hi non faciunt. Imo, quod pejus est, non intelligunt ea quæ ante oculos comparata sunt, ut manifestum est in omni parte scientiæ. Itaque non est necesse ponere exemplum in alkimia et in scientiis secretorum experimentorum, nec in libris 37 naturalis historiæ Plinii, et in perspectiva, et aliis quam pluribus operibus philosophiæ occultis; sed in scientiis vulgatis, grammaticalibus, logicalibus, naturalibus, metaphysicis, manifestum est paucissimos vel nullos ad veritates secretas in illis pertingere, sicut patebit postea certius in multis. »

Le chapitre III énumère les autres signes de l'ignorance, et Bacon revient à son sujet de prédilection, la supériorité des anciens sur les modernes, et l'injuste discrédit où on laisse les livres des philosophes profanes :

« Capitulum III. Quartum signum et pessimum est ignorantiæ in humanis sapientiis nunc temporibus, quia scimus quod veritas divina est complete revelata jam a mille ducentis et quinquaginta annis, quæ omnino perficit philosophiam et dilucidat et certificat. Et tota philosophiæ intentio est per viam admirationis universi, devenire ad agnitionem Dei et proprietatum ejus, tam absolutarum quam relatarum, ad creationem mundi et ejus conservationem et promissionem felicitatis summæ obedientibus sibi, et infelicitatis non obedientibus tam angelis quam hominibus, ut vivant ipsi homines, ejus cultu debito, omni superstitione, quantum possibile est philosophiæ, remota, et ut consistant in morum bonitate et justitia, et pace communi, quatenusque propter bona alterius vitæ contemnentes istius mundi bona, tandem veniant ad statum omnium bonorum agregatione perfectum, qui est vera beatitudo ab ipso deo largienda, tam in corpore quam in anima. De omnibus autem istis articulis et insuper de Christo et lege christiana reperiuntur in libris philosophorum auctoritates pulcherrimæ et sententiæ efficaces, et exempla mira quæ multum disponunt homines ad veritatem fidei christianæ recipiendam, et facile retinendam, et fortiter apprehendendam, et firmiter approbandam ; quæ ad defensionem et propagationem religionis christianæ necessario requiruntur. Quia infideles negant auctoritatem Christi, et Sanctorum, et evangelicæ veritatis, et ideo per hanc unam non est eundum contra eos, vel ad eorum instructionem. Neque debet aliquis præsumere de miraculis faciendis nunc temporis. Quapropter tertia via est requirenda, et hæc non est una nisi per potestatem philosophiæ, quæ est communis nobis et eis, quia infideles principia philosophiæ et humanæ sapientiæ non possunt negare, neque auctores eorum, et ideo ex his procedendum est contra eos, sive pro ipsis inclinandis ad fidei veritatem. Atque Christiani deberent per seipsos libenter de libris philosophorum eruere omnia quæ sunt ad confirmationem et traditionem fidei, et declarationem ejus et exercitium eorum in mirabilibus veritatibus congruentibus fidei. Immo multæ inveniuntur, quæ sunt expressi articuli fidei nostræ, quæ Deus revelavit et concessit proferre in medium, ad utilitatem Scripturæ sacræ et Ecclesiæ. Sed nunc non invenitur usquam aliquis qui talia sciat ex potestate philosophiæ proponere, in signum densæ ignorantiæ, quum jam habemus omnia optata per revelationem fidei adjuvantis et exercitantis nos ad majora eruenda de fontibus humanæ sapientiæ, quam unquam fuerunt educta. Et quod pejus est, negligunt requirere in libris philosophorum nobilissimas veritates in maxima copia, quæ jacent tanquam mortuæ, et quasi non fuissent unquam scriptæ. Et quod pessimum est, quando veritates hujusmodi aliquotiens vel leguntur vel audiuntur, deridentur ac despiciuntur. » Le chapitre IV établit que Platon, Aristote, Ethicus, Albumazar, Ovide ont clairement parlé de la sainte Trinité : « Philosophi igitur verificaverunt causam primam summum Deum esse unum et trinum, quam Plato patrem paternamque mentem et utriusque amorem mutuum, unam solam indivisam Trinitatem, non solum ita credi oportere docuit, sed ita rebus esse testis convincit, etc. »... Dans le chapitre V même démonstration à l'égard de la création *ex nihilo*. Bacon essaie de laver Aristote du reproche d'avoir cru à l'éternité du monde, atténue cette opinion par de subtiles distinctions entre l'éternité créée et l'éternité de la cause première, et finit par alléguer les erreurs de la traduction : « Et ideo Aristoteles summus philosophorum non potuit hanc conceptionem ignorare, ex quo directe sequitur quod motus incepit et tempus similiter. Unde in fine *de generatione* ostendit quod motus a parte ante fuerunt infiniti, per hoc quod non contingit infinita pertransire. Quomodo ergo contradicet sibi hoc modo, potest ne aliquis homo sanæ mentis dicere? Et scivit quod duratio creaturæ finita est, nec potest æquari durationi creatoris, quum excedat omnem creaturam in infinitum. Sed obscuritas textus Aristotelis, et difficultas sententiarum, et mala translatio occultavit a multis intentionem veritatis in hac parte. Scivit et Aristoteles bene quod omne totum est majus sua parte, quæ est conceptio. Sed si tempus et motus habuissent infinitatem, sequeretur quod pars esset æqualis toti, et major toto, ut patet manifeste... Posuit igitur fieri mundum a Deo ex nihilo; sicut Ethicus. »

Les philosophes n'ont pas été moins explicites sur la vie future; c'est l'objet du chapitre VI; et ici l'auteur est plus dans le vrai en montrant que le dogme de l'immortalité de l'âme se trouve chez beaucoup de philosophes anciens; seulement, on est surpris de trouver Démocrite parmi les prétendus apôtres de cette doctrine. Il est mieux inspiré dans le chapitre VII, quand il rappelle tout ce qu'ont fait les sages pour glorifier la pureté des mœurs et l'observation du devoir. C'est à ce propos qu'il nous énumère tous les livres de morale qu'il connaît, et dont nous avons donné ailleurs la liste. Le chapitre VIII est un panégyrique de leurs travaux et de leurs découvertes dans la politique et la science des institutions, et se trouve conforme pour le texte à la seconde partie de la morale que nous avons analysée. Il se termine par l'énumération des auteurs qui ont traité de cette science : « Hæc et ejus modi multa alia docent philosophi, quorum libri sunt in lingua latina, ut Cicero *De republica*, et Apuleus *De dogmate Platonis*, et Avicenna in *Radicibus moralis philosophiæ*, quas ut dicit in prohemio libri sufficientiæ, innuebat ad summam scientiæ moralis, adusque in hac intentione librum edat proprium et singularem; et Alfarabius in tractatu *De scientia civili* et plures alii; multaque alia de hac materia in libris Senecæ et Tullii, et aliorum prænominatis. Sed libri Platonis *De republica* non habentur in latino, neque habentur complete libri Aristotelis, qui immediate sequuntur septem libros *Ethi-*

cæ, ut prius tactum est, neque libri Theophrasti qui complevit seu exposuit philosophiam Aristotelis... quare Alfarabius et translator *Ethicæ* de græco in arabicum testantur eum fecisse librum legum, et ipsemet in fine *Ethicæ* fatetur se descendere ad leges civitatum simpliciorum, ut prius tactum est. »

Nous extrayons encore du chapitre IX ces lignes, tout à la gloire de la philosophie : « Quando vero cognitio et amor reverentiæ divinæ majestatis, et desiderium futuræ felicitatis, et virtutum perfectio melius habeatur per contemptum divitiarum et deliciarum, et honorum et gloriæ, et pulchritudinis et roboris corporalis, et cæterarum corporis gratiarum, ideo philosophi multipliciter instruxerunt mundum in horum contemptum, et verbo et facto. Aristoteles enim tempore summus philosophorum, ut omnes testantur, in contemptum mundi, cum omnibus deliciis et honoribus, et voluptatibus suis, patriam reliquit, in exilio vitam suam finivit. Similiter Theophrastus ejus præcipuus successor in philosophia, ut Tullius recitat de eis in quinto *De tusculanis quæstionibus*... Non solum autem ipsi sed alii nobilissimi philosophi et patres philosophorum, ut Zenocrates qui fuit veteris academiæ princeps, sicut Censorinus dicit in libro *De die natali,* et Carneades qui fuit auctor tertiæ academiæ ; Platonici enim vocati sunt academici e loco in quo Plato studuit, et diversificati sunt in sectas multas post mortem magistri sui. Sed non solum isti sed quam plures alii, quos nominat Tullius, et alii innumerabiles, ut ipse dicit, ætates suas in exilio et perpetua peregrinatione consumpserunt ; qui semel egressi nunquam domum suam reversi sunt, sed non solum factis sed verbis et scriptis et sententiis pulchris mundum cum omnibus suis vituperaverunt et despexerunt. » Le reste du chapitre renferme un grand nombre de maximes extraites des auteurs familiers à Bacon. Le dixième recherche, d'après les philosophes, quels peuvent être les signes de certitude d'une religion ; il y en a huit, suivant Bacon, et parmi celles-là, les conjonctions astronomiques trouvent une place, et l'auteur conclut : « Nec possunt talia testimonia inveniri de Moyse et Machometo, nec de alio, quamvis concedamus omnes historias quæ de illis leguntur. » Le chapitre X est incomplet dans le manuscrit.

CHAPITRE V.

COMPENDIUM PHILOSOPHIÆ.

Nous ne répéterons pas la description du manuscrit qui renferme cet ouvrage, avec ce titre erroné : *Opus minus*. Nous lui conservons, faute de mieux, le nom de *Compendium philosophiæ*, sous lequel Bacon le désigne à plusieurs reprises. Il contenait six parties. La première, et la plus importante, se compose de quatorze chapitres, dont voici la substance et des extraits :

« Quatuor sunt consideranda circa sapientiam, quæ volo ad præsens in summa et sub compendio, quasi introductionis modo, tangere, donec opportunitas major accidat, ut explicentur singula in particulari et propria disciplina. Primum vero istorum in ordine est, ut consideremus, quæ sint causæ, propter quas debet omnis homo et necesse est ei, ut semper vacet sapientiæ, scilicet aut in speculatione aut in exsecutione, et usu ejus, pro se et aliis dirigendis. Secundum vero est, ut cognoscens sapientiam sciat considerare, quæ sunt necessaria ad ea, quæ sunt de ejus integritate, ne confundatur vanitate superflua, et membris sapientiæ langueat mutilatus. Tertium est, ut negotiator sapientalis percipiat modos et vias quibus eam debet requirere et promovere, et perficere tam in opere quam in speculatione; quia est modus in rebus omnibus, quo quum caret nunquam ad finem debitum alicujus rei poterit pervenire. Quartum est, ut sciat prudenter animadvertere impedimenta sapientiæ et efficaciter vitare illa. Quum vero homines negligunt considerare hæc et semper, his spretis, volunt ingredi vias sapientiæ, et præsumunt magnalia ejus rimari, nec volunt verbum nec scriptum de his audire vel videre, ideo nullus fere pervenit ad aliquam sapientiæ dignitatem. Necessarium igitur, ut hæc quatuor consideremus in principio. »

La première proposition est prouvée par cinq considérations, dont voici le résumé : « Primum est per naturalem curiositatem hominis respectu sapientiæ... Secundum est qualiter sapientia Ecclesiæ Dei scholasticam disciplinam ordinat, promovet et dirigit in omne bonum spirituale, ut fideles futuræ beatitudinis præmium consequantur. Tertium est, ut disponatur respublica fidelium, et omnia utilia personis et multitudini pro sanitate corporum conservanda et pro longitate vitæ mirabili, in bonis fortunæ ac morum et discretionis et pacis et justitiæ, fiant et horum contraria repellantur magnifice. Quartum est, ut nationes majores infidelium præstitæ ad mortem æternam, concitentur magna efficacia et gloria fidei christianæ. Quintum, ut qui contra nos possent perficere aliquid infestum, reprimantur longe magis per vias et opera sapientiæ, quam per bella et militias laïcorum. » Cette apologie de la science est confirmée par de nombreux exemples ; pour n'en citer qu'un, si Alexandre a pu avec 37,000 hommes dompter tout l'Orient, il doit ses conquêtes au savoir et aux conseils de son maître Aristote.

« Capitulum II. De secundo principalium : in quibus scientiis consistit integritas sapientiæ. Totum studium sapientiæ habet duas partes, una scilicet speculativa et alia practica et operativa. Prima considerat scientias, quæ consistunt in sola speculatione veritatis; alia pars exprimit scientias quæ in operibus reducuntur. Grammatica enim, logica, naturalis philosophia, vulgata metaphysica, quinque scientiæ mathematicæ et plures aliæ sunt speculativæ veritatis, quia non consistunt in operibus. Quatuor vero scientiæ mathematicæ, quia nonæ sunt in universo, et alkimia, medicina, moralis philosophia, sub qua comprehendo jus civile, theologia cum jure canonico, et multæ aliæ a parte philosophiæ, sunt practicæ et operativæ, scilicet quia considerant opera utilia in Ecclesia et in republica et toto mundo... Sed ad omnia scienda modus optimus requiritur... Modus enim est ut priora in ordine doctrinæ sciantur ante posteriora, et faciliora ante difficiliora, et communia ante propria, et minora ante majora, ut manifestum est, et ut in electis et utilibus fiat occupatio studentium, quia vita brevis est; et ut certitudinaliter sine dubitatione, et plane sine obscuritate tradatur sapientia, quod impossibile est fieri sine experientia. Deinde licet per ista sciamus, videlicet per auctoritatem, per rationem et experientiam, tamen auctoritas non sapit, nisi detur ejus ratio, nec dat intellectum, sed credulitatem. Credimus enim auctoritati, sed non propter eam intelligimus ; nec ratio potest sciri an sophisma, vel demonstratio, nisi conclusionem sciamus experiri per opera, ut inferius in scientiis experimentalibus docebo... Et ideo secreta et magnalia sapientiæ penitus his temporibus a vulgo studentium ignorantur, licet possint de facili pertingere ad omnes partes sapientiæ, si modus debitus adhibeatur. »

Après ces considérations, dont on ne méconnaîtra pas l'importance, Bacon expose la quatrième des cinq propositions énoncées au chapitre Ier, et qui concerne les obstacles qui arrêtent la science, *De impedimentis sapientiæ*. Il les divise en deux séries; les uns sont généraux, les autres particuliers ; c'est à propos des premiers qu'il passe en revue toutes les classes et leur adresse cette virulente apostrophe dont on a parlé plus haut : « Nec tantum exercitum est studium in tot facultatibus in tot regionibus, sicut jam a quadraginta annis. Ubique enim doctores sunt dispersi, et maxime in theologia, in omni civitate, et in omni castro et in omni burgo, præcipue per duos ordines studentes, quod non accidit nisi a quadraginta annis, vel circiter; cum tamen nunquam fuit tanta ignorantia, tantus error, sicut ex hac scriptura finaliter apparebit, et sicut manifestum est hoc per effectum. Nam plura peccata regnant his temporibus quam unquam prioribus temporibus ; sed peccatum non potest stare in sapientia. Videamus omnes status mundi et consideremus diligenter, inveniemus corruptionem infinitam ubique, quod primo apparet in capite. Nam in curia romana quæ solebat et debet regi sapientia Dei, nunc omnia deformantur constitutionibus imperatorum laicorum, factis pro populo laico regendo, quod jus civile continet. Laceratur enim illa sedes sacra fraudibus et dolis, et in ista perit justitia, pax omnis violatur, regnat superbia, ardet avaritia, gula moribus dominatur, invidia rodit singulos, luxuria diffamat totam illam curiam. Nec hæc sufficiunt, nisi vicarius Dei denegetur negligentia suæ Ecclesiæ, et mundus desoletur rectore, sicut jam accidit per multos annos, vacante sede propter invidiam et appetitum honoris... Respiciamus prælatos quomodo student pecuniæ, negligunt curam animarum, nepotes et cœteros amicos carnales promovent, aut dolosos legistas, qui consiliis destruunt omnia; studentes enim in philosophia et theologia contemnunt... Consideremus religiosos; nullum ordinem excludo; videamus quantum reciderint singuli a statu debito, et novi ordines jam terribiliter labefacti sint a pristina dignitate. Populus clericus vacat superbiæ, luxuriæ et avaritiæ, et ubicumque congregantur clerici, sicut Parisiis et Oxoniæ, bellis et turbationibus et cæteris viciis scandalisant totum populum laicorum. Ecclesiam ducatibus, regna sicut, videmus his temporibus adimpleri (¹). Rex enim Franciæ abstulit per magnam injuriam illas magnas terras a rege Angliæ, ut notum est, et Carolus jam hæredes Frederici magnifici, debellavit. » A ce tableau, Bacon oppose la vie et les exemples des philosophes anciens, Aristote, Sénèque, Tullius, Avicenne, Alpharabius, Platon, Socrate; montre à quelle infériorité de caractère et de mœurs les chrétiens se condamnent, et par suite à quels chétifs résultats ils arrivent dans les sciences : « Homines corrupti in studio corrumpuntur in vita... Et ideo in tanta corruptione quam videmus in clericis, necesse est quod eorum studium corrumpatur. » Puis il termine par ces menaces, qui semblent annoncer de loin la réforme : « Jam multis modis et temporibus diversis Deus corripuit et correxit Ecclesiam suam, et oportet quod ab optimo papa, et per optimum principem, tanquam gladio martiali comitato gladio spirituali, purgetur Ecclesia; aut quod per Antichristum, vel per aliquam tribulationem, ut per discidia principum christianorum, seu per Tartaros, et Sarracenos, et totos reges Orientis, secundum quod diversæ scripturæ firmant, et variorum prophetiæ. »

Nous passons rapidement sur le chapitre III, qui énumère les autres obstacles généraux et particuliers, tels que le péché originel,

---

(¹) En marge : *Quia rex Franciæ abstulit a rege Angliæ ducatus.*

et surtout les vices de chaque individu : « Ut sunt voluntas depravata, stultitia, superbia, invidia, ira, impetus, gula, luxuria, peccata carnalia, intemperantia, voluptates. »

Le chapitre IV nous ramène à d'autres causes d'erreur et d'ignorance souvent signalées par Bacon, et déjà dénoncées dans l'*Opus majus, minus, tertium* et ailleurs encore. Bacon le rappelle et avertit qu'il en a déjà parlé dans le livre qu'il a composé sur l'ordre de Clément, prédécesseur de ce pape, et dans tous les ouvrages qu'il lui a envoyés : « Omnibus libris quos misi de causis pestiferis errorum humanorum. » Il n'y touche donc ici qu'en passant : « Sed cogente brevitate temporis, compendio tractatus præsenti, oportet hic ad præsens subsidere. »

Dans le chapitre V, il se plaint surtout de la décadence commencée depuis quarante ans, c'est-à-dire depuis la fondation et les progrès des deux ordres ; il en signale deux causes : la première, c'est l'abus du droit civil : « Una est abusus juris civilis, quod non solum destruit studium sapientiæ sed Ecclesiam Dei et omnia regna... Perversi juristæ destruunt studium sapientiæ, ut manifestum est, quia per fraudes et dolos sic occupaverunt prælatos et principes, et fere omnia munera et beneficia recipiunt... auferunt expensas studentium et utiles personas removent..... cum non sit clericale talia munera exercere, sed penitus laicale... atque domini legum Bononiæ et per totam Italiam nolunt vocari magistri vel clerici, nec coronam sicut clerici habent. Uxores ducunt et omnino sicut laici familiam legunt... ideo convenit fieri laicum qui talibus ruditatibus se inclinat... si debeant clerici uti legibus patriæ, tunc minus est inconsequens ut clerici Angliæ utantur legibus Angliæ, et clerici Franciæ legibus Franciæ, quam clerici Angliæ et Franciæ utantur legibus Italiæ. Quapropter maxima confusio clericorum est quia constitutionibus laicalibus subdunt colla. »

Le second inconvénient provient des ordres nouveaux et des habitudes qui s'y sont établies. C'est le sujet du chapitre VI tout entier :

« Capitulum VI. — Secundum principale quidem est causa erroris in studio sapientiæ hisce temporibus, quod a quadraginta annis surrexerunt quidam in studio, qui se ipsos creaverunt in magistros et doctores studii theologiæ et philosophiæ, cum tamen nunquam didicerunt aliquod dignum, nec volunt, nec possunt propter statum suum, ut in sequentibus longe lateque manifestare curabo; ex his sunt primi duorum ordinum studentium, ut Albertus et Thomas, et alii qui, ut in pluribus, ingrediuntur ordines, quum sunt viginti annorum, et infra, et hoc maxime a mari anglicano usque ad fines christianitatis, et præcipue ultra regnum Franciæ; ita quod Aquitania et Provincia, et Hispania, Italia, Allemannia, et Hungaria, Dacia et ubique recipiuntur in ordines passim a decimo anno usque ad vicesimum, quum nihil dignum possint facere propter ætatem; volunt investigare philosophiam sine doctore; et ita facti sunt magistri in theologia et philosophia antequam fuerunt discipuli... Seculares vero a quadraginta annis neglexerunt studium philosophiæ, occupati appetitu deliciarum, divitiarum et honorum, et corrupti causis ignorantiæ prædictis. » Les prélats donnent le plus mauvais exemple, et ne ressemblent guère à ceux qui les ont précédés, surtout à Robert de Lincoln : « Cujus vitam pauci prælati imitantur, et cujus studium ordines studentes et seculares penitus neglexerunt... Perit igitur studium philosophiæ propter malos theologos »

Le chapitre VII signale une nouvelle cause d'infériorité pour la science contemporaine, l'ignorance de certaines connaissances qu'on dédaigne ou qu'on suspecte : « Infinita dementia regnat in studio toto tam philosophiæ quam theologiæ. Quod ad præsens volo manifestare ad ignorantiam quinque vel sex scientiarum, quæ requiruntur ad theologiam et philosophiam; sine quibus quinque vel sex scientiis, impossibile est aliquod dignum sciri ab homine, et præcipue a Latinis. Has vero quinque scientias amplexati sunt omnes sancti philosophi, et omnes sapientes antiqui, quorum aliquos vidimus, ut prædixi. Sed omnes moderni præter paucos despiciunt has scientias et gratis persequuntur, et maxime theologi isti novi, scilicet primi duorum ordinum, ut solatium suæ imperitiæ habeant, et suas ostendant coram multitudine stulta vanitates. Et in suis lectionibus, prædicationibus et consiliis semper docent contra has scientias, et totam studentium mentem revocaverunt ab istis scientiis, et ideo errant, cum omnibus, tam in substantia studii, quam in modo. Et sic perit primus gradus sapientiæ... hæ vero scientiæ sunt istæ : scientia linguarum sapientalium, mathematica, perspectiva, alkimia, scientia experimentalis, quarum doctrina sicut est utilior aliis partibus philosophiæ, sic et facilior; licet hoc nolunt intelligere moderni, et difficultatem recipiunt in omnibus aliis dictis sapientiis et errorem. Scire enim ista non est pondus aggravans sed allevans; sicut plumæ avium sunt, quibus depositis, non elevantur in aere ; et sicut quadriga cum quatuor equis plus de pondere trahit, quam in dorso proprio ferri possit. Et ideo homines scientes has scientias, possunt omnes de facili scire, et plus proficere possunt parvo tempore in aliis scientiis, quam in maximo proficiant sine illis. Prima igitur est scientia linguarum sapientalium... » A partir de ce passage, Bacon entre dans son sujet, et expose les principes de ces sciences en commençant par la grammaire. Il faut que tout homme instruit ait une teinture suffisante du grec, de l'hébreu, de l'arabe et du chaldéen. Il ne doit pas nécessairement connaître ces langues à fond, mais autant qu'il est nécessaire pour comprendre le latin. Il exhorte les hommes studieux, fussent-ils déjà âgés, à entreprendre cette étude. Les maîtres ne manquent pas : « Nec multum esset pro tanta utilitate ire in Italiam in qua clericus et populus sunt pure græci in multis locis, et episcopus et archiepiscopus et divites et seniores possent ibi mittere pro libris, et pro uno vel pluribus, qui scirent græcum, sicut dominus Robertus, sanctus episcopus Lincoln, solebat facere. » Le reste du chapitre est consacré à expliquer la nécessité d'un pareil travail. Nous sommes les héritiers de ces anciens peuples; nous tenons des uns les livres sacrés, des autres les livres profanes, et avant d'ajouter à leurs découvertes, il faut connaître l'héritage qu'ils nous ont laissé.

Le chapitre VIII montre que beaucoup de mots latins viennent du grec. Bacon en cite une liste assez longue; les uns sont des termes généraux; les autres appartiennent au langage ecclésiastique.

Le chapitre IX établit l'utilité de la connaissance de l'hébreu, et incidemment critique les livres qui servent à l'enseignement : on commet au sujet de l'orthographe et de l'étymologie des erreurs grossières : « Et præcipue illi qui suut primi in expositione vocabulorum linguæ latinæ, ut sunt Papias, et Hugucio, et Brito mendaces, quorum mendaciis opprimitur vulgus Latinorum. Hugucio primum reprehenditur de magno mendacio circa principium Decreti, ubi dicit in apparatu quod exemplaria latina certiora sunt quam græca, et græca quam hebræa, loquens de illis quæ translata sunt ab hebræis in græcum, et ab hebræo et græco in latinum... Ex quo patet quod Hugucio in libro suo *De vocabulis* errat quum dicat quod a doceo, dogma, quum doceo latinum est, et dogma græcum. » Cinq erreurs grossières sont relevées au compte de Hugucio ; puis vient le tour de Papias ; Brito n'est pas mieux traité : « Male etymologizat et cadit in vitium Papiæ et Hugucionis. » Isidore de Séville est aussi critiqué et convaincu d'ineptie.

Le chapitre X est la continuation du même sujet, et énumère toujours les raisons qui rendent indispensable la connaissance des langues. Le latin est dérivé d'autres langues ; on n'a rien composé d'original dans cet idiome ; tous les textes sacrés sont en grec ou en hébreu, et mal traduits ; les sciences elles-mêmes se servent d'une multitude de termes, inexplicables sans cette connaissance ; enfin, les traductions des philosophes grecs fourmillent d'erreurs. Voici la conclusion singulièrement hardie de toute cette critique : Bacon désespère d'Aristote, et ferait volontiers brûler ses œuvres : « Certus igitur sum quod melius esset latinis quod sapientia Aristotelis non translata esset, quam tali obscuritate et perversitate tradita, sicut eis qui ponunt ibi triginta vel viginti annos, et quanto plus laboraverunt, eo minus sciunt, probatur, et sicut ego probavi in omnibus qui libris Aristotelis adhæserunt. Unde dominus Robertus, quondam episcopus Lincoln, sanctæ memoriæ, neglexit omnino libros Aristotelis, et vias eorum et per experientiam propriam et auctores alios, et per alias scientias negociatus est in sapientalibus Aristotelis, et melius centies millies scivit et scripsit illa de quibus libri Aristotelis leguntur, quam in ipsius perversis translationibus capi possint. Testes sunt tractatus domini episcopi de iride, de cometis et de aliis quæ scripsit, et sic omnes qui aliquid sciunt, negligunt perversam translationem Aristotelis, et quærunt remedia, sicut possunt. Itaque si haberem potestatem super libros Aristotelis, ego facerem omnes cremari, quia non est nisi temporis amissio in illis studere, et causa erroris, et multiplicatio ignorantiæ, ultra id quod valeat explicari. Et quum labores Aristotelis sunt fundamenta totius sapientiæ, igitur nemo potest æstimare, quantum dispendium accidit latinis, quia malas translationes receperunt philosophi. Et ideo non est remedium planum ubique : quicumque vult gloriari de scientia Aristotelis, quod eam addiscat id lingua propria et nativa, cum ubique est falsitas translationum, tam in theologia quam in philosophia. Nam eos translatores unus beatus Hieronimus evinceret crudeliter, ut ipse docet ubique; sed quia solus fuit et contrarius antiquæ consuetudini Ecclesiæ non ausus fuit transferre omnino ut oportuit. »

Il passe ensuite à l'appréciation des travaux des traducteurs, et les juge avec une sévérité excessive. Voici ce passage : « Sed longe major error accidit in philosophia translata. Et si sancti erraverunt in suis translationibus, multo magis alii qui parum aut nihil de sanctitate curarent. Unde cum per Gerardum Cremonensem, et Michaelem Scotum, et Aluredum Anglicum, et Hæremannum Allemannum, et Willelmum Flamingum, data sit nobis copia translationum de omni scientia, accidit tanta falsitas in eorum operibus, quod nullus sufficit admirari. Nam ad hoc quod translatio sit vera, oportet quod translator sciat linguam a qua transfert, et linguam in quam transfert, et scientiam quam vult transferre. Sed quis est hic, et laudabimus eum, fecit enim mirabilia in vita sua? Certe nullus prædictorum scivit aliquid dignum de linguis et scientiis, ut manifestum est, et non solum ex eorum translationibus sed ex conditionibus personarum. Omnes enim fuerunt temporibus nostris, ita quod aliqui juvenes adhuc fuerunt contemporanei Gerardo Cremonensi, qui fuit antiquior inter illos. Hermannus quidem Allemannus adhuc vivit episcopus, cui fui valde familiaris (?), qui de libris logicæ quibusdam quos habuit tranferendos in Arabico, dixit ore rotundo quod nescivit logicam... Nec Arabicum verum scivit, ut confessus est, sed Sarracenos tenuit in Hispania qui fuerunt in suis translationibus principales. Et sic de Michaele; certum est quod

Andreas quidam Judæus plus laboravit in his operibus quam ipse... Et sic de aliis, maxime iste Willelmus Flamingus qui nunc floret. Solus Boetius scivit linguas; solus dominus Robertus propter longitudinem vitæ et vias mirabiles quibus usus est, præ aliis hominibus, scivit scientias, quamvis Græcum et Hebræum non scivit sufficienter ut per se transferret, sed habuit multos adjutores, omnes autem alii ignoraverunt linguas et scientias et maxime ille Willelmus Flamingus... Dormit igitur ecclesia quæ nihil facit in hac parte... » Non seulement on n'a que de mauvaises traductions, mais encore la plupart des ouvrages importants, ceux même d'Aristote, manquent en partie. Au chapitre XI commence un traité de grammaire grecque : « Habitis causis propter quod necesse est Latinis ut sciant satis de grammatica aliarum linguarum, saltem græcæ, hebraicæ, et arabicæ volo incipere a græca, quia facilius est et magis convenit cum latina. » Le texte se confond alors à peu près avec celui de la grammaire grecque contenue dans un manuscrit d'Oxford, et, après deux nouveaux chapitres, le fragment se termine brusquement dès le début du XIVe. Une main plus récente a ajouté ces mots : « Quantum huic tractatui desit, modo ni auctor imperfectum reliquerit, conjicere licet ex propositione dicendorum supra posita, cap. 7, pag. 129, linea ulteriore. »

Bacon n'avait pas interrompu son ouvrage, comme le conjecture l'auteur de cette note. Voici un fragment, peu considérable, mais important à cet égard. Il se trouve dans un manuscrit du musée Britannique (royal library. 7 F. VII. folio 221) et nous éclaire sur le plan général et l'ordre des parties de l'œuvre entière, dont il commence la quatrième section :

Ostensum est in principio ejusdem tractatus quod necessarium est Latinis ut habeant notitiam saltem utilem linguarum alienarum, scilicet græcæ, hebrææ, arabicæ, nec solum propter grammaticæ cognitionem, sed propter omnes scientias ab alienis linguis transfusas et translatas. De his expositum est in parte prima hujus *compendii philosophiæ* ([1]). Adjectum est vicina distinctione de neces-

---

([1]) C'est ce titre que Bacon répète à plusieurs reprises.

sitate et potestate logicæ secundum quod necessaria veritas investigari potest (¹)... Tertio communia mathematicæ tractata sunt, ea de quibus probatum est, quod sine illis nulla scientia sciri potest, et hæc omnia præambula sunt et introductoria ad res hujus mundi (²).... Nunc vero in hoc quarta distinctione volo connectere quædam communia, quæ tamen sunt magis propinqua particularibus scientiis et rebus de quibus illæ scientiæ constitutæ sunt... Quapropter in hac quarta distinctione volo tractare omnia communia creaturæ et creatori, generationibus et corruptionibus; et generatio magis nobilis est cum suis annexis quam creatio; propter quod de ea primo et de eis quæ adhærent dicendum est. Sed hæc sunt hujus principia generationis universalia, scilicet materia et forma, et privatio... Deinde de ipsa generatione quæ est exitus de potentia in actum, et de eo quod generatur, ut de generatis sciatur. Et non solum generata et generatio tractari debent per se, sed et per corruptionem compositorum ad omnes transmutationes, quibus annexa est ratio loci infiniti et vacui... Item de influentia agentis tractandum est. »

Ce fragment est donc le début d'une quatrième partie, et Bacon annonce qu'il y traitera à peu près des mêmes matières qui font l'objet du livre de l'*Opus tertium : De communibus naturalium*. Il devait ensuite, suivant son programme, parler de la perspective et de l'alchimie; ce qui porterait à six le nombre des parties, et justifierait le nom de *liber sex scientiarum* sous lequel cet ouvrage semble avoir été parfois désigné. Ce fragment se termine par cette déclaration où se retrouve le caractère de Bacon : « Nec miretur aliquis quod ordinem philosophiæ Aristotelis non servo, quia aliter melius tractavi, et alii philosophi testantur quod codices latini vitiis

---

(¹) Cette seconde partie n'a pas laissé de traces, à notre connaissance.

(²) Un autre manuscrit (*Additional*, Mss. 8786) renferme ce même fragment plus étendu, fol. 1, puis un Traité *De multiplicatione specierum* absolument identique à celui de Paris (Biblioth. Imp., 2598), fol. 21, et enfin un *Speculum Alchimiæ* qui semble faire suite, — ce qui concorde parfaitement avec le plan indiqué par Bacon. Nous signalons tout particulièrement ce dernier manuscrit comme pouvant devenir une mine précieuse à exploiter pour un éditeur, si jamais Bacon en trouve un assez dévoué.

pleni delirant... Semper in melius possunt transmutari quæ humano sensu sunt disposita; ab Aristotele et aliis philosophis habuimus fundamenta sed non omnes ramos utiles, nec fructus universos. »
Le manuscrit ne renferme que deux folios de ce traité.

CHAPITRE VI.

COMPENDIUM STUDII THEOLOGIÆ.

Le dernier ouvrage de Bacon, composé en 1292, est intitulé *Compendium studii theologiæ.* On en a donné une idée plus haut. Il reste des fragments assez considérables de la première, de la seconde et de la cinquième partie. Le manuscrit de Londres (royal library 7 F. VII. f. 153) contient d'une manière incomplète les deux premières parties; un autre manuscrit de la même bibliothèque (7 F. VIII. f. 2) conserve presque toute la cinquième. Voici des extraits de ces débris :

Compendium theologiæ Bacon ([1]). — Incipit *Compendium studii theologiæ* et per consequens philosophiæ, ut potest et debet servire theologiæ facultati, et habet duas partes principales; prima liberali communicatione sapientiæ investigat omnes causas errorum, et modos errandi in hoc studio, ut veræ causæ et veri modi appareant evidenter. Secunda pars descendit ad veritates stabiliendas et ad errores cum diligentia exterminandos ([2]).

» Quoniam autem in omnibus causis auctoritas digna potest et debet valere plurimum, ut ait Tullius, in primo libro de *Tusculanis quæstionibus,* atque Plinius in prologo *naturalis philosophiæ* dicit, « benignum arbitror et ingenui pudoris fateri per quos profeceris; » propter quod primum librum sui voluminis constituit de nominibus auctorum quorum sententiis utitur, in omnibus aliis libris XXXVI; ideo saltem hujus operis primordio et insuper ubicumque justum fuit, volo dignis auctoritatibus me confirmare; et cum principalis occupatio theologorum hujus temporis est circa

---

([1]) Royal Library, 7 F. VII, fol. 153.
([2]) On verra bientôt que le *Compendium* avait plus de deux parties.

quæstiones, et major pars quæstionum est in terminis philosophiæ cum tota disputatione, et reliqua pars est in terminis theologiæ, et adhuc ventilatur per auctoritates et argumenta et solutiones philosophiæ, ut notum est omnibus sufficienter litteratis, ideo ut confirmem me, aliquibus auctoritatibus et rationibus philosophicis uti cupio abundanter; et varia introducam quia nihil est jucundum, nisi quod reficit varietas, ut ait Seneca, libro *de copia verborum*... Etiam causa specialis me monet ut excitem lectorem ad quærendum libros auctorum dignos in quibus magna pulchritudo et dignitas sapientiæ reperitur, qui nunc temporis sicut a multitudine studentium, sic a doctoribus ejus penitus ignorantur.

» Sæpe igitur et multum requisitus, et diu exspectatus ut scriberem aliqua utilia theologiæ, impeditus verum multipliciter, ut notum est, et multis obnoxius difficultatibus, quæ non potuerunt excedi audiendo et legendo (scilicet requiritur multitudo experientiæ et longi temporis examinatio diligens) ([1]); tandem favens amicis, quantum efficaciter potui, festinavi, considerans illud sapientis Salomonis : spes quæ differtur affringit animum ; sicut, secundum Terentium, torquet spes destituta. Et Ovidius ait :

Spes anxia mentem
Distrahit et longo consumit gaudia voto.

Igitur promptissimi debemus esse ad beneficia sapientiæ omnia communicanda... etc.

Le chapitre III énumère les causes générales des erreurs humaines, *de causis generalibus errorum humanorum*. Ce sont toujours les mêmes, celles que l'auteur a signalées pendant plus de vingt ans; mais il y a une exception remarquable. La quatrième cause a disparu; il n'y en a plus que trois : « Dico quod causæ sunt trinæ, veritatis offendicula : fragilis et indignæ auctoritatis exempla; consuetudinis diuturnitas, sensus multitudinis imperitæ. » L'ignorance et la présomption des docteurs ne figure plus dans la liste; il est facile de conjecturer pourquoi. Bacon n'a d'ailleurs rien

---

([1]) Il y a sans doute en ce passage quelques mots altérés, soit dans le manuscrit, soit dans notre transcription.

perdu de sa haine contre l'autorité et la routine : « Nequeo satis admirari quod omnes faciunt hæc tria argumenta, pertinentia ad eamdem conclusionem : hoc exemplificatum est per majores, hoc consuetum est, hoc vulgatum est; ergo tenendum. Sed oppositum conclusionis multo magis sequitur ex præmissis. Scimus enim quod multitudo generis humani semper erravit tam in philosophia quam in divina sapientia, et illi qui ecclesiæ romanæ sunt subjecti, et tota multitudo ut Pagani, Idololatres, Sarraceni, Tartari, Hæretici, Schismatici, respectu quorum cultores veri christianæ fidei sunt valde pauci. »

Enfin, la première partie se termine après une lacune qu'on peut conjecturer être considérable, par ce passage curieux : « Tarde venit aliquid de philosophia Aristotelis in usum Latinorum, quia naturalis philosophia ejus et metaphysica cum commentariis Averrois, et aliorum libris, in temporibus nostris translatæ sunt; et Parisiis excommunicabantur ante annum Domini 1237 propter æternitatem mundi et temporis, et propter librum *De divinatione somniorum,* qui est tractatus *De somno et vigilia,* et propter multa alia erronee translata. Opera logicalia sunt tarde recepta et lecta; nam Beatus Edmundus, Cantuariæ archiepiscopus, primus legit Oxonii librum *Elenchorum,* temporibus meis, et vidi magistrum Hugonem, qui primo legit librum *Posteriorum,* et verbum(?) ejus conspexi. Pauci igitur fuerunt qui digni habiti sunt in philosophia prima Aristotelis, respectu multitudinis Latinorum, imo paucissimi et fere nulli, usque in hunc annum Domini 1292^{m}, quod in sequentibus capitulis copiosissime et evidentissime patefiet. Et tardius communicata est *Ethica* Aristotelis, et nuper lecta Parisiis, et raro, et tota philosophia reliqua Aristotelis, in mille voluminibus, in quibus omnes scientias tractavit, nondum translata est nec communicata Latinis, et ideo fere nihil dignum de philosophia Aristotelis scitur. Et usque nunc fuerunt tres qui de illis paucis quæ translata fuerunt, potuerunt veraciter judicare, sicut statim multis modis efficacibus probabitur diligenter. »

La première partie, celle que l'autre Bacon eût appelée *Pars destruens,* expose donc les causes qui font obstacle au progrès des sciences. La seconde, *pars præparans,* aspire à montrer par quels moyens et quelle méthode on arrivera à mieux faire : « Determinata parte prima hujus *Compendii de studio theologiæ,* in qua investigavi omnes causas errorum et modos errandi, tam in substantia studii quam in modo, nunc stabiliantur causæ veraces et modi veri. Hinc secunda pars scientiæ in quam venio, debet descendere ad ipsas veritates certificandas, et ad errores vacuandos in particulari, et propria disciplina. Quamvis autem principalis occupatio studii theologorum deberet esse circa textum sacrum, sciendum est, ut probatum est multipliciter in priore parte, quod tamen a quinquaginta annis theologi principaliter occupati sunt circa quæstiones; non sic circa sanctissimum textum Dei. Propter quod quando paratiores sunt theologi ad recipiendum tractatum de quæstionibus quæ sunt de textu, non volo deficere eis primo in his quæ magis diligunt, cum prima pars prudentiæ est ejus cui loquaris æstimare personam, sicut Palladius, *Libro de agricultura,* asserit eleganter... Et ideo quum tota occupatio quæstionum theologorum est jam philosophica, tam in substantia quam in modo, propositum igitur meum est tradere omnia philosophica speculativa quæ sunt in usu theologorum, et multa quæ necessaria sunt eis quorum usum non habent, et certificare omnia per ordinem a primis ad ultima... Quum vero tota difficultas disputationis circa reales veritates dependet ex verbis et propositionibus, et argumentis, et summa prolixitas, et maximi errores hic multiplicantur, et inanitates innumerabiles et indignæ theologicis occupationibus, ex quibus per totum corpus quæstionum accidit corruptio; in summa, prima distinctio hujus tractatus circa quæstiones demonstrabit, quid verum, quid falsum, quid dignum vel indignum, quid vanum, quid utile fuerit judicandum. »

Ainsi, l'objet de cette seconde partie touche à la fois à la grammaire et à la logique, en vue des questions théologiques, et roule sur les mots, les propositions et le raisonnement. L'auteur fait voir ensuite que ce sujet est aussi voisin de la métaphysique que de la logique, et tâche d'établir que les dix premiers livres de la Métaphysique ne diffèrent de la logique que par la méthode et non par le fond : « Hoc ideo dixi, conclut-il, ut animadvertatur quod *Metaphysica* in decem libris eadem tractat secundum Aristotelem et Avicennam in substantia quam logica, sed in modo differenter; et licet Aristoteles in secundo et septimo et alibi et aliquid tangat de principiis et causis rerum et scientiarum, tamen hoc facit per argumenta dialectica, quia dialectica ad omnem methodum viam habet, ut Aristoteles dicit in *Topicis*. »

Ces préliminaires sont suivis de six chapitres sur les signes en général et les mots, et Bacon y déclare la guerre aux sophistes et à tous ceux qui cherchent à soulever des difficultés, en opposant l'équivoque des termes aux lois du sens commun. Le premier est intitulé : *De ratione significandi generali*. L'auteur y divise les signes en naturels et artificiels : « Prout a natura aut ab anima instituantur. » Cette division se retrouve chez saint Augustin; mais Bacon nous assure qu'il l'a inventée de son propre fonds : « Antequam vidi librum beati Augustini *De doctrina christiana*, cecidi per studium propriæ inventionis in divisionem signorum, quam postea inveni in principio secundi libri *De doctrina christiana*... » Dans le deuxième chapitre, intitulé : *De significatione vocis*, l'auteur établit qu'on ne doit pas toujours conclure des mots aux choses, et que plus d'un mot n'exprime qu'un simple point de vue de l'esprit. Dans le troisième, qui a pour titre : *De convocatis et cointellectis*, il fait remarquer que des choses diverses en elles-mêmes, perçues simultanément par l'intellect, reçoivent un nom commun, qui en réalité ne désigne rien hors de l'esprit; que par contre, des choses inséparables en réalité se trouvent cependant exprimées par des termes différents. Ces principes posés, il commence à les appliquer dans le chapitre quatrième, et à signaler en les critiquant quelques-unes des arguties auxquelles on s'attachait trop déjà, et qui faisaient pressentir l'époque prochaine des *terministes* : « His prædictis annexa sunt primum duo communia metaphysicæ et logicæ maxime necessaria; et propter multorum ignorantiam gravissimi errores contingunt in tota disputatione, tam theologica quam philosophica. Primum istorum est quod non potest vox significare aliquid commune univocum enti et non enti, licet hujus contrarium sit vulgatum et obstinate gaudeat multitudo studentium hoc errore. Secundum est magis necessarium scilicet quod vox potest cadere a sua significatione, cujus contrario non solum obstinate, sed obstinatissime omnes fere detinentur, ut fingant errores non solum innumerabiles, sed etiam vere detestandos ex ignorantia illorum duorum problematum. Sustinet enim multitudo quod Cœsar mortuus sit homo, et homo mortuus sit animal, et alia infinita, falsissima, et stultissima circa restrictiones et amplitudines in propositionibus... in his erroribus maxime vigent auctoritas indigna et fragilis, et consuetudo longa, et sensus damnabilis multitudinis stultæ, et sunt causæ errorum omnium in vita et in studio, sicut copiose et efficaciter declaratum est in priori parte hujus operis et probatum est. Et optime novi auctorem pessimi et sultissimi istorum errorum qui vocatus est Ricardus Cornubiensis, famosissimus apud stultam multitudinem; sed apud sapientes fuit insanus et reprobatus Parisiis propter errores quos invenerat et pervulgarat, quum solemniter legebat *Sententias* ibidem, priusquam legeret *Sententias* Oxonii, ab anno Domini 1250°. Ab illo igitur tempore remansit multitudo in hujus magistri erroribus usque nunc, scilicet per quadraginta annos et amplius, et maxime in universitate Oxoniæ, sicut ibidem incepit hæc dementia infinita. »

Ainsi, suivant Bacon, c'est l'obscur Richard de Cornouailles qui mit en vogue, au XIIIe siècle, ces subtilités verbales dont il cite quelques exemples, et qui ne firent que se répandre et s'aggraver au siècle suivant. Le reste de l'ouvrage, terminé au chapitre VI, traite de l'équivoque et de l'analogie; ce sont presque les mêmes termes qu'on peut trouver dans un chapitre de la deuxième partie du manuscrit de la Mazarine, *De communibus naturalibus*. Le traité s'interrompt brusquement au folio 159.

J'ai dit que le *Compendium theologiæ* se composait de plus de deux parties, et on peut en voir la preuve plus haut. Voici quelques lignes de la cinquième partie, qui se trouve dans un manuscrit du musée Britannique, 7 F. VIII. folio 2, sous ce titre, exact cette fois : *Pars quinta de Compendio studii theologiæ*. —

« Acto prologo istius quintæ partis hujus voluminis, quam *(sic)* voco compendium studii theologiæ, in quo quidem comprehendo in summa intentionem totius operis, extra partem ejus signans omnia impedimenta totius studii et remedia, nunc accedo ad tractatum exponens ea quæ necessaria sunt theologiæ de perspectiva et de visu. » Vient ensuite une apologie enthousiaste de l'optique, que l'auteur appelle successivement : « Flos philosophiæ, pulchrior pars et melior, et magnificentior, ostendens dignas et gloriosas et pulchras utilitates humano generi. » Ce qu'il faut remarquer, c'est qu'il annonce des parties suivantes *in partibus sequentibus*, et nomme expressément la sixième *in sexta* parte, qui devait être un traité *De multiplicatione specierum*. C'est là que se trouve aussi la mention d'un miroir ardent construit par Bacon lui-même, comme on l'a vu plus haut. Le chapitre deuxième fait l'histoire de la science, cite les auteurs et leurs ouvrages ; et on voit ensuite reparaître le texte de la perspective de l'*Opus majus*, si souvent répété et intercalé dans tous les grands ouvrages de Roger Bacon.

FIN.

Bordeaux. — Typ. G. Gounouilhou.

A LA MÊME LIBRAIRIE

LA PHILOSOPHIE
DE
SAINT THOMAS D'AQUIN

PAR CHARLES JOURDAIN
Agrégé des Facultés des lettres
Chef de division au ministère de l'Instruction publique et des Cultes.

OUVRAGE COURONNÉ PAR L'INSTITUT IMPÉRIAL DE FRANCE
(Académie des Sciences morales et politiques.)

2 VOLUMES IN-8°. — PRIX 15 FRANCS.

DICTIONNAIRE DES SCIENCES PHILOSOPHIQUES

publié par une société de professeurs de philosophie et de savants, sous la direction de M. Ad. FRANCK, membre de l'Institut, professeur au Collège de France.

6 FORTS VOLUMES IN-8°. — PRIX, BROCHÉS : 55 F.

Noms des principaux collaborateurs :

MM. Artaud, Barni, Barthélemy Saint-Hilaire (de l'Institut), Bartholmès, Baudrillart, Bénard, Bersot, Bertereau, Bouchitté, Bouillet, Bouillier, Charma, Cournot, Damiron (de l'Institut), Danton, Daremberg, de Lens, de Rémusat (de l'Institut), Dubois (d'Amiens), Duval-Jouve, Egger, Ad. Garnier, Hauréau, Henne, Jacques, Janet, Jourdain, Lèbre, Lélut, Mallet, Mancel, Martin (de Rennes), Matter, Munk, Naville, V. Parisot, Pauthier, Renan, Riaux, Rousselot, Saint-René-Taillandier, Saisset, Jules Simon, Tissot, Vacherot, Vapereau, Waddington-Kastus, Wilm, Zévort, etc., etc.

Bordeaux. — Imp. G. GOUNOUILHOU, rue Guiraude, 11.